本书系
国家社会科学基金项目
"北京政府分税制研究（1912—1928）"（项目编号：14BZS036）
最终成果
北部湾大学马克思主义学院学术著作出版基金资助

民国北京政府分税制研究

李向东◎著

中国社会科学出版社

图书在版编目（CIP）数据

民国北京政府分税制研究／李向东著．—北京：中国社会科学出版社，
2020.10

ISBN 978 - 7 - 5203 - 7191 - 9

Ⅰ.①民…　Ⅱ.①李…　Ⅲ.①分税制—研究—北京—民国

Ⅳ.①F812.96

中国版本图书馆 CIP 数据核字（2020）第 169365 号

出 版 人	赵剑英
责任编辑	耿晓明
责任校对	杨　林
责任印制	李寡寡

出　　　版	中国社会科学出版社
社　　　址	北京鼓楼西大街甲 158 号
邮　　　编	100720
网　　　址	http://www.csspw.cn
发 行 部	010 - 84083685
门 市 部	010 - 84029450
经　　　销	新华书店及其他书店

印　　　刷	北京明恒达印务有限公司
装　　　订	廊坊市广阳区广增装订厂
版　　　次	2020 年 10 月第 1 版
印　　　次	2020 年 10 月第 1 次印刷

开　　　本	710×1000　1/16
印　　　张	26.75
插　　　页	2
字　　　数	351 千字
定　　　价	156.00 元

序

转瞬之间，李向东博士毕业已 12 年。其以博士学位论文为基础出版的专著《清末民初印花税研究（1903—1927）》曾由我作序，现在他的第二部专著《民国北京政府分税制研究》又即将出版，再次向我求序。因师生情分，也为勉励后学，只好再作数语，以寄期望。

在我指导的博士生中，向东的经历略显曲折。读博之前，他在乡下中学教过书，又曾任职税局收过税。因对征税有一些实际体验和感悟，在读博期间，对近代税收史具有较深厚的兴趣，遂以近代中国捐税作为其研究领域。博士毕业后到高校任教，仍坚持这一研究方向。平心而论，向东的学术天资与禀赋并不十分突出，但他待人热诚谦逊，学习勤奋刻苦，治学严谨踏实，经过多年的磨炼之后，学术研究能力得到一定的提升，并顺利地完成了国家社科基金项目，提交的书稿被专家鉴定为良好等次，也算是对他学术水平的一种肯定。

"国家存在的经济体现就是捐税"，一个国家实行什么样的赋税制度，按什么原则征收赋税，不仅关系到国家政权能否有效地运转，而且关系到统治集团自身的兴衰。近代中国，传统税制体系渐趋瓦解，而现代税制体系尚未完全确立，随着国家权威的逐步沦丧，税收制度的现代化步履一直蹒跚多艰，在学习西方的道路上比葫芦画瓢，却画虎成犬，重要原因还在于国家控制能力的极度弱化，分税制财政体制即是一个鲜明的例证。

赵云旗的《中国分税制财政体制研究》当属较早专题探讨分税制

问题的奠基之作，作者全面梳理了中国分税制财政体制产生发展的脉络轨迹，展示了中国分税制历史曲折复杂的演进过程，但其探讨的重点在于对当下税制的关怀。分税制财政体制是否是中国原创，暂且不论，但从历史上看，这种制度安排大多与国家控制能力低下、中央财政困窘密切相关，无论是唐朝藩镇割据时期还是民初军阀割据时期，分税制得以推行的背景几乎完全一样，其核心意义在于中央寄希望从地方军阀手中收回被侵夺的财政大权。

基于此，向东的新著《民国北京政府分税制研究》更多地关注民国北京政府时期中央权威严重弱化这一时代背景，对民初分税制运行的背景、得失和最终取消的原因进行了详细的分析，进而提出：民初分税制的引入是因地方势力急速膨胀而迫使中央政府采取的应急措施，这种嫁接性、功利性特征虽有利于缓解中央政府的财政危机，但常因政令难出都门而鲜有成效，原本像模像样的分税制甚至成了地方军阀敛财的借口。同时还在此基础上进一步阐明，民初税收成本奇高的原因与分税制本身的设计有关，中央税由中央派出专门机构具体负责征收征管和税款报解，以避地方截留侵蚀，但造成的结果是一税一局，机构林立，并且地方截留中央税款的行为并未得到遏止，因此分税制不应仅仅是征管机构的分设。

从本书的结构安排看，全书分为五部分，第一部分回顾了晚清财税体制的变革原因及其预设路径。第二部分论述了分税制在晚清的筹议和民初的税制构建。第三部分详细论证了民初分税制的实践效果，并通过数据对比，指出"军阀财政"的严重危害，支出因混战而军费激增，税负因军阀而日趋加重，最终，彻底失去民心。第四部分对北京政府分税制实践的阻碍因素进行了分析，说明当时税制建设存在着先天不足，税收征管存在着严重的人治倾向，中央政府软弱无力，西方列强横加干涉等，都成为中国税收现代化进程中的阻碍因素。第五部分是对分税制运行情况的总结。总体看，本书的结构尚属合理，史料翔实，论证恰当，所提观点具有较高的学术价值。学无止境，希望向东在学术的道路上继续奋进。

从观照现实的角度看，税收与每个人的关系都至为密切，尤其是在我国目前已迈入"人均万元税负阶段"，从关注民生的角度关注国家税制建设与改革，既是国家发展的自我要求，也是史学研究的义务所在。以民初分税制为参照，对当前税制改革提供理路镜鉴，当视为本书作者的意图所在。1994 年我国开始实行分税制，并进行了国地税征管机构的分设。2018 年，国地税机构重新归并，本书也算是对当前财税体制的一种回应，具有一定的现实意义。

朱　英

2020 年 6 月 18 日

目　　录

绪　　论

一　研究旨趣

> 今秋无雨湖水涸，大鱼干死鲦鳅弱。
>
> 估客不来贱若泥，租吏到门势欲缚。
>
> 烹鱼酌酒幸无怒，泣向前村卖网罟。
>
> ——宋琬《渔家词》

诗中至少透露出中国古代税收的如下特点：①税收救济失缺，鲜有"皇恩浩荡"的税收减免；②税款征收失据，税吏借机敲诈之事频发；③征收手段失常，"势欲缚"显示出征税时税吏的暴力倾向；④税收负担失善，古来不乏掘地三尺之恶例，全然不顾纳税人的负担和能力；⑤税源涵养失能，让纳税人在无奈与无助的情况下靠"卖网罟"以完税纯属竭泽而渔。如此失范的强取豪夺，历史上不乏其例，在纳税人缺少税收福利的直观感觉中，税收俨然成为一种"无处不在的恶"。

中国古代，普通百姓对"轻徭薄赋"的渴望始终如一，对"上完国课，下养老幼"的古训也遵行不悖，白居易的"身外充征赋，上以奉君亲。国家定两税，本意在爱人"说法也体现了国家和纳税人之间的某种关系，如此则维系了中华帝国绵延不绝。虽然，税收的公平正义早已为儒家文化奉为经典，意图限制皇权在制定税收政策时的任意妄为，但除了造反，却没有任何力量能够强制政府和官员们遵守这些原则，"泣向前村卖网罟"之后的怨愤集聚极有可能演变成统治者不愿意看到的"载舟覆舟"的轮回危险。有人将这种危险程度分为三个阶段：第一阶段表现为广泛的逃税以及为避税而逃离；第二阶段则会发生规模不等的骚乱；第三阶段就是以推翻政权为目标的暴力①。中国历史上演绎出的除了有"苛政猛于虎""捕蛇者说""促织"等悲惨税事，更有广为熟知的以抗捐抗税抗粮为起点的朝代更替故事。

"国家存在的经济体现就是捐税"②，任何一个政权的存在都须臾难离财政的支持，作为财政收入的重要来源，税收便不可避免，这是维系国家生命和政权运行的物质基础，从这一点说，税收又是一种必要的"恶"。但国之爱财，须取之有据、有度、有常，更须有德。按照现代社会的要求，国家税权的合法性是基本前提，其次就是行使权力必须"以对纳税人的权利尊重为前提"③，此为国家征税时应有的道德体现。"公平正义与依法治国是现代国家的底线"④，是故，税收的公平正义和税收法定必然是依法治税的底线。当然，历史的演进有其自然规律，人们对税收的认识必然随时代的发展而有所变化，我们不能以现代的标准去苛求古代统治者在征税方面能够更加理性和规范，但我们可以在历史的长河中探究"征税的权力事关毁灭的权力"这一严肃话题的深切内涵及其对后世的启示。

按照今世的判断标准，税收法定不仅应包括税收内容法定和程序法定，还理应包括"独立于法律之外的诸如尊重法律权威、税法面前人人平等、规范和限制征税权力，以保障纳税人基本权利等正义和法治的价值判断和观念"⑤等，其本意在于通过法治对税收权力进行制

---

① [美]查尔斯·亚当斯：《善与恶：税收在文明进程中的影响》，翟继光译，中国政法大学出版社2013年版，第8页。
② 《马克思恩格斯全集》第4卷，人民出版社1972年版，第366页。
③ 张晓君：《国家税权的合法性问题研究》，人民出版社2010年版，第45页。
④ 俞可平：《国家底线：公平正义与依法治国》，中央编译出版社2014年版，第3页。
⑤ 张晓君：《国家税权的合法性问题研究》，人民出版社2010年版，第89页。

约，防止征税权力的无序扩张，一切税收活动必须依法行事，纳税人有权拒绝任何非法征税要求，即西方人所说的"无代表不纳税"。同时，国家征税还须有相应的税收道德体现，也就是对税收公平正义等基本道德伦理的法律设定。然而，中国历史上任何一个朝代的税收，莫不以"依法征税"的名义相标榜，但税收法律与税款征收是两个概念，法律之外的税收恶行往往能够与时俱进，来自征纳双方的税收博弈花样百出，"吃拿卡要报"与"偷逃抗骗"在设租寻租的过程中丑态万状，不绝于世。历史上有法不依的税收乱象导致人们对税收产生了极强的对立情绪，这种观念情绪不完全来自于民众对税收政策的普遍恶感，更多的是对税收腐败行为的极度憎恶。老百姓无力与国家政策抗衡，但对"有吏夜叩门""有吏夜捉人"那种夜半场景的惊悚使他们对税收、税吏更加痛恨。从另一方面讲，强迫纳税人"东邻输税鬻小女""卖男卖女完不全"的做法怎么说都是一种罪恶，当这种罪恶超过了人们的承受能力，税收便无正义可言，"开了城门迎闯王，闯王来了不纳粮"便成为大家核算成本的第一颗算盘珠子。因此，为了跳出"王朝周期率"的魔圈，设置恰当的税收制度成为每个统治者英明与否的基本标志。所有的政府都必须不仅要关注人民能负担多少税收，而且要关注人民愿意负担多少税收，以及他们愿意接受的纳税方式，这样才不会导致起义①。这里不过多探讨税收法定及税收公平正义的具体指向及其意义，只是想借此说明"依法治税的底线"一旦被突破，历史的轮回便不可逆转，古今中外的革命，许多与财政税收的失序有关。马克思主义"经济基础决定上层建筑"的论断在此可以简化为"财力决定权力"，也可以套用一句话，"一切历史都是税收史"，虽然有点夸张和武断，但基本靠谱。

中外历史上财政改革的波澜壮阔、波谲云诡，其中的复杂性和艰巨性既有政策供给方面的因素，也有"为国聚财"的技术因素，在

---

① ［美］查尔斯·亚当斯：《善与恶：税收在文明进程中的影响》，翟继光译，中国政法大学出版社 2013 年版，第 274 页。

税收领域内，则更多地体现在征税的手段和技术方面。从狭义上看，征税行为是指征税主体依法行使征税权，对纳税人做出的、能产生直接法律效果的行为，是一种外部、单方、直接针对纳税人的行为，一般只取决于征税主体的单方意志，而不是征纳双方意志，具有无可争议的法定性和强制性①。而在系统有效的监管规范缺失或弱化之时，或者在当局强烈的财政需求下，征税者便拥有了相当大的自由裁量权，征税权被滥用的可能性大大提升，税收的公平正义原则甚至连最基本的法定原则等总会被政府资源汲取的强烈愿望侵蚀掉，尤其是在社会急剧变动时期，税收的财政原则往往成为当权者的第一法宝，"缇骑四处""隳突乎南北"的吓人场景不难想象。有学者指出："中国历朝历代多数毁于战火，战火多起源于流民起义，流民起义则直接或间接地与赋税过重有关"②，同样地，英、法、美等国的资产阶级革命也多与税收环境的恶化相关，因此说"一个国家的财政史是惊心动魄"的论断毫不夸张且恰如其分，我们更渴望看到一种良性税制对"社会的结构和公平正义"的正能量刺激。虽然我们不敢底气十足地断言"税收决定社会"，但说"税收影响社会"则又显得过于轻描淡写，难以客观描述税收对社会变迁影响的深度和广度。

历史告诉我们，税收法制败坏的根源很多来自于税收执法者的自毁长城。老百姓纳税首先要接触政府的代理人——税吏，这个群体形象在古今中外的历史上很不光彩，他们虽说是国家治理的参与者，但也是社会经济的破坏者，"作为国家统治系统的末梢，他们直接得自官府的利益最少，循规蹈矩的自觉性最差，搜刮百姓民脂民膏的积极性却最足"③，其所作所为最终使纳税人将这个仇恨记到了国家的头上，税收"无处不在的恶"的形象因此而更加丑陋，怨恨的根本原

---

① 施正文：《论征纳行为》，《当代财经》2004 年第 8 期。
② 王磊：《税收社会学》，经济科学出版社 2011 年版，第 2 页。
③ 李胜良：《诗人眼中的征课：赋税史资料的一个灵动板块》，《辽宁税务高等专科学校学报》2008 年第 1 期。

因就在于"拔毛方式"的不规范甚至非法化,如何"拔最多之鹅毛,听最少之鹅叫"①,既能保障"足国用",又能保障"裕民生",是对税收征管技术水平的基本考量,归根结底是征纳双方对税法的共同敬畏和遵从。因此,税收立法(政策供给)、程序执法(政策执行)和道德守法(政策遵守)三者就成为现代国家税收正义的基本要素和路径选择②,但其前提是税收法律具有正当性和权威性。

近代以来,多灾多难的中国在众多仁人志士的努力下,国家建设踏上了有模有样的现代化征程,随着西学东渐的深入,税收法制化要求被提上议事日程,许多具有现代意义的税收法规得以出台,在中国法制史上奠定了前驱先路的重要历史地位,对于近代经济制度的建构具有开创性意义③。中华民国肇建,引入西方先进的三权分立制,许多税收法律沿着晚清的轨道逐步完善,文明之光晨曦微露,但万道霞光照耀下的税收实践并未给国民留下新鲜的感觉,没有给国人带来多少的温情和福祉,徒留一片美妙的遐想空间。应该说清末民初这一段时间内,财税法律体系的建设远超前代,民族民主意识普遍觉醒,民主法制思想初定,财税精英群体涌现,社会力量不断长大,如此优势却依然留下"共和肇造十六载,空留其名尚襁褓"的笑柄,确实值得反思。尤其是民国初年,虽然根本法及各种配套实体法规标榜分权,但由于未能处理好立法与行政的关系,在军人"干政"和"当政"的危险游戏中恶化了军阀形象及其统治下的法治环境④,税收显得全无章法,既乱且重的税收无论如何都是对民生和民权的侵夺,"殷鉴匪遥,覆车可畏"。

---

① 崔敬伯:《财税存稿选》,中国财政经济出版社 1987 年版,第 127 页。
② 杨盛军:《税收正义:兼论中国遗产税征收的道德理由》,湖南人民出版社 2014 年版,第 172—179 页。
③ 朱英:《研究近代中国制度变迁史应该注意的若干问题》,《社会科学研究》2016 年第 4 期。
④ 杨天宏:《军阀形象与军阀政治症结——基于北洋时期民意调查的分析与思考》,《近代史研究》2018 年第 5 期。

无论制度的安排多么美妙，"所有的税收制度都倾向于变坏"的趋势屡被验证，所有政府都倾向于无限扩大开支，最好的约束就是将税收的开支权和征税权相分离①。但这一论说又何其的艰难，无论是晚清政府还是新生的民国政府，编练新式军队、办地方自治、办警政户政、办教育、办实业，搞基础建设等，无一不需强大的财政支持，而中央政府似乎很长时间存在着政令不出都门的尴尬，且时常处于"库藏空虚""财政竭蹶"的困境中，度支无门。更加烦人的是地方实力派趁势崛起，常常为抢夺地盘而大打出手，军阀混战愈演愈烈，他们连正常的开支权和征税权都难以辨清，又如何能奢望他们将此二者的关系理顺和分开？又如何能进行有效监督和制约？因此我们深信：如果缺乏完善有效的监督制约方式，任何政府都不可能维持一个运转良好的税收制度。

亨廷顿认为社会秩序的重构远比自由的获得更重要，人可以有秩序而无自由，但不能有自由而无秩序，必须先存在权威，而后才能谈得上权威限制②。近代中国民族独立、人民解放的核心任务尚未完成，国家权威与秩序的重构尤显重要和急迫。为了增强中央政府控制和治理能力，晚清和民初都尝试着财税制度的改革，于是分税制财政体制被引入中国。专家对此的定义是，我国分税制的引入起步于洋务运动和戊戌维新时期，但开始实行分税制却在民国初年，引入的原因包括几点：西学东进是分税制进入中国的载体，行省制度的变革是分税制尝试的契机，政府财政困难是分税制实施的现实③。笔者对此观点非常赞同，但还需强调的是：

第一，西学东进对引入分税制的影响有多大？赵云旗在《中国分

---

① ［美］查尔斯·亚当斯：《善与恶：税收在文明进程中的影响》，翟继光译，中国政法大学出版社 2013 年版，第 486 页。

② ［美］塞缪尔·亨廷顿：《变化社会中的政治秩序》，王冠华等译，上海世纪出版集团 2008 年版，第 7 页。

③ 赵云旗：《中国近代史上分税制财政体制的尝试》，《杭州师范学院学报》2005 年第 5 期。

税制财政体制研究》中也曾谈到唐代分税制的运行问题，那么，我们是否可以说分税制本来就是中国自家的物件，只是长时间没用罢了？笔者崇信柯文从中国内部来理解中国近现代史的"中国中心说"的合理性①，并希望在自家院子里找到祖上留下的宝贝以提升自豪感，但也无法抵制"冲击—回应"说的诱惑力。笔者曾在研究印花税相关问题时，一直确信"印花税引自西方"的合理性，但对于"印税之法始于中国，而盛于泰西"，中国早已实行的税契、牙帖"即为外国印花税之祖"② 的说法也无法否认和拒绝，同样，对于分税制财政体制的起源问题也持此观点。

　　第二，分税制财政体制的运行与中央权威的关系至为密切。制度的推行在技术层面的要求有时要比思想产生的要求更高，不仅需要实践磨合，更需要底气勇气。从"就地筹饷"到"就地筹款"再到征解制度的瘫痪，似乎分税制已成为确保国家机器正常运行的一剂良药，正是因为地方势力已尾大不掉，中央希图向各省索取更多的银两支持，无异于与虎谋皮。但清末民初最高当局底气不足勇气欠佳，始终在国越穷事越多、事越多国越穷的旋涡里打转，庞大的财政支出难以为继，而地方政府甚至比中央政府更饥饿难耐，最终结果是重税苛索成为日常，老百姓更加遭殃，过度的税收资源汲取和国家权威的逐步丧失必然是税收制度走向邪恶的根源。只能说，清末民初分税制的提议和尝试具有制度创新意义，虽然时机已成熟，但技术很难达标，军阀混战和百姓造反便不难理解。

　　正义的税收必须在税收收入和国民财富之间保持一定比例③，但其前提应该是民族的独立以及由此产生的国家政权的稳固，而这一前提正是近代中国苦苦追寻的复兴之梦。西方列强入侵下的中国主权丧

　　① ［美］柯文：《在中国发现历史：中国中心观在美国的兴起》，林同奇译，中华书局2002年版，第201页。

　　② 盛宣怀：《愚斋存稿》，《奏疏》三，《近代中国史料丛刊续辑》第13辑，第124页。

　　③ ［美］查尔斯·亚当斯：《善与恶：税收在文明进程中的影响》，翟继光译，中国政法大学出版社2013年版，第362页。

失殆尽，连年的军阀混战使得国将不国，"正义的税收"只能是一种设想，我们甚至可以套用一句话"正义只在大炮的射程之内"来理解近代税收"邪恶化"的经历和程度。有人曾用"三字经"总结近代中国的税收形状，言简意赅，相当准确，摘录如下：

> 清后期，税制乱，加征多，不胜繁。
> 海关税，丧主权；厘金税，露恶颜。
> 北洋府，再丧权，食盐税，洋人攥。
> 军阀横，世道乱，苛税起，民遭难。①

　　如此描述，颇为恰当，何以如此，颇费思量。新世纪的帝国开始了一系列的制度变革，但未及琢磨透彻便让位于民国。回顾民初十六年，其基本特征在军事和政治方面的表现主要是内战与混乱，政权更迭不休，战争愈演愈烈；在经济、社会方面则主要是变革与发展，所以我们看到了这一时期民族资本主义的快速发展和各种新兴事物的出现；在知识文化领域则是各种主义与学说的蜂拥而至和学术文化的快速转型与多样化。在这样一个暮色沉沉和朝气蓬勃并存、"丧国权"与"争主权"交织的时代，民主与科学的倡导、混战与苛税的现实，自由与民生何其珍贵，新生的民国如何蹒跚走过战争与和平、现代财政学说如何在"世道乱"和"民遭难"的深渊中找到国家治理的突破口等诸多问题自然成为一个饶有兴趣的话题，以北京政府时期的分税制财政体制为切入点来探寻其中的税收历程也将别有一番风味。

　　再从晚清以来中国财税制度近代化的因素看，不难发现西学东进的痕迹，但西方财税学理的引入与其说是适应中国社会经济发展的需要，毋宁说是政治鼎革的附带品。清末民初的财税体制可以说是从西方学来的半生不熟的宪政思想套用到了封建宗法制度躯体上而形成的

---

① 张敬群、董志林：《中国税史三字经》，《税收经济研究》2014 年第 5 期。

"封建—资本主义"形态，是伴随着立宪呼声而弹奏出的变曲。"欧风美雨，相继东渐，于是民主自治之潮流，在十九世纪末叶，激荡到太平洋的东岸，因之吾四千余年的老大帝国，也慢慢地觉悟专制式与官僚式的中央集权制，不能再适用于此簇新的二十世纪的世界"，其时，立宪似乎已成为精英们热议的话题，普遍认为："欲图富强，非改革政治，颁行宪政不可。"① 立宪必由自治始，而民主自治就意味着要和中央分权，分权意味着分产分财，分税制财政体制呼之欲出。但并不美妙的杂音是：晚清少年亲贵更倾向于中央揽权，民初袁世凯更喜欢黄袍加身，其结果，地方自治可以谈，分税制可以试，但都缺乏宪政主义开花结果的优良土壤。

　　"财政为庶政之母"，关乎国计民生家国兴亡。税收是财政的重要来源，税权是财权的核心所在，征税用税权是国家政权的基本体现。分税制是根据事权与财权统一原则按照税种来划分中央与地方收入的一种财政管理体制，税权的划分也可以理解为中央与地方财政关系均衡的一种权力博弈，其要点在于财权与事权的等比划分，也可简单地理解为地方财办地方事或有多少钱办多少事的权力界定。但中央与地方能否达到权益均衡、财权与事权能否合理划分是对一个国家各科层执掌者"公心"与"大义"的考量，即所谓的"妥协的艺术"，而清末民初的当权者似乎都热衷于争权夺利，而没有把制度建设与健全法制放在第一位，国家因而陷入混乱纷争的局面②。财政问题显然是政治问题，政权不统一，财权必然无法统一，因此也就不难看出，这种"先进的"具有宪政意义的财政管理制度的引入，清末一直处于筹议，民初仅仅短暂试行，均未取得实质性成效。

　　此外，尚需说明的是：第一，清末民初分税制作为中国财政体制现代化的开端和重要组成部分，既是本土税制与西洋税制相融合的产物，也是中国税制由传统向现代转型的结果，以"人"与"税"的

① 李权时：《国地财政划分问题》，上海世界书局1930年版，第40页。
② 袁伟时：《袁世凯与国民党：两极合力摧毁民初宪政》，《江淮文史》2011年第3期。

矛盾运动为视角，从关注民生的角度关注国家税制建设，对民初中央与地方、政府与纳税人的互动关系进行历史回顾与反思，不仅是史学研究的义务所在，也是普及税收文化知识的需要。第二，当前，我国已迈入人均万元税负阶段，人们已感受到"财税改革与每个人的切身利益密切相关"的实际含义。2018年更是一个具有标志性意义的税制变革年份，实行了24年的国地税机构分设告一段落，这次的征管机构合并来得较为突然但也很自然。因此，探究民初分税制运行实况以寻觅税史踪迹，也算得上是一件应景之事。

二　学术回顾

（一）研究概况

清末新政时期，清政府拟引入西方财政制度，并在王朝结束前完成了国家税、地方税的方案厘定等划分事项，分税制从此进入了中国法制体系，并成为国人热议的话题之一。但此时的讨论还多局限于对分税制应否推行以及分税标准等问题，尚不能算是完全意义上的学术研究。民国之后，对该问题的研究日渐丰富，大致以中华人民共和国成立、1990年为界分三个阶段。

1. 民国时期的研究

由于分税制尚处于探索阶段，研究成果相对较少，且多在财税制度和财税制度史的框架内进行扼要表述，如贾士毅的《民国财政史》（两卷本，商务印书馆1917年版）和其后的《民国续财政史》（七卷本，商务印书馆1932—1934年版），均以大量数据和图表描述了民国前期的财税状况，并对财政制度作出了一定的评判和经验总结，但并未对分税制的引入等相关问题给予足够的述论。胡钧的《中国财政史》（商务印书馆1920年版）、徐式圭的《中国财政史略》（商务印书馆1926年版）、李权时的《中国税制论》（上海世界书局1930年版）和《现行商税》（商务印书馆1930年版）、吴兆莘的《中国税制史》（商务印书馆1937年版）、关吉玉的《中国税制》（经济研究社

1945 年版）等著作从历史的角度探讨了中国财政税收的发展历程，虽时代跨度较长，但都是对中国税收史和中国税制的早期探索。胡己任的《中国财政整理策》（民国大学印刷部 1927 年版）、杨汝梅的《民国财政论》（商务印书馆 1927 年版）、徐祖绳的《比较租税》（商务印书馆 1930 年版）、王云五的《现行商税》（商务印书馆 1930 年版）、王云五、李圣五的《中国财政问题》（商务印书馆 1933 年版）、胡善恒的《赋税论》（商务印书馆 1934 年版）、朱偰的《中国租税问题》（商务印书馆 1936 年版）、叶元龙的《中国财政问题》（商务印书馆 1937 年版）、孙怀仁的《中国财政之病态及批判》（生活书店 1937 年版）、何廉、李锐的《财政学》（商务印书馆 1940 年版）、马寅初的《财政学与中国财政》（商务印书馆 1948 年版）等，分别从不同角度，对中国历史上不同时期或当时的财税制度进行概括并分析其弊端，间接论述了分税制的相关问题。此外，还有一大批专家就不同税种进行了专题研究，如马寅初的《中国关税问题》（商务印书馆 1930 年版）、刘世仁的《中国田赋问题》（商务印书馆 1935 年版）、罗玉东的《中国厘金史》（商务印书馆 1936 年版）等著作对影响中国财政至深的关税、厘金、田赋、盐税等税种进行了深入细致的专题性探究，具有税制研究的开创意义。这批专家学者大多具有海外学习经历，可谓学贯中西，所论多以西方学理为支撑，注重国家财税实践考察和制度演进的实证分析。这些成果虽非分税制专题性著述，但所提供的相关数据，史料价值弥足珍贵，所用的研究思路与方法具有启迪后人之功。

早在民国初建之时，贾士毅就对当时热议的分税制问题进行了研究论述，他在《划分国税地方税私议》中对分税制的原则和国税地方税划分之标准进行了理论探讨，当属较早的专题性论述①。同一时期，还有许多国家权贵、政府要员、社会贤达如梁启超、宋教仁、程

---

① 贾士毅：《划分国税地方税私议》，《东方杂志》第 9 卷第 6 号，1912 年 12 月 1 日。

德全、陆荣廷、张锡銮、尚希宾等人均有相关的治税思想表达，都曾撰文对国家地方政权划分、税法整顿、税权划分、国地税关系、地方税性质等问题进行阐释述评①，其目的在于借此社会更张之际，通过进一步整顿财税制度和运行机制，希图以此"建立有统系之租税制度"和"划清中央与地方财政之界限"。这些述论从理论上完成了税制改进的思想准备，但思想上的贴近能否真正触摸到制度跳动的脉搏还真不好讲。其后，有叔衡者著文，倡言划分国地税，以"制宪方进行之际，宜速由超越政争之财政专家审拟国税省税之划分办法"②，有学者认为该论所持观点对"曹锟宪法"的影响较大，时人对之评价颇高③。李权时的《国地财政划分问题》（上海世界书局1930年版）一书，详尽梳理了清代以来中央与地方的财政关系以及国地收支划分经过，并通过与西方财税体制的比较，提出了税制改进的具体建议，具有十分重要的参考价值。此前，他还曾在《东方杂志》上发文专论了我国财权划分的相关问题，提出了财政分权的核心及应选模式等建议④，此文亦系其哥伦比亚大学的博士学位论文《划分中央与地方财政问题》之核心部分的中译本，其著所述及之财税思想为国民政府时期分税制财政体制的推行起到了助力作用。

2. 中华人民共和国成立后至20世纪90年代的研究

这一时期的民国财税研究并不景气，且多集中于对近代财税体制的历史叙述和批判，如杨荫溥的《民国财政史》（中国财政经济出版社1985年版）、左治生的《中国近代财政史丛稿》（西南财经大学出版社1987年版）、孙翊刚、董庆铮的《中国赋税史》（中国财政经济出版社1987年版）、胡寄窗、谈敏的《中国财政思想史》（中国财政

---

① 经世文编社：《民国经世文编（内政·外交）》，《近代中国史料丛刊》第50辑。

② 叔衡：《划分国税省税意见书》，《东方杂志》第19卷第23号，1922年12月10日。

③ 夏国祥：《近代中国税制改革思想研究1900—1949》，上海财经大学出版社2006版，第108页。

④ 李权时：《划分中央与地方财政问题》，《东方杂志》第20卷第15号，1923年8月10日。

经济出版社 1989 年版）、北京经济学院财政教研室编的《中国近代税制概述》（北京经济学院出版社 1988 年版）、匡球的《中国抗战时期税制概要》（中国财政经济出版社 1988 年版）、陈支平的《清代赋役制度演变新探》（厦门大学出版社 1988 年版）、殷崇浩的《南京国民政府时期的税制》（光明日报出版社 1988 年版）、孙文学等主编的《中国近代财政史》（东北财经大学出版社 1990 年版）等，几乎全在财税"史"的概述方面。即使从研究成果的量上看，也与此时的学术气氛逐渐开放不太相称。此外，尚有一系列经济史方面的专题性资料汇编和部分税种的研究著作相继出版，尤其是那一批经济史资料选辑的问世，为当时及此后的史学研究提供了重要的信息支持。

这一时期具有代表性的研究论文主要有：来新夏的《北洋军阀对内搜刮的几种方式》（《史学月刊》1957 年第 3 期）、朱玉湘的《抗日战争时期国民党政府的田赋征实与粮食征购》（《山东大学学报》1963 年第 1 期）等较为有影响的文章，对民国时期税收的评价多持批判态度，大多"带有明显的阶级批判的色彩"[1]。20 世纪 80 年代后期的论述稍有改观，如陈克俭的《试论南京国民政府时期工商税收的特点、性质和作用》（《厦门大学学报》1986 年第 4 期）、陆大钺的《抗战时期国统区的粮食问题及南京国民政府的粮食税收政策》（《民国档案》1989 年第 4 期），其论述与评价逐渐客观公允。但总体来看，有关分税制的专题研究在这一时期相对缺乏。

3. 20 世纪 90 年代至今的研究

随着学术研究"黄金时代"的来临，中国财税史的研究日趋活跃。具有代表性的专著主要有陈光焱的《中国赋税发展研究》（中国财政经济出版社 1996 年版）、董长芝的《民国财政经济史》（辽宁师范大学出版社 1997 年版）、郑学檬的《中国赋役制度史》（厦门大学出版社 2000 年版）、孙文学的《中国关税史》（中国财政经济出版社 2003 年版）、

---

[1]　付志宇：《近代中国税收现代化进程的思想史考察》，西南财经大学出版社 2010 年版，第 42 页。

黄天华的《中国税收制度史》（华东师范大学出版社 2007 年版）等，对中国财政税收历史做了全面的回顾和新的解释，论述渐趋客观公允。邓绍辉的《晚清财政与中国近代化》（四川人民出版社 1998 年版）、周育民的《晚清财政与社会变迁》（上海人民出版社 2000 年版）、周志初的《晚清财政经济研究》（齐鲁书社 2002 年版）、徐建生的《民国时期经济政策的沿袭与变异》（福建人民出版社 2006 年版）、马金华的《民国财政研究》（经济科学出版社 2009 年版）等，从财政经济的角度解读了晚清以来中国现代化的艰难历程。张连红的《整合与互动：民国时期中央与地方财政关系研究》（南京师范大学出版社 1999 年版）、张生的《南京国民政府的税收（1927—1937）》（南京出版社 2001 年版）重点考察了南京国民政府时期中央与地方的财政税收关系及其权力博弈等相关问题，并对其制度运行情况做出了学术评判。王成柏的《中国赋税思想史》（中国财政经济出版社 1995 年版）、付志宇的两部专著《中国近代税制流变初探》（中国财政经济出版社 2007 年版）、《近代中国税收现代化进程的思想史考察》（西南财经大学出版社 2010 年版）以及夏国祥的《近代中国税制改革思想研究（1900—1949）》（上海财经大学出版社 2006 年版）、邹进文的《民国财政思想史研究》（武汉大学出版社 2008 年版）、杨大春的《中国近代财税法学史研究》（北京大学出版社 2010 年版）等著作，分别探讨了近代中国税收思想和税收法制建设的历史演进，其兴趣点在于对财税精英的税收思想进行梳理和述评，相对缺失的部分是：民众对税收的认识、分税制的运行实效以及税收征管的矛盾运动分析等。最值得关注的是赵云旗的《中国分税制财政体制研究》（经济科学出版社 2005 年版），该著立足当时分税制财政体制运行中的热点问题，全面论述了中国分税制财政体制的出现、变化和发展的轨迹与脉络，描绘了中国古代、近代和当代漫长而曲折、复杂而壮观的分税制历史长卷，使现实问题的研究增加了厚度，缺憾是历史性考察相对薄弱。

　　1994 年我国实行分税制财政体制改革，进一步刺激了学者的研究兴趣，研究佳作硕果累累，如刘增合的《制度嫁接：西式税制与清季国地两税划分》（《中山大学学报》2008 年第 3 期）和《纾困与破局：清末财政监理制度研究》（《历史研究》2016 年第 4 期）等数篇文章，深入考察了晚清时期中国引进西方财税制度的调适过程。龚汝富的《近代中国国家税和地方税的划分之检讨》（《当代财经》1998 年第 1 期）及《辛亥革命前后税制改革及其启示》（《江西财经大学学报》2012 年第 3 期）、赵云旗的《中国近代史上分税制财政体制的尝试》（《杭州师范学院学报》2005 年第 5 期）及《论中国历史上的分税制》（《财政监督》2017 年第 19 期）、张神根的《清末国家财政、地方财政划分评析》（《史学月刊》1996 年第 1 期）、杜恂诚的《民国时期的中央与地方财政划分》（《中国社会科学》1998 年第 3 期）、马金华的《民国时期的分税制改革评析及启示》（《财政监督》2014 年第 6 期）等，通过对清末民初地方督抚、知名人士的言论、奏章及报刊、档案资料等史料的发掘、整理，对清末民初分税制财政体制的引入、制度的运行及其利弊得失等方面进行了非常全面的梳理和深入探讨，分析了近代中国税制变革的原因，并分别提出了改进税制的中肯建议。夏国祥的《西方财政学在近代中国的传播》（《财政研究》2011 年第 3 期）和《清末民初西方财政学在中国的传播》（《江西财经大学学报》2004 年第 6 期）、朱鸿翔的《清末民初西方财政思想在中国的传播》（《财会月刊》2013 年第 8 期）等，从思想史的角度探讨了近代税制演变与西方财税思想在中国传播的关系，普遍认为"西学东进是分税制进入中国的载体，行省制度的变革是分税制尝试的契机，政府财政困难是分税制实施的现实"这一历史性话题[1]。张守文的《税制变迁与税收法治现代化》（《中国社会科学》2015 年第 2 期）、梁凤荣的《新税引入与中国税收法律体系之近代化》（《辽宁大学学报》2012 年第 5 期）、刘巍的《北洋政府时期的

---

[1]　赵云旗：《中国近代史上分税制财政体制的尝试》，《杭州师范学院学报》2005 年第 5 期。

财政分权与集权》（《求索》2017 年第 6 期）、周俊琪的《中央与地方税权关系的历史考察》（《税务研究》2004 年第 12 期）、申成玉的《简论北洋政府初期税制现代化的努力及其夭折》（《北京工商大学学报》2009 年第 3 期）等，重点通过对中央与地方间权力变动的考察，分析税收分权与行政集权的矛盾，并认为只有通过宪政的途径才能解决这一矛盾，才能实现财税体制的现代化转型。最具成效的是付志宇，他的《历史上分税制的产生和形成》（《税务研究》2002 年第 2 期）、《分税制之魂：集权与分权》（《财政监督》2014 年第 4 期）、《分税制百年考》（《经济研究参考》2014 年第 40 期）等数篇论文，全面回顾了分税制自引入中国以来的发展情形。笔者的数篇文章也曾就民国税收制度与税收实践等问题进行过粗浅的梳理，关注的重点在于如何使税收与民生的关系更趋于良性，并常扼腕于税收法制建立与税收环境败坏之间的矛盾及其导致的民生苦难。上述研究成果蔚为壮观，他们分别通过对清末民初分税制的引入与试行、税权与事权的划分、分税制的推行与取消、制度移植与调适等多方面、多角度的考察论证，史论结合，分析透彻，论述精当，既对近代税制运行中的利弊得失做出了客观评价和总结，也为我国当前的税制改革提供了历史借鉴和决策建议，充分体现了史学研究者的责任意识和人文情怀。

从国家社科研究项目的资助情况看，近几年中标的社科基金重大重点课题数量也形势喜人，2017 年度有云南大学黄纯艳主持的《中国古代财政体制变革与地方治理模式演变研究》、中山大学陈永生主持的《近代广东海关档案文献整理和数据库建设研究》、国家税务总局税收科学研究所李万甫，云南财经大学王敏分别主持的《"互联网＋"背景下的税收征管模式研究》四项重大课题和暨南大学刘增合主持的重点课题《晚清财政管控的制度演进与治国理财能力研究》；2016 年中标的重大课题有华中师范大学魏文享主持的《近代中国工商税收研究》、中国人民大学吕冰阳主持的《现代治理框架中的中国财税体制研究》、清华大学倪玉平主持的《清代商税研究及其数据库建设（1644—1911）》、南开大学王玉茹主持的《近代中国经济指数资料整理及数据库建设》等；2015 年中标的重大课题有武汉大学陈锋主持的《清代财政转型与国家财政治理能力研究》等。一般项目、青年项目的立项几乎每年都有，从中不难看出国家对财税史研究的重视程度。这些课题涵盖了中国古代、近现代、当代财税制度的诸多方面，既有体制机制探讨的基础性研究，亦有数据资料搜集的整理性工作，且均已取得了不凡的阶段性成果。我们有理由相信，在专家学者的共同努力下，财税史研究必将异彩纷呈，重量级的研究著述必将不断涌现。

　　在资料整理方面，江苏省中华民国工商税收史编写组与中国第二历史档案馆合编的《中华民国工商税收史料选编》（第 1—5 辑，南京大学出版社 1994—1999 年版）、国家税务总局主编的《中华民国工商税收史》（中国财政经济出版社 1996—2001 年版）、中国第二历史档案馆编写的《中华民国史档案资料汇编》（第 1—5 辑，江苏古籍出版社 1991—1994 年版）、北京图书馆出版社影印室辑录的《清末民国财政史料辑刊》（第 24 册，北京图书馆出版社 2007 年版，其后由中央财经大学图书馆辑录、国家图书馆出版社出版"补编"10 册，2008 年）、国家图书馆编辑出版的《国家图书馆藏民国税收税务档案史料汇编》（全 38 册，全国图书馆文献缩微复制中心，2008 年）等重要档案史料汇编的出版，已成为财税史研究的基本史料，为我们研究民国财税史提供了极大的便利。由华中师范大学魏文享主编完成的《民国时期税收史料汇编》（国家图书馆出版社 2018 年版）第一辑共30 册，辑录门类较为齐全，以专题形式分六大类收录民国税收的相关史料，涵盖了税法税种、税务报表、调查报告、报刊论著、税务学校等内容，甚具促进后学之功。2019 年魏文享再度发力，再以 30 册的《民国时期税收史料续编》出版发行，两部巨编实乃民国财税史研究不可多得的最新参考资料，是推进"活"的税收史研究的文献宝库。此外，各地商会档案资料汇编相继出版，如华中师范大学章开沅、刘望龄、叶万忠、马敏、祖苏等先后主编的《苏州商会档案丛编》（第 1—3 辑，华中师范大学出版社 1991—2009 年版）、天津市档案馆等合编的《天津商会档案汇编》（三辑，天津人民出版社 1989—1996 年版）、天津市档案馆编写的《北洋军阀天津档案史料选编》（天津古籍出版社 1990 年版）等资料汇编，为我们了解商会等社会组织在税收征管中的活动、作用等提供了丰富的史料帮助，是我们深入考察民初税收征纳关系的资料宝库。

4．其他

此外，对近代中国财税问题研究较为深入的主要有：木村增太郎的《中国财政论》（东京大阪屋号书店 1927 年版）、岩井茂树的《中国近代财政史研究》（社会科学文献出版社 2011 年版）以及长野朗的《中国的财政（续）》（《民国档案》1994 年第 4 期）等著述，从局外人的角度对晚清、民国时期的财政危机及失策之因等进行分析；魏尔特的《中国关税沿革史》（三联书店 1958 年版）及冈本隆司的《近代中国与海关》（名古屋大学出版会 1999 年版）等研究，对早已深受学者偏爱的近代中国关税问题进行不同视角的研究；美国财政学家杨格根据个人经历和大量一手资料完成的《1927 至 1937 年中国财政经济状况》（中国社会科学出版社 1981 年版）一书，对南京国民政府时期的财政经济状况进行了全面的梳理，论述了国民政府前十年的财经政策、收支状况和货币流通、内外债负担及其整理过程等，虽其立场存在问题，但其资料尚可信赖。林美莉的专著《西洋税制在近代中国的发展》（"中研院"近代史研究所集刊，2005 年）以清末民初中国引自西方的税种为考察对象，分别就所得税、利得税、遗产税、印花税及营业税等西洋税种的东渐、移植、调适以及相应的变革和发展等问题进行了探讨，对近代中国税制的现代化历程进行了总体概括和描述。而在此之前，还有何烈的《厘金制度新探》（台北中国学术著作奖助委员会，1972 年）、何汉威的《清末赋税基准的扩大及其局限》（"中研院"近代史研究所集刊，1988 年）等成果，分别以税种或税政为考察对象，概括晚清以来中国税制演变的内在动因。

这些学者的研究成果，在学术上具有非常重要的借鉴意义。由于他们研究的重点不同，且非分税制的专题性著述，均没有也不可能对分税制这一具有现代宪政意义的重要制度展开专题性论述，但他们对中国财税制度现代化的理解及相关论述，颇具参考价值。

（二）研究特点

上述梳理可以看出，近代分税制财政体制相关问题的研究具有如下特点。

近代财税问题研究不断深入且硕果累累。无论是宏观叙事还是微观考证、财政总论还是税收分述、税制概括还是税种专题，皆有大量优质成果涌现，研究队伍不断扩大。近代分税制也当然地成为绕不过去的话题，学者的兴奋点也可能与当前我国分税制财政体制的运行有关。

研究方法的创新开拓了史学研究的视野，经济学、政治学、社会学与历史学等学科理论的交叉融合使该问题的研究更加丰富多元，跨学科的史料解读使史学研究的趣味性大大提高，一方面尽可能多地展现了历史的动态原貌，规避了静态描述的缺陷；另一方面对于历史研究的大众化裨益甚多，这也是史学研究的要义之一。

研究维度更加多样化，从税收制度的转变到税收实践的效能，从万恶社会到苛捐杂税，从军阀混战到"民国范儿"，研究的思路更加开阔，内容更加深入，说理更加透彻，评价更加多元，总体感受是理性多于感性，建设多于批判。

史料挖掘成效显著，从浩如烟海的档案资料中寻找有价值的信息本身即是极端痛苦的事情，但越来越多的专家学者不辞辛劳，整理出版了相当数量的财税史料汇编，为后来的史学研究提供了较为详尽的史料帮助，其功大焉。

另一方面，近代财税制度理论与实践等方面的研究虽已引起学界的重视，并取得了引人瞩目的成就，但尚有进一步深入探讨的空间和改进的方向。

多倾向于国家财税体制的宏观研究，微观分析仍显不足。分税制的推行必有各种难以预测的阻力和实践的偏差，但论述者多偏向于制度方面的纵论，例如国家治理的惯性思维和革故鼎新之间的矛盾如何处理、税收法制的厘定与破坏、税款征收与支出的规模等细节问题仍待考察论证，在史料的发掘方面仍大有可为。

研究视角应做适当扩展。既有成果表明，对国地税分设的制度性架构的研究相对较多，但静态描述多于动态考证，对具体的纳税人与税收关系的考察相对较少。朱英教授告诫我们，研究近代中国制度史"不能只看到各种表面上僵硬死板的制度及其规章条文，还需要重视与制度紧密相关的背后各种人"，他强调制度史研究必须见到人，不见人的制度史研究往往会流入空泛，就不可能发现制度背后鲜活的故事①。因此，以征纳关系为视角，探讨政府与纳税人间的矛盾运动，尤其是在中央权威丧失、社会经济落后、纳税意识淡薄的情况下，任何小冲突很可能激化为大矛盾，同时，以征纳双方的非法活动如包税制、预征制、强征制、偷逃抗骗税以及涉外税收等案例为重点，探寻税收征管法治化的阻碍因素等理应成为该问题的研究重点，否则，就无法探知那段激荡岁月里税收征管的真实状况而使研究滑入从文本到文本的循环解读之中。

研究时段的不均衡。对现行分税制研究的多，而从历史的角度来考察这一问题的少；即使研究税收发展历史，也多从属于经济史或财政史研究，真正把分税制问题与政治、经济、社会、思想文化等问题紧密结合起来进行研究的偏少；谈论税收发展史的多，专论分税制的相对较少；对分税制的论述，较多的是简短文论，专著类的研究相对不足；对晚清及国民政府时期税制变迁的研究比较充分，而对具有现代税制奠基意义的北京政府时期政策贡献的著述相对不足。因此，对民初分税制的相关问题还有待于进一

---

① 朱英：《研究近代中国制度变迁史应该注意的若干问题》，《社会科学研究》2016年第4期。

步深入研究。

研究思路应进一步拓展。既有成果往往将分税制的引入定义在"西学东进"和"税收现代化"两个层面，前者为背景，后者是结果。确实，如果否认外来影响，近代中国制度变迁中的许多问题很难说清楚，但我们也不能因此而忽略内部因素对近代中国制度变迁所产生的作用，突破西化制约的研究或许将会更有意义。

三　研究路径

（一）研究思路

北京政府时期分税制作为中国财政体制现代化的开端和重要组成部分，既是本土税制与西洋税制相融合的产物，也是中国税制由传统向现代转型的结果，对其历史变迁的回顾与反思是史学研究的义务所在。具体是在研究路径选择上，以"人"与"税"的矛盾运动为视角，探究民初国家建构的财政诉求，进而剖析中央与地方、政府与纳税人的互动关系，以实现文本解读与实证分析的结合、制度设置与运行实效考察的结合，并在此基础上对民国初年分税制财政体制的推行与废止做出相应的总体评估，这也是本书写作的义务所在。鉴于此，这里拟就研究思路如下。

1. 以清末民初的财政危机为切入点，梳理清末民初财税精英的税收思想及其对税收政策变革的影响，并以旧税制的改进和新税制的引入为重点，探讨分税制推行的必然性和可行性等，并就制度移植嫁接后的调适情况作出相应的评价。

2. 沿袭"制度范式"对清末民初分税制的制度结构、制度实践与制度绩效作出概括，进而探讨税制演变过程中的"路径依赖"属性及其失败之因。通过对民初分税制法制化进程的考察，对税制变迁的功利性特征做出客观评价，"嫁接式"制度选择和"救急式"税制改革难以解决近代中国财政危机的现状。从法制角度对国地税分设的合理性、税法体系和税收征管体制的适当性、征收规模及税收成本、税收负担和纳税能力等要素进行分析，探究分税制实效不足归于失败的原因。

3. 用"国家—社会"的研究范式对分税制引入中国之后，中央与地方在税收方面的互动关系进行考察分析。从权力分配的角度，探讨中央与地方的关系形态及其演变，重点考察财政分权后彼此力量的相应变动，并通过对双方权力博弈的探讨，提出政权变更的税收因素这一命题。

4. 以"制度与人"的关系为核心，亦即以学者所说的"社会中的国家"① 研究路径为参照，从国家治理的角度分析总结民初分税制的理论不足与实践缺陷，进而讨论税收现代化的路径选择及其对后世的影响与启示；以征纳关系为视角，探讨国家或称政府与纳税人间的矛盾互动关系，并指出过度的资源汲取对其自身政权的伤害不亚于对社会底层纳税人所造成的"纳税痛苦"；以税收征管实践中的典型案例为切入点，对征纳双方的"税收遵从"和"税收不遵从"行为进行分析，以说明这一时期税收征管从法制化到法治化的艰难历程和阻碍因素。

（二）研究框架

依据上述思路，本书拟定的研究框架如下。

绪论部分，首先通过对国内外有关民国分税制财政体制研究的学术回顾，提出本书的研究意义，并对涉及的相关概念进行界定说明。

第一部分，晚清财税体制的变革原因及其预设路径。清末新政为中国税收体制的变革提供了不大不小的舞台，但这场税改戏没演好。中央政府的揽权运动让地方离心离德，财政的恶化与地方势力的膨胀关系甚大。为了解决地方势力尾大不掉的麻烦问题，晚清政府少年亲贵更乐意实行财政分权，但财政危机最终使大清王朝让位于中华民国。

---

① 杜丽红：《近代中国国家—社会关系研究新探》，《近代史学刊》2014 年第 2 期。

第二部分，分税制筹议在晚清，初试在民初，但改革的愿景一直是远景。清末新政期间，各类精英都在尝试着将西方的财税理论引入中国，并且也据此拟出了分税制的基本架构，但方案刚出而王朝更替。新生的民国在这条道路上继续前行，中央政府意气风发地大搞税制更新，地方大员在阳奉阴违地进行利益争夺，学术专家在苦思冥想地设计分税制结构，终于在各方的争夺和妥协下，税权划分了，法律出台了，税收现代化的微弱光亮伴随着中央政权的加固开始绚烂生辉了。

第三部分，北京政府分税制的实践效果极其有限。一是税收制度，各种税法逐步确立，分税制的框架设计和系列法规逐步完善，这是民初最值得称道的具体表现。二是税收征管机构，从中央到地方，各种税收机构相继建立，但机构衙门化造成的税收成本的攀升成为民初始终无法摆脱的税收恶政。三是税收管理，税务计政、稽征、宣传、人事管理等法制建设不断完善，为税收征管的规范化和法制化奠定了基础。但分税制的运行并不顺畅，经过短暂的实行之后便回归传统老路，代之而行的是"中央专款"制，解协款制和分税制交替实行。四是税收征管实效，通过数据对比，民初财政收支都呈现出上升的趋势，但其收入因债务畸形增加，支出因混战而军费激增，形成了典型的"军阀财政"，危害甚远；纳税人的税收负担因军阀的任性加税日趋加重，苛捐杂税名目繁多，最终使其政权彻底失去民心。

第四部分，北京政府分税制实践的阻碍因素。北京政府经常政令不出都门，尤其是袁世凯之后的民国财政基本靠借债以弥补亏空，税收征管乱象横生，严重阻碍了中国税收现代化的进程。税制建设存在着先天的不足，税收征管存在着严重人治倾向，税收远未实现由"法制化"向"法治化"的转型。其原因在于国家与地方关系的恶化。税收伦理败坏，军阀财政盛行，直接导致民初税收乱象难以禁绝，民众抗税斗争风起云涌。最为悲怆的莫过于列强对中国税政的野蛮干预，在一系列不平等条约的制约下，每一项税收政策的推行都需要与列强"协定"，民初的涉外税务十分尴尬，此为中国税收现代化进程中的最大阻碍因素。

第五部分，北京政府分税制的总结及其借鉴意义。军阀混战带来的恶果是分税制难以推行。社会剧变增强了军阀们对资源汲取的渴望，也使他们忽略了对民生的眷顾，并因此而动摇了他们政权的合法性基础。税收现代化的基本要求是税收法定以及在此基础上的税收文明，税收法治化是税收文明的重要标志，也是国家治理现代化的重要组成部分。分税制不应单纯地理解为征管机构的分设，分税制财政体制与具体的税收征管体制并非同一概念，不能混同，这既是历史，也是现实。

四　概念界定

研究时限定为 1912—1928 年。中国分税制进入初试阶段，虽然"为国聚财"的成效不著，但其开创意义不容小觑，对其后的税改具有十分重要的借鉴意义。透过民初这段历史考察，可窥北京政府乱世蹒跚的种种表象，政治的动荡有时与经济发展和文化多元似乎并不必然相互排斥，"民族资本主义春天的到来、新文化运动的勃兴、媒体兴起与思想解放推动的社会生活的活跃以及'袁大头'银圆的坚挺"①，都发生在这个黑暗的时期，很值得玩味。

行文中涉及"税官""税员""税务员""税吏"等名称，均沿袭当时的称谓，概指其时税务征管机构的"公务员"，同样地，"税收衙门""税局""税处""公所""公署""厘局"等，皆系当时的征管机构名称。需要明确的是，无论哪种说法，均无任何褒贬之意。

关于税种名称问题。税种分类标准不一，如以征税对象为标

---

① 张程：《总统们：民国总统的另一面》，国家行政学院出版社 2011 年版，第 8 页。

准，可分为流转税、所得税、资源税、财产税和行为税等，我国现行的税收体系中，属于流转税的税种主要有增值税、消费税、营业税、关税等；所得税主要有个人所得税、企业所得税等；资源税主要有矿产资源税、土地使用税等；财产税包括房产税、车船使用税等；行为税包括印花税、屠宰税等。如以税负能否转嫁为标准，可分为直接税和间接税两种，直接税（时人也称直税）是由纳税人直接负担，不易转嫁的税种，如个人所得税、利息税、财产税等；间接税（时人也称间税）是纳税人能通过提高价格等方式，将税负转嫁给他人负担的税种，主要是对商品征收的各种税，如消费税、营业税、关税等。但二者尚有互相转换的可能，并非绝对。如按收入归属和使用权限分类，税收可划分为中央税（亦称为国家税、国税、中央税）、地方税（亦称为地税）和中央地方共享税三类，行文中国地税、中央与地方税等并无太大差别。收入直接划归中央政府的税种是中央税，划归地方政府的税种为地方税，收入归中央和地方共享的税种则称为共享税，由此便产生了相应的税收征管机构，如民初时期的省财政厅、印花税处、烟酒税处等，此为本书关注的核心问题。

关于税收征管体制问题。税收征管的文明化趋向应是征收、管理、稽查三分离，以根绝有史以来令人头疼的税收腐败现象。分税制的要义是以税种为调整对象，按照事权与财权的多寡划分国家税和地方税，并按照税法规定实现税款分级次入库，以解决中央与地方在财政上的纠葛，但并不一定必须设立相应的征管机构，机构设置复杂化必然导致行政成本的高昂。

本书每章张结尾处附录两张有关税收的漫画作品，并做了出处说明，在此一并向辑录者表示感谢。这里需要补充的是，漫画作品与正文论述并不完全对应，在取材上也未做严格的逻辑区分，仅供欣赏时人对于税收的印象描述。类似的漫画作品散见于当时许多报刊中，辛辣讽刺意味较浓，在针砭时弊的同时，对国家税政建设具有一定的规劝意义，只是囿于漫画的功能性作用，正面宣传的作品较少，希望在未来的漫画创作中，能够看到更多税收正能量的作品。

图1　检查　　　　　　　　图2　下乡收税

注：图2为南阳理工学院李波（现供职于北部湾大学）依据南阳市档案馆藏档案资料宛临2－1－17中关于"税吏扛枪下乡收税"的记载及民国时期相关资料记述而创作，形象地记述了民初税吏下乡收税的滑稽场景。图2可与图1丰子恺的画作《检查》（丰子恺：《丰子恺漫画》，上海人民美术出版社1983年版，第60页）对比欣赏，似有异曲同工之妙。

第一章　晚清财政危机的谱系

近代中国史是一部屈辱史,更是一部仁人志士实业救国、教育救国、科学救国以实现中华民族伟大复兴的奋斗史,只是在民族危机和腐朽体制的双重制约下,各种救国方略的展布与尝试显得更加艰辛困顿。从清王朝腐败的社会制度和落后的经济技术看,解决内忧外患的思路无外乎器物层西化一途,于是,以"制造杀人武器"为开端的自强运动开启了中国近代工业化的艰苦之旅,使"机器来到了古老而血腥的土地"①。国营民企工厂冒烟的一个结果是:看似热闹的工业化运动背后却是脆弱而又虚假的繁荣。在洋货落地的逼迫下,中国民族工业、手工业无不遭受着来自中外势力的双重压榨,夹缝中求生存,其艰难可以想见。自强运动创造了"同光中兴"的神话,清末新政吹响了富国强兵的号角,亮点多多,信心满满,但大清帝国似乎并没有享受到经济发展的红利,一个悖论是:事业进步了,钱袋空虚了,国家财政日子更难过了,中央财政始终处于持续恶化状态。备受经济转型与财政空虚煎熬的晚清政府曾试图举办一些民生事业以博取民众的好感,但由于财政支持力度的低效,致使其各项改革举措发生错轨,其终点直达民主共和国,改朝换代的故事里写满了贫穷和无奈。

---

① 李志宁:《大工业与中国:至20世纪50年代》,江西人民出版社1997年版,第57—79页。

第一节　晚清财政的持续恶化

近代以来，西方列强凭借着坚船利炮打开了中国对外交往的大门，迫使清政府签订了一系列的不平等条约，逐步将中国纳入他们布置好的一体化经济体系，在国际贸易的链条上形成了肿瘤般的"迎合性交易环"，迎来的是为数众多的"奇技淫巧"，送出的是世界资本主义需要的农业、手工业产品。客观上讲，虽然中国原有的经济结构被撕破，但赚钱的机会并未完全消失，国内外经济交往的日益频繁已成为不可逆之势。晚清工业化的尝试和经济政策的刺激使各项经济指标不断提高，但遗憾的是，经济的增长并未给清政府带来财政上的复苏。晚清以来的诸多改革成就伴随着国家财政的严重危机而成为王朝夕阳里的最后一缕霞光，不是绚烂多彩，而是黯然退场。

一　近代经济的转型

（一）商品经济的发展

1. 农业经济的商品化

对以农立国的中国传统社会而言，农业的意义不仅是"衣食足"，还要"贡赋备"，但大抵属于满足国内需求范畴。近代以来，随着农业科技和良种选育等因素的引入，农业生产力水平有了较快的发展，但也存在着诸多不利因素，前哲先贤多有高论，兹不赘述。一种现象可以肯定：列强为了倾销商品和掠夺更多的农产品原材料而进行的不等价交换，不仅打乱了中国农业经济的生活节奏，而且在产业结构上强行地植入了他们需要的品种和规模，致使农业生产商品化、区域化等迎合西方资本势力的特征越发明显，这种特点亦可称为"依附性经营形式"。

一是农产品的商品化。据吴承明的量化研究，近代中国农产品的商品率和商品量逐年提升，如粮食的商品率 1840 年约为 10%，1895

年约为 16%，1920 年约为 22%；棉花的商品率 1840 年约为 27%，1894 年约为 33%，1920 年约为 42%[①]。从农产品的商品量来看，从鸦片战争后到甲午战争前的 50 多年间，粮食、棉花、茶叶、蚕茧四项商品值从 1.92 亿两增至 4.66 亿两，年增长率为 1.65%，甲午战后，其发展速度加快，年增长率在 4% 以上[②]。除粮食外，棉豆茶烟丝等农产品的商品化，无一不与出口相关，其中，棉花、大豆、烟叶等农产品的生产，更多地与外商的直接参与有关，他们通过改良土壤和品种、提供优质种子、负责产品收购等手段，将中国的农业生产纳入了他们产供销体系之中，进一步强化了农业生产的对外依赖性。这种依赖性还表现在生产的规模化、区域化方面。

二是农业生产的规模化。近代中国已形成了农产品生产的区域化特征，东部、中西部经济带各具特色，以长三角为代表的东部发达地带，在腹地农业的支持下，逐渐发展成为近代中国的工商金融和文化核心区域，而中西部欠发达地区则逐步演变为东部发达区域的粮食、工业原料供应地，特别是甲午战争后，在西方资本的运作和东部经济的带动下，中西部地区逐渐形成了相对集中的农产品生产基地，如东北地区成为大豆和小麦的主产区，鲁豫等省成了烟草和花生的集中产区，冀苏湖湘成了棉花的生产中心，江浙粤等地成了蚕丝的生产中心，皖闽浙赣川滇等省成为茶叶主产区，内蒙古则是我国最大的盛产皮毛的畜牧区，闽浙赣是主要的甘蔗与水果产区[③]。在这些区域内，经济作物的规模化生产，促进了农业生产的商品化。这种农业生产的区域化来源于西方资本势力的渗透，畸形化的农业生产必然与利益相关，种植经济作物要比种粮的收益高，但较高收益的背后便是对贸易和市场的依附。

上述两点可以简要说明近代农业经济的发展状况，其商品化发展

---

① 吴承明：《我国半殖民地半封建国内市场》，《历史研究》1984 年第 2 期。
② 吴承明：《吴承明集》，中国社会科学出版社 2002 年版，第 278 页。
③ 张九洲：《中国旧民主主义时期的经济变迁》，河南大学出版社 1999 年版，第 341 页。

趋势的意义在于：一是相对地提高了农产品生产者的经济收入和城乡经济的活跃度；二是经济与贸易的发展为国家税收由"税农"向"税商"的转变提供了前提。

2. 手工业经济的发展

据海关贸易统计的 1868—1889 年，中国 11 种手工业品出口情况分析，瓷器、皮革、纸、糖、茶、烟叶、生丝、绸缎、土布等的出口量总体呈逐年上升趋势，其区别仅在于不同行业的增速不同和个别行业区间内出口值的波动，如皮货皮革出口值 20 年间增长竟高达 700 倍之多，由 1868 年的 1150 海关两发展到 1889 年的 806926 海关两，油料增幅也在 100 倍以上，由 1868 年的 4411 海关两发展到 1889 年的 450922 海关两，烟叶增幅 80 多倍，由 1868 年的 10522 海关两发展到 1889 年的 905935 海关两，但也有因市场竞争而衰落的个别行业。这些因素大致可以反映出手工业商品生产的发展变化趋势①。

同时，随着国家及同业公会的引导，新兴手工业不断出现，生产工具不断改进，从业者的创新意识和机器的引进进一步促进了近代手工业的发展。据北京政府农商部的调查统计，1912 年全国 30 种手工业从业人数为 13220122 人，总产值为 4235489241 元②，若从发展规模看，虽然与庞大的帝国不成比例，但与时代相较，应该算是发展得相当不错了。

彭南生认为：近代以来，随着生产形态的变革，依附于农业而存在的手工业逐步脱离传统经济的轨道而具有了"半工业化"的特性。在经济地位和作用上，近代手工业是介于传统农业与现代机器工业之间的一种"中间经济"，对传统农业和民族机器工业还具有"后向联进"和"前向联进"的推动功能，它不仅解决了一部分早期工业化过程中民族机器工业所无法吸纳的农业剩余劳动

---

① 彭泽益：《中国近代手工业史资料》（第 2 册），生活·读书·新知三联书店 1957 年版，第 54—56 页。

② 同上书，第 431 页。

力，而且在某些领域成为民族机器工业的销售市场，同时对传统农业的种植技术、品种改良提出了更高的要求，在传统农业和现代化工业中间发挥着积极作用。在生产力发展阶段上，近代手工业的变革主要体现在旧式手工工具的缓慢趋新和"石磨+蒸汽机"技术模式的出现，这是手工业从传统向现代过渡的"中间技术"，为手工业向大机器工业的过渡转化创造了一定的条件①。上述论断足以显示近代手工业存在的价值与意义。这里需要补充的是，手工业者是历史上很多时候苛捐杂税的贡献者，贡献的大小与其发展水平成正比。

3. 工业经济的发展

中国近代工业的发展是伴随着"师夷长技以制夷"的悲怆使命和"剿发逆、勤远略"的自强运动而兴起的，从重工业到轻工业，从官办到民营，从外资入侵到民间自筹股本，从与列强"兵战"到"商战"的思想转变，历经坎坷，但艰难之中，中国的工业化起步了，第一批工厂投产运营了，第一批产业工人出现了，新的生产方式和新的阶级由此诞生。

据严中平的研究，甲午战争前1872—1894年的二十余年间，中国有资本额可查的近代厂矿企业共计72家，其中商办53家，资本额为470万元，官办、官商合办企业19家，资本额为1621万元。1895年后，民族资本有了较快的发展，截至1911年的16年间，新创办的企业达412家，其中商办365家，资本额为8385万元，官办、官商合办企业47家，资本额为2757万元。另外，还新创办了中外合资企

①　参见彭南生教授的系列著述《中间经济：传统与现代之间的中国近代手工业（1840—1936）》，高等教育出版社2002年版；《半工业化：近代乡村手工业的发展与社会变迁》，中华书局2007年版；《中间经济：近代手工业经济地位与作用的新阐释》，《近代中国》2001年刊；《论近代中国乡村"半工业化"的兴衰——以华北乡村手工织布业为例》，《华中师范大学学报》2003年第5期；《半工业化：近代乡村手工业发展进程的一种描述》，《史学月刊》2003年第7期；《近代中国"半工业化"农村中的经济社会变迁》，《兰州大学学报》2005年第1期。

业35家，虽然数量不多，但资本额却多达2670万元①，这也是外国资本实力强劲的一个表现，对于民族资本的发展而言绝非福音。另据统计，仅1895—1900年这5年间，中国就新办工矿企业共计122家，其中商办107家，资本额为2027万元，官办、官督商办15家，资本额为406万元②。这里无意对其构成及占比做分析，主要想说明的是，因受甲午战争后那个臭名昭著的条约的影响，晚清政府不得不加快工业化的步伐，通过一系列政策的刺激，促使民族资本投入实业的幅度大为增加，这一时期不仅新办企业的数量明显增加，更重要的是资本额也较战前的二十余年增长了4倍之多。

上述数据大体上可以看出民族资本的发展趋势。近代企业的发展有两点值得明确，一是民族资本家群体的涌现，它体现着中国工商业的近代化进程，商业社团组织的出现标志着资产阶级队伍的发展、壮大和阶级意识的不断提高③，"南张北周"、荣氏家族等商人群体及其背后社团组织的出现，"对于增强商人的主体意识，加强商人的组织程度，发挥对地方事务的参与和管理，起了有力的推动作用"④。另一方面，由于甲午战争后外资渗透日益加剧，显然对中国民族资本的发展大为不利，一个事实就是：近代中国民族资本除了需要实现盈利以图自身的发展之外，还肩负了中华民族"救亡图存"的重任，这些企业家们在夹缝中探索"实业救国"道路的精神因此也被赋予了影响至深至远的时代意义和价值。

（二）贸易市场的扩大

商品经济的发展有赖于具有一定辐射力的市场，而市场的拓展需要依靠便利的交通，这是前述商品经济发展的基本前提。市场与交通

---

① 严中平等编：《中国近代经济史统计资料选辑》，科学出版社1955年版，第93页。

② 杜恂诚：《民族资本主义与旧中国政府（1840—1937）》，上海社会科学院出版社1991年版，第33页。

③ 张九洲：《中国旧民主主义时期的经济变迁》，河南大学出版社1999年版，第431—438页。

④ 朱英：《中国早期资产阶级概论》，河南大学出版社1992年版，第227页。

条件的改善与发展具有一定的历史连续性，到了近代，其发展速度得到了明显提升。

1. 通商口岸与市场

近代以来，西方列强利用与清政府订立的许多不平等条约，强迫中国开放通商口岸，这些口岸便成为列强对中国进行经济掠夺、政治控制和文化渗透的据点。从1842—1927年，中国共计开设商埠103处（包括约开商埠和自开商埠），除现今属于蒙古人民共和国的2处之外，涉及现今上海、天津、重庆三个直辖市和23个省、自治区，主要分布在沿海、沿江、沿铁路线和边界地区[①]。这些商埠不但成为对外交往的经济中心和政治中心，成了列强倾销商品、资本输出和掠夺中国原材料的合法聚集地，而且成了国内的商业交流中心。尤其是自开商埠的措施，"不仅在一定程度上起到了抵制西方列强侵略扩张的作用，而且有利于中国进出口贸易的增长和关税的增收"[②]。由于这些商埠的出现和发展，作为经济贸易的核心地带，对周边地区和内陆腹地具有较强的辐射能力，形成了大小不等的经贸区域，为商品经济的进一步发展提供了条件。

从国内市场的发展看，历史上所形成的为数众多遍布各地的交易市场一直在发挥着作用，丝绸之路、茶马古道在不断地发展、延伸，早在明清时期就已经发展成为贸易中心的水陆交通要道，如广州、宁波、泉州、福州、苏杭等城市，经过近代的被迫开放，其中心市场的作用日益凸显，围绕在其周围的是为数众多的小一点儿的贸易集市，更加复杂的市场网络日益成熟。

2. 交通通信与市场

交通线如同珍珠串线般将各级市场连接起来，构筑起帝国的商业大厦，古代以水运为龙头，近代以铁路为动脉，形成了为数众多的交通枢纽城市，如九省通衢的武汉，铁路枢纽郑州等。水陆

---

① 严中平等编：《中国近代经济史统计资料选辑》，科学出版社1955年版，第41—48页。
② 朱英：《晚清经济政策与改革措施》，华中师范大学出版社1996年版，第85页。

交通的发展为大宗农产品、煤炭矿石等的运输提供了便利，如长三角发达的水运条件使其经济长期处于国内领先地位，再如东三省在当地铁路未通时，大豆及豆制品的输出为数极微，1890年的输出总值仅白银37万两，铁路通车后，其输出量逐年增加，1900年输出总值为547万两，1910年即达3669万两①，20年间的发展可谓百倍增速。

从铁路运输发展看，1876年，全国铁路通车里程仅15公里，而在1885—1911年，就新筑铁路9254公里，平均每年兴建544公里，铁路运力不断提高②。公路运输方面，到1922年全国已有公路8000公里。水运方面，截至1900年，我国已拥有各式轮船约480艘，最重要的是，民间船只打破了外资与清政府的垄断，取得了内河航运的合法地位，大中型船运企业开始兴起，相继出现了以轮船招商局为代表的老牌洋务企业和以张謇的"大达轮步公司"、四川省属官商合办的"川江轮船公司"以及"三北航业集团""北方航业公司"等为代表的一批重点企业③。

邮电通信行业的快速发展，不仅对国家政治、军事的意义重大，且直接刺激着贸易经济的发展。从1866年成立的邮务办事处开始，邮电业务正式落户中国，电报、电话从无到有的发展，成效卓著。如1877年5月，直隶总督李鸿章主持自行铺设了从天津机器东局至直隶总督衙署，长达16公里的电线，这是中国大陆自主修建的第一条电报线路，自此，电报事业迅速发展，到清末几乎遍及全国。电话线路的铺设也随即展开，首先由南京试办（1899），并逐步扩及广州、天津、北京、上海等各大都市，中国近代电话通信网络在此基础上构建而成。1878年，清廷在天津、北京、牛庄、

---

① 章有义：《中国近代农业史资料》第二辑，生活・读书・新知三联书店1957年版，第133页。

② 严中平等编：《中国近代经济史统计资料选辑》，科学出版社1955年版，第180—194页。

③ 吴申元：《中国近代经济史》，上海人民出版社2003年版，第131—152页。

烟台、上海五处海关，仿照欧法试办邮政。1896 年，大清邮政官局"奉旨成立"，1911 年 5 月，邮传部接管邮政，邮政正式脱离海关。1912 年中华民国成立，大清邮政改为中华邮政，其业务范围进一步扩大，陆续增加了商务传单、保价信函、航空邮件、邮政储蓄等新业务，中国邮政开始走向世界。

邮电通信事业的发展极大地便利了各种信息的传递，对于人们及时掌握瞬息万变的市场动态、确保经济活动的利益最大化具有无可替代的作用。

3. 对外贸易的发展

据海关统计，同治七年（1868），我国对外贸易值 12511 万两，至光绪二十一年（1895），总额增至 31499 万两，较同治七年增加 151%。其中，进口值 17170 万两，较同治七年增加 171%，出口值 14329 万两，较同治七年增加 131%。到 1913 年第一次世界大战前夕，贸易总额增至 97347 万两，其中进口值为 57016 万两，出口值为 40331 万两，即较 1895 年的总额又增加 209%，其中，进口值增加 232%，出口值增加 181%[①]。统计数据表明（如表 1 - 1 所示），近代中国对外贸易量虽然逐年增加，但在 19 世纪后半叶，仅增长了 8 倍余，可见其增速并不快，但从进入 20 世纪后的情况看，贸易值的增加还是比较可观的。如从外贸质量看，首先是连年的入超对中国民族经济的发展严重不利，阻碍了中国工业化的发展，加速了中国农村自然经济的解体，但客观上也促进了中国农产品商品化和农产品加工业的发展。其次是进出口商品的构成比例失调，进口货物以鸦片、棉毛织品、米、面、矿产品等为大宗，而出口货物则以丝、茶、糖、大豆、原棉等为大宗[②]。进口商品多为附加值较高的消费品，出口产品则为低端粗加工的农产品，属于典型的原料供应型产品，商品贸易处

---

① 孔士谔：《进出口贸易》，商务印书馆 1938 年版，第 1—5 页。
② 徐雪筠等编译：《上海近代社会经济发展概况（1882—1931）》，上海社会科学院出版社 1985 年版，第 363、378 页。

于严重的不对等状态。不难发现一个事实：中国工农业生产对世界市场的依赖程度逐步加深。

表1-1 近代中国对外贸易统计 单位：万海关两

年份	贸易总额	进口总额	出口总额	入超额	年份	贸易总额	进口总额	出口总额	入超额
1868	12511	6336	6175	161	1901	43796	26830	16966	9864
1882	14506	7772	6734	1038	1902	52955	31537	21418	10119
1885	15321	8820	6501	2319	1905	67499	44710	22789	21921
1890	21424	12710	8714	3996	1910	84380	46297	38083	8214
1891	23495	13400	10095	3305	1911	84884	47150	37734	9416
1894	29021	16210	12811	3399	1912	84362	47310	37052	10258
1895	31499	17170	14329	2841	1913	97347	57016	40331	16685
1899	46054	26475	19579	6896	1917	101245	54952	46293	8659
1900	37007	21107	15900	5207	1918	104078	55489	48589	6900

资料来源：孔士谔：《进出口贸易》，商务印书馆1938年版，第1—5页；徐雪筠等编译《上海近代社会经济发展概况（1882—1931）》，上海社会科学院出版社1985年版，第350页。

（三）经济政策的刺激

朱英认为：近代中国社会在许多领域中明显出现从传统向近代的过渡转化，这种转化与清政府实施的新政策及其改革措施有着密切的联系，而促使清政府经济政策发生变化的主要原因，就是甲午战败后屈辱的《马关条约》的签订，既使民间人士的爱国救亡热情急剧高涨，同时也给清朝统治者带来了不小的刺激，迫使其不得不有所振作[1]，于是便有了为数众多的经济法规的出台。

---

[1] 朱英：《晚清经济政策与改革措施》，华中师范大学出版社1996年版，第1页。

1. 发展经济的思路转变

在中国传统社会里，由于国家"重农抑商"等制度性障碍、中国社会的绝对贫困以及传统文化中"义利观"等因素的制约，使得中国民族资本投资实业的欲望一直低迷。甲午惨败强烈地刺激了国人"救亡图存"的热情，中国朝野对于"设厂自救"、保护华商以及发展工商业的呼声日益高涨，从而掀起了近代史上投资办实业的第一次高潮，成为推动中国社会进步、经济发展的最主要力量。

清政府发展工商业的设想似乎过于简单，正如清廷所颁上谕称："嗣后我君臣上下，惟期艰苦一心，痛除积弊，于练兵筹饷两大端，实力研求，亟筹兴革，毋稍懈志，毋务虚名。"① 可见，清廷最高统治者要"君臣一心"的办理还停留在筹饷练兵方面，并非完全意义上"振兴商务"的远景规划。其后的转折是巨额的战争赔款，使清政府陷入了难以为继的财政危机之中，"罗掘已空，供应何恃"和"挪无可挪，借难再借"② 的困顿倒逼清王朝为摆脱财政危机、开辟新财源而转向发展工商实业。官商各界持有"兴商务然后可以扩利源"③ 等主张者为数不少。此外，新兴媒体作为一个强大的社会舆论场，不断传声，要求政府值此创巨痛深之际，亟宜奋发有为，变法自强，其法如"精工艺、广制造，以收利权"以及"整顿商务，以臻富强"等④，并提出了保护工商业者，鼓励民间兴办实业等主张，凡"设立机器诸局，可听商民自为，官助其成，以旺商务"⑤。这些言论对清政府下决心进行经济政策变革具有一定的推动作用，清廷上谕也曾表示："自来求治之道，必当因时制宜，况当国事艰难，尤应上下一心，图自强而弥隐患。"⑥ 随着外资纷纷进入中国投资办厂，接踵

---

① 沈桐生：《光绪政要》第21卷，上海崇文堂宣统元年铅印本，第12页。

② 朱寿朋：《光绪朝东华录》（四），中华书局1958年版，第3728、3766页。

③ 中国史学会主编：《戊戌变法》第2册，神州国光社1953年版，第438页。

④ 《洋务刍言》上，《申报》1895年5月6日。

⑤ 《洋务刍言》下，《申报》1895年5月13日。

⑥ 朱寿朋：《光绪朝东华录》（四），中华书局1958年版，第3631页。

而至的是中国利权的大量外溢，清政府再次意识到"振兴商务，为富强至计，必须讲求工艺，设厂制造，始足以保我利权"①已刻不容缓，一场自上而下的制度变革开始启动，直至清王朝垮台都未停歇。

2. 经济法规的短暂涌现

甲午战争后，在以慈禧太后为首的中枢机构和以张之洞、刘坤一以及其后的袁世凯等地方实力派的共同推动下，一系列的经济法规得以颁行。

清末的经济法规，大致可以分为四类。

一是以保障商人权益为主的综合性商业法规，主要包括：

1904 年 1 月同时颁行的《商人通例》和《公司律》。《商人通例》共 9 条，规定了商人的身份、权利、应遵循的规则等。《公司律》共 11 节，131 条，规定了公司的组织形式及创办、呈报办法等；对经营管理方式和股东权利作了规定；规定洋商股份权利与华商一律等。

1904 年 5 月颁布的《公司注册试办章程》共 18 条，规定公司的注册、权益保护等事项。

1904 年 6 月颁布的《商标注册试办章程》共 28 条，对商标注册、商标权限及保护等进行规范。同时还颁布了《改订商标条例》和《呈请专利办法》两项法规。

1906 年 4 月颁布《破产律》，共 9 节 69 条，分呈报破产、选举董事、债主会议、清算账目、处分财产、清偿展限和呈请销案等。

二是以发展产业经济、规范经济社团为主的行业管理章程，这里主要以财政金融类为例略作介绍：

1904 年 4—5 月，户部奏准颁行《试办银行章程》32 条，1908 年，户部银行改称大清银行，更订颁布《大清银行则例》24 条，进一步确立其国家银行的性质。同时颁布的还有《实业银行则例》34

---

① 中国史学会主编：《戊戌变法》第 2 册，神州国光社 1953 年版，第 39 页。

条，《储蓄银行则例》13 条等。

1907 年 12 月颁布《印花税则》15 条和《印花税办事章程》12 条。

1909 年 1 月颁布《清理财政章程》35 条和《集中财权办法》6 条。

其他如 1909 年的《通用银钱票暂行章程》、1910 年的《厘订国家税暨地方税章程》以及 1911 年的《试办全国预算暂行章程》等经济法规相继出台，体现了清政府的财政政策取向。此外，被视为要政的路矿等行业法规也相继制颁，如 1903 年的《重订铁路简明章程》24 条，鼓励商办铁路；1898 年的《矿务铁路公共章程》、1902 年的《筹办矿务章程》、1904 年的《矿务暂行章程》和 1907 年的《大清矿务章程》大抵属于沿袭修正的章程；1905 年的《改良茶叶章程》《出洋赛会章程》意在鼓励改良与创新；1904 年的《商会简明章程》、1906 年的《商船公会简明章程》、1907 年的《农会简明章程》等社团法规，对于提高商人群体的地位起到了促进作用。

三是以刺激商人投资实业为主的奖励章程，主要包括：

1898 年 7 月，总理衙门奏准颁行的《振兴工艺给奖章程》12 条，对"有自出新法，制造船、械、枪、炮等器，能驾出各国旧时所用各械之上，……或出新法，兴大工程，为国计民生所利赖，……俟临时酌量情形，奏明请颁特赏，并许其集资设立公司开办，专利五十年"[1]。此法首开对四民之末的商人进行奖励的先河，具有十分重要的倡导意义，清政府由此跨过了由抑商贱商到劝商的鸿沟。1903 年，商部颁行了《奖励华商公司章程》20 条，依据商人的投资额给予不同级别的勋爵等荣誉奖励，1907 年颁布的《改订奖励华商公司章程》，仅是前项章程投资额度的下调，其奖励内容几乎没有变化（见表 1 – 2）。

----

[1]　汪敬虞：《中国近代工业史资料》第 2 辑（上），科学出版社 1957 年版，第 638 页。

表 1 - 2 《奖励华商公司章程》奖励内容

投资规模		奖励内容
1903 年章程	1907 年章程	
5000 万元以上	2000 万元以上	准作商部头等顾问官，加头品顶戴；特赐双龙金牌，子孙袭四等顾问官（至三代止）
4000 万元以上	1500 万元以上	准作商部头等顾问官，加头品顶戴；特赐匾额，子孙袭头等议员（至三代止）
3000 万元以上	1000 万元以上	准作商部头等顾问官，加头品顶戴；特赐匾额，子孙袭二等议员（至三代止）
2000 万元以上	800 万元以上	准作商部头等顾问官，加头品顶戴
1000 万元以上	600 万元以上	准作商部二等顾问官，加二品顶戴
800 万元以上	400 万元以上	准作商部三等顾问官，加三品顶戴
500 万元以上	200 万元以上	准作商部四等顾问官，加四品顶戴
300 万元以上	100 万元以上	准作商部头等议员，加五品衔
200 万元以上	80 万元以上	准作商部二等议员，加五品顶戴
100 万元以上	60 万元以上	准作商部三等议员，加六品衔
80 万元以上	40 万元以上	准作商部四等议员，加六品顶戴
50 万元以上	20 万元以上	准作商部五等议员，加七品顶戴

资料来源：汪敬虞：《中国近代工业史资料》第 2 辑，科学出版社 1957 年版，第 640—644 页。

上述两项"章程"还规定：如商人原有职衔在奖励所定等地之上，准其递加一等，如集股 40 万两（原定：四等议员加六品顶戴），本身已有五品顶戴，或准换四品顶戴，仍做四等议员；如不愿再加职衔，准其具呈声请移奖该商之胞兄弟及亲子侄。既得奖励职衔者，在办理商务事宜谒见督抚司道等官时，自四等顾问官以上，均按京卿仪注，头等议员以下，均按部员仪注，行廷见礼[①]。这种惠及家人和排场光鲜的奖励直击国人的面子情结，极具渗透力。

除此之外，清政府还颁布了《华商办理实业爵赏章程》，类似是对上表所列奖励措施的追加补充（见表 1 - 3）。1906 年农工商部再颁

---

① 汪敬虞：《中国近代工业史资料》第 2 辑（上），科学出版社 1957 年版，第 644 页。

《奖给商勋章程》8 条，主要偏重于对技术工艺革新创新等项的奖励，与 1907 年颁布的《奖给章牌章程》和 1910 年制定的《奖励棉业章程》，都可以视为清末新政时期"振兴商务、奖励实业"的系列举措。不论其奖励能否兑现效果如何，至少表达了清政府的一种劝商姿态，而且，商人的社会地位由此也得到了法律确认和提高，较为尴尬的是，这批"皇恩浩荡"的受益者其后大多成为立宪运动的领导者。

表 1 – 3　　　　　1907 年《华商办理实业爵赏章程》奖励内容

投资规模	奖励内容	投资规模	奖励内容
2000 万元以上	赏一等子爵	500 万元	赏四品卿，逾 600 万元者并赏花翎
1800 万元以上	赏二等子爵	300 万元	赏五品卿，逾 400 万元者并赏加二品衔
1600 万元以上	赏三等子爵	100 万元	赏六品卿，逾 200 万元者并赏加二品顶戴
1400 万元以上	赏一等男爵	80 万元以上	奖二品衔
1200 万元以上	赏二等男爵	50 万元以上	奖三品衔
1000 万元以上	赏三等男爵	30 万元以上	奖四品衔
700 万元	赏三品卿，逾 800 万元者并赏花翎	10 万元以上	奖五品衔

资料来源：汪敬虞：《中国近代工业史资料》第 2 辑，科学出版社 1957 年版，第 645—646 页。

由于 1903 年的奖励章程所定标准过高，后修订时做了相应的微调。虽然很少有人达到获奖资格（大约 30—50 人），但毕竟是中国历史上奖励工商业者的第一次，这种倡导具有开创意义。有人将清政府的奖励内容仅以奖牌、匾额、虚衔、爵位为主而"没有资金支持和税金优惠等方面的奖励"的做法定义为"缺乏吸引力"，并与欧美和日本等国相比较，指出这些做法是"奖励内容的空洞"[①]，似有偏颇，

① 孙晓伟：《清末政府奖励工商业政策研究》，硕士学位论文，西北大学，2007 年。

要知道当时的中国，功名、爵位、御赐匾额甚至一块黄布块对于国人来讲，都是一种无与伦比的荣耀，其吸引力之强可想而知，至于该文所称的获奖人数极其有限的事实也恰恰说明了这种荣誉的难得和尊崇。

四是以发展实业教育为主的法规，主要包括：

1903 年颁布的《奏定实业学堂通则》《奏定初等农工商实业学堂章程》《奏定中等农工商实业学堂章程》《奏定高等农工商实业学堂章程》《奏定实业补习普通学堂章程》《奏定实业教员讲习所章程》《奏定艺徒学堂章程》等系列教育法规，对于近代中国职业教育的兴起与发展起到了至关重要的促进作用，加之对技术工艺创新、专利发明等的奖励措施，激励着众多工匠的求新精神，为近代工业化的发展提供了支持。

综上所述，民间资本的发展、民族存亡的险恶，使得清政府不得不对相关制度进行调适，一系列制度安排又进一步推动着民族资本的发展，共同推动了中国工业化的艰难前行。当然，这场自上而下、规模宏大的制度变革由于时代因素的制约，还存在着许多难以克服的缺陷，这种移植修补型的制度改革不可能触及其根本制度，只能留待后世予以摒除。但不能否认，清末各类经济法规的制定颁行当属历史性创举，"在中国法律史上有着前驱先路的重要历史地位，对近代中国经济法制建设产生了重要影响"[1]，为促进近代中国经济的发展以及引发此后更为重要的制度变迁做好了铺垫，并扫除了一些长期制约中国经济发展的制度性障碍。

二　财政恶化的原因

晚清经济的发展并未使中央财政有所好转，相反，财政恶化程度逐渐加深。究其原因，无外乎外患内忧。战争让中央权威丧失殆尽，

---

① 朱英：《晚清经济政策与改革措施》，华中师范大学出版社 1996 年版，第 209 页。

建设让地方实力日益壮大，内轻外重的格局已尾大不掉，政令不出都门的危状使清王朝的诸多政改措施流于文本，财政危机的结果是政权的更迭。晚清财政的贫困化过程，大致可以以太平天国运动和甲午战争为界分为三个时期，太平天国运动前可以算是财政锐减时期（1840—1850），其后至甲午战争这段时间为财政艰难时期（1851—1894），战后至辛亥革命前则是财政危机时期（1895—1911），财政危机直接将大清帝国送入了坟墓①。

（一）外国势力的侵入

自列强的铁蹄踏上中国这片热土之后，他们除了不断地用炮舰屠杀中国人民、侵占中国领土之外，还通过经济掠夺、政治控制等手段强化对中国的侵略，尤其是巨额赔款和各种政治贷款造成了中国严重的财政危机。

晚清 60 年间，大大小小的各种赔款约 100 余次，有战争赔款，有教案赔款，也有像日本强索"赎辽费""守备费"这样的敲诈款项，据统计，仅战争赔款本息总额就达 10 亿两上下②。张九洲指出，仅还清甲午赔款和庚子赔款这两笔赔款，晚清政府就要付出本息银 12 亿两以上，每年要支出赔款银 2800 万两，相当于当时清政府每年财政收入的三分之一。如从 1903 年的财政支出看，全年支出款项共 13490 余万两，其中债务（包括庚子赔款本息）就达 4460 余万两，占岁出总额的 33.1%③。光绪十一年（1885）至二十年（1894），清政府债务支出所占岁出的比例还不算太高，平均比例约为 4.3%，最

---

① 唐贤兴等：《晚清政府贫困化与中国早期现代化的受挫》，《文史哲》1998 年第 2 期。
② 周志初等人认为，近代中国应偿付的赔款本息总额约为 17.6050 亿海关两，实际支付额为 13.3548 亿海关两（《中国近代赔款数额的考察》，《扬州师范学院学报》1994 年第 3 期）；王年咏认为近代中国共有 8 笔战争赔款，总值为 13.75 亿元，合库平银 10.45 亿两（《近代中国的战争赔款总值》，《历史研究》1994 年第 5 期）；相瑞花认为其总值约为 13.263 亿元，合库平银 9.568 亿两（《试析近代中国的战争赔款》，《青海师范大学学报》1999 年第 1 期）。
③ 张九洲：《中国旧民主主义时期的经济变迁》，河南大学出版社 1999 年版，第 387—388 页。

高时亦不过6%（在此期间偿还外债本息合计银3440万两左右，最多的一年偿还451万余两）。甲午之后，外债举借与偿还的数额均迅速增加，债务支出所占总支出的比重亦随之上升，每年用于偿还外债的支出即达二千三四百万两，均占当年岁出的四分之一强①。各种赔款无疑是资本—帝国主义强加于中国人民头上的沉重枷锁，它加速了晚清政府的财政危机与经济崩溃，加重了中国人民的负担，制约了近代民族经济的振兴，阻碍了中国近代化的进程。由赔款引发的社会危机也加速了民族意识的觉醒，推动了近代民主革命运动的不断高涨。

自从约准外国公使常驻北京之后，这批蛮横的外国公使便成为清政府的"太上皇"，对中国的内政外交指手画脚，在各通商口岸的外国人也颐指气使，肆无忌惮地侵夺中国的司法权、关税自主权，并通过商品倾销和资本输出，控制了中国的经济命脉。从前述的对外贸易情况看，在不平等条约的加持下，大量洋货的涌入和原材料的输出，严重的贸易逆差加剧了中国工农业生产对世界市场的依赖程度，中国经济服务于世界资本主义市场的需要使其具有了明显的半殖民地性质。西方列强"贪婪的目光正盯在大清国身上，一些国家那饥饿的国库正渴望着从大清国这个巨大的仓库里补充给养。由此看来，大清国人的改革之路还是躲不开外国人横加干涉的阴影"②，中外矛盾至深由此可见一斑，可以说，近代中国经济的贫困很大程度上来自列强的侵略与压榨。

（二）战争引发的灾难

战争本身就是一项烧钱的买卖，是对经济的全面破坏和摧残，不仅需要巨额军费的紧急支出，而且数十万、数百万的青壮年士兵投入战争或死于战争，对经济发展造成的危害难以估量。如果再加上鸦片战争之后一系列的战后赔款，带给中国的沉重负担更是无以复加。对

---

① 陈锋：《清代财政支出政策与支出结构的变动》，《江汉论坛》2000年第5期。

② 郑曦原等编译：《帝国的回忆：〈纽约时报〉晚清观察记》，生活·读书·新知三联书店2001年版，第80页。

列强的赔款前已述及，这里仅就战争消耗问题做以简述。

据茅海建的估计："鸦片战争中清政府支出的军费约为 3000 万两左右。"[1] 第二次鸦片战争的时间、规模均超出第一次鸦片战争，其支出军费目前尚无准确的数字，以最保守的估计数字，与第一次鸦片战争相当，也为 3000 万两，合在一起就是 6000 万两。加上战争赔款，第一次鸦片战争 2100 万元，折合 1400 万两；第二次鸦片战争1600 万两。那么两次鸦片战争清政府支出军费、赔款数额超过 10000万两是绝对没有问题的。不难想见其后规模更大更惨烈的战争耗费了。

再如，清政府为镇压太平天国等农民起义支出的军费要比两次鸦片战争的耗费大得多，所造成的灾难难以统计，经济破坏程度在战后很久仍触目惊心。

长江中下游原是人口稠密、经济较发达的区域，这个地区恰是太平军与清军反复争夺的重点地区，其破坏程度不难想象。苏浙皖闽粤等省区的连年战争，造成土地荒芜，人口锐减，农业生产遭到最严重的破坏。战后安徽南陵一带的情况具有普遍性，"地广人稀，劳工缺乏，少数遗民，皆不欲多占土地，以负纳税义务，因致土地几等无价值"，浙江西部一带，"变乱以前，田地值四万文一亩，现在则只值一千文"[2]。这是土地问题的情况。

战争让大量土地荒芜的同时是更加可怕的肉体消失，人口锐减成为战后经济萧条的主要原因。在"中兴名臣"们的著述中，悲惨景象催人泪下，如苏南地区素以农业发达、商业繁盛著称，原本"半里一村，三里一镇，炊烟相望，鸡犬相闻"的景观，经此一战而变为"一望平芜，荆榛塞路，有数里无居民者，有二三十里无居民者"，李鸿章记载的情况为"行终日而不见人，偶遇二三难民，露处僵饿，

---

① 茅海建：《鸦片战争清朝军费考》，《近代史研究》1996 年第 6 期。
② 李文治：《中国近代农业史资料》第一辑，生活·读书·新知三联书店 1957 年版，第 176 页。

旦夕待死"；曾国藩对皖南惨象的记述为："市人肉以相食，或数十里野无耕种，村无炊烟"；左宗棠所见浙江情况是"人物凋耗，田土荒芜，弥望白骨黄茅，炊烟断绝"；周馥看到江西的状况是"人烟寥落，不闻鸡犬声"①。就连太平军首义省份的广西以及鲁豫云贵陕甘等地，同样也是生灵涂炭，人烟断绝，大量土地抛荒，到处一片废墟。另据统计，1852 年，江苏人口有 4449 万多人，到 1874 年仅有1982 万多人，浙江 1852 年的人口为 3017 万，至 1874 年降至 1084万②。据估计，这一时期的战乱，导致直接丧生人口在 6500 万—7000万之间③。天灾人祸使社会经济更加糟糕，人民的生活更加困苦，甚至在许多年之后，依然满目疮痍，遍地瓦砾。

这场战争对中国城乡社会经济的破坏程度前所未有，经过战争的摧残，江浙区域经济上的富庶和繁华随风而逝，文化上的极致与优雅烟消云散。政府不仅需要为此支付庞大的军费且丧失了战时战区原本富足的财源，而且还要为战后的重建付出更多的财赋，对清政府而言，财政上的困窘如雪上加霜，政治上的危局才刚刚开始。

（三）投资建设的艰难

社会经济的发展必然导致国家活动的扩张和公共支出的增长，这一规律被德国经济学家瓦格纳称为"政府活动扩张法则"。鸦片战争之后，逐渐开放的社会迎来了前所未有的变化，在剧变中求生存的清政府不得不在困境中履行其日渐增多的管理职能，这就进一步导致其公共财政支出的膨胀，加重了王朝的财政危机。

晚清财政支出，"迥非乾隆年间可比"，据户部所办光绪七年（1881）的奏销来看，"以各省陵寝供应、交进银两、祭祀、仪宪、俸食、科场、饷干、驿站、廪膳、赏恤、修缮、河工、采办、办

---

① 范文澜：《中国近代史》上册，《范文澜全集》第九卷，河北教育出版社 2002 年版，第 130 页。

② 李文治：《中国近代农业史资料》第一辑，生活·读书·新知三联书店 1957 年版，第 10—13 页各表。

③ 严中平：《中国近代经济史》上，人民出版社 1989 年版，第 649 页。

漕、织造、公廉、杂支等十七项为常例开支；以勇营饷需、关局经费、洋款、还借息款等四项为新增开支；以补发旧欠、预行支给两项为补支预支，以批解在京各衙门银两一项为批解支款"①。从中可以看到，"光绪年间的岁出与清代前期相比，已有较大幅度的增加，岁出的增加，主要是由于新增款项使然"②。这里需要强调的是，岁出除了额度的提高外，新增支出项目无疑更具牵制力，军费、洋务、赔款和债务等已成开支中新增的主要部分，战争军费、对外赔款以及由此而转化的外债前已述及，这里回顾一下洋务与新政的支出情况。

自清政府为平内乱、御外侮而发起"自强运动"之后，帝国的统治者们才发现办厂、练兵、育人等事业无不需要强大的财政支持作为后盾，而政府在逐渐陷入"财政竭蹶"的困境时，必须举办的诸项事业不得不委之于官股、民股的通力合办。办洋务牵一发而动全身，办厂的背后是机器、技术的自身需要以及开矿、筑路、邮电的配套；练兵则需要武器装备、操练法典与军事人才的参与；育人涉及的是教育体制的诸多变革，而每一项都是巨额投资，大量资金的投放使本已困难的财政变得更加难以为继，"司农仰屋"的感慨已成常态。及至清末新政时期，当局似乎初现文明国应有的公共建设的苗头，一揽子工程涌现出来，民政户政、军政警政、财政司法、工商实业、教育文化等各种新政项目通过羸弱的大清中枢而井喷，其后果不外乎财政上的难以承载，内债外债层出不穷，并由此导致更多利权的丧失。

这一时期最为累人的是练兵经费的筹措。练兵经费是个无底洞，军备竞赛可以拖垮一个国家，此言不虚。及至1903年，清廷在"非练兵无以自强，而练兵必先筹饷"的鼓噪下成立了练兵处，并将筹措

---

① 席裕福、沈师徐：《皇朝政典类纂》卷161，国用8，《近代中国史料丛刊续辑》第89辑，第2312页。

② 陈锋：《清代财政支出政策与支出结构的变动》，《江汉论坛》2000年第5期。

经费列为第一要务，但经费筹措之法无外乎向各省摊派、开征印花税和加重旧税等开源措施以及"严核各省钱粮""酌提各省杂税""暂停不急工程""劝解报效"等节流政策①，很快引起了地方督抚的不满和变相抵制与推诿。自 1906 年鸦片禁政开始后，练兵经费的筹措更加艰难，常常遭到地方督抚们的暗中排拒，从中可见中央与地方的关系渐成疏离趋势②。无节制地筹款不仅是对中央与地方关系的严重侵蚀，而且成为导致晚清财政深陷危局的重要推手，"清朝筹练新军实是自掘坟墓"③。

其他新政措施如户政、警政及教育实业办理，其经费的攫取依然是向各地搜刮，此举不仅侵犯了地方实力派的利益，其或引起各地民众的反感，在本已奇贫的农民看来，所谓的新政不过是国家收税的一种噱头，清廷变本加厉地征收苛捐杂税来筹措经费的做法是工商凋敝、民不聊生的根源，于是，群起反对兴学、警政、户口调查等新政举措，进而形成了风起云涌的民变风潮④。

上述两种结果，完全不在最高当局的预设之中，种瓜得豆的结局很值得反思。

三 财政危机的表现

晚清政府陷入财政危机的主要表现有以下几点。

（一）财政上的入不敷出

近代中国的财政状况总体上可以以甲午战争为分界点，甲午战争前的 50 多年内，晚清政府财政的贫困化至少在账面上还有部分盈余，

---

① 《户部复奏练兵筹款折》，《东方杂志》第 1 卷第 1 号，1904 年 3 月 11 日。
② 刘增合：《八省土膏统捐与清末财政集权》，《历史研究》2004 年第 6 期；刘增合《鸦片税收与清末练兵经费》，《史学集刊》2004 年第 1 期；舒习龙《练兵经费的嬗变路径与地方督抚的应对》，《韩山师范学院学报》2011 年第 2 期。
③ 沈鉴：《辛亥革命前夕我国之陆军及其军费》，国立清华大学《社会科学》1937 年第 2 期。
④ 刘增合：《痛诋与对抗清末朝野对新政的认知和反应》，《天津社会科学》2004 年第 5 期。

还没有达到严重亏损的程度①。从 1840 年开始，其盈余之数虽逐年递减，但至少还不是入不敷出的贫穷国家②。另据专家研究指出，不同年份，"巨额的财政亏空、国库的严重空虚"一直存在，鸦片战争爆发后的 10 年里，财政亏空总计已达 1100 万两③。洋务运动 30 年创下的"同光中兴"使得晚清财政状况大为好转，尤其值得一提的是 1885—1894 年，改革的红利已经初现（如表 1 - 4 所示）。

表 1 - 4　　　　　　　　　晚清岁出岁入统计

年份	岁入（两）	岁出（两）	结余（两）
1885	77086466	72865531	4220935
1886	81269799	78551776	2718023
1887	84217394	81280900	2936494
1888	88391005	81967737	6423268
1889	80761953	73079627	7682326
1890	86807562	79410644	7396918
1891	89684854	79355241	10329613
1892	83364443	75645408	7719035
1893	83110008	73433329	9676679
1894	81033544	80275700	757844
1899	101566000	110000000	− 13000000
1903	104920000	134920000	− 30000000
1909	263219700	269876432	− 6656732
1911	296960000	381350000	− 84390000

资料来源：周育民：《晚清财政与社会变迁》，上海人民出版社 2000 年版，第 237 页；张九洲《中国旧民主主义时期的经济变迁》，河南大学出版社 1999 年版，第 392—393 页；申学锋《清代财政收入规模与结构变化述论》，《北京社会科学》2002 年第 1 期。

---

① 唐贤兴等：《晚清政府贫困化与中国早期现代化的受挫》，《文史哲》1998 年第 2 期。
② 陈志武：《治国的金融之道》，《经济观察报》2006 年 10 月 23 日。
③ 周育民：《晚清财政与社会变迁》，上海人民出版社 2000 年版，第 67 页。

从中可以看出，这 10 年间，清政府的财政收入规模大致维持在8000 多万两的较高水平，支出一般维持在 7000 余万两左右，财政累计盈余银达 6000 万两以上，根本看不出什么财政危机的迹象。但自甲午战争后，晚清政府的财政便陷入了入不敷出的境地，财政赤字日益严重，1911 年竟达 8400 多万两之巨。从表 1 – 4 中我们还可以发现，晚清财政收支规模在这 20 多年间一直在不断扩大，这一趋势的存在与洋务、新政事业的纵深发展及其带来的投资收益有密切关系。此外，与传统的"以最大限度存银子"作为评判国家富裕程度的衡量标准不同，现代国家的财政赤字更多地取决于该国的财政政策，并不代表该国一定贫困。

但据专家分析，"清朝财政的实际状况并没有像统计表中所反映的那样乐观"[1]，在没有财政准备金的管理体制下，即使有结余也很有限，账面上的略有盈余与统计口径有关，支出部分计算的只是经常项目，一些临时性的河工、军费等并未全部列入，如将这些一并计算，财政收支的形势要糟糕得多[2]。据估计，甲午战争结束之初，财政赤字已不下 1500 万两[3]，到 1899 年，财政收支相抵已实亏 1300 万两，1903 年的赤字更达 3000 万两[4]。张九洲认为，晚清财政到甲午战后急剧恶化，已由"困难挣扎"而陷入了"万劫不复"的绝望境地，尤其是宣统在位的几年里，收支急速膨胀，到 1911 年，清政府的岁入岁出已迅速扩张到近 3 亿两和 3.8 亿两，亏空达 8400 余万两[5]。财政濒于破产，最终导致大清王朝的彻底崩盘。

（二）政治上的财权下移

晚清财政危机的另一个重要体现就是财权下移。在镇压国内叛乱

---

① 周育民：《晚清财政与社会变迁》，上海人民出版社 2000 年版，第 238 页。
② 张九洲：《中国旧民主主义时期的经济变迁》，河南大学出版社 1999 年版，第 387 页。
③ 彭泽益：《中国社会经济变迁》，中国财政经济出版社 1990 年版，第 667 页。
④ 张神根：《清末国家财政、地方财政划分评析》，《史学月刊》1996 年第 1 期。
⑤ 张九洲：《中国旧民主主义时期的经济变迁》，河南大学出版社 1999 年版，第385—393 页。

和兴办洋务的过程中，地方势力迅速崛起，俨然成为集大权于一身的地方军阀。为扭转这种局面，清廷借新政之机，试图重新集权，但由于技术低劣，一味地揽权最终导致清王朝的土崩瓦解，并将这"一统天下的专制财政体系中孵化出了大大小小的地方财政"作为一笔遗产赠送给了民国政府，"留下了一个民国政府既想解决又无法解决的中央与地方财政关系的难题"①。

1. "就地筹饷"：督抚扩权的开端

按制，户部统理全国财政，布政使司为中央派出机构，负责一省钱粮财赋，而非一级财政。地方开支实行"奏销"之制，经户部核准核销，中央拥有对地方财政的控制权和对全国财力的统一调配权，太平军兴，这种控制权被打破。清政府为了缓解中央财政压力，谕令地方"就地筹饷"以解决困难，"无论何款，赶紧设法筹备，以资拨解"②。随着战事的扩大，中央财政支绌，饷需急迫，清廷不得不接受抽厘助饷之法，允许战区地方官设卡征收，是为"就地筹饷"。起初抽厘仅限于战区贩米行商，其后遍及全国，涉及各业，税率有高达10%以上者。厘金出现，危害甚巨，此为近代中国财政史上的一大恶例，严重阻碍了民族工商业的发展。

各省督抚打着"就地筹饷"的旗号，不仅采取盐斤加价、开辟厘金的办法筹款，甚或拥有了举借外债之权，此为财政史上又一恶例。咸丰三年（1853），苏淞太道吴健彰为镇压上海小刀会起义，向上海洋商借款12万余两库平银，此为肇端；咸丰四年（1854），两广总督叶名琛效仿，向美商旗昌洋行借款26万两；咸丰七年（1857）闽浙总督王懿德续之，以"本埠及其它贸易港口的关税为担保"，向福州英商借款50万两。自咸丰十一年（1861）到同治四年（1865）间，江苏、福建、广东等省，先后至少向英、美各国洋商举借12笔外债，

① 周育民：《晚清财政与社会变迁》，上海人民出版社2000年版，第3页。
② 《清实录·文宗实录》（一），卷67，中华书局1986年版，第876页。

借款总额达 1878620 两①。上述外债借款，多用于镇压国内起义，均以关税做抵，打破了地方不得染指关税的定制。

此后，"就地筹饷"逐步向"就地筹款"演变，范围扩大到各省筹划海防、举办洋务等事业。左宗棠西征时，为摆脱协饷不足的困扰和"为购买枪炮之需"，委派胡光墉于上海筹商借款 1595 万两，成为"政府募集外债之始"②。1883—1884 年的两年间，为筹办广东海防，经两广总督张树声和湖广总督张之洞之手，先后借洋款五笔，共 700 余万两，均"粤借粤还"，被纳入"就地筹饷"的范围。此外，洋务派举办的民用工业也多采用"就地筹款"之法，招募商股，举借外债。庚子之后，清政府财税资源极其匮乏，只能责令各省筹集庚子赔款，新政各费也饬令地方自筹自为，致使各地支出无着，添捐加税，已成常态。封疆大吏参与借款表明地方自主权力的上升，财权下移已成定局，"中央虽握财政机关，不过拥稽核虚名，无论田赋、盐茶，一切征权，悉归地方督抚……内而各局院，外而各行省，乃至江北提督、热河都统，莫不各拥财权"③。

在中央看来，地方借债仅为权宜之计，"即令事出万紧，仍令该省自行设法归楚"④，因不需中央拨还，便默认了这种做法。甲午战后的巨额赔款又使得清政府由默许变为利用，将为数甚巨的本应由中央支付的款项摊派给地方，即所谓的外债摊还。据统计，各省摊解额光绪二十一年（1895）为库平银 922 万两，光绪二十八年（1902）增至 4773 万两，比清政府实际还款数还多出 250 余万两⑤。外债摊还的恶果是，虽然暂缓了中央财政危机，但筹款重心的转移直接扩张了

---

① 马金华：《晚清中央与地方的财政关系——以外债为研究中心》，《清史研究》2004 年第 1 期。

② 《左文襄倡借洋款》，徐珂编《清稗类钞》第 4 册，商务印书馆 1917 年版，第 26 页；马陵合《试析左宗棠西征借款与协饷的关系》，《历史档案》1997 年第 1 期。

③ 刘锦藻：《清朝续文献通考》卷 68，国用 6，浙江古籍出版社 1988 年版，第 8244 页。

④ 中国人民银行总参事室编：《中国清代外债史资料》，中国金融出版社 1991 年版，第 79 页。

⑤ 徐义生：《中国近代外债史统计资料》，中华书局 1962 年版，第 25 页。

地方权势，加速了中央财权的下移和财力的外倾，终致清政府中央财权急速滑落，呈尾大不掉之势。

2. 解协不灵：中央财权的外倾

按清制，户部掌管全国财政收支，地方所征赋税，除为数极少的留存外，"一丝一粒，无不陆续解送京师"。田赋、丁银、盐课、关税向为税收之大宗。盐课、关税由朝廷直接掌管，田赋、丁银由地方负责征收，可分为两个部分：一是起运，一是存留。凡州县经征、运解布政使司候部拨用者，叫起运，凡州县经征留作本地经费者，叫存留。起运部分属于中央财政收入，由各省布政使司上解京师或直接调拨协助他省或拨付边镇充当军饷，是为解协款。存留部分属地方财政所有，供地方政府开销支出。为加强对地方的控制，清廷还时常对存留予以裁扣，致使地方州县无存留钱粮，地方所需经费必须经过烦琐手续逐级申请方可领支，由此，其日常收支就被置于中央政府的严密监控之下，最终达到加强中央财政集权的目的①。

及至晚清，中央财权的解协款制度渐趋衰微，各省拖欠、截留现象日益严重。咸丰九年（1859）上谕称："山东等省积年欠解京饷银两，为数甚多"，欠解咸丰六七八等年银达 366 万余两，咸丰九年山西、山东、河南、陕西、浙江、四川等省欠解银 282 万余两②，旧欠新欠竟达 648 万两之多。此后催解欠款的上谕一直不断，但"扫数解齐，毋得迟延干咎"，"毋得饰词延宕，致误要需"的严词和"当此需用孔亟，各该督抚等具有天良，无论如何为难，总当依限速解，力顾大局"③的规劝似乎并未阻止住解协款制衰败的步伐，到光绪元年（1875）年底，各省关所积欠协饷已达 2740 万两④。再如，1904 年，清政府为筹措练兵经费，计划摊派 17 省总额

---

① 马平安：《晚清变局下的中央与地方关系》，新世界出版社 2014 年版，第 13 页。

② 刘锦藻：《清朝续文献通考》卷 69，国用 7，浙江古籍出版社 1988 年版，第 8260—8261 页。

③ 《清实录·穆宗实录》（七），卷 329，中华书局 1987 年版，第 355—356 页。

④ 《左宗棠全集·奏稿六》，岳麓书社 1992 年版，第 376 页。

836 万两，但各省实际认解额为 639.7 万两。不少省份要求减免，甚至讨价还价，如安徽省应认摊 35 万两，原只认 10 万两，经朝廷严催，续认 10 万两，余 15 万两恳免，虽然清廷要求"着仍遵前旨，照数拨解"①，但这种交易式的财政关系直接反映了中央与地方之间某种不和谐信息。

更有甚者，一些省份不仅协饷欠解，还对过境之款横加截留。1853 年清廷曾谕令各省："嗣后各督抚务当先其所急，于饷银解经本境，赶即派委妥员护送"，不得随意截留②。但截留之事时有发生，如"徐州粮台奏拨之款内有陕西银四万九千两，为河南截留，仅解还银一万四千两"③。陈锋指出：第一，在户部银库空虚的情况下，京饷的欠解以及屡催罔应，意味着中央财政的困厄。第二，中央财政支绌之后，先前那种遇有要需由户部直接拨银的情况已经鲜见，不得不更多地依赖各省的互相协济，而此时地方财政同样匮乏，地方大员难保不"专顾本省"，将协饷的解交放在次要的地位，协饷的欠解甚至截留也就毫不奇怪。第三，上述情况不仅标示着中央财政与地方财政的竭蹶不遑，而且是财权外倾、中央财政失控、运转不灵的重要标志，解协款制度趋于式微④。

3. 督抚专权：政权危机的根源

财权下移标示着中央财政对地方财政的失控，亦即意味着中央集权的财政体制的瓦解。因此说，晚清时期的财权下移与其财政危机关系密切，互为因果，它加速了中央权威的衰落，进而导致整个国家的行政能力由低效进入混乱状态。

从清代中央财政管理机构的设置看，其突出特点表现在：一是特别重视对地方财政的管理与控制。二是全国财政事务分隶于各清吏

① 周育民：《晚清财政与社会变迁》，上海人民出版社 2000 年版，第 393 页。
② 《清实录·文宗实录》（二），卷 82，中华书局 1986 年版，第 25 页。
③ 《清实录·文宗实录》（二），卷 114，中华书局 1986 年版，第 785 页。
④ 陈锋：《陈锋自选集》，华中理工大学出版社 1999 年版，第 366—367 页。

司，十四清吏司均以省区命名，按区分司，兼辖相应省份的赋税。三是突出满人的财政利益。四是中央政府其他部门具有部分财政权，直接收纳解款、征收捐税、办理捐输的中央机关为数不少①。这些特点具有明显的中央集权和满洲贵族专制倾向，但也潜藏着危机，一旦中央权威沦丧，头绪纷繁政出多门的解协款制度必将成为王朝崩溃的重锤，太平天国运动之后大清帝国的诸多变化便是明证，如湘军的崛起对晚清政局的影响尤为吓人，"中兴将相十九湖湘"，如以 1863 年为例，当时清廷的 8 个总督、15 个巡抚实缺中，湘军集团就占了 5 个总督、9 个巡抚，其他大小文武官员数不胜数。这些手中有兵有将的督抚权势日重，他们"既是清王朝统治的支柱，同时也是进一步威胁和削弱清中央集权的重要力量"②，他们虽挽救了王朝的危机，却也带来了重分权界的紧张，他们开创了"督抚专政"的新时代，也成为其后军阀割据的源头。

督抚专权、内轻外重所引发的中央政府"权杖上的裂痕"越发严重，不仅枪杆子易手为督抚掌控，而且钱包也随着财权下移而空扁，中央财政常常呈现"司农仰屋"的可怜状。

（三）管理上的混乱不堪

晚清财政一直处于有财无政状态，处处显示出庞杂紊乱的特点，其赖以支撑的解协款制度缺乏明确的权限设定，并且依靠地方督抚的"良心"去运作怎么说都不是国家治理的常规手法。

1. 协款制度概况

清代奉行的解协款制度已如前述，这里再将演变后的协款制度概括如下：

常奉中央之命协济他省的有苏浙湘鄂赣晋鲁豫川粤 10 省。

有时或时时受协的有苏浙湘鄂赣直皖甘闽桂云贵 12 省。

只协不受的省份：晋鲁豫川粤，共 5 省。

---

① 周育民：《晚清财政与社会变迁》，上海人民出版社 2000 年版，第 22—24 页。
② 张华腾：《北洋集团崛起研究》，中华书局 2009 年版，第 28 页。

亦协亦受的省份：苏浙湘鄂赣，共 5 省。

从亦协亦受这 5 个省份的情况看，除了贫困省份需要中央与外省协济之外，由于邻省间的贸易纠葛而需要相互协济或接济的现象也较为突出，甚至烦琐复杂，难以厘清。

江苏：接济直隶、福建、甘肃、云南四省，受湖南、浙江协济（销浙盐省份）。

浙江：接济江苏、安徽、福建（销浙盐省份），受江苏接济（浙省丝茧税苏省代征）。

湖南：接济湖北、甘肃、江苏、广西等省，受广东协济（分销粤盐）。

湖北：接济云南，受湖南接济。

江西：接济直隶、甘肃、江苏、广西、云南等，受广东协济（分销粤盐）。

后人对解协制度的评价是：一是各级政府间财政上没有明确的权限划分，易致"法外盘剥侵蚀"舞弊之风；二是无论解款还是协款，都存在着以多报少、以少报多的弊端；三是对边疆省份的协款多用于破坏和消极的军事费，并不是用于建设和积极的社会事业费①。下面以两广的财政状况和解协款情况做简要分析。

2. 广东解协款情况

从《广东全省财政说明书》（如表 1 - 5 所示）公布的解协款情况看，时人谓之"解款办法七零八落，毫无统系"可言，解款各自为政现象比较突出，常有以"官吏势力之大小以定解款数额之多寡，而不问其事之缓急"，因此便有"不当解而解，当解而不解"等弊端，协款则"毫无条件，其用途用于破坏为多"，并有受协省份常伪报收支情况等难以剔除之弊②。可见这些弊端已成为普遍认识，这种评论比较符合当时情形，此外尚有以下几点。

---

① 李权时：《国地财政划分问题》，上海世界书局 1930 年版，第 24—27 页。
② 金国珍：《中国财政论》，商务印书馆 1931 年版，第 512—513 页。

一是一部门收款来自多门。如解内务府款（供皇室之用），关库、藩库、运库、局库都有份，数额不等，向有定制。同样，解往兵部（后改为陆军部）的款项亦需关库、藩库、运库、局库四库分别上解，而不是将款项解往户部后由户部总理，此可理解为户部职权的一种让渡，但很难保证款项的足额上解及其行政效率。

表1-5　　　　　　　　　广东省解协款项清单

解协部门	解协出处	解协款项名目	年份及金额（两）	
			1908年	1909年
内务府实物贡品	藩库	檀香、锡、胶、蜡、榆梨、万寿贡品、厨下器皿等（清末改折纹银）	63794	59733
	粤海关		342312	295326
解内务府	关库（粤海关）	内务府经费、造办处备贡及画士养赡、颐和园经费、绮华馆经费、广储司公用、花梨牙匠养赡等	658294	612560
	藩库（布政使）	内务府经费	123960	123960
	运库（盐运使）	内务府经费	51650	51650
	局库（善后局）	崇陵工程	107920	无
解兵部（陆军部）	关库	京饷、东北边防经费、筹备饷需、禁衞军经费等	499400	602628
	藩库	北洋练兵费、东北边防经费、固本兵费、筹备饷需、备荒经费、地丁京饷等	731010	1011800
	运库	京饷	153000	203000
	局库	海军经费	无	572030
解户部（度支部）	关库	新增盈余、各关洋税常税、画士养赡扣成减平	103245	103151
	藩库	太平关节省经费、盈余扣存添平、新增扣平	9115	9324
	运库	纸朱费、新案加价、减成扣平	6342	197259
	局库	专使出洋经费、捐免保举、角银铜币四成余利	92408	190575

续表

解协 部门	解协 出处	解协款项名目	年份及金额（两）	
			1908 年	1909 年
解京各 部、衙、 署、院、 局、监、 校 等 部 门	关库	内阁、外务部、延吉开埠、农工 商部、税务处等及出使费	399026	622129
	藩库	翰林院、吏、法部、钦天监、京 师医局等十七个机关经费	50226	64668
	运库	翰林院等十一个机关经费	10264	9632
	局库	学部、民政部、京师大学堂、宪 政编查馆等九个机关经费	46641	122702
	提学司劝业道 南海县番禹县	京师求实学堂、京官都门旅费、 矿界官租、开矿照费、秋审工程 册费等	3115	4000
解沪偿 还赔款	关库	新案赔款、补关平	429079	538375
	藩库	新案赔款、补关平	2458071	2470089
	运库	赔款、补关平	41246	40817
解沪偿 还外债	关库	四国借款、汇丰原借及镑款、陆 军专饷改解洋款	2305801	2305801
	藩库	四国借款、汇丰、克萨镑款	966424	980677
	运库	四国借款、汇丰镑款	329043	313937
	局库	汇丰镑款	440000	440000
	厘务局	汇丰镑款	603313	646277
协济他省 款项	局库运库	福建湖北水灾、甘肃旱灾赈费	7820	30000
	局库运库	江北提督河工经费、水灾赈费、 拨补淞沪厘金	5000	55972
	藩库局库	广西协饷	92489	43792
	关库运库	西藏、广西、云南练兵饷	478025	398628
	关库运库	协济各省邮政经费	218182	218182
	运库	闽湘赣匀拨行盐省份银两	无	25655
	藩库	贵州新年经费	无	285228
合计			11826215	13649557

　　资料来源：《广东全省财政说明书》卷十，岁出门，第2—53页；李权时《国地财政划分问题》，上海世界书局1930年版，第4—21页。本表系综合整理补充所得，所列数据不含款项解协时所产生的水脚费、汇费等。

　　二是一库之款支出多处。如关库解款去向包括内务府、兵部、户部、在京各部、衙、署、院、局、监、校等部门，还要解上海江海关以偿还赔款和外债之用。此外还要协济广西、云南、西藏款项以做练兵支费。如此繁杂的头绪，很难保障每个需款部门都能得到及时和相应的支持。藩库、运库也是如此运作，难保不出现因人废事、因人举事等弊端。这种体制普遍存在，如江苏上海道（江海关）岁入有六种支出去向：外债利息、驻外使馆经费、河工经费、各省海防经费、内务府经费、崇陵工程经费，这些支出用度皆可不经户部而直接汇寄支用机关，而总管全国度支的户部（度支部）竟然可以侧身放任，甚至对岁入岁出也感莫名其妙①。制度初设，是为减少手续起见，但其后的走向很难预料，此种现象无论如何都不能称为财政统一，此为财政紊乱的又一体现。

　　三是一省收入支出无序。上述两项解协之制，并未明确规定各库收入中哪些收入属于应解协之款，解协多少也未见具体规定，尤其是协济他省时，各地各有私心，于是对于富庶省份来讲，岁入以多报少，岁出以少报多的现象便属人之常情了。此外，每年解协款项也非定额，如1908年解款兵部138万两有奇，而1909年增加为239万两，1908年解款户部211多万两，而1909年增加为500万两。但就关库而言，1908年解款兵部近50万两，1909年增加为60多万两，1909年解款户部10万两，比1908年稍微减缩。而全省解协款总额也呈上升趋势，1909年比1908年多支出180多万两，可见解协款额并不固定。

　　四是一省收入库藏多处。从广东的情况看，藩库为全省赋税收入总汇，关库以征收常关税为主，盐运使亦有收入进项，是为运库，善后局（后改为派办政事处）设有局库，其他如统税总局、经征总局、印花税处、烟酒税处甚至提学司、劝业道等有名无名之机构都有经征

---

　　① 李权时：《国地财政划分问题》，上海世界书局1930年版，第28页。

保管财赋之权，如此零乱的设置为官员们的上下其手贪污中饱预置了后门。

3. 广西收支情况

从《广西全省财政说明书》公布的宣统元年收支情况分析（如表1-6所示），大体有以下特点。

一是总体衡量，收支勉强相抵。按当时记载，新政之初，广西仅"三五学堂、数百巡警"而已，经费上"辗转挪移，尚足勉强支柱"，光绪三十年后，百废俱兴，政务渐多，各种新政机构相继成立，"入款锐减、出款骤增"，财政上陷入"最窘"时期①。但从表1-6看，收支相抵，并无"最窘"迹象，甚至略有盈余，此种说法似与当时各地的"哭穷"癖好有关。

二是解协款弊病与广东相仿。解款内阁、外务部、度支部、海军部、陆军部、法部、民政部、内务府以及其他部院总计30余万两，但对应部门较多，很难监管，并且款项同样是出自多个部门。受协44万两，同样也来自不同地区和部门，程序过于烦琐，并且很难保证这些款项在一进一出之中不发生舞弊行为。

三是支出结构不合理。表1-6显示，宣统元年广西的军费支出竟达312万两之多，占比高达56.6%。行政费和财政费两项支出颇高，占比为16%强。值得肯定的是，此时新政事业已连续多年，教育费、民政费的投入已相对可观。

四是收入结构落后。常关税、田赋、厘金仍居地方收入大宗地位，工商税仍以正杂各税为名，具有浓厚的封建农业时代特色，工业化远未给地方政府带来可观的收益，倒是害人的土药税给地方财政以不小的支持，几占岁入一成。

上述两广情况，均属预备仿行宪政之时的调查，在时人的记述中，无一例外地将宪政与编制预决算和税权划分联系在一起，对过去财政上的批判也在这一基础上展开，如广东提出的"税捐名目纷歧"，

---

① 《广西全省财政说明书》第一编，第3—5页。

表 1-6 　　　　　　　　广西省宣统元年岁出岁入 　　　　　　　　单位：库平两

岁出项目	金额	岁入项目	金额
解款（内阁、外务部、度支部各款、海军经费、法部、陆军部、民政部、内务府专款、各部院饭食费等）	304121	受协各款	436794
行政费（巡抚衙门、各巡道、府厅州县衙门经费等）	336260	田赋	468756
交涉费（洋务总局经费及其他杂支）	8604	盐课税厘	714235
民政费（巡警道局公所、禁烟公所、调查局、咨议局筹备处、地方巡警保甲、高等巡警、地方自治、补助善举等）	312147	常关税	320191
财政费（藩司、盐法道、派办政事处、经征总局、统税总局及各分局卡、官银钱号、南宁梧州等常关经费）	555520	洋关税	616129
典礼费（祭祀、庆贺、时宪经费及杂支）	2188	正杂各税	366456
教育费（学司衙门、学务公所、官立学堂、劝学所、图书馆、私立学堂补助、教育总会、派遣出洋留学经费）	345731	正杂各捐	64242
司法费（臬司、各审判庭、发审局、各监狱及监狱学堂）	91125	厘捐	1393661
军政费（绿营防营、亲兵、新军饷项、陆军各学堂、营务处、军塘驿站炮台、水师经费、军装军火造办经费）	3120363	官业收入	142255
实业费（劝业道衙门、农工商总局、矿政调查局、南宁商埠局、官办矿厂经费）	269667	杂收入	474071
交通费（官电总局、电报学堂、桂全铁路局、文报经费等）	142215	土药税	408111
工程费（陇河经费及其他杂支）	8033	捐输各款	113859
发还各款	9823	杂收入	13491
各款合计	5505797	各款合计	5532251

资料来源：《广西全省财政说明书》第一编，第 7—16 页。

税厘捐各异，税率不一，舞弊因此而盛；"收税机关未归统一"，各州县府道衙门都有经征之税项及杂捐，州县以下至教职佐杂营巡各衙门，无一不有自收自用之租息，无一不有应得之例规，同一税捐而征收机关不一，如戏捐、警费，学务公所、劝业公所、警务公所各有征收，如酒捐屠捐，善后局及府厅州县各有征收①。广西提出财政紊乱的原因是"国家税地方税未划分"导致税收"谁管即为谁款"等统系不明之弊；"无预算决算"导致"用款视一人之简奢为伸缩"，因时变计，任意挥霍，辗转挪移等弊端；"机关之分立"导致"财政机关之权限亦至不清，收支头绪较多"，收支界限不清，会计制度混乱不堪；"税法之不确定"导致州县各自为法，员役不同，方法不同，银钱折算不同等弊端大量存在，此外尚有国库制度缺乏、币制不统一等诸多问题②。

其他省份如苏浙皖赣湘鄂闽川陕晋鲁豫等省"财政说明书"中所反映的情况与两广的情况相差无多，所指弊端与所拟建议大致相同，最为突出者集中在实行预决算制度和划分中央与地方税权两项，希图通过明确税收征管权限、统一管理机构、完善税收法制等来扫除现行税制的弊端。

第二节　晚清财政的应对决策

晚清真正的财政危机发生于甲午战争后，恶化于庚子之役。时人谓之财政"紊乱期"，庚子之后为"大紊乱期"③。为了缓解"司农仰屋"的窘状，清政府不得不寻求解决办法，开源节流，以图补救。前节所述的各省对财政改革的建议，对于焦头烂额的财政当局而言，极具诱惑力，权衡的结果便是进行制度修补，引入西方财政学理和财税制度。清末的

---

① 《广东全省财政说明书》总说，第3—5页。
② 《广西全省财政说明书》第一编，第58—65页。
③ 胡己任：《中国财政整理策》，民国大学印刷部1927年版，第11—12页。

许多新政其实都属于制度嫁接，移植并不困难，调适则需要技术与魄力，清末新政因技术缺陷而使其改革发生了历史性错轨。

一 传统补救措施

甲午战争后，清廷因"偿款过巨"和各路防军又未能尽撤而"需饷亦繁"①，财力难以维持，曾搞出了一系列的补救举措，但均限于传统做法，难以奏效。

（一）节流堵漏

一是对政府官员下手。光绪二十年（1894），户部以"筹饷紧要"，提出将在京王公以下满汉文武大小官员的俸银和外省文武官员的养廉，按实支之数一律核扣三成，"统归军需动用"，从1895年施行，1896年续核扣一年。1897年又规定，凡京官应得俸银，文职四品以上，武职三品以上，再行核扣三成。外官应得养廉，文职州县以上，武职参将游击以上，再行核扣三成，并京俸外廉均拟再行接扣一年，预计三年可得银300万两②。这种靠扣工资增加国库收入的做法如同儿戏，极容易引起体制内的反感，激化君臣矛盾。

二是对兵勇下手。据1895年户部奏称，全国综计各省兵勇尚有80余万人，岁需饷银3000余万两，如将全国绿营兵裁汰七成，勇营裁减三成，每年可节约饷银1000余万两，但是结果并不理想，全部军饷每年开支并未减少③。庚子后，清政府再议裁兵，裁减经费每年260余万两，满汉官员、八旗兵丁原来每年米折银100余万两从1901年起暂行停支④。

三是对投资建设项目下手。洋务运动以来，清政府虽有过大规模的投资，但主要用在军事上，很少用于经济发展和实业建设。甲午战

---

① 《清实录·德宗实录》（五），卷370，中华书局1987年版，第6—7页。
② 朱寿朋：《光绪朝东华录》（四），中华书局1958年版，第3895页。
③ 荣禄：《遵议更新兵制疏》，《光绪财政通纂》卷40，北京图书馆出版社影印室辑《清末民国财政史料辑刊》23，北京图书馆出版社2007年版，第559—563页。
④ 张九洲：《中国旧民主主义时期的经济变迁》，河南大学出版社1999年版，第390页。

争后，清政府因财力不足，投资洋务企业的资金也越来越少①，此后便再也无力兴建近代化企业了。1903 年，清廷在"非练兵无以自强，而练兵必先筹饷"的思想指导下，再次提出了"暂停不急工程"的节流政策②，致使其用于近代公共事业的投资明显不足。

上述做法的结果是：一是减少或停止公共事业建设的投入，迟滞了中国近代化的步伐。二是核减官兵待遇使本就"刻薄寡恩的俸禄制度"③很难买到既得利益者的忠诚，甚至可能将他们推向体制的对立面。

（二）开源增收

晚清政府广开财源的途径有多种，但路径依赖使其更多地在税收的算盘上瞎拨乱弄。但清廷同时还倾向于以传统的"轻徭薄赋"为施政纲领，以期"在低税率中寻求道德荣誉"，并以"节俭""轻取"为标榜，甚至还希望藏富于民以"从士大夫集团那儿赢得一部分好感"④，但这种理想被现实严重扭曲，低税不能提供足够的财政收入以支付逐渐扩张的行政费用，当权者又希望自己手头宽裕，加征和摊派便不可避免了，其基本套路是整理旧税（主要是加重）、开征新税。

一是整顿旧税。旧税一整顿就加重，这是历朝历代税政改革的必由之路。如田赋，囿于清代"永不加赋"的祖训，增加田赋有违祖制，那就在田赋附加上寻找路子，于是，耗羡、平余、津贴、捐输、亩捐、田捐、借征等名目繁多，致使农民负担不断增加。再如盐税，中央控制盐税，地方则加征盐厘，税率不断攀升，收入更是可观，1841 年全国盐税收入为 495 万余两，1873 年增至 663 万余两，1892 年竟增至 1365 万余两，而在宣统四年的财政预算中，盐税收入则增

---

① 汪敬虞：《中国近代工业史资料》第二辑（上），科学出版社 1957 年版，第 469 页。
② 《户部复奏练兵筹款折》，《东方杂志》第 1 卷第 1 期，1904 年 3 月 11 日。
③ 周育民：《晚清财政与社会变迁》，上海人民出版社 2000 年版，第 3 页。
④ ［美］吉尔伯特·罗兹曼：《中国的现代化》，江苏人民出版社 2005 年版，第 65 页。

至 4757 万两①，可见其增加之速。其他如茶糖、烟酒加厘、当铺加捐、牙税、契税等，税率都不同程度地提高。

二是开征新税。开征新税是最直接的集财手段，近代以来开征的新税主要有：厘金（1853 年开征，因其税率大体为米价的 1% 而名，这个"征于无形而民不觉"的"商民两便"②之制，日后推行全国，且税率不断提高，税目不断扩展，收入不断攀升，成为历届政府极为重要的财政来源）、洋税（即海关税，向属中央岁入，为洋人控制，其额甚巨，为历届政府财政支柱）、鸦片烟税（包括洋药税和土药税。洋药是指从外国输入的鸦片，土药是指国产的鸦片，经由海关征收的鸦片税占海关总收入的三分之一以上，可见"清朝财政被鸦片毒化的程度"③）。

通过加重旧税和开征新税，清王朝确实"把一个年收入只有四五千万两银子的国家财政在短短的七十年中扩张到了三亿两，并把这种扩张力传到了民国"④。可以肯定的是，这些措施虽然取得了暂时的效益，但其后果也不能忽视：节流导致投资不足和官员的离心离德，开源更是弊窦丛生，财政危机极有可能转化为政治危机。查尔斯·亚当斯就曾如此表述：自由最危险的敌人就是任意的税收，任意的税收可以论证以下行为的合法性：逃税、抗税、暴力、谋反、武装起义以及武力推翻政府⑤。清政府的开源之法很显然符合这一定性，这种游戏极有可能将其带入极其危险的境地。

二 现代财税改革

清政府在传统框架内寻求解决财政危机的设想无法实现，只得在

---

① 贾士毅：《民国财政史》（下），第二编，商务印书馆 1934 年版，第 288 页。
② 雷以諴：《请推广捐厘助饷疏》，《近代中国史料丛刊》第 84 辑，第 6429—6432 页。
③ 周育民：《晚清财政与社会变迁》，上海人民出版社 2000 年版，第 241 页。
④ 同上书，第 346 页。
⑤ ［美］查尔斯·亚当斯：《善与恶：税收在文明进程中的影响》，翟继光译，中国政法大学出版社 2013 年版，第 295 页。

内外压力下硬着头皮对财税制度进行具有现代意义上的修补性改革，其主要改进措施如下。

（一）改革财务行政

1903 年 4 月，户部之外特设财政处。"从来立国之道，端在理财用人。方今时局艰难，财用匮乏，国与民俱受其病，自非通盘筹划，因时制宜，安望财政日有起色"，决定委派庆亲王奕劻等人负责整顿财政①。设财政处是为了通盘筹划全国财政，但绕开财政中枢的户部而另设机构来"通盘筹划"，其本身就是政改乏术的表现，只能陷入机构重叠的窠臼。好在该机构在成立后的几年间并未开展实际工作，1906 年被并入度支部，由度支部接管综理全国财政的权力。

1906 年 5 月，设税务处。由铁良、唐绍仪负责办理，凡关系税务以及总税务司申呈册报各事宜，应经由该处核办，"各海关所用华洋人员统归节制"②。税务处是由外务部和户部分设出来的一个机构。1908 年 4 月，税务处成立税务学堂，着手培养本国的高级海关税务人员，准备接管由洋人控制的海关行政权，试图结束海关的"赫德时代"。

1906 年 9 月，改户部为度支部。这并非仅是名称的更换，是针对"今日积弊之难清，实由于责成之不定"以及"名为户部，但司出纳之事，并无统计之权"的现实作出的决定，为划清权限、厘清职责，还将刚刚成立的财政处、税务处并入，统一和规范了管理机构③。度支部不但"综理全国财政"，而且"可随时派员调查各省财政"，这一规定具有明显的集权意图，以冀将久已被地方侵蚀的财权收归中央。

1909 年，设立清理财政处和督办盐政处。清理财政处的职责主要是：清查、统计全国财政出入款项，调查财政利弊，并负责财政预、决算的编制及册籍造选、稽核。各省依制设清理财政局，协助中

① 朱寿朋：《光绪朝东华录》（五），中华书局 1958 年版，第 5013 页。
② 同上书，第 5513 页。
③ 同上书，第 5577—5580 页。

央清理财政处，专管本省的清理财政事宜。督办盐政处的主要任务是：对全国盐务进行统一管理，宣统三年八月改为盐政院。

上述财政机构的设立和调整，从表面上看，清中央政府似乎加强了对全国财税管理的权限，但不容忽视的是，慈禧太后之后的晚清少壮并没有足够的能力驾驭清王朝这架早已破败的马车，过早揽权只能使他们的统治更加危险。

（二）建立国库制度

清朝的财政机构，原来是行政管理、钱物保管与支出不分，即出纳、会计、保管三合一，中央与地方皆然。如户部和各省布政使司本是财政管理机构，但又掌管着货币和物料的保管权，此种行政、财政管理做法，弊端很多。

1904 年清政府决定创办户部银行，"以为财币流转总汇之所"。1908 年，户部银行改名为大清银行，作为管理官款出入的国家银行，经理国库事务及公家一切款项，并代公家经理公债票及各种证券。1910 年资政院会同度支部订立的《统一国库章程》中又规定：国库分总库、分库、支库三种，总库设于京师，分库设于各省，支库设于地方；凡国库，由库支大臣管理，其保管出纳则由大清银行任之；国家收支各款，均须汇总于国库。为实施这一公库制度，大清银行还先后在天津、上海、汉口等 20 多个地方（主要是省会城市）设立了分行或分号 50 多处。1907 年，邮传部设交通银行，"将轮路电邮存款改由该行经理，一切照各国普通商业银行办理"[1]。该行的出现标志着财政特别会计的国库由此建立。在清政府设立银行，以经理国库收支的同时，各省纷纷设立官银钱号和省银行，参与经理省库业务。

（三）试办财政预算

1906 年，御史赵炳麟奏请由度支部制定中国预算、决算表[2]，以

---

① 刘锦藻：《清朝续文献通考》卷 65，国用 3，浙江古籍出版社 1988 年版，第 8216—8218 页。

② 沈桐生：《光绪政要》卷 3，《近代中国史料丛刊》第 35 辑，第 72 页。

期全国财政归于统一，但无果。光绪三十四年（1908）五月，赵炳麟再上《统一财权整理国政》折，提出编制预算、设立各级财政机构和划分国地税的奏请。适时清政府宣布9年立宪预备期及逐年应行筹备事宜，关于财政问题的主张才有了回应。鉴于试办全国预、决算的基础首在清理财政，度支部于是年底奏定清理财政办法六条，接着又拟定《清理财政章程》，设立清理财政处，各省相继成立清理财政局。宣统元年二月，各省清理财政局陆续开局。此后，各省编订、刊布的《财政说明书》，以及度支部编订的《宣统三年全国岁入岁出总预算》，正是循着这一政策导向而完成的。

1910年清政府在清查各省财政收支的基础上，决定试办全国财政预算。首先由各省文武大小衙门局所预算次年出入款项，编造清册，送清理财政局，由清理财政局汇编全省预算报告册，编竣后经督抚核准上报度支部；在京各衙门亦按照度支部颁定册式分别编制成各自的次年出入款项预算报告。度支部在汇核各省及各部门预算的基础上，编制成了宣统三年岁入、岁出总预算。但该预算案"不符合事实的东西太多，而资政院复核时的修正，也缺乏根据，所以，这个预算案虽然编成并获得了通过，可是在实践中是不可能行得通的"①。尽管其中还存在诸多问题，但清理财政、试办预算的做法在中国近代财政史上的开创意义值得肯定。

（四）划分国地税权

清政府在决定清理财政、试办预算时，希望通过划分国家税与地方税来改革税政，借以削弱地方督抚的权力，从而解决中央财政危机。赵炳麟在其《统一财权整理国政》奏折中，建议在编制预算时，划分国家税收和地方税收，增设地方财政官吏，直接隶属度支部，这就是中国近代财政史上首次提出的分税制，并得到了当局的认同。"受不同的西方财税理论影响和地方割据势力的左右，参与清理财政

---

① 张九洲：《论清末财政制度的改革及其作用》，《河南大学学报》2002年第4期。

的官员、地方督抚、宪政编查馆官员和资政院议员，进行了广泛热烈的讨论，提出了种种不同的划分标准，成为我国划分国地两税之滥觞"[1]。到宣统年间，各省咨议局纷纷提出划分国地税的建议，一时间要求分税的呼声甚高，但这些讨论均限于方案设计阶段，粗定的中央税和地方税体系并未付诸实践，直至清亡，仍沿旧制。

上述改革措施并未给大清王朝带来好运，虽然自鸦片战争后，中国税收体制即已开启了与西方接轨的现代化之门[2]，但随着地方势力的崛起和中央政府权威的下降，地方督抚藐视中央命令之事时有发生，到1908年之后，朝廷实际上已无法控制国内财政，只能依靠大量的国外借款勉强度日[3]。这种情况不仅拖垮了清政府，即使进入民国之后，举借外债依然是新生政权的最主要收入来源[4]，甚至滑稽到谁能借到外债谁就可以当财政部部长的地步。

三 晚清统治危机

晚清统治危机的根源在于：新政的着眼点在于"皇位永固，内乱可弭"，其所执行的政治与经济改革路线无一不是与之背道而驰，最终清末新政的每一项措施都为其带来难以品味的苦果。

（一）体制内的离心离德

不消说，清末新政比较符合中国历史发展的基本要求，但收效甚微。在清政府看来，近代中国的种种弊端，尤其是财政危机的根源就在于地方势力的干扰和财权的分散不一，故其革新要点始终围绕着统一财权和消减地方势力两大问题而展开，势必引起汉族权贵的强烈不满。

---

① 龚汝富：《近代中国国家税与地方税划分之检讨》，《当代财经》1998年第1期。

② 王玉茹：《直接税与中国财政体系现代化》，《"中研院"近代史研究所集刊》2007年第57期。

③ ［美］齐锡生：《中国的军阀政治（1916—1928）》，杨云若、萧延中译，中国人民大学出版社1991年版，第141页。

④ 马金华：《民国财政研究》，经济科学出版社2009年版，第63页。

庚子期间，"东南互保"堪称督抚蔑视中枢的肇因，全然没有了君臣体统，紧接着是"江楚会奏"，言语上显示出权臣们指点江山的扛鼎霸气。但清政府还需要依赖汉族权臣收拾烂摊子，李鸿章北上议和后便以"秋风宝剑孤臣泪"告别乱世。待两宫回銮，慈禧太后依然用她灵巧地拨弄了几十年的均衡之术，勉强维持着国家机器的运转，新政也在袁世凯、张之洞等人的倡导下轰轰烈烈地进行着。

慈禧留给接班者的遗产是：领班军机大臣奕劻是近代史上臭名昭著的贪渎之徒，号称大清能臣的皇亲贵族端方死于保路运动乱军之中，湖广总督瑞澂是任由武昌首义蔓延的罪魁，荫昌因怕事而贻误战机给武昌首义可乘之机，那桐、铁良等人这期间并无拿得出手的建树，可以说，大清王朝是自绝于天。更为不巧的是，以年仅 26 岁即出任监国摄政王的载沣及其身边的少壮亲贵完全没有慈禧太后的制衡权术和能力，严重缺乏最起码的政治经验却又急于揽权和复仇，仅以"足疾"为借口便将袁世凯开缺回籍，这一举动不仅打乱了尚在进行的新政规划，而且危及与袁世凯交往密切的政要、军头等汉族势力的利益。袁世凯回籍，张之洞去世，大清王朝的汉族帮手、新政的领军人物在未演完新政大剧之时便就此谢幕。

清末新政激发了社会各阶层精英分子参与政治的热情，在他们朦胧的意识中，开国会、实行君主立宪就可以直接使中国走向富强。因此，他们对宪政改革的热切期盼显得格外地迫不及待和急不可耐，他们奔走呼吁，并组织了多次大规模的立宪请愿运动，形成了新兴的社会阶层——立宪派，这批人有思想有能量，还有钱，渴望能在体制内获取相应的政治资源，但"皇族内阁"的产生使他们心生受骗的恶感，强烈不满的冲击波将他们直接推向了革命党的阵营。

新政在军事方面的改革成就令人瞩目，但编练的新军表面上看起来足壮国威，却是一颗极其危险的炸弹。一是兵变造成诸多混乱。据《北洋军阀统治时期的兵变》一书所辑录的 49 次兵变情况看，有一半是由于"日久欠饷""积欠饷项""欠饷甚多"以及军官"侵吞军饷""贪赃枉法"等引起的哗变,"征收局被毁,税款被抢""劫掠税局、商铺不可数""劫掠焚杀,异常凄惨"的描述虽多与饷银相关,但与新思想的传播关系密切①。二是新军与革命结伴而行。清政府编练的新军中,有一部分官兵系来自归国留学生或国内军事学堂毕业生,普遍具有革新思想。所以我们看到,辛亥革命的成功与新军的参与关系密切,此为新政的一大悲剧。

再说新政的其他副产品:一是清政府督令成立的商会及城镇乡自治团体等组织,随着近代工商业的发展而日益坐大,成为"在野的市政网络",逐渐拥有了和清廷抗衡的能力,并在很多时候和场合扮演着"反对派"的角色,如很多次的抗捐税斗争就来自这些团体有组织的运作。二是铁路国有政策的推行,不但没有实现国家资本主义的理想,却引来了更多的反对和致命的打击,经典事件莫如四川保路运动。三是文化教育方面的改革取得了显著成效,培养了一大批崇尚民主和法制的新型知识分子,尤其是清政府花大价钱培养的留学生回国之后(无论毕业肄业、学成与否、专业是否对口)带着光环供职于从中央到地方的很多机构,但一听到起义就"深感莫名的激动"者不在少数(如鲁迅),有许多海归甚至直接参与其中,走向了清政府的对立面,实属新政的又一大悲剧。

(二)体制外的斩木揭竿

20世纪初的中国,社会急剧变动,王朝岌岌可危,清政府面对风起云涌的民变浪潮而显得无能为力。据统计,辛亥前十年间各地较为激烈的抗争事件竟达一千余起,其中有许多是抗粮、抗捐、抢米等恶性事件以及由此引发的围攻官署、群殴官差等②。从《辛亥革命前十年间民变档案史料》所列的资料看,全书共辑史料480余条,有关抗税、抗捐、抗粮之类的事件占据近四分之一。而清政府的处置办法仍沿袭传统的镇

① 中国第二历史档案馆:《北洋军阀统治时期的兵变》,江苏人民出版社1982年版。
② 张振鹤、丁原英:《清末民变年表》,《近代史资料》第49、50册,知识产权出版社2006年版。

压、剿抚之法，再加上惩治相关官绅以抚民意，完全忽略了世纪之交的社会情境变化和新政带来的宪政追求，最终使得官民矛盾更加尖锐。

这些民变多与新政有关，反映了民众与国家在革新与守旧之间的矛盾冲突，虽是游离于正统与非正统的社会既定秩序之间的越轨行为，属于改革引发的阵痛，但其背景莫不与经济利益相关，如税收方面的税种增多、税率提高问题，如教育方面的"毁学风潮"，聚众烧毁的虽是学堂，但群起对抗的却是清政府因办理教育而增加的捐税，普通民众更相信，新政其实是官府实施"勒索苛征的由头"，尤其是所办的警政，"那是盗贼的渊薮，是敲竹杠的机关"①，其中也透露出他们对各自利益的小心看顾和对国家利益的漠视。按照时人的说法，其根源在于国家与社会之间的隔膜所致，信息不畅而致猜忌，即"人民之于政府蓄疑久矣。积疑生忌，积忌生谤，政府即有善良政策而无术可使人民相谅"②，这种说法颇有道理，令人信服。

再从史实看，庚子之后，清政府财税资源极其匮乏，只能责令各省筹集庚子赔款，"新政"各费也饬令地方自筹自为，致使各地支出无着，添捐加税。其结果，则是各地抗捐税斗争此起彼伏。无论是畿辅之地的直隶，还是中原地带的河南、山东、安徽，直至两广、云贵、福建、四川、甘肃等地，均有不同程度的抗捐税斗争③。如此广泛的抗捐斗争，显然已经不仅仅是一个简单的经济问题，而已演变成为无法回避的政治问题。众多"聚众抗捐""抗税殴差""抗粮围署""毁坏税卡""烧毁税局"等激变的背后，已不只是民众对税收征管的抵制，更是对政府权威的拷问。虽然这些民变事件全都被镇压，但如此大规模的抗捐起义事件足以说明：财政为立国之本，本动而政

---

① ［美］周锡瑞：《改良与革命——辛亥革命在两湖》，杨慎之译，中华书局1982年版，第166页。

② 张謇：《请新内阁发表政见书》，《张季子九录·政闻录》卷三，近代中国史料丛刊续编第97辑，第159页。

③ 中国第一历史档案馆、北京师范大学历史系：《辛亥革命前十年间民变档案史料》（上下），中华书局1985年版。

衰，衰极则变，清廷的让位仅是时间早晚的问题。

自1894年兴中会成立以后，以孙中山为代表的革命党人以实现"三民主义"为目标，在"驱除鞑虏、恢复中华"的道路上前仆后继，所发动的起义最著者大多发生在新政期间（1905年同盟会成立之后），历次起义虽然失败，但却历练了革命意志，坚定了革命决心，最终实现了量变到质变的转化，1911年10月，武昌首义成功，各省纷纷独立，脱离中央。翌年，在多方力量的综合推动下，大清帝国260余年的统治宣告结束。

（三）入侵者的横行霸道

真正给中国带来灾难的不完全是大清统治者，而且还有带着重型武器的侵略者，经过五十多年来的中西磨合，大门口的陌生人终于登堂入室，可以对帝国颐指气使了。按照张鸣所说，晚清的景象是：流行的是洋货，吓人的是洋枪，下层在打洋教，上层在办洋务，事事皆与洋人有关。进入20世纪，《辛丑条约》的签订最终使清政府彻底沦为列强统治中国的工具。列强已不满足于商品倾销和原材料的掠夺，大规模的工商业投资和政治贷款成为他们发财致富的所在，修路、开矿、开设银行、发行纸币以及各种附加条件的贷款等所有赚钱的业务都在列强的掌控之下，中国已成为他们疯狂敛财的竞技场。在一系列不平等条约的制约下，大清帝国已失去了全部的谈判主动权，成了任人宰割的羔羊，沉重的经济负担和政治强权压在了中国人民的头上，帝国在呻吟，百姓在挣扎。中国人民没有理由继续沉默，一场革命风暴即将爆发。

总之，晚清以来，尤其是清末新政时期，清政府经过大规模的变革运动，在政治、经济、军事、文化等诸多方面进行了换血式的调整，应该说成就不小，但阵痛也非常剧烈，甚至我们不得不承认，所有的成就最后成了王朝垮台的缘由，苦心编练的新军成了革命的主力军，立宪派和革命党走到了一起，花大价钱培养的留学生和国内各种新式学堂的学生成了革命的宣传者、发动者和参与者，貌似活跃起来的经济并没有给中央政府提供可供利用的资金支持，相反，却成为各地实力派叫板中央的资本，早已丧失民心的大清帝国就这样怪异地垮台了，根本没有多少人为之惋惜，就连皇亲国戚都鲜有殉国取义者，更多的却是满载财宝驾车躲进了租界内看热闹，这种结局史所罕有。

图1-1 官与民之负担

图1-2 中国之财政观

注：两幅漫画为马星驰于1910年所作。图1-1展示的是国家财赋源自于屠弱之民，但海陆军、路政警政学务等浩繁费用及严重的跑冒滴漏让中国愈加贫弱。图1-2中一瘦弱的穷苦人，身背一个"外债赔款及一切捐税"的大包袱，上面还端坐着一个手捧"责任内阁"的清朝官员，意在告诉人们：清王朝的腐朽和列强的侵略已使人民不堪重负。

资料来源：图1-1霍修勇：《内政春秋》，岳麓书社2004年版，第18页；图1-2中国之财政观，王佩良：《外交风云》，岳麓书社2004年版，第162页。

第二章　近代税权分设的愿景

众多专家学者认为：中国分税制财政体制是西学东渐的产物，它是"清末向西方学习进行财政改革的一个尝试"，并给其后的财政改革"提供了一些深刻的经验教训"①，这一论断成为后来研究者的共识，无论是制度史或思想史的研究均以此为据②。

但若从中国财政发展史来看，分税制早在西周时期就开始萌芽，唐代开始实行过，杨炎的"两税法"即是分税制的肇源。两税法划分为上供、留使、留州三部分，"上供"是指中央分享的部分，"留使"是设有节度使的州分享的收入，"留州"是非节度使州分享的收入。各级收入年有定额，但三部分不是简单地平均划分，而是根据需要不断调整。在对收入分配进行划分的同时，中央与地方的事权也进行了大致的划分，如行政、军政、交通等职权的界定及相应的俸禄、军费、交通费等分别由地方或中央政府开支，从而构成了分税制财政体制的雏形。这种划分仅是财政收入的分割，具体的财权以及税种并

---

① 张神根：《清末国家财政、地方财政划分评析》，《史学月刊》1996 年第 1 期。

② 龚汝富：《近代中国国家税和地方税划分之检讨》，《当代财经》1998 年第 1 期；付志宇《中国近代税制流变初探》，中国财政经济出版社 2007 年版、《历史上分税制的产生和形成》，《税务研究》2002 年第 2 期；夏国祥《近代中国税制改革思想研究（1900—1949)》，上海财经大学出版社 2006 年版、《清末民初西方财政学在中国的传播》，《江西财经大学学报》2004 年第 6 期；朱鸿翔《清末民初西方财政思想在中国的传播》，《财会月刊》2013 年第 8 期等。

没做更为详尽明确的划分①。这种做法很显然是为了缓解藩镇割据的压力和保障中央财政收入而进行的应急措施。

及至晚清，财政困窘和统治危机迫使清廷不得不重新审视和研究财政政策的解困之法，并引起了社会各界对于现代财税制度的普遍关注，一改过去士大夫耻言财货钱谷之风，纷纷转向财税理论与实践的研究。至 20 世纪初，西方经济学已成为引入最早、研究最为广泛热烈的西学，国家乃至国人对于近代财政理论学说的渴求与"清末窘迫的财政危机及其孳生的诸多财政问题相表里"，这一热潮的涌现"是在满清王朝财政百孔千疮、危机四伏中，在企图清理、改革财政的实践推动下艰难起步的"②，急功近利往往难以取得实质效果，终清之世，分税制仅是一个框架而已。从这个意义上讲，此时的学理研究和实践探索可以说是国家与社会对于时代危局的一种救急响应。

民国初年，财政危机依然存在，清政府留给民国的遗产不仅有为数众多的不平等条约和数不清的外债，还有各地蠢蠢欲动的军阀，百废待兴却罗掘无门，中央政府只好加大税收征管成本，通过设立专门机构（如各省印花税处、厘金局等）的形式，将触角直接伸向遥远偏僻的地方，分税制、"中央专款"被迫再度兴起。但由于军阀混战的巨额消耗和肆意破坏，所有的税收制度变成了一纸空文，中央与地方普遍穷困的局面由此形成。因此说，民初的分税制并非严格意义上的税收法定，依然属于救急之策，必不顺畅，自不长久。

南京国民政府成立后，在古应芬、宋子文任财政部部长期间，先后召开多次全国性的财政会议，研究部署分税制改革事宜，并取得了实质性的进展。这是在清末民初拟议、初试的基础上进行优化的结果，虽然还存在着许多尚未解决的问题，但总体上朝着财税体制现代

---

① 赵云旗：《论中国历史上的分税制》，《财政监督》2017 年第 19 期；管汉晖《秦汉以来我国中央与地方的财政关系》，《经济科学》2017 年第 4 期。

② 龚汝富：《清末清理财政与财政研究》，《江西师范大学学报》（哲学社会科学版）1999 年第 2 期。

化迈出了一大步。遗憾的是，由于外敌入侵的战争干扰，打乱了这一税制改革的计划进程，税制改革的任务并未完成。

从历史的经验判断，分税制在中国的数度推行，无一不指向中央财政困窘、地方势力膨胀、国家权威丧失这些骇人之因。

第一节　清末分税制的筹议

专家指出：西学东渐是分税制引入的思想基础和载体，政府财政困难是分税制实施的现实需要，行省制度的变革是分税制尝试的契机①。前章对此概述为政治上的外重内轻和财政上的万劫不复，解决途径便是向外国学习理财方法，"向其它政府学习管理方法的时候，一个政府学得最快的莫过于从人民的钱包里搜刮金钱的方法"②。引进西洋税制和税种显然已成为一种急务，具有现代意义的分税制便在这种急迫之时被引介至帝国的统治肌体，但嫁接与调适仍是一段艰难之旅。

一　分税制的引入

（一）税制变革的西学基础

中国士大夫历来习于道德仁义之说而耻言钱谷，"讳言货殖，讳言财币，一若以为，偶语及此，便足以玷及终身，辱及子孙也者。虽其间或有一二工心计善度支之徒，出乎其类，拔乎其萃，而当时贤豪迸之，后世史家讥之，于是乎财政一科，历数千年以至于今，尚无一良法美制，以利我国家，以福我人民"③，这种"天子不问有无，大臣不问钱谷"自标高洁之名而忘立国之本的习气源远流长，误人误

---

① 赵云旗：《中国近代史上分税制财政体制的尝试》，《杭州师范学院学报》2005 年第 5 期。

② ［英］亚当·斯密：《国富论》，唐日松等译，华夏出版社 2005 年版，第 607 页。

③ 陈汉杰：《最近中国财政与借款》（蒋公德序言一），民铎杂志社 1918 年版，第 1 页。

国，此其一。其二，"历代计臣复专以搜刮为长技"，包括底层书吏、胥役等都是被人们鄙夷的对象，他们甚至连参加科举的权利都被剥夺，试想还有谁愿以此为业？其三，由于财政专业化程度较高，一般官员对于"收支如何而后适当，酌盈济虚之道如何而后合宜"无法通晓，而财政体制上又没有专官负责，"藩司州县则以行政官兼管财政"①，故其紊乱情形势所必然，这也可以理解为中国财政学不发达的主要原因。其四，近代以来，在"内而百务丛脞，外而强邻环攻"的环境中，财政管理体制依然如故，以至于"历年所入俨若群川之赴海，徒见其东流而不知归墟"②。因此，改革财税制度已刻不容缓，而从西方的财税理论中寻找出路，引进西方财政管理制度和西洋税种便成为一种普遍追求。于是，清政府把眼光转向了西洋税制西洋税种。西学东渐为近代中国财税制度改革提供了变革思路与方向。

1. 洋人的指摘

鸦片战争后，一大批外国驻华官员、传教士、商人以及技工等，纷纷带着各自不同的目的来华以实现他们的人生理想。他们用不同的眼光审视着中国的贫穷与落后，并开始对中国内政外交指手画脚。客观上，他们在侵略中国的同时顺带地介绍了西方文明，他们在向中国介绍西方科学技术的同时，逐渐关注到中国的现实问题，财政制度更成为他们关注的焦点之一。如早期的李提摩太以及影响中国最久的洋人赫德等，他们都对中国的财税管理制度提出过批评与建议。李提摩太在其主办《万国公报》期间，曾以大量的篇幅介绍了西方的财税制度和管理理念，赫德更是以其总税务司的显赫地位和便利条件，在传播西学的同时从事着海关税收制度建立和完善的具体工作。

在西方记者的记述中，清政府的财税征稽制度就呈现这样一种形态：所有的国家财政收入年复一年地被征集。课税数额从来也未减轻过，即使有什么变动，也是向着加重的方向。"皇家政府和地方政府

---

① 《广西全省财政说明书》第一编，第66页。
② 周棠：《中国财政论纲》，政治经济学社1910年版，第393页。

的总体关系可以用下面的话来总结：北京政府总是企图尽可能多地捞取，而地方政府则总是企图尽可能少地付出"①，丝毫没有现代化的苗头和欲望，这些批评对清廷的规劝作用远未出现。

此外，英国驻上海领事查密森（著有《中国财政考》）、日本学者松岗忠美（发表有《论清国财政改革之急务》）等都曾对晚清财政进行过深入的研究，并提出了财政改革的具体建议。税务司荷兰籍官员阿拉巴德（著有《理财便览》）在分析了当时中国所面临的巨额债务问题的基础上，系统地阐述了中国税制改革的必要性和紧迫性②。这对于当时醉心于讲求洋务的清朝上层官僚而言，自然具有较强的吸引力，对清政府的财税体制改革起到了一定的推动作用。

2. 士子的引介

随着中外交往的日益增多，清政府被迫走向世界，一批外交官员和政府要员受派走出国门睁眼看世界了。他们在了解西方的过程中，更加留意西方发达的经济原因，如郭嵩焘、薛福成、马建忠、郑观应等人对西方的财政理论做了较为深入的了解并将其介绍到国内，引起了众多人士的强烈兴趣。受其影响，此后的许多驻外使节都比较留心西方的各种政治学说和财政理论。与此同时，清政府为加强同西方的联系，不定期地出洋考察活动也日渐增多，一批批走出国门的官绅学子不同程度地关注到财政制度问题，如载振在 1902 年周游西欧时，对西方各国税制做过详细考察，尤其是对英、法、比、美、日等国的财政税收制度做了较为详尽的考察与记述③。他们的引介与呼吁具有一定的号召作用，对于晚清财税体制改革具有一定的促进作用和指导意义。

---

① 郑曦原等编译：《帝国的回忆：〈纽约时报〉晚清观察记》，生活·读书·新知三联书店 2001 年版，第 68 页。

② 马金华：《民国财政研究：中国财政现代化的雏形》，经济科学出版社 2009 年版，第 20 页。

③ 载振：《英轺日记》，顾廷龙主编《续修四库全书》第 583 册，上海古籍出版社 1995 年版，第 768—814 页。

3. 学理的传播

自洋务运动开始，伴随着对新知的渴望，清政府开始创办各种新式学堂、派遣留学生，翻译和编著西方经济学著作等活动，以期为中国的现代化提供助力，这些举措也确实促进了西方科学技术与社会制度学说在中国的传播，这也是专家所言的"我国分税制的引入起步于洋务运动和戊戌维新时期"的原因①。

首先，出洋留学的人日益增多，为西学的引入提供了人才准备。从洋务运动派遣留学生开始，留学生这一群体便负载着民族复兴的重任踌躇前行，为了寻求救国救民的良策，在国家主导、各界参与的洪流中，他们的足迹遍布世界，据统计，仅 1896—1905 年留日学生人数就有 15000 多人②。虽然规模尚不能说很大，但他们亲身体验了国外的新气象，并将西方先进制度、经验带回国内，为变革国内的旧制度、旧体制奠定了基础。此时，国内的新式教育也有了长足的发展，新式学堂数也由 1904 年的 4222 所猛增至 1909 年的 52348 所③。这些因素为中国教育的现代化提供了思想准备，为西学东渐的深入发展提供了条件。许多留学生后来都成为国家建设的中坚力量，一批财税专家如马寅初、尹文敬、何廉等，通过自己的研究著述将西方的财税理论介绍到中国，并为民国的经济建设做出了积极的贡献。

其次，研究宣传西学的潮流逐渐兴起。在办新学和留学潮流的推动下，西方经济理论引起了许多先进知识分子的兴趣，尤其是甲午战争后至辛亥革命时止的 17 年间，由中国人翻译或编译的西方经济学著作已达 80 种左右，影响较大的有严复译的《原富》《计学》，梁启超编写的介绍外国经济学说史的《生计学学说沿革小史》，陈炽的

---

① 赵云旗：《中国近代史上分税制财政体制的尝试》，《杭州师范学院学报》2005 年第 5 期。

② 张宪文：《中华民国史》第一卷，南京大学出版社 2006 年版，第 39 页。

③ 桑兵：《晚清学堂学生与社会变迁》，广西师范大学出版社 2007 年版，第 137—139 页。

《续富国策》，以及其后如黄可权的《财政学》、晏才杰的《比较财政学》等涉及财政理论的书籍相继出版，对中国人了解和学习西方的财政制度，改变中国传统有财无政的局面起到了积极的推动作用。大量西方财税理论著作的翻译和出版，西方财税理论在中国的传播，尤其是那些能够为清政府解决财政危机的建议引起了当局的关注，极大地推动了清末财政体制改革的步伐。

再次，传播媒介的发展为西学的引入提供了平台。开启民智的最佳路径莫过于创办报刊，维新运动期间，办报刊曾一度成为时髦，旋因政变而顿挫，进入 20 世纪之后，媒体再度兴起，大大促进了西方财经理论知识的传播。如《东方杂志》《申报》《大公报》《盛京时报》等报刊都登载过不少介绍西方财税制度、各国税制比较、各税种之优劣（如印花税、所得税、营业税）等方面的文章。

4. 权界的呼应

早在维新期间，资产阶级改良派就企图仿行西方的做法对财政制度进行改革。如康有为在给光绪帝的变法大纲——《应诏统筹全局折》中，提出了中央设立"十二局"的主张，其中就有专司财政的度支局。度支局掌管银行、纸币发行、印花税、证券、公债发放和一些税收等。显然，这个新的理财机构与清廷财政机构在职能上就有很大不同，具有了近代资本主义的色彩[①]。另如梁启超、严复、陈炽、何启等人，他们在研究西方经济财政的基础上，分别著书立说或通过媒体发文，提出了财政改革的主张。这些思想和主张对晚清财政制度改革具有启发意义。

20 世纪初，随着清政府新政运动的推行，要求仿效西方资本主义经济制度改革的呼声更高。刘坤一、张之洞在著名的"江楚会奏"中提出了一系列的新政改革主张，其中包括许多财政体制改革的建议。晚清重臣袁世凯、周馥等人更是身体力行，一直走在新政改革的

---

① 马金华、刘锐：《西方财政理论在清末中国的传播及影响》，《人文论丛》2018 年第 1 期。

前沿，成为清末新政的领航者，直隶一直是新政成效最著的省份，其因即在于此。其他如亦官亦商的盛宣怀以及伍廷芳、黄遵宪等人对中国财政理论的现代化建设也提出了许多建设性的意见。在晚清度支部公布的"各省财政说明书"中，均能见到许多税改措施，大多附带有西方国家财政制度的比较和说明，向西洋财政理论和实践寻找解决路径已成为官方的共同主张。

张謇、周学熙等一批社会名流及实业家通过自己的观察、理解和实践，大多是在研习西法的基础上，从减少积弊和维护自身利益出发提出了各自的财政主张。如清政府新政前问计各省督抚和社会人士时，张謇便立即响应，写出了近两万字的《变法平议》，列举了兴革事宜四十二条①，供朝廷采择，引起了许多商业人士的浓浓兴趣。只是，他无法预料财税改革的道路还有多远，事实上，即如裁撤厘金一事，终清之世，未能实现。

由于社会各界对西方财税理论的研究和对中国财政制度的批判，最终让清政府痛下决心，在仿行宪政的热潮中，开始了现代财税制度改革的尝试。

（二）宪政主义的税改理路

1. 预备立宪的政权构想

1905 年的中国，波涛与暗流汹涌激荡，庚子之役余悸尚在，各地民变蜂拥迭起，而在东边那个一直以来就极不友好的邻邦，保皇党在四处活动，革命党在组建政党，"驱逐鞑虏"已成潮流，面对如此内忧外患的局面，清政府不得不思有作为，仿行宪政的大门终于打开了一道缝。

1905 年 10 月，清政府派载泽等五大臣出洋考察列邦宪政，并设立考察政治馆（次年由奕劻奏请获准改设为宪政编查馆，专司预备立宪诸事宜），"延揽通才，悉心研究，择各国政法之与中国治体相宜

---

① 《张季子九录·政闻录》卷二，《民国丛书》第三编，上海书店 1991 年版，第11 页。

者，斟酌损益，纂定成书，随时呈进，候旨裁定"①。1906 年 8 月，出洋考察的五大臣游历回国，拟出立宪方案。载泽在《奏请宣布立宪密折》中指出，君主立宪"大意在于尊崇国体，巩固君权，并无损之可言"，其大利有三："皇位永固""外患渐轻""内乱可弥"，亦即立宪之后，"凡国之内政外交，军备财政，赏罚黜陟，生杀予夺，以及操纵议会，君主皆有权以统治之"，君权无丝毫下移，在"君主神圣不可侵犯，故于行政不负责任"，宪政还能让革命党"欲煽惑而无词可藉，欲倡乱而人不肯从"② 等词汇的诱惑下，慈禧太后很受鼓舞，于是便明降谕旨，宣布预备仿行宪政，其目标是："大权统于朝廷，庶政公诸舆论，以立国家万年有道之基"，但限于智识水平和对皇权的眷恋，改革似乎还在老路上蹒跚挪步，其套路仍是在改革官制上摸索，所谓的先从厘定官制入手，即"亟应先将官制分别议定，次第更张，并将各项法律详慎厘订，而又广兴教育，清理财务、整饬武备、普设巡警，使绅民悉明国政，以预备立宪基础"③。一年之后，清廷另一股肱重臣两江总督端方再以立宪可以平息排满之说上奏，请行宪政，"为宜俯从多数希望立宪之人心，以弭少数鼓动排满之乱党"，只有速颁宪法，才能够"永固皇基，常昭法守"，且"乱党煽惑愚氓之力，当不戢而自销"④。事实上，早在一年前（光绪三十二年七月初六）他还在闽浙总督任上时，就和礼部尚书戴鸿慈会奏预备立宪，直呼"中国非急采立宪制度不足以图强"⑤ 这一无法证实而又充满诱惑力的滥调，奕劻、袁世凯、徐世昌等人也都在卖力地称颂立

---

① 《设立考察政治馆参酌各国政法纂定成书呈进谕》，故宫博物院明清档案部编《清末筹备立宪档案史料》（上），中华书局 1979 年版，第 43 页。
② 《出使各国考察政治大臣载泽奏请宣布立宪密折》，《清末筹备立宪档案史料》（上），第 176 页。
③ 《宣示预备立宪先行厘定官制谕》，《清末筹备立宪档案史料》（上），第 43—44 页。
④ 《端方奏请迅将帝国宪法及皇室典范编定颁布以息排满之说折》，《清末筹备立宪档案史料》（上），第 47 页。
⑤ 《出使各国考察政治大臣戴鸿慈等奏请改定全国官制以为立宪预备折》，《清末筹备立宪档案史料》（上），第 367 页。

宪"有利而无弊",主张从速立宪①。皇亲国戚、汉族官僚以及立宪派的合力推动,大大加速了清政府预备立宪的步伐。未几,由奕劻、溥伦联合会奏,宪政编查馆、资政院合拟的"逐年筹备事宜清单"获清廷批准,上谕赞之为:"条例详密,权限分明,兼采列邦之良规,无违中国之礼教",符合"大权统于朝廷,庶政公诸舆论"之宗旨,所拟逐年应行筹备事宜"均属立宪国应有之要政,必须秉公认真次第推行"②。晚清挣扎着推出的"九年预备立宪"行进路线就此诞生,国人寄予厚望的立宪运动就此拉开了序幕,只是,幸福来得太突然,演员还不知道如何将戏演下去时就谢幕了。

逐年筹备事宜清单大致内容如下③:

第一年(光绪三十四年):筹办咨议局,各省督抚办;颁布城镇乡地方自治章程,民政部、宪政编查馆同办;颁布清理财政章程,度支部办。

第二年(光绪三十五年):举行咨议局选举,各省一律开办,各省督抚办;筹办城镇乡地方自治,设立自治研究所,民政部、各省督抚同办;调查各省岁出入总数,度支部、各省督抚同办。

第三年(光绪三十六年):续办城镇乡地方自治,民政部、各省督抚同办;复查各省岁出入总数,度支部、各省督抚同办;厘订地方税章程,度支部、各省督抚、宪政编查馆同办;试办各省预算决算,度支部、各省督抚同办。

第四年(光绪三十七年):续办城镇乡地方自治和厅州县地方自治,民政部、各省督抚同办;编订会计法,宪政编查馆、度支部同办;会查全国岁出入确数,度支部办;颁布地方税章程,宪政编查

---

① 李刚:《辛亥前夜:大清帝国最后十年》,三联书店(香港)有限公司2011年版,第119页。

② 《九年预备立宪逐年推行筹备事宜谕》,《清末筹备立宪档案史料》(上),第67—68页。

③ 《逐年筹备事宜清单》,《清末筹备立宪档案史料》(上),第61—67页;朱寿朋《光绪朝东华录》(五),中华书局1958年版,第5976—5984页。

馆、度支部、各省督抚同办；厘订国家税章程，度支部、税务处、各省督抚、宪政编查馆同办。

第五年（光绪三十八年）：城镇乡地方自治，民政部、各省督抚同办；颁布国家税章程，宪政编查馆、度支部、税务处同办；颁布新定内外官制，宪政编查馆、会议政务处同办。

第六年（光绪三十九年）：实行户籍法；试办全国预算，度支部办；城镇乡地方自治一律成立，民政部、各省督抚同办。

第七年（光绪四十年）：试办全国决算，度支部办；颁布会计法，宪政编查馆、度支部同办；厅州县地方自治一律成立，民政部、各省督抚同办。

第八年（光绪四十一年）：确定皇室经费，内务府宪政编查馆同办；设立审计院，会议政务处宪政编查馆同办；实行会计法。

第九年（光绪四十二年）：宣布宪法；确定预算决算，度支部办；制定明年确当预算案，预备向议院提议，度支部办。

这里无意评判其筹备事宜是否确当，仅从地方自治、户口调查、国民教育等方面看，在统治能力不高、行政效率较低与技术手段落后的情况下，这些目标显然定得过高，难以如期完成，遑论更加复杂的官职改革、开设议院、各种选举等政治深处谜一样的组织系统，而清政府不知从哪里搜来的"立宪首改官制"的主张必然与众多大小官员的意见相左，惹得奏章纷飞，如胡思敬就连续上奏清廷，直言不可轻易改革官制，更不能听信几个留学生剿袭日本成法就轻易更改国章①，其他言官也不断奏陈官职改革不可轻弃旧章，宜从缓办理等。即便如此，在随后的政坛变局中，嫌其迟滞的立宪派甚至还请愿催促，以至于尚不成熟的立宪肌体经过超量催熟剂的加速反应，催生出了更加不成熟的"皇族内阁"，最终，果子烂掉了。

---

① 《官制未可偏信一二留学生剿袭日本成法轻议更张折》，《清末筹备立宪档案史料》（上），第547—549页。

1908 年的大清国顿失舵手，接班的少壮派幼稚乖张，而老成者擅权贪渎，统治集团渐呈"亲贵用事"政治格局①，既乏统驭治国之才，又无腾挪舒展之功，且社会戾气益重，立宪仍须进行，为缓解来自各方的压力和打消他们的疑虑，年幼的皇帝不得不表态："自朕以及大小臣工均应恪遵前次懿旨，仍以宣统八年为限，理无反汗，期在必行。内外诸臣断不准观望迁延，贻误事机。"② 1909 年再发"重申实行预备立宪"谕："国家预备宪政，变法维新，叠奉先朝明谕，分年预备，切实施行。朕御极后，复行申谕依限筹办，毋得延缓，今特将朝廷一定实行预备立宪维新图治之宗旨，再行明白宣示。总之，国是已定，期在必成，嗣后内外大小臣工皆当共体此意，翊赞新猷。"③但在革命党、立宪派的强力宣传鼓动下，新兴媒体连篇累牍的批判让清廷焦头烂额，同时，在以袁世凯为代表的汉族官僚与清廷关系极度紧张的形势下，全国上下（革命党除外）似乎已普遍将"速开国会，成立内阁"看作解决困局的唯一途径，资政院于同年十一月正式开会议决，奏请清廷于宣统三年召开国会。清政府在"危迫情形，日甚一日"的氛围下被迫宣布缩减立宪预备期限，由原定的九年期限缩短为五年，定于宣统三年召开国会④。宪政编查馆将"宪政逐年筹备事宜"修改如下⑤：

宣统二年：厘定内阁官制；续办地方自治。

宣统三年：颁布内阁官制，设立内阁；颁布会计法；厘定国家税、地方税各项章程；厘定皇室经费；颁布审计院法，户籍法；续办地方自治。

① 樊学庆：《赵炳麟与宣统朝亲贵用事政治格局的出现》，《学术研究》2016 年第3 期。
② 《重申仍以宣统八年为限实行宪政谕》，《清末筹备立宪档案史料》（上），第69 页。
③ 《重申实行预备立宪》，《清末筹备立宪档案史料》（上），第71 页。
④ 《缩改于宣统五年开议院谕》，《清末筹备立宪档案史料》（上），第78—79 页。
⑤ 《宪政编查馆大臣奕劻等拟呈修正宪政逐年筹备事宜折》，《清末筹备立宪档案史料》（上），第88—92 页。

宣统四年：颁布宪法，议院法，议员选举法；确定预算决算；设审计院；续办地方自治。

宣统五年：开设议院。

这次关于预备立宪期限缩减及筹备事宜的修订，显然更为不妥，时间仓促难免计划不周，所拟章则、所举之事很难保证落实，这显然是清廷少年亲贵治国乏术的一种表现，并由此陷入了"庶政取诸舆论"的泥沼之中无法自拔。平心而论，清廷从中枢到地方，大小臣工并非都不赞成君主立宪，充满热情参与其事的大员亦为数不少，但因自身政治经验的匮乏和统治能力的低下以及革命形势的发展，他们根本无力掌控大清王朝的政治命运，甚至连五大臣考察归国后的资政报告都得依靠曾被清廷通缉的梁启超等人捉刀代笔，颇耐寻味。不论这一结果是否存在骗局或者是谁欺骗了谁①，最终是清政府已为舆论牵着鼻子走上了不归路。

再从政改的内容看，自清政府宣布预备立宪、颁布《钦定宪法大纲》之后，宪政编查馆、资政院在匆忙中出台了诸多政策，也与"大权统于朝廷"的本旨渐行渐远。其中有些为时人公认并热切盼望解决的问题并不一定是立宪之必需，所拟之事，"有鄙陋可笑者，有悖诞可骇者，有此国所拒而彼国所许者，有前日所是而后日所非者"②，此论并非虚言。更有一些美妙的承诺根本无法兑现，如载泽等人一贯的说法是，立宪后"君主神圣不可侵犯"以及"大清帝国皇统万世不易"③等，在其后的众多疑问中显得极其苍白，"皇帝之权，以宪法所规定者为限"④的条款规定怎么看都是不对"君主神圣

---

① 丁业鹏：《清末立宪：立宪派与清廷谁欺骗了谁?》，《东方早报》2013 年 4 月 21 日。

② 《考察宪政大臣于式枚奏立宪必先正名不须求之外国折》，《清末筹备立宪档案史料》（上），第 336 页。

③ 《出使各国考察政治大臣载泽等奏请以五年为期改行立宪政体折》，《清末筹备立宪档案史料》（上），第 110—112 页。

④ 《择期颁布君主立宪重要信条谕》，《清末筹备立宪档案史料》（上），第 102—103 页。

不可侵犯"的保证，"皇族内阁"公布后，众多官绅的反对与"君主不担负责任，皇族不组织内阁，为君主立宪国唯一之原则"①的指责无不是对皇权的侵夺与拷问。此种悖论根本无法保证"大权统于朝廷"，从清廷宣布预备立宪到王朝垮台仅仅几年工夫，原先所谓"皇位永固""万世不易"的美妙设想成了泡影。

清廷预备立宪无疑是一个失败的政改范例，在一片反对声中和革命党的炮声中转换了频道。

2. 现代财政制度的设想

预备立宪之初，时人多有言论，有谓立宪首要明定事项：确立宗旨；断定主权；普及教育以养成立宪资格；地方自治以培育立宪基础②。兴办教育和实行地方自治已成为宪政绕不开的话题，那么，经费从何而来？改革财政问题被列入议事日程。

1908年6月美国《民主与法制时报》记者托马斯·米拉德（密勒）采访时任直隶总督的袁世凯时，问大清最需要改革的是什么？袁果断回答：财政制度、货币流通体系以及法律结构，"只有做好了这些事，大清国才能恢复完整的主权。而且，也只有等她彻底恢复了主权，才能真正理顺国家正常的经济和政治生活。这三项改革中的任何一项都与其他两项有着密不可分的依赖关系"。③可见袁世凯对财政制度的重视程度，他更关注钱袋子。但问题是，财政制度又如何改革？

有人还依然在开源节流上寻找传统出路④，御史江春霖、秦望澜、候选道吴剑丰等人提出了理财与得人用人、改良税则、划一度量衡、

---

① 《各省咨议局议长议员为皇族内阁不合立宪公例请另组责任内阁呈》，《清末筹备立宪档案史料》（上），第577页。
② 《江苏学政唐景崇奏预筹立宪大要四条折》，《清末筹备立宪档案史料》（上），第113—118页。
③ 郑曦原等编译：《帝国的回忆：〈纽约时报〉晚清观察记》，生活·读书·新知三联书店2001年版，第142页。
④ 《暂署黑龙江巡抚程德全奏举行新政需款浩繁请饬各省严禁虚耗片折》，《清末筹备立宪档案史料》（下），中华书局1979年版，第1015页。

统查荒地、振兴实业等方法，但未切中时局要害。光绪三十三年（1907）十一月，福建道监察御史赵炳麟奏请，由清廷谕令度支部"选精通会计学者，制定中国预算决算表，分遣员于各省调查各项租税及一切行政经费"[①]，推行预、决算制度，以期全国财政归于统一，但无结果。光绪三十四年（1908）五月，赵炳麟再次上奏，建议划分国家税和地方税。适时清政府宣布9年立宪预备期及逐年应行筹备事宜，这一奏折才得以回应，但如何划分国家税与地方税，清廷此时似乎还没有能力和打算，故未划定统一标准。

从立宪事项的原计划看，清理财政、调查各省岁出入总数、颁布地方税章程要到四年后（光绪三十七年）才能完成，并着手厘定国家税章程（次年颁布），六年后试办全国预算决算，第七年试办全国决算，颁布会计法，第九年确定预算决算。修订的计划为：宣统三年颁布会计法；厘定国家税、地方税各项章程，宣统四年确定预算、决算。依据这两个工作计划和试办全国预算、决算首在清理财政的思想指导下，在一种不切实际的冲动中，度支部便于1908年年底提出了"清理财政办法"的六条设想，对可先行办理的急务作出安排："外债之借还，宜归臣部经理。在京各衙门所筹款项，宜统归臣部管理。各省官银号，宜由臣部随时稽核。各省关涉财政之事，宜随时咨部以便考核。直省官制未改以前，各省藩司由部直接考核。造报逾限，宜实行惩处。"[②] 此计划在得到中枢的议决后，紧接着又一动作快速出台。

光绪三十四年十二月，度支部针对全国及各省财政款目纷繁、事权不一、机关不灵、内外隔阂等财政混乱状况，拟出"清理财政章程"上奏中央，提出在国家税地方税未划分之前，各省咨议局已先经

---

① 沈桐生：《光绪政要》卷3，《近代中国史料丛刊》第35辑，第72页；《御史赵炳麟奏整理财政必先制定预算决算表以资考核折》，《清末筹备立宪档案史料》（下），第1016页。

② 《度支部奏陈清理财政办法六条折》，《清末筹备立宪档案史料》（下），第1018页。

成立，根据宪政编查馆咨明的权限，咨议局有在地方用款范围内议决预算、决算事项之权，在各省编订预算、决算册的前提下，即可划分国家行政经费、地方行政经费①。该案经宪政编查馆审议复核奏准，由度支部再进行"详慎妥酌""逐一推求"后，形成了《清理财政章程》八章35条，明确提出"宪政成立，以整理财政为最要，而整理财政以确定全国预算决算为最要"，确定从调查财政开始，同时在度支部设立清理财政处，地方各省成立清理财政局，为划分国家税地方税和预算决算制度的实行做准备②。宣统元年二月，各省清理财政局陆续开局，这标志着全面清理财政的展开和预决算制度的肇始。此后，各省普遍进行清理、编订、刊布的《财政说明书》以及度支部编订的《宣统三年全国岁入岁出总预算》等，正是循着这一政策导向，执行清理财政章程而产生的。

在机构设置方面，已在第一章中做过介绍，兹不赘述。总之，清末预备立宪的诚意及其在经济、法律和教育方面的尝试还是值得肯定的，但因其"大权统于朝廷"的立宪本旨过于狭隘，隐含的是中央急于集权的目标，这种政治上幼稚思维使其"皇位永固"的追求陷于顿挫。但毕竟，任何国家任何时代的改革都不可能一蹴而就、一帆风顺，即便在强有力的政权结构中，制度革新尚需相当时日的审慎试验，更别说处在风雨飘摇之中的晚清政府了。此外，清廷对于舆情的反应过于迟钝且无力把控，对新政及立宪运动的走向产生了诸多不利影响，但已非本书所论。这里只是文本上的描述，实际情况可能会比想象的要糟糕很多。

二　分税制的架构

（一）分税制的论争

清末新政本为提高中央统治效能而兴，却给清廷带来了一系列的

---

① 《度支部奏拟清理财政章程折》，《清末筹备立宪档案史料》（下），第1019—1021页。

② 《度支部清理财政章程》，《清末筹备立宪档案史料》（下），第1028—1033页。

副产品，警政、练兵、办学、自治甚至清查财政、调查户口等诸多待举事业都需要相应的经费支撑，但中央政府早已贫困至极，钱出何处很难讲，一不留神便酿出了很多事端，如 1909 年江西省宜春、1910年浙江省慈溪等地发生民众捣毁新式学堂的"毁学风潮"① 等民变事件，虽然与普通民众的认知水平和信息来源关系很大，相信新政其实就是官府"勒索苛征的由头"的人不在少数，但更与政府官员的变相操作、借机敲诈绝对脱不了干系，其根源仍是没钱惹的祸。另一方面，办事虎头蛇尾有始无终的现象极其严重，"出一策则以筹款无著而中止，办一事则以经费过巨而缩小，因陋就简，挖肉补疮，但以敷衍目前而已"② 者甚为常见，归根结底在于事权与财权的不相符和不统一，其时已有了地方事地方办的主张，其背后的潜台词是地方税办地方事，各地要求划分中央与地方事权和税权的呼声可以理解为地方向中央明目张胆地索权，清政府希图集权中央的幽梦相当难圆。

首先是事权划分问题。1906 年出使大臣回国后，向清廷提出的立宪建议中，就提出了地方自治问题、国家与地方权限划分等问题，这是实行宪政所绕不开的话题。戴鸿慈提出预备立宪诸要事中，仿责任内阁之制，以求中央行政之统一，定中央与地方之权限，使一国机关运动灵通至为重要。我国行政因权限不清之故，各部与督抚往往两失其权，"各部用其权以制裁督抚，若不量地方之情事，则善政几不得举行，督抚张其权而轻视各部，又破坏一部之机关，而致政令几同于虚设"，而治泱泱之中国，"万不能不假督抚以重权，而各部为全国政令所从出，亦不能置之不理，视为具文"，诚宜明定职权，划分限制，以各司其职，"庶政策不至纷歧，而精神自能统一"③。

民间舆论对中央集权的批判更多，有人指出，地方自治"当行于

① 葛风涛：《清末群体性事件频发背景及启示》，《理论观察》2018 年第 5 期。
② 《候选道吴剑丰条陈改良财政言路吏治学务陆海军警察六事呈》，《清末筹备立宪档案史料》（上），第 182—189 页。
③ 《出使各国考察政治大臣戴鸿慈等奏请改定全国官制以为立宪预备折》，《清末筹备立宪档案史料》（上），第 369 页。

立宪之国而非所宜于专制之朝，即专制之朝勉强行之，亦止宜于承平无事之时而非所宜于忧患凭陵之日"，晚清处于乱局之中，于预备立宪之时，中央三令五申地方督抚要励精图治，但兵权财权"悉取而夺之"，犹如"缚骐骥之足而责其驰骋"，清廷既颁行新政，就须"各明责任，不相推诿""严立权限，不相侵越"，中央与地方戮力同心，"各效驰驱之力"，中央集权行为绝不利于社会进步①。此议之核心在于为地方分权呼吁呐喊，已经远离了清廷预备立宪的初衷。其实，划分中央与地方事权与税权问题早已成为共识，遗憾的是，虽然清廷预备立宪事项内早已列出了清理财政、划分权限、预备分税等内容，但这一问题一直存在着，难以落实。

宣统年间，划分事权税权的问题再成热点，舆论提出，"我国财政棼乱之故有二，一曰租税不均，二曰国税与地方税不分界限，而其大原因则在无预算决算之制"②，其提议与晚清清理财政和试办预算的计划几乎同步。资政院数次开会就"急定税制及税政暂行机关议案"进行讨论，直隶总督陈夔龙于宣统二年十一月十七日奏称：中央地方权限不清，或与内阁政策互相歧出，宜将国家与地方行政速为划分，督抚虽为疆吏，但于中央政策亦应随时接洽，以通各省之情③。各省咨议局更是积极热烈地讨论和要求划分事权财权，很显然与试图分割中央权力有关。

分税制是中央与地方权力的分配方式。中央与地方的关系大体上存在中央集权和地方分权两种模式。地方分权又可划分为"分割性分权"与"分工性分权"两种。"分割性分权"是指中央与地方权力各有独立的使用范围，地方有高度的自主权和裁量权。"分工性分权"是指中央政府将部分权力让予地方政府行使，中央政府有绝对的控制

---

① 蛤笑：《论政府中央集权之误（下）》，《东方杂志》第4卷第2号，1907年4月7日。

② 《论财政清理后之希望》，《盛京时报》宣统二年四月十二日。

③ 《陈夔龙奏请划分中央与地方行政权限并议各省分设六司留府裁县折》，《清末筹备立宪档案史料》（上），第545页。

能力，而地方政府仅是中央政府的代理机构。晚清以来的近代中国，其中央与地方的关系实际上是"分割性分权"①。但不管哪种方式，各级事权必须与各级财权相匹配。从晚清史实看，各地应接不暇的新政事业不断兴起，办学、警政、自治活动颇为壮观，但背后的财政制约并未消减，理论上事权与财权的统一与实践上的混沌不清不仅影响立宪进程，更影响着社会各界的情绪，这也是其后政权易主的重要原因之一。

其次是财权分割问题。仍以戴鸿慈为代表的官方说法为例，他们在考察西方的财政制度时就发现，事权与财权是配套的整体，财权与税权是配套的整体，税源划分清楚，而我国财政仍处混乱之中，"州县定制兼征钱粮，考各国官制，收税官为地方官之属僚，而不躬亲其事，自改定官制后，一切政费地方官皆得有权支销，如此则权限厘然"②，或许如此，抑或天真。

早有舆论提出："中国取财于民，其税额不及泰西之重，然税额偶加，则人民咸疾首蹙额以怨其上"，究其原因，并非国人不知纳税义务，他们对税收的憎恶源于对君主之财与国家之财的误解，误为税收"以供君上之私用也，上日富则民日贫"，与"一国之财治一国之事"相背离，从而形成"以加赋为病政"的普遍认识。而当新政实施，"无一不取资于财，而所用之财又无一不取资于民。不言兴利则必百务弛废，言兴利则民怨沸腾"，因此提议仿东西各国之例，划分君主之财与国家之财，即"于国家岁入之正供酌拨巨款以供皇室之储藏，此款而外，凡所入税额，悉储为国家公用之财，复刊布预算各表以示人民，使天下之民晓然于所纳之财，均以治一国之公益"，并设想此法推行后，即使将来增加税额，人民也

---

① 马平安：《晚清变局下的中央与地方关系》，新世界出版社 2014 年版，第 220 页。
② 《出使各国考察政治大臣戴鸿慈等奏请改定全国官制以为立宪预备折》，《清末筹备立宪档案史料》（上），第 380 页。

会接受，"亦必捐输恐后，而横征暴敛之祸，庶几可以革"①。此种建议是对国家税与皇家税的区别划分。其后又有人提出："立宪政体，以地方自治为基础……天下事非财不举，地方而欲自治，必有财以为实行自治之支费，而后乃可以收效"，这是对事权背后财权的明确要求，并与列邦比较，"泰西各国，于国税之外，有所谓地方税者，以供地方自治之支费也。……泰西各国每年地方税之增额较多且速。无他，世界愈进步，则自治愈发达，自治愈发达，则事务愈繁而经费愈多，事务繁而经费多，则地方税之增加，固出于必然之势而无逃避者也"，这显然是在比较中暗示中央政府给权给钱，进而提出欲行自治之制，就必须征收地方税，其法于国税之中提出几分或国税之外另征新税，皆可酌行。以地方之财治地方之事，"民虽愚岂有不踊跃输将者乎"，其设地方税制的建议有二：特立税制、附加税制，二者各有短长，不可偏废②。这种说法虽理据充分，奈何分权之意过于招摇，显然与清廷集权目的相违背，很难得到清政府认可，充其量属于在野清议。

在晚清财政改革方面建议颇多的赵炳麟于 1907 年奏请清廷试办预算决算，1908 年再上《统一财权整理国政》折，除了请行预算、决算制度外，还以"国家之用，源于赋税，中国税则，向有常经，而东西各邦则分国税地方税"，而我国因无税权划分，"朝廷偶一兴革，外省率以请款为辞，度支部存储无多，不得不酌量指拨"，根本没有以某种进款抵某种出款的实证，"是部中虽有统辖财政之专责，并无转移调剂之实权"，而协款并不可靠，弊端已如前述，严重窒碍行政效率，解决办法在于划分中央税和地方税，中央税以备中央政府之用，地方税以备地方行政之用，同时"改布政使为度支使，每省一员，统司全省财政出入，征收国税和地方税……各省地方进款若干，

---

① 《论君主之财宜与国家之财区别》，《东方杂志》第 4 卷第 1 号，1907 年 3 月 9 日。

② 孙梦兰：《论今日宜征地方税以为实行自治之用》，《东方杂志》第 4 卷第 2 号，1907 年 4 月 7 日。

用款若干，责成度支部每年详细报部，其国税听部指拨，地方税即留为各该省之用"，如是则各省财政可统一，因此奏请清廷"饬下各该督抚，先将该省出入各款专委精核人员通盘调查，并将何项应入国税何项应入地方税详拟办法，咨明度支部分别核定"，后经会议政务处与度支部反复磋商，"汇拟切实可行章程，具奏请旨令各省分期照办"，据会议处奏称："今该御史以财政散漫，一切政治皆有空言而无实效，奏请将国税、地方税划分两项，而统其权于度支部，深合立宪国之通例，亦为中国办事扼要之图，自应酌量筹办。"① 这也算是划分税权的官方表态，但如何划分还在迟疑之中。审慎迟疑的原因有很多，其中主要一项表现在中央政府毫无统治权威。

前面提及的"宪政逐年筹备事宜"中明确，第三年（光绪三十六年）厘定地方税章程，试办各省预算决算，第四年（光绪三十七年）颁布地方税章程，厘定国家税章程，第五年（光绪三十八年）颁布国家税章程。从时间上讲应该是比较符合实际的，从内容上看，国地税章程拟定的先后次序无论是分步实施或同时进行都有一定道理，从设计动机看，中央更倾向于迅速将财权从督抚手中夺回（这一点极为重要但也极易引起反感），但在立宪派等人的鼓噪下，这一决定俨然成为一种罪恶，就连国家税地方税应确定先后顺序也变成了税权分设的核心问题而长期议而不决无法统一。梁启超则认为应先厘定国家税，因为地方税主要是附加税，是依附于国税之上的加成，今国税未定，则附加税便无所出②。而作为地方税的独立税，也必须与国家税共同组成完整的租税系统，在国税尚未定前先定地方税，"必致国家与地方交受其病，不如不厘订之"③。一些言官及立宪派人物也在似懂非懂之间跟风冒进，呼吁先定国家税次定

① 朱寿朋：《光绪朝东华录》（五），中华书局1958年版，第5956—5957页；迟云飞《清史编年》（第12卷），中国人民大学出版社2000年版，第490页。

② 梁启超：《地方财政之先决问题》，《国风报》第1年第2号。

③ 梁启超：《论地方税与国税之关系》，《国风报》第1年第4号。

地方税。但不管何种次序，要求速定税权的报刊文章、地方大员和各路言官的奏章满天飞①。喧嚷之中，度支部不得不宣布于宣统三年厘定国家税地方税各项章程，宣统四年同时颁布，一步到位②。

"清理财政为立宪大纲，财政不清，庶事皆无从修举"，因此，宣统二年（1910）正月十日，清廷为清理全国财政、划分中央与地方的税源起见，乃在度支部设立清理财政处，在各省督抚衙门设立清理财政分处，并对各省税收征管机构进行调整裁并，使中央与地方在机构设置上保持了一致。清理财政处分12股，以便与各省分处接洽。12股除总务股与文书股外，余10股均为直接与各省分处的接洽机关：京兆、直隶、察哈尔为一股；东三省为一股；江苏、安徽、江西为一股；山东、河南为一股；湖南、湖北为一股；浙江、福建为一股；广东、广西为一股；山西、陕西、库伦、绥远、归化、乌里雅苏台、科布多、阿尔泰为一股；甘肃、新疆、伊犁、托尔巴哈台、新宁为一股；四川、云南、贵州、西藏为一股③。不久，各省各分处将各自的调查结果报京，度支部汇总为各省财政说明书，各省在其财政说明书内讨论国地财政划分的问题很详尽，共同的批评指向是：国家税地方税未划分、征收机关不统一、无预算决算等财政管理问题，并分别提出了相应的解决思路，为编制预算决算、厘定国家税地方税奠定了组织基础。

（二）分税制的设计

1. 税权划分标准

各省上报的《财政说明书》都对税权划分标准做了较为详尽的说明，这里以《广西财政说明书》中所列事项标准为例做一概述④。

---

① 《赣抚奏请速定国家税地方税》，《申报》1910年10月7日；《新粤督主张速划中央地方之分际》，《申报》1910年12月18日。

② 《国家税地方税章程之颁布期》，《申报》1910年10月2日；《度部厘订地方国家税之著手》，《申报》1910年12月7日。

③ 李权时：《国地财政划分问题》，上海世界书局1930年版，第41页。

④ 《广西全省财政说明书》第一编，第67—75页。

税项往往因主体变化而属甲属乙不能定，因此首先须确定税种归属问题。其次，租税之等级与行政区划之等级应成正比例关系。故行政区域之等级愈多，民之负担愈重。考之各国成例，其最低之自治体，有经一级而达于中央政府者，有经两级而达于中央政府者。我国省、道、府厅、州县四级。租税之等级不能不与之相应。省税国税应厘清，府州县税城镇乡税既在地方税范围之内，实亦有不容不划分之理由。依据此，税权划分的标准亦可分为两种。

（1）以收入为划分税项之标准

一是间接税宜划为国家税，直接税宜划为地方税。人民负担租税于直接税易感痛苦，间接税不易感痛苦，中央政治为利于民者隐而难见，直省政治利于民者显而易知，易受密切之利益则宜负易感痛苦之租税。

二是一切租税皆定为国税而省税但收附加税。主张中央集权者盛倡道之，其意以为地方有独立之税源办法，中央难以遥制，故不如一切定为国税，而以附加税付之地方。如此，地方有得省费之便宜，中央尤可统筹全局，不致侵碍税源。

三是以国家资格征收者为国税，以一省资格征收者为省税。以征收租税的主体资格为标准。

（2）以支出为划分税项之标准

一是国税系供全国之经费，省税但供一省之经费。国税征之全国用之全国，省税征于一省而用之于各该省。凡供国家行政之支出者皆属国税。

二是国税负担对内对外之经费，省税但负担对内之经费。

上述以收支为标准的划分方法虽各有道理，但也有不足之处，直接税不尽宜为省税，间接税不尽宜为国税等，根据当时的研判，广西拟出的税项划分如下：

国税：田赋、常关税、盐税、土药税、契税、当税、牙税、矿税、其他收入（协款、拨款等）。

省税：统税、车捐、牛捐、戏捐、街灯捐、烟酒加征等杂税杂捐、其他收入（银钱生息等）。

上述划分标准只是个初步设计，还有很多需要修正之处，但却具有一定的代表性，普遍认为以支出为划分标准更为合理，如湖南省提出地丁、漕粮、关税、契税、印花税、烟酒税、土药税应属国家税，而本省内的租课、筹集地方铁路学堂善堂备荒之经费、当税、牙税、商税、牛驴税以及与地方公益事业有关系者应属地方税①。这些主张的核心是：地方所举之事须有相应的地方经费，而新政以来的各项事业大多由地方政府负责，事务较多，经费自然应有所增加，故地方税在一省收入中应占较大比重的主张也得到了许多要员的赞同和响应，但均未涉及依据税种性质划分税权这个主要标准。

随即，江苏咨议局提出，国地税权分设应遵循"中央统治权之名义及政治上之实施、财用上之计划"的标准，国家税的性质因其具有"维持人民公益之责"，应使全国人民共同负担，确保收额巨大确实，凡国有土地物产、国土内之人事财产行为、因外交军事关系的临时增课等，都属于国家税的范围；地方税的标准应遵照宪政编查馆颁行的章程规定办理②。此一建议似应作为税权划分的参考标准，遗憾的是他们也没有给出一个可供操作的确实方案，只是一种意见设想。东三省财政监理官熊希龄也曾就国地税的划分办法与度支部进行磋商，其主张与江苏等省的意见基本相同③。大多省份都在"财政说明书"中对税权划分问题作出了各自的回应，只不过有的省份是在税种说明中分别提出其归属意见（如浙江等省），有的则专册制出划分意见书（如黑龙江等省），但划分标准及框架者大同小异。

总之，各省在编制"财政说明书"的过程中，所拟国地税的划分标准很大程度上代表了地方大员的意见，具有一定的倾向性，尤其在

① 《湖南咨议局协议划分国家税地方税呈文》，《国风报》第 2 年第 14 号。
② 《苏属财政说明书·税法卷》，第 7—8 页。
③ 《电商划分地方税国家税办法》，《申报》1910 年 4 月 29 日。

地方自治初起之时，地方事务奇多、需款孔急，各省督抚无不想借此机会加以扩张，这种想法使他们更加关注税种的划分问题，但由于理论不足和经验缺乏，加之中央揽权的意图更为明显，致使这一制度于设立之初即生败坏之征。

2. 国地税划分界定

经过长期的筹议，税制改革的讨论告一段落，制度的颁行便进入实质性阶段，财税制度的现代化似乎已经来临。

关于税项划分问题。官方对于划分国地税问题的思路在《清理财政章程》第十条里已有所透露：一是要求各省清理财政局先就如何兴利除弊进行调查，二是将税收"何项向为正款，何项向为杂款，何项向系报部，何项向未报部，将来划分税项时，何项应属国家税，何项应属地方税，分别性质，酌拟办法，编订详细说明书"，限至宣统二年六月底报部候核。这是预备阶段，先厘清底细，以便中枢决断。在第十四条中要求在编制宣统三年预算时，预算报告册内应将出款何项应归国家行政经费，何项应归地方行政经费，划分为二，候部核定。并明确指出："国家行政经费系指廉俸、军饷、解京各款以及洋款、协饷等项，地方行政经费系指教育、警察、实业等项。"① 上述规定既是财权集于中央的意图表达，也是国地税划分标准的意见说明，按其说法是："国税正项筹备中央行政之用，地方税以备地方行政之用"②，以支出为标准划分国家税与地方税的办法初步成型。

《清理财政章程》可以看作一个纲领性文件，随即又公布一个文件，对国家地方两税划分的办法进行了补充说明，其结论是：向供国家行政支用者应属国家税，向供地方行政支用者应属地方税③。此为官方以支出为标准划分税权之法，与前段所述并无二致，这种不讲究

① 《度支部清理财政章程》，《清末筹备立宪档案史料》（下），第1030—1031页。
② 《京师近事》，《申报》1909年1月10日。
③ 《清理财政章程讲义》，清末铅印本，第7页。

税种性质而仅以支出为标准的划分方法，很显然将再次陷入无解，随即遭到了多数地方势力甚至一些部院大臣、王公贵胄的强烈反对，这种抵制似乎与度支部派遣"财政正监理官"[①] 直接参与各省财政清理、极有可能染指地方事务有关。

关于地方团体级数问题。省级以下政府层级的多寡与政费税款密切相关，级数多则政务繁而经费增，经费增则地方税需求多，因此，级数多寡直接影响地方财政，间接影响国家财政。我国历史上的地方行政区域包括省、县及市乡三级，地方团体级数分为三级尚属有据。但各省在小心看护各自利益的同时，分别对省级以下行政级次的设定提出了各自的意见。四川总督赵尔巽、江苏巡抚程德全等提出先划定国家地方两级，省以下可依据各省实际分别划分，不必完全统一，其意为地方督抚可酌情设定。两广总督张鸣岐则赞成仿照日本税制分为三级："有一级之行政即应有一级之税，分为省税、府厅州县税、城镇乡税三种"，此外还如云南总督李经羲、湖广总督瑞澂、山东巡抚孙宝琦等亦持此见。东三省总督锡良则认为应待官制颁布后划分较恰当[②]。这些不同意见无不是地方大员出于对各自权力的考虑而作出的反应，讨论结果莫衷一是，度支部甚至中枢对此也无能为力，耐心磋商换来的不是制度的颁行却是武昌的炮声。

此后，在度支部试办全国预算的奏折（宣统三年正月十四日）中，再次对国地税的分设提出了规划，"中国向来入款，同为民财，同归国用，历代从未区分"，中国向来没有税源划分，只有支出的区

---

① 《宣统政纪》卷9，第36—37页，《近代中国史料丛刊三编》第18辑，第174—175页。出任各省财政正监理官者计有：直隶刘世珩，江苏管象颐，浙江王清穆，湖北程利川，四川方硕辅，东三省熊希龄，安徽鄂芳，山东王宗基，山西乐平，河南唐瑞铜，陕西谷如墉，甘肃刘次源，新疆傅秉鉴，福建严璩，江西孙毓骏，湖南陈惟彦，广东宋寿征，广西汪德溥，云南奎隆，贵州彭毂孙。这批"财政正监理官"其后很多成为活跃于民国的财政专家。

② 《各省督抚对于地方税应分三级往来电》，宣统二年朱丝栏抄本。

别，近因东西各国财政有中央与地方税源之划分，但标准不一，"现既分国家经费地方经费，则收入即不容令其混合，已令各省在预算册内将国家岁入地方岁入暂行划分，俟国家税地方税章程颁布后，再行确定"①。虽然国家税与地方税支出范围大致确定了，但具体如何操作仍在期待中。

从各省财政说明书所列情况及度支部试办宣统三年预算的收支结构看，基本形成了中央与地方税制框架（各地省税名目不一），1911年又编制了宣统四年预算，对国家与地方收支情况做了部分调整，最终虽未形成国地税分设的官方性文件，但两税划分仍以支出范围为断。而新开征的印花税，有人认为此项税则"实将来行政经费最大之补助，因议定应作为国家税，决计永远施行"的主张得到了普遍认同②。其他税种倒是含混不清，中央与地方税大致分类如下：

> 国家税主要包括：田赋正杂各款、盐课税厘正杂各款、关税正杂各款、契税牙税当税矿税等正杂各税、土药税、房捐、茶课税、官业收入、捐输、公债、协款拨款等项。
>
> 省税主要包括：田赋附加、盐斤加价、厘金统税、杂税、车捐戏捐等正杂各捐、地方官业官股收入、监督海关税分成、外省协款等项。

按照时人评议，国家税与地方税不能狭义理解，国家税充国家行政之用，但国家行政并非专指中央所在地之行政，即各地方行政区域内之国家行政亦属之，地方税充地方行政之用，但地方行政区域内之国家行政则不属之，两者并不相混③。按理，税权划分对于中央与地

---

① 《载泽等奏试办全国预算拟暂行章程并主管预算各衙门事项折》，《清末筹备立宪档案史料》（下），第1044—1045页。

② 《印花税将定为国家税》，《盛京时报》宣统二年四月二十四日；《印花税究竟是何性质》，《盛京时报》宣统二年九月二十五日。

③ 贾士毅：《民国财政史》（上），商务印书馆1934年版，第105页。

方都有相应的便利，但社会各界的反对相当强烈，理由大概有二：一是对于尚不成熟的预算案的抵制；二是对于基于预算案所产生的税种安排的反对，其根源仍在于权力的争夺。此外，也与其时各省立宪派民主思想的渐露机芽有关，有一种一贯与当权者唱反调的现象延至民初而不衰，确实让当局头疼难耐。

此外，还须注意，清末思想界对西方财税理论的理解还很肤浅，对国地税划分的实质性讨论还很有限，充其量算作是开启了讨论问题的端倪而已①。

三　分税制的意义

虽然清末所定国家税与地方税没有具体的制度规划，并且也没来得及付诸实施，但仍有许多值得我们思考的问题。

（一）制度上的开创意义

一是推行财政预算制具有开创意义。尽管宣统三年、宣统四年两年的预算显得漏洞百出，但毕竟是中国财政史上的第一次。清廷通过前期较为艰难的财政整理，驳斥了众多的敷衍者，顶住了来自各方的压力，最终总算是将各省的财政情况汇总于京师，虽然数据不十分准确，其社会调查的成绩仍待研究，但"全国财赋之籍，始总于京师"之功不容小觑。正是在这种形势下，到1910年，清政府才开始试办宣统三年全国预算，怎奈千蒸万煮才出笼的预算方案还没来得及打磨，便被抗议之声所淹没，甚或被讥为"各种杂乱无章之账簿"，很是不给度支部些许面子。如果时人考虑到此乃中国历史上的首创，如果都能够"公忠体国"的话，历史或不致如此。1911年，在总结了前次经验的基础上，清廷改订预算办法，着手编制了宣统四年预算，并提出了入款以田赋、盐课等为纲，出款以外交、民政、财政、军政等为纲的明确要求，同时划分了国家与地方的收支范围，使这次的预

---

① 夏国祥：《近代中国税制改革思想研究（1900—1949）》，上海财经大学出版社2006年版，第34页。

算案较前次为优，但这个计划旋因革命而未及实施。有意思的是，该计划却成为新生民国财税预算案的主要依据。诚如曾任宣统四年预算总办的杨寿枬（后在北京政府供职）回忆说：鼎革以后，整理内外财政，犹以"宣四预算为蓝本"。袁项城置诸案头，手自批注，尝语余曰："前清预备立宪，惟度支部最有成绩，余皆敷衍耳"①，可见其影响非同一般。

二是分税制财政体制是初步尝试。现代意义上的分税制是晚清自治、厘定官制权限和试办预算这个立宪大背景催生出的一个结果，成为预备立宪的一个重要组成部分。已如前述，经过晚清大规模的财政清理，度支部基本掌握了各地的收支大概，"各省财政说明书"也依据各省情况阐述了税制划分的思路和大致框架，并直接影响到两次预算案内的税种设定和权限划分，为厘定国家税地方税章程提供了必要准备。此外，晚清政府在引进西洋税制税种方面也作出了许多尝试，尤其是在清末实施鸦片禁政、计划裁厘加税时，引入西洋税种印花税便成为一件具有标志性意义的税改事件，体现了从中国传统税制向现代税制的历史跨越。

（二）实践上的隔空喊话

清末新政是在民族危难之时欲图自强而作出的国家抉择，各项新政除了过度过速揽权之弊外，其立意符合时代进步的要求，前景尚算美妙，但却演绎出许多爱恨交加的故事，出乎当局乃至社会之预料。仅从财税制度改革而言，基本与世界大势吻合，但其时的中央与地方关系极其复杂，社会舆论在各种政治势力的裹挟下偏轨前行，致使普遍看好的立宪运动转化为革命运动，实际上成了"外患渐重""内乱不弭"而"皇位不固"。

一是中央与地方间的矛盾日益尖锐。首先是财政机构的更设在各种政治危机中根本无用武之地，税制改良只是旧税加重，新税开征，

---

① 周育民：《晚清财政与社会变迁》，上海人民出版社2000年版，第414—419页。

带来的恶果是民众的普遍反对和地方大员的阳奉阴违甚至是明目张胆的抵制。以改善中央与地方关系的分税制的引入不但没能使中央与地方的紧张关系趋于缓和，矛盾却因此加剧。如前述在清理财政时即遭遇各部院大臣、各省督抚的各种抵制，各省在上报财政预算时任意增减、自行其是现象严重。在试办宣三预算案时，各省造送的预算，"于岁出则有意加多，于岁入则特从少报"①的做法更为常见，即便如此，预算案的公布同样引来众多非议，如浙江巡抚增韫提出预算案核减浙省军费"差额甚巨，实多窒碍难行之处"，并直接表明"情事既不相同，预算安能适用"②的强硬态度，亦有督抚对该预算案"视同无物，纷纷请变异"者，各省效仿者颇多。这显然与预算案内经费的缩减和税种设置不合理等有关，其背后的深层次原因则是中央借以集权和地方欲以扩权之间的矛盾激化之故。耐人寻味的是，对于中枢机关的很多部署表示反感和抵制的并非全是地方汉族官僚，京师各衙门、满蒙督抚以及一批皇亲国戚、八旗贵族同样对中央的政改命令反应冷淡，甚或置之不理③。晚清统治集团内部自我崩盘的状况由此可见一斑。

此外，新政期间崛起的北洋集团曾为中国的近代化做出了积极贡献，但其权倾朝野之势使中国的权力中心已不在北京而在天津，袁世凯的直隶总督署竟有第二政府之称，尤其是1906年彰德秋操、1907年东三省建制事件之后，不能不引起清廷的警觉，弹劾之奏涌入中枢④。任何权臣的存在都是对王朝政权的威胁，清廷便顺势解除了袁氏部分权力，后来干脆将其以"足疾"开缺回籍。清政府此举低估了袁世凯集团的势力，加强中央集权的错误时机与错误手法加剧了中央与地方的矛盾，直接将北洋势力赶到了自己的对立面，不仅使清王

---

① 迟云飞：《清史编年》（第12卷），中国人民大学出版社2000年版，第567页。

② 《宣统政纪》卷50，第14页。

③ 周育民：《晚清财政与社会变迁》，上海人民出版社2000年版，第418页。

④ 张华腾：《北洋集团崛起研究（1895—1911）》，中华书局2009年版，第159—160页。

朝的早期现代化运动归于失败，更为严重的是这个集团的两面三刀最终结束了清王朝的统治。

二是立宪派与政府间的矛盾也逐渐加深。立宪派在国会请愿活动中，曾以不纳税要挟当局："国会不开，应实行提倡不纳税主义。各省咨议局于未开国会以前，不得承认新租税，并须由各该局限制各该省之民选资政院议员，均不得承认新租税"①，甚至以不辨真假的"埃及、印度之亡，由于财政穷蹙；法国革命之起，由于财政紊乱"②等遥远的外国事例来吓唬清廷。此可视为各省立宪派向中央邀权的高调之举，以纳税为条件争夺中央财权必然引起清廷的反感，但由于此时的清王朝已无力打压，妥协成为一种工作思路，并在妥协之路上越陷越深。此外，立宪派借资政院、咨议局之躯壳与地方督抚争斗以博权威之事亦复不少，给地方政府带来了诸多困惑，双方关系也是明争暗斗，尤其在财权分割方面也处于紧张状态，冲突不断，如两江总督张人骏因拒绝议员马良补拨复旦公学银十万两的要求而引发了江苏咨议局常驻议员集体辞职的案例③，以及浙江咨议局与浙抚增韫之间的分歧冲突等④，都属于缺乏诚意的互动，各省议会与中央政府和地方政府的关系都极不融洽，所提意见和主张具有明显的对抗政府要挟政府的意味，已远离了立宪的本质要求和基本精神。

上述两点表明，中央、各部院、各省、各派在整个新政过程中，由于"对西式税制学理认知角度差异以及固守本省利益的需要，中央与各省在两税划分标准、税制分级等问题上，显然各有所宗。分税言论的歧异，隐隐显示出改革税制与固守本位的矛盾心态"⑤。各自的

---

① 《国会请愿之近状》，《东方杂志》第 7 卷第 8 号，1910 年 9 月 28 日。
② 《国会请愿同志会意见书》，《国风报》第 1 年第 9 号。
③ 周育民：《晚清财政与社会变迁》，上海人民出版社 2000 年版，第 417 页。
④ 袁刚、韩亚栋：《清末预备立宪中的税收与"国会"互动》，《哈尔滨工业大学学报》（社会科学版）2016 年第 3 期。
⑤ 刘增合：《制度嫁接：西式税制与清季国地两税划分》，《中山大学学报》（社会科学版）2008 年第 3 期。

立场不同，各方都在借财政改革之机各抒己见，甚至互有矛盾，其本质是对各自权利的追求。清廷实行分税显系借清理财政、划分国地税之名收回财权，以维皇权，以固国本，这与地方督抚和立宪派也想趁机各捞一把的思路严重错轨，各方利益追求在税权分设这件事上存在根本分歧，矛盾自然无法消弭。所以，辛亥革命一爆发，各地响应之速，出乎众人意料。并非大多数人都愿意革命，而是晚清政府实在过于刻薄寡恩，伤及的不仅是革命党人的心，甚至地方督抚、王公大臣等帝国赖以生存的根基也发生了动摇，致使其改革措施难以落实，官方的督责无异于隔空喊话。

（三）媒体上的议程设置

媒体初兴，舆情庞杂，"庶政公诸舆论"似已成风，意见领袖据己所需，预设种种舆论话题，通过议程设置任性表达各自意见，常使国政难以抉择。

如论及预备立宪的根本或原则时，人称其最要者凡四：司法行政、地方自治、国民教育、征兵，究其精神言之，"地方自治实为立宪之根本"，既实行宪政与地方自治，则必须"依国法用其地之租税，执行其地方应有之政治"，并指出"各国地方自治经费，其所取给在地方税"，因此，划分国家税地方税便成为实行宪政的应然要求①。而前已述及的因要求颁布宪法而将"宪法为立宪国之唯一原则"，其后又为改革官制而将其定为"立宪之根本原则"，为反对皇族内阁就说"君主不担负责任，皇族不组织内阁，为君主立宪国唯一之原则"等，这些提法显然与"以地方自治为根本"不一致，究竟哪一个更符合实际没人深究，媒体更乐意根据需要设置预备立宪所需要的"立宪国唯一之原则"，一只看不见的手正在拖着晚清立宪之躯摇晃前行。此种做法很难说是立宪国国民应有之素质要求，而躲在媒

---

① 《论地方自治为预备立宪之根本》，《东方杂志》第 4 卷第 1 号，1907 年 3 月 9 日；张謇《预计地方自治经费厘订地方税界限应请开国会议》，《张季子九录·自治录》卷一，近代中国史料丛刊续编第 97 辑，第 1815 页。

体背后的立宪派与此关系甚大。

综上所述，清政府企图通过全面改革原有的政治架构来达到重新集权的目的落空了。匆忙的官制改革削弱了国家调控能力，不成功的经济改革减少了国家可汲取之资源，科举制取消后官方意识形态的瓦解降低了国家合法化能力，咨议局的产生解构了国家控制能力。这四个变量凸显出新政改革遭遇到前所未有的困境①。而晚清亲贵的表现暴露了其在近代化的转型中缺乏有效的国家治理能力，并导致了严重的信任危机和权威危机，有研究称：权贵利用新政训练他们的子侄，替他们维护治安和看家护院，导致了"普遍的不满，报纸的抱怨和最后的暴动抵制"②。王朝的过度揽权导致了各方的对立，并最终为民国所替代。这里尚未对普通百姓"民怨沸腾"的现象加以对比，情况只能是更糟糕。

朱英认为："传统君主下的改革，需要国家权力集中，只有权力集中才能有效地统一分配社会资源，应付改革过程中出现的各种问题。如果中央不能对地方行使支配权，也就不能起到宏观调控的作用。"③ 此论系对晚清政府的全面概括，由于清政府既没有强有力的中央权威做保证，宏观调控能力极弱，也没有使分税制得以实行的经济基础和思想基础，只能停留在制度构建的文牍层面，属于新制度"全面移植"与"嫁接不能"的真实反映，但由设想到方案的确立本身就是一次历史的进步，多少促进了晚清财政制度向现代化迈出了可贵的一步。

尽管新政没能挽救大清王朝，却为民国培养了一大批优秀的财税专家，他们在参与晚清财政改革的具体事务中得到了历练，并将其经验运用到民国的财政建设，如民国三任财长的陈锦涛曾任清理财政处帮办，两度长财之熊希龄被誉为"理财能手"，曾任东三省财政正监

① 王鸿铭：《国家能力的削弱及割裂：清末新政与立宪改革的困境》，《中国社会科学院研究生院学报》2015 年第 2 期。
② ［美］周锡瑞：《改良与革命——辛亥革命在两湖》，杨慎之译，中华书局 1982 年版，第 140 页。
③ 朱英：《晚清经济政策与改革措施》，华中师范大学出版社 1996 年版，第 188 页。

理官兼盐运司等职，同样数次出任财长的周学熙出身前清阀族，创办过银行，充任过农工商部参议，周自齐是清室退位时的度支部负责人。财政次长赵椿年为晚清农工商部参议、税务处会办；次长章宗元为清理财政处总办之一；赋税司司长曹葆珣、参事刘泽熙也是清理财政处帮办，库藏司司长钱应清、公债司司长陈威也分别担任过浙江清理财政局副监理官和清理财政处闽浙科坐办。其他在北京政府和省级政府中担任财政要职的官员，如李景铭、杨寿枬、周宏业、唐瑞铜、雷多寿、胡大崇、熊正琦、袁永廉、景凌霄、王芳、乐守纲等都先后在清理财政处或清理财政局、度支公所担任过要职，可见其中的渊源。因此说，民国与晚清并没有十分明显的界限，除了国体政体变更之外，很多制度来自晚清，很多要员来自晚清，人还是那些人，事还是那些事，权力还在争斗，困难还在继续。

第二节　民初分税制的再兴

北京政府除继承了清代遗留下来的外债、赔款和不平等条约外，还沿袭前清大多旧制，继续征收各种税捐。虽然民初已有了可供参考的财税制度模板，晚清的那批财税专家已变为民国公务员，但制度和人都需要现代化转型，与新生的民国体制相适应，仓促之间，庙堂与江湖似乎都没准备好，新一轮的论争又开始了。

一　中枢的企盼

民国初建，各省独立，中央收入几等于零，面临着严重的财政危机。袁氏当国，大借外债，在最初三年中，先后举债至四亿元以上。各项政务，无一不与外债为缘；中央收入，几恃此为最主要来源。外债还不足以弥补，则靠中国、交通两银行滥发纸币[①]。为解决这些问

---

① 杨荫溥：《民国财政史》，中国财政经济出版社 1985 年版，第 2 页。

题，历任财政总长都把整理财政作为其主要施政方针之一，但沿袭晚清税改方案和思路的成分较多，整理财政无外乎集中财权，整改税制就是如何收税。

尚在南京临时政府时期，国家、中央这些指代并不具有普遍意义，临时政府几无财政可言，"中央无丝毫之收入而有无涯之负担"，南京临时政府财政总长陈锦涛上书孙中山，提出当务之急"莫急于财政统一，盖不统一则中央之财权不能行使于地方，地方财政之信用不敷于百姓"，解决财政统一之法，"非将中央财政及地方财政分办不可"，但其时军兴未已，政权财权很难行使于都门之外，"更不宜启中央与地方纷争之端，故划分中央与地方财政之说，此时不宜提出，致生枝节"①。面对"各省财政纷纷自谋，政权混乱"的乱局，他认为"整理财政以统一财权为归，统一财权尤以划清权限为要"，中央与地方财政划定管辖范围，确立整理标准，始有分途并进之功而无彼此掣肘之患②。在他看来，划分财权是整理财政的唯一可靠路径，并因此拟出了国家税地方税的基本框架，"中央与地方岁入范围虽未划分细目，实已粗具大纲"③，但旋因临时政府的北迁，陈锦涛也随之辞职，其政见就此消亡，此议便没了下文。

而在北方，在清帝尚未正式宣布逊位之时，袁世凯就早已做好了接掌民国的准备工作，并提出了"暂定统一税章及临时施行法规，并划分国家地方两税之法案"④的主张，开始着手设立新政府临时筹备处，直接隶属于新举临时大总统，以备咨询顾问之用。临时筹备处设法制、外交、内政、财政、军事、边事六股，财政股以"筹定临时出入款目，并

---

① 陈锦涛：《上总统意见书》，《中华民国第一期临时政府财政部事类辑要·总务编》，第1—2页。

② 陈锦涛：《划分中央地方财政范围呈文》，《中华民国第一期临时政府财政部事类辑要·赋税编》，第12页。

③ 陈锦涛：《划分中央地方财政范围意见书》，《中华民国第一期临时政府财政部事类辑要·赋税编》，第13—32页。

④ 《袁总统召集大会议》，《大公报》1912年2月3日。

为统一全国财政之预备"①。1912 年 4 月 29 日，袁世凯在参议院阐述自己的施政方针时，再次明确提出了改革税制、举借外债、整理盐政、裁厘加税、清理田赋、改良国币、发展实业等诸项关键要务②，其核心在于寻求解决新政府财政危机的路径。

受命出任北京政府第一任国务总理的唐绍仪在宣布其施政纲领时称：民国成立后，"现虽全国统一，而农废于野，工荒于肆，商贾滞于途，求有敷于政府所规划之用，茫然无所取给。如租税公债金融等事，皆关于财政之最要者，而又缓不济急"，为其举借内外债寻找借口，即"尚有国民捐国库券等项，以为运转之枢纽"③。此说为唐内阁时的财政总长熊希龄所沿袭，熊希龄在国务院会议上提出整理财政的基本方略："各省灾歉之余，复遭兵燹，维持现状尚多不易，且国民之艰窘实较政府倍蓰"，拟先由整顿税法入手，将改正税制置于其三大"治本之策"首要地位，以期增加国家之岁入而减轻国民之负担，深得唐绍仪的认可④。1912 年 5 月 13 日，熊希龄在参议院发表财政施政演说时指出："中国财政困难，在前清时代已有破产之兆，民国初兴，各省独立，财政更形分裂"，中央财政不敷已达 2.8 亿两之多，财政枯窘有岌岌之危，"今审度时势之缓急，斟酌事务之轻重"，提出了整理办法八条，其中第四条是"改良税则以均国民之负担"，中国旧日税法，几无不近于恶税，农工商民，莫不为其所困，今欲兴利除弊，惟以改通过税为营业税，以为加税免厘之准备。其余旧税之当改者，以田赋为大宗，然须缓以时日。新税之当行者，以印花、所得税为大宗，然均非可猝办者。第六条是"划分税目以别国家地方之权限。国家行政经理费，固重量入为出，然欲划分国家税地方

---

① 《袁总统新设临时筹备处》，《申报》1912 年 2 月 29 日。
② 《大总统莅参议院之宣言》，《东方杂志》第 9 卷第 1 号，1912 年 7 月 1 日。
③ 唐绍仪：《莅参议院宣布政见》，经世文编社编《民国经世文编（内政·外交）》，《近代中国史料丛刊》第 50 辑，第 271 页；《各国务员之政见》，《东方杂志》第 9 卷第 1 号，1912 年 7 月 1 日。
④ 熊内阁：《大政方针宣言》，《民国经世文编（内政·外交）》，第 352 页；《议决缓行印花税之确闻》，《盛京时报》1912 年 5 月 12 日。

税之负担，又不得不量出为入。因国家较地方利害为重，须先国家而后地方也。此虽非目前所能办到，然不能不先为调查预备"①。可见，税改是民初最热衷探讨的话题。对于唐绍仪、熊希龄等人财政亏空的说法，有人提出了不同看法，谓之"绝非财政之真相，不过故作危词，以悚恫吾民，俾赞成其大借外债之政策而已"②。这里无须讨论财政亏空数额的真实性，但财政困窘确实存在，救济之法除了举借外债一途之外，划分财权税权依然是当局财税改革的重点和寻求财政出路的备选项目。

熊希龄掌财时的大概规划：在各省先行设立国税司［后改为国税厅，颁行了《各省国税厅官制（草案）》］，专收中央政府国税，各县所收之国税均解至该司交就近国库，再由财政部按照国家行政费每年预算，分给各省。各省税金此后由金库掌其出入收支一切事务，不必另设财政司管理。在国会未开、国家税与地方税未划分以前，除盐税、关税设有专员外，所有正、杂税及新行各税，并从前收解京饷、赔款、洋款等项，均由国税司与各省都督商办筹解。国、地税划分的期限不得超过 30 个月。可见他已将设立各省国税司作为国地税划分的预备，但鉴于南北方的隔阂，国税司拟先在北方数省开办（以前清财政监理官充任），试办后再逐步推及南方其他省份③。这种南北不统一的做法也为其财政改革带来了不小的困扰，反对之声不绝于耳。

1912 年 7 月，财政总长周学熙上任伊始，即面临着"库储支绌，罗掘俱穷，仰屋彷徨，莫名焦灼"的严重危机，便以中央与地方亟宜筹财政上之统一为由，提出了划分中央财政与地方财政的一整套计

---

① 《熊总长演说补救财政办法》，《申报》1912 年 5 月 16 日；《国务卿莅院演说之概要》，《盛京时报》1912 年 5 月 16 日；《莅参议院宣布政见》，《民国经世文编（内政·外交）》，第 275—276 页。

② 伧父：《中央财政概论》，《东方杂志》第 8 卷第 12 号，1912 年 6 月 1 日。

③ 《财政部整顿税务办法》，《申报》1912 年 6 月 3 日；《财部拟设国税司先行在北方》，《申报》1912 年 7 月 12 日。

划，并决定在财政部内成立调查委员会，以为整理财政之准备①。同时在各省设立国税厅筹备处以作划分国家税地方税之预备。其后，为使财政统一，税项早为区别，财政部决定派财政视察员到各省，专事考察财政事宜，商办预算及划分税项等，其宗旨在"欲周知各省财政为难情形，而中央困苦之忧，亦可与国人共相告语，破内外隔阂之弊，收气脉共贯之功，以期各出至诚，共筹国是"，此后政费应如何筹措，国税应如何督催，自当责成派出各员与各省都督切实筹拟办法。袁世凯对此亦深以为然，在其批示中赞许并要求道："此次派遣实为财政整理之预备，即为全国存亡之关键。务将现在各省为难之情形，中央困苦之状况，以及税项之如何区分，岁入岁出之如何确定，与各省都督、民政长剀切熟商，筹拟办法。"② 此法显然是晚清政府派遣财政正监理官到各省清理财政的翻版，殷鉴并非很远，却似未引以为戒，此法必然引起地方要员的反感，周学熙的这一做法当属"仰屋彷徨，莫名焦灼"的无奈之举。

这里顺便提及参议院讨论"国税厅官制案"的情境：1912 年 6 月 26 日上午，参议院第二十四次会议审议"国税厅官制"③。在议长吴景濂的主持下，首先由财政部所派委员阐述设立国税厅的理由。按其说法，财政部在各省设国税厅是经国务会议研究而定，为谋财政之统一，筹措全国行政经费、征收与监管国家税以图中央行政经费源源不穷而设。但接下来的便是劈头盖脸的议员质询而非审议，有议员称：增设国税厅必将增加征收费并因此而增加纳税人负担，并以晚清

① 《财政部公布调查委员会章程令》，《中华民国史档案资料汇编》第三辑，财政，第1218 页。

② 《财政部统一财政之新计划》，《申报》1912 年 10 月 22 日；《财政部为派各省财政视察员名单呈暨大总统批》，《中华民国史档案资料汇编》第三辑，财政，第1220—1221页；《公文·财政部呈》，《政府公报》第174 号，1912 年 10 月 22 日。这次派员名单计开：直隶陆定、冒广生，河南胡翔林，湖北陶德琨、黄绍第，湖南刘颂虞、叶瑞棻，江西李盛衔、黄序鹓，安徽陈维彦、熊正琦，江宁江苏江北贾士毅、单镇、夏翙宸，福建方兆鳌、郑礼坚，浙江邵羲，广东张汝翘、伍宗珏，山东王宗基、萧应椿，山西袁永廉，东三省栾守纲、邓邦述，陕西薛登道，四川蔡镇藩、陈光弼，云南熊范舆，广西汪德溥。

③ 《参议院第二十四次会议速记录》，《政府公报》第64 号，1912 年 7 月 3 日。

黑龙江清理财政局的做法经验提出国税征收完全"可以委托地方行政官或自治团体代为征收，又何必另设分厅"的质疑，该提议充满书生气，要知道，分税制的提出很大程度上与中央权威不足、地方各自为政有关，"可以委托代征"方法虽简，但征而不解或截留又为之奈何？财政部设国税厅其实即暗含着防范地方经手截留的用意。议员陈时夏提出："不将界限划清，则地方税混入国家税范围之内，又何以知某种税入为地方税之税入？"王树声提出地方税与国家税范围总得有一定之标准，否则，"岂不是一国之中，只有国家税而地方税则分毫未有"，议员们更为关心的是地方财政的分配问题。中央与地方的意见完全对立，中央担心地方截留而设国税厅，所有税款由国税厅经理，地方税款由国税厅划拨；地方则担心中央将地方税混入国家税范围，侵蚀地方利益，主张仍由地方"代征"和上解国税，由此便回到了传统解款制度的老路上，可见双方都心存戒备。财政部委员只能一再说明此为暂行之法，以后自有详细规定，"地方税与国家税虽无条文申明，而所收地方税不过由国税厅暂行代其征收，征收以后仍然交到地方，归地方使用。国税厅不过暂代征收而已，断不至将地方税全归于中央作用"。这种被动作答和重复解释让许多议员大为不满，"不必再行质问"，可以先付审查，原因是"质问许久，政府委员之种种答复仍是不得要领，大概意思，财政部是以中央财政非常困难，一切开支措办不易，非将各地方之财源通通收罗归中央不可"，直斥为"答复许久，不甚明了"，很让人难堪。但也有议员似乎是在刷存在感，提议"不得要领"者也为数不少，如讨论许久后竟还有人提问"是否为谋财政统一大计"，也有在"改良征收"中改良二字的意义上纠缠不休者，并与随后发生的在议场贴广告者是否是神经病以及如何处置的热烈讨论形成了鲜明的对比，这种责难之声与无关痛痒的发言讨论所展示的议政场景很难和民主政治联系在一起，但不巧的是，在那个时段，这种情形确实存在。其中缘故是否与这批议员大多有留日背景、有与政府留难之喜好、代表各省实力派专与中央讨价还价或代表所谓的在野党专提反对意见以示监督政府等因素有关，尚待进一步的研究。

陈锦涛、熊希龄、周学熙三任财长所处时代当属改朝换代时的混乱期：财政困窘，中央政权不稳，地方势力纷杂，各路英雄渴望的乱世已经来临，中央与地方的权力纠葛日益复杂，国家税、地方税与国家经费、地方经费划分问题的每一次会议在各种所谓的民主意义的讨论中议而不决①，总统府与财政部代表列席及各省议员数十人的高级别会议演绎成乡村老农的谈天说地，所拟议题"累次在国务院会议，均未解决"②……这种无休止的纷争和政令不出办公室的现实时常让他们备感痛苦。事实上，晚清以来的很多事都是在这种争论和务虚中蹉跎时日，当年为开征印花税而大耍文字游戏即是如此，满腔热忱的议论总是多于脚踏实地的践行，只是苦了职责所在的中枢机关的领导者，焦头烂额却少有建树。

随着中央政权的逐渐稳固，财政部所拟改革计划逐步推行，周学熙在其"整理财政总计划书"中，对民国一年来财政"紊乱"与"枯竭"的状况做了全面回顾，其中谈到了以财政政策治理紊乱问题，用经济政策治理枯竭问题的主张，在财政方面提出了解决财政紊乱的四大先决问题：即税项如何划分；税权如何统一；税目如何厘定；税制如何更新。在经济方面他同时也指出了信用不坚、币制不统一、银行基础未立、产业不发达等四项财源枯竭之因，据此，他提出了自己的财政改革方针。概括起来，大致如下。

周学熙认为，财政紊乱的四大先决问题即国家税地方税的划分问题，自晚清以来一直是个热议话题，但苦于标准之难定，"遂乃彷徨而莫决，迁延岁月，至今尚为悬而未定之问题"，财政当局所以踌躇未决者，主要有以下四点。

---

① 《划分地方中央税项问题》，《申报》1912 年 10 月 18 日；《北京专电》，《申报》1912 年 10 月 20 日。
② 《划分国税地方税之聚讼》，《申报》1912 年 10 月 26 日。

一是"中央权限与地方权限未清"。东西各国政治组织要么中央集权，要么地方分权。前者中央行政经费大，故国家税范围亦大，后者地方行政经费大，故地方税范围亦大。前清既非中央集权亦非地方分权，权限不清，经费范围无法确定，税项亦无从划分。

二是"中央经费与地方经费未定"。军政、外交、交通、司法等为中央经费并无异议，内务、教育、实业等归中央与地方均可。但因国体与时代的不同，中央经费与地方经费范围的划分亦有不同的标准，"大政方针未定，即行政之费目难分，故税项亦无从厘定"。

三是"各家之学说与我国事实不符"。关于国家税与地方税划分的学说主张不一，有谓"间接税宜为国家税，直接税宜为地方税"，有谓"租税之性质有重复之虞者宜为国家税，租税之性质无重复之虞者宜为地方税"。而直接税间接税的定义，各国尚不一致，我国对此更不甚明了，至于是否重复课征，"亦因税目繁多，难于推测"。此各家学说与我国事实不符，亦税项难分之原因。

四是"各国成规与我国历史不合"。我国历史上本无家屋、营业之名称，"究以仿德为宜，抑或效日为当，殊难下一定之判断"，同时，省制未定，权限问题与经费问题固无从解决。

鉴于上述四点，财政部拟定了四项财政改革计划。

第一，国家财政与地方财政立明晰之界限。国家收入不与地方收入混淆，国家支出不与地方支出糅杂。其法是在参观旧制、斟度现情、以事实为指归、以历史为依据、不拘泥于各家之学说与各国之成规等原则下，酌拟符合国情的国地税划分标准："税源普及于全国，或有国际之关系，而性质确实可靠，能得巨额之收入者为国家税"，反之则为地方税，并使得"国家税地方税法草案"以及"国家费用地方费用标准"得以拟订公布。

第二，统一财权，财政机关以一系相承，无彼此牵掣之嫌，有内外相维之益。税项既已划分，即当清征税之权限。征收国税不可无一直隶中央之机关，地方税应归地方团体征收，或由国家代征，国家税归拟设之国税厅负责管理，并拟具国税厅官制，以立统一国税权之基。

第三，明确租税系统，删繁杂之名称，立简明之项目，划分国家税与地方税具体税目。经财政部审议，拟出国家税十七种（田赋、盐课、关税、常关、统捐、厘金、矿税、契税、牙税、当税、牙捐、当捐、烟税、酒税、茶税、糖税、渔业税）和地方税十九种。

第四，仿行西方税制，引进西洋税种，改良旧税，使文明先进国最良之税制推行于吾国，使一般人民公同负担，以与租税之原则符合。中国今日当于固有之旧税以外，更求新税之来源，拟于印花税开征之后，依次开征所得税、营业税及遗产等新税①。

应该说这一财政整理政策比较符合当时的具体情况，与其前任熊希龄等人的财政治本之法（改正税制、整顿金融、改良国库）基本一致，得到了最高当局的认可。由于周学熙的倾力擘画，财政部终于在1912年10月拟定公布了《国家税地方税法（草案）》《国家费用地方费用标准》等法律文件，并决定于1913年公布执行。但《国家税地方税法（草案）》的纷争并未消停，其中争论最多的是田赋的国地税归属问题，东三省及直鲁豫皖各部都督通电要求将其划为地方税，国务员的主张也分为三派而莫衷一是②。此后，该"草案"又经多次修改完善，才于1913年11月22日正式颁行，并成为中国历史上第一个有关分税制的规范性文件③。

二 都督的纷争

民国初建，如何实现税权的合理分配成为论争的焦点。中央政府企图通过税权划分解决财政困难以实现中央集权，地方大员则打着共和的旗号，希望通过地方自治，以维护和扩大自身权益，要求划清国

---

① 《财政部整理财政计划总说明书》，《中华民国史档案资料汇编》第三辑，财政，第62—70页；国家税务总局编《中华民国工商税收史纲》，中国财政经济出版社2001年版，第46页。

② 《划分地方国家租税之争点》，《申报》1912年11月1日。

③ 邹进文：《民国财政思想史研究》，武汉大学出版社2008年版，第96页。

家财政与地方财政。当中央政府财政部为彰显民意,以"国计问题关系重要,电商各省都督"①,向他们征求划分国地税意见时,各省督抚则以各种说辞电报财部,但意见不一,争论了好一阵子。

关于税权划分的争执,首起民初政权最乱的江苏(该省有沪宁苏三个政权机构,全国唯一)。1912 年 5 月 18 日,江苏都督程德全主持召开了江苏省临时议会,通过了"江苏暂行地方自治"和地方财政议决案。全省以县为基本单位,分设总务、主计、警务、学务、实业五课,由主计课掌管全县税捐及一切财政事宜。划分中央与地方经费界限:关税、盐税及茶税、矿税等属于间接税者,归中央收入,承担外债、军政、司法及政府官厅各费支出。田赋及契牙典等直接税,归地方收入,承担省级民政、实业、教育等各费支出。张謇在议会结束时陈述了江苏"办实业以养民,办学校以教民,办巡警以卫民"的施政规划,并特别强调说"江苏过去的漕粮性质是贡而非赋,应全数留作地方款项支用"②,此为江苏强调地税(田赋)划归地方税的肇始。该决议案核心议题有三:一是地方自治;二是划分税权;三是田赋划归地方。这三点成为程德全的一贯主张,并在其后不断阐发,特别是将地丁漕粮划归地方的主张和做法当属史所未见,极有可能与其问鼎中央无望有关,不难看出这种中央与地方关系的微妙变化。

该决议案的弊端有三点:一是以地方议会直接干预国家税权,对于新生的北京政府极为不利;二是决议案将田赋划归地方税,国家倚重的大宗收入来源由此更辙,此法显系越权和藐视中央;三是以一省之议影响全国之规划,致使中央政府处于十分被动状态。中央与地方在税权划分问题上的长期博弈与函电交驰,实源于此。

当北京政府征求地方大员关于国地税划分意见的电文到达后,江苏都督程德全遂于 5 月 24 日发出其实行自治与财税改革的通电(敬

---

① 《划分国税地方税之聚讼》,《申报》1912 年 10 月 26 日。
② 沈家五、任平:《民国元年袁世凯争夺江苏地方财政的经过》,《民国档案》1997年第 3 期。

电），以上述临时议会的主要内容为基础，提出了他的划分国家地方税项的具体意见："近日各省财政同一匮乏同一纷乱，其原因皆为军费所挤，罗掘无术，应付乃穷，不从此时先将国家地方经费划清界限，辄言整理财政，实无着手之方"，从划分税项的技术上看，如以财政支出为划分标准，"如外债军政司法及行政官厅各费，均应归中央担任，如民政教育实业各费均应归地方担任"，如以财政收入为划分标准，则"如关税盐税及其他各种税项之属于间接者均应归中央收入，不足可以募债，可以发行纸币，地方不足则只可由中央酌量补助"，并要求将地税（田赋）划归地方税，认为地方"一切巨资，悉从地税取给"，划为地方税，"能为地方舒展民力，即所以为国家培养税源"①。

该电文的意义有两点：一是以国家与地方的事权确定税权划分范围，而非拘泥于从财政收入的角度进行说教，在财政理论上是一种进步；二是提议将历来属于国家统一征收的大宗赋税田赋划归地方收入，堪称我国田赋思想史上的一个创议。这两点建议显然是受西方财政思想的启发所致②。此电除电达中央政府外，还通电各省都督，名义为"见教"，实则为"扇风"。地方大员之间的暗自协商历来是中央政府最为忌讳的做法，正是这通电文，引起了各地的热烈响应。

直隶都督张锡銮以其首善之区的便利，迅即于1912年6月2日向全国各界发出通电（冬电），明确指出：国家与地方财政划分须以四事为前提：第一当先定国体之为联邦制与非联邦制；第二当先定政体之为中央集权抑地方分权；第三当先定行政区域；第四当先定行政之统系。四者之中，一有未决，即整理分配之法，无所依据。基于此，提出了国地税收入划分的四项原则：一是宜提整齐单简中央易于

① 《江苏都督程通告划分国家地方税项意见电》，《浙江公报》1912年第106期；程德全《复熊总长论整理财政文》，《民国经世文编（内政·外交）》，第2989页。
② 夏国祥：《近代中国税制改革思想研究（1900—1949）》，上海财经大学出版社2006年版，第102页。

直接收入者归国税，零星参差不便直接收入者归地方；二是中央需用
经费须具有完全涨缩之权；三是各省负担中央政费虽多寡万难从同，
宜令无偏枯废事之虞；四是法令必须齐一，以永免各省争竞纷扰之
患。依据此四项原则，拟定了国地税的收支范围、财政预算和会计年
度等四种划分方法，其中，支出范围的划分主要包括：国债、中央行
政费、地方行政官吏俸给应归中央负担；各省行政费及地方行政机关
之经费归地方负担，省县划分以此类推。此外属于地方之事件，如省
县力难举办，得由中央或省库贷与经费，督责办理。收入范围的划分
主要包括：关盐茶矿印花五税，皆整理单简，中央易于直接收入，宜
归国税，其余无论直税间税，凡列举不尽者，悉归地方，各省再因地
方宜划为省县两税，其税外之财产营业，亦分国有省有县有，归各该
收入，中央不足则按各省之收入比例摊配，地方不足亦按各县自收入
比例摊配。但其通电中提出的另外两个问题，显然是对中央权力的干
涉或侵夺：一是强调税法的变更，属于国税者由国会议决，属于省税
者由省会议决，属于县税者由县会议决；二是赞同苏省地税（田赋）
归地方的意见，归诸省税，可期各省自谋清理，且可因地制宜，分定
科则，无轻重不均之弊①。

　　该电可以看作对程德全敬电的补充，很受地方要员的赞许，广西都
督陆荣廷通电中央及各省都督，"张都督所举四前提，尤为划分税制之
根据"，并提出了自己的几点意见：一是定租税之等级，为省税县税城
镇乡税并厘订各级税之称目及其定率，以成各级之统系。二是定租税
之性质，明定其标准，宜为国家税者归之国家，宜为地方税者归之地
方，一洗从前例案之葛藤，以树划分之标准。三是立征收之主体，以
国家资格征收者定为国家税，以地方团体资格征收者定为地方税。四
是择课税之种目，地方税仍当分为特别附加两种，并选其税目之适应

　　① 张锡銮：《条陈划分国家地方税文》，《民国经世文编（内政·外交）》，第3320—
3322页；《天津张都督电》，《申报》1912年6月6日；《张都督条陈理财政见》，《申报》
1912年6月19日。

于人民之负担，其有中央征收不及地方之便利者，宜划归地方，为地方特别税。五是其性质可为地方附加税者，以必减轻国税之率，以休养税源①。但他提出的地税（田赋）宜归国家税而不宜划归地方税的主张与前述程、张的观点截然不同，似与急切抢夺国家税源的大多数地方大员并不同步。同样反对田赋归地方税的还有赵尔巽等，他认为中国以农立国，田赋漕粮是国家财政收入之大宗，若划归地方收入，则中央失去了可靠税源，财政将更加困难，这种主张亦不无道理。

嗣后，程德全再次致电中央及各省都督，对张锡銮、赵尔巽等人的意见进行反馈，"直隶都督谓民国新立，宜使各省地方及自治事件共同发达方可巩固基础，故划分收入之法，以关盐茶矿印花五税之整齐单简者归国税，其余无论直税间税，凡列举不尽者，悉归地方，是主义殆趋重地方一边。东三省都督谓中国以农立国，各省地丁钱粮占全国收入之大部分，一经整理，可以岁增巨款，如全数归地方，国家失此可靠之税源，势必益形支绌，似应划分地税几分之几为地方附加税较为妥当，是主义殆趋重国家一边"，他认为：地方行政关乎养民者，莫如实业，关乎教民者莫如学校，关乎卫民者莫如巡警，是三者皆非财莫举，而各省以筹备军需点金乏术，遂使养民教民卫民诸要政，多所旷阙。亟谋所以养之教之卫之之法，欲于地税以外，别创税目，征纳经费，以充养民教民卫民之用，不可得也。他绕了一大圈，最后得出的结论仍是其原先的主张：将收入可靠之地税划归各省自收自用，俾得履行其养民教民卫民诸要政。并一再表示：地税归省有，原为政府安抚人民之法，并无偏重地方之存见，"并无轻视中央之存见"，而是"为国家培植根本之图"②。就在财政部拟就《国家税地方税法（草案）》之后，1912 年年底，程德全还致电参议院，重弹老

---

① 《桂都寝论国家税地方税电》，《协和报》1912 年第 2 卷第 41 期；陆荣廷《上大总统论国家税地方税》，《民国经世文编（内政·外交）》，第 3324 页；《公电·广西都督电》，《申报》1912 年 7 月 13 日。

② 程德全：《为划分国家地方经费事致各都督文》，《民国经世文编（内政·外交）》，第 3315—3317 页；《讨论划分国家地方税》，《江苏省公报》1912 年第 28—29 期连载。

调，"江苏地丁已重于各省，而漕粮又系贡献性质，不适于民国体制"，并以"本省人民意见"的名义，不断强调田赋"本属一种特别税，既为一省所独有，按之国民公平负担国税之原理，尤不相符"，再次明确提出将地丁漕粮划归地方特税的要求①。这些手握实权的地方都督就这样你来我往与中央政府大谈财税划分的道理，几达两年之久的文墨之争似乎仍意犹未尽。

从历史上看，民国在政治上是统一的，但在财政上则是割据的，因为军阀没钱便不能养兵。割据的核心就是"田赋留省"。田赋留省大致从太平天国运动开始，各省督抚以筹饷困难为由开始截留，虽屡遭朝廷申斥甚或降级罢官而不已；及至辛丑之后，各省再以庚子摊款为借口，获取了田赋加征之权，并掌握了田赋的绝大多数；辛亥之后，各省独立，田赋留省变成了田赋归省，最终成为军阀混战的主要资本来源，各大军阀根据需要想怎么征就可以怎么征，毫无规矩可言，创下了中国田赋史上诸多之最②。

无论各省都督对于税权划分的真实意图如何，中央与地方间的争论足以说明双方关系的恶化程度，其实质是晚清以来中央与地方权力之争的延续，趁乱夺权是地方实力派崛起的基本手法，民国根基未稳，大洗牌后的资源攫取对各地都督来说尤为重要，各种分权主张便按需涌出，所以便有了苏闽等省地税（田赋）省有的强烈要求。江西都督李烈钧更是以"本省养兵行政等费用途浩繁，不敷其巨"，以及灾歉频仍收入顿减为借口，对中央催解税款的命令明确表示"此时未便率行"③，很难界定其中有多少民主成分，"谋可寡而不可众"或许有其道理。

这让中央政府大为光火，为摆脱这种过于被动尴尬的困局，财政

① 《苏议会请改漕粮为地方税》，《申报》1912 年 12 月 3 日。

② 杨青平：《皇粮国税：税制流变与王朝兴衰》，河南人民出版社 2006 年版，第 201 页。

③ 《李都督电呈财政规划》，《申报》1912 年 11 月 25 日。

部遂通过国务院通电全国各省,明确定性"以省会而议国家税项,既嫌侵越权限,且淆乱民观听,于统一前途不无窒碍",在国税、地方税划分以前,"凡地赋漕粮盐课关税厘捐契税牙税当税,向为国家收入者,其如何改革,应由中央提交议院公决施行",严禁各省以各种名义对国家税权进行干预,以清权限而重税法,凡征收各项税课,"不得率议变更"①。从当时的情况看,这通电报多少起到了一定的抑制作用,国家与地方财政体制的划分总算是在争吵中完成了法制建设。但由于中央权威尚未树起,所拟法律往往流于文本难以落实,这与同时期中央政府不断强调的"军人不准干预政治""凡我军人,自应确遵明令,以肃军律"的大总统申令一样,往往是虎头蛇尾,虽屡下禁令,"仍有干涉政治之行为"而无法禁绝②。到1913年因"宋案"而爆发二次革命时,李烈钧则直接起兵,程德全等人则宣布独立,地方势力的骄横可见一斑,袁世凯政权稳固之后,中央集权得以加强,中央财政才有了短暂的喘息,但袁氏之后的北京政府却再也无力统一全国财政和税收了,地方督军各自为政、变本加厉肆意侵夺中央税款等现象日益严重。

三 文人的思考

当地方都督以民意和实力试图左右中央税政之时,众多文人(主要是指各党派代表人物、具有发言机会与能力的媒体人、从事财税理论与实践的工作者和学贯中西的知识分子)则以其笔杆子描绘着民国税改的方向,他们或以团队出击,或以个人的身份评判着税制的得失,思考着税改的学术原理和某种真实需要。

已如前述,各省议员进京商议国政,但因立场不同目的不同,常常争议不休,就连田赋究竟应归国家税还是地方税这一问题就数次讨论而难以统一意见,议员的结论有三:一是田赋为国家收入大宗,性质

---

① 《国务院通咨省议会不得议国家税项电》,《协和报》1913年第3卷第22期。
② 《临时大总统令:军人不准干预政治》,《政府公报》第90号,1912年7月29日。

又复确定，应属国家税范围，这也是为财政部的意见。二是中国地租全额仅及各项间接税的三分之一，若用新法整顿，易滋纷扰，不如划归地方。三是国家财政困难已极，非切实清查地税不能得大宗巨款，应归国家税①。三种讨论结果纠缠不清，很难得出结论。

（一）主要政党的意见

在民初"政党政治"的幻想中，大大小小的党派骤然井喷，呈林立状，并各有主张，在议会中不断发声，指摘朝政，蔚为壮观。

民初最具势力的国民党的政见书由其实际领导人宋教仁代拟，提出了整理军政、划分中央地方行政、整理财政、开发产业、兴办国有交通业、振兴教育、统一司法等 10 项主张。宋教仁认为，整理财政之策，应按照国家行政与地方行政的划分决定国家费与地方费的支出范围，在此基础上划分国税、地方税，"此项划分，当依国费地方费为标准，事实上宜为地方税者，则为地方税，事实上宜为国税者，则为国税"②。这种原则性太强的说法并没有多少可操作性，并再次陷入了民初众多国地税分设议论的概念循环之中。其后又补充解释道：国家政务的划分，"须以政务之性质与施行便宜为标准"，对外的、消极的维持安宁的政务归中央，对内的、积极的增进幸福的政务归地方，其经费支出，仍以地方自治行政经费由地方税支出，其他行政经费皆由国税支出③。这些主张总归属于积极热情的议政意见，是对民初议会民主政治的热切期盼，但所述多为大而空的清议，与晚清时期立宪派人士的在野宏论大致相似，理论上缺乏高度，思想上缺乏深度，实践上缺乏温度，唯一可见的是操作的难度。

同样，其他党派也多如此。当初，在袁世凯的默许甚至鼓励下，各种政党纷纷组建，许多官僚政客厕身其中以博名利，专以评判和反

---

① 《划分地方国家租税之争点》，《申报》1912 年 11 月 1 日。
② 宋教仁：《代草国民党大政见》，《民国经世文编（内政·外交）》，第 297 页。
③ 宋教仁：《中央行政于地方行政分划之大政见》，《民国经世文编（内政·外交）》，第 304—306 页。

对中央的决策及其他党派的各种主张为能事，名为民主监督，"互相颉颃，以剂于平"，实则各谋其利，常因此而致混乱。为对抗同盟会，汤化龙、林长民、张君劢等于 1912 年 4 月 13 日组建了"共和建设讨论会"，其宗旨是"集合同主义之人，为将来政党之备"，推举汤化龙为主任干事，奉梁启超为精神领袖。该组织在整理财政和国地税划分问题上，提出了较为详尽的改革主张①：

整理财政当以整理税制为最要，而整理税制的先决问题就是国税与地方税的明确划分。民国以来，地方权势愈重，国家欲仰各省之供给经费则愈加困难，故非划定中央与地方征税权之范围，则国家之财政终必陷于破绽。并且提出，中央税由直省代为整理或地方税由中央代为整理，均"无以善其事"，彼此权限不分，而各使其越俎代谋，"则租税之制度，终无由去不良以归于良"，当今急务，在造成一强有力之政府，欲造成一强有力之政府，必使其有独立之财政。这一点非常符合袁世凯的政治需要，不仅得到了大总统的赞许，还收到了不菲的活动经费。

关于税收征管的体制要求，该建议提出："凡租税之应划为国税者，由中央自行征收而不待直省之贡献"，这一主张当为国地税机构分设的最早提议，具有一定的现实意义，当国家权力无法达到其名义上的统治边界时，税款征收就需要依靠中央专征机构来完成，故有其后的机构分设、垂直管理等事例出现，如各省的印花税处、烟酒税处、烟草税局以及太平天国运动时就有的厘金局等专设机构，其实质是中央与地方互不信任状态下弱中央应对强地方的被迫之举，虽然税收征管成本高昂，但却行之有效，并为其后的财税管理体制改革提供了蓝本。

关于国地税的划分标准问题，共和建设讨论会提出：第一，在行政权限上，中国为统一的集权国家，不能援引联邦国分权制度以为

---

① 共和建设讨论会：《论今日整理财政宜先划定国税与地方税之范围》，《民国经世文编（内政·外交）》，第 3153 页。

例，同时，地方团体级数愈少，归中央的税就愈多，主张废除行省制度。第二，从租税性质上讲，国地税的划分应遵循的原则是：一是无重复课征之虞者可作为地方税，反之则应作为国税，"一物每移一地即征税若干者不宜为地方税，不能苦其重而又苦其繁"。二是国税应多用之为人民谋无形之利益，地方税应多用之为人民谋有形之利益。三是国税之财源可求之于各方面，地方税只能求之于国内和地方，即地方税应征本地之财以办本地之事。限于史料，不知此建议是否为袁世凯授意，但与袁世凯其后"废省改道"、设镇守使、护军使而逐步取消都督的计划非常吻合，不能不说其中存在着微妙默契。总之，相对于当时其他派系所拟国地税划分标准及其产生的纷争扰攘而言，该建议具有一定的参考价值。

1912 年 8 月，梁启超、林长民、汤化龙等人在共和建设讨论会等组织的基础上组建了民主党，以"普及政治教育""建设强国政府""调和社会利益"等为宗旨，在政治上拥护袁世凯的统治，力图在议院中获得尽可能多的席位以对抗共和党和国民党。民主党的政策意见与其前身"共和建设讨论会"的意见一致，他们认为："民国成立，公私扫地赤立，中央政费无所取资，各省所得收入，大都截留本省应用，大借款屡议未就"，解决之法，治标之策在于节流，消极补救的办法是削减军费及一般行政费，积极整理之法，当先从划分国税与地方税入手，"吾党所主张者，则以田赋、盐税、关税、矿税、印花税、消费税（指烟酒等税而言）及将来必须举办之所得营业各税，作为国税。田赋附税、营业所得附税、房捐杂税及本属地方之零星捐税，作为地方税。其他厘金及苛碎之物产税（如棉丝茧捐及米税等），均应废止。"[1] 这与多省都督的意见显然相悖，尤其是与南方田赋归地方税的主张完全对立，显然属于缺乏实权的政党清议，也算是民主党"超然"态度的具体体现，其推行

---

[1] 《民主党主张之政策意见书》，《民国经世文编（内政·外交）》，第 288—290 页。

的难度可以想见。

无论是国民党、共和建设讨论会、民主党或是进步党等党派，其成立的背景及原因本身就颇耐寻味，以对抗其他政党为目的的思路和做法很难说是现代政党政治应有的精神体现。正如时人对印花税为何一直无法开征的原因进行评论时明确指出："因参议院中同盟会与统一共和党两派向与财政部挟有意见，故凡财政部所交之议案，无论官赋、税法、公债等，无不力予攻击延宕，自开院至今四五月之久，对于财政部之议案，尚未有一种议决……因挟党见，而于财政部诸多留难"①。此种说法固属一家之言，但与当时的情况基本相符，此种"留难"虽属党派之争，但直接影响国家政策的颁行，实已背离了这一体制的初衷。由此便可不难理解"讲政治"对于国家治理，尤其是处于社会变动时期政治改革的重要意义。

（二）财税专家的意见

这里所说的财税专家主要是指分散于社会各处的知识分子以及从事财税实践的工作者，他们大多能够从专业的角度对民初财政困窘的现状及改进方法进行深入思考，并提出具有针对性的税改主张。但由于书生意气和职位序列之故，他们的意见并不一定能进入行政大佬的法眼，甚至有些主张和建议仍属概念性的说教，但其教育传播意义甚大，当然也有一些论述可能成为财税改革的参考依据。

曾任《东方杂志》主编的杜亚泉对当时中国的很多问题表达意见，常以高劳、伧父为笔名撰文议政，一腔忧国忧民之心跃然纸上。他曾就袁世凯当局"舍大借款无以支持危局"的政策进行抨击②，深得读者赞许。他认为中国财政问题有三大弊端：一是以某项之收入抵某项之支出，各抵各款破碎支离，无通盘之筹划。二是行政机关，各筹各款，收入支出各自直接，无提纲挈领之机关。三是中央财政与地

---

① 《参议院议决印花税法之详情》，《申报》1912 年 10 月 14 日。
② 伧父：《论依赖外债之误国》，《东方杂志》第 9 卷第 1 号，1912 年 7 月 1 日。

方财政界划不明，隔阂殊甚①。这一说法符合 20 世纪初中国财政的实际状况，清末十年，最为诟病的便是税收制度的混乱，该论可谓切中肯綮，但如何解决则又显得力所不逮，无法提出具有针对性的措施。

曾留学日本的籍忠寅对中央集权与地方分权问题提出了自己的看法，认为那些提出"民主国当以民权为重，不可不行地方分权"的政党、都督，其实都是混淆了"分权"与"分治"这两个概念及其实质，前者偏重于权利，后者讲的是义务，但无论是何意指，所有政务，国家"无绝对放任之事，无一不指导而监督之"，并提出要通过法律规范促进国家政务与地方政务的良性运行②，其核心主张与其所属的共和党（进步党）建立强政府的意见大致相同，但如何划分税权的问题亦无界定。从国家治理的角度看，政权肇建，中央集权集治更有利于社会秩序的快速重构，即亨廷顿所指的"强政府"对于国家现代化具有重要意义，只有"强政府"才具有足够的力量来促使社会的稳定与经济的发展，因此这一主张很让上峰受用。

吴贯因指出，中央与地方收入划分的前提是支出与职掌的划分，中央与地方支出的范围既定，则租税收入应定为国税或地方税"亦可从而决定"，并拟出了诸如司法经费与行政经费、外交经费与内政经费、宗教经费与教育经费、武备经费与文治经费、慈善经费与惩戒经费等作为中央与地方经费的划分简要结构③，方法简单明了，道理浅显易懂。此外，他还就田赋该划为国家税或是地税提出建议：田赋划归地方税既有学理上的公平、确实等理由，也有事实上的十五种划分根据④，立意甚高，理由充分，但问题是，封疆大

---

① 高劳：《十年以来中国政治通览·财政篇》，《东方杂志》第 9 卷第 7 号，1913 年 1 月 1 日。

② 籍忠寅：《论中央集权与地方分权》，《民国经世文编（内政·外交）》，第 165—173 页；《庸言》第 1 卷第 5 号。

③ 吴贯因：《中央经费与地方经费》，《民国经世文编（内政·外交）》，第 3150 页；《庸言》第 1 卷第 10 号。

④ 吴贯因：《划田赋为地方税私议》，《民国经世文编（内政·外交）》，第 3205 页。

吏和中央财部要员早已闹得不可开交，一介书生又如何能规划出一条便捷之路？好在这一主张深得地方实力派的赞许，但显然与中枢之意相左而受驳斥：国家收入向以田赋为收入大宗，"今拟悉数提作地方经费，吴氏亦知当为中央谋补其额"，但从其所拟解决之法看，"全凭理想，揆诸事实，未能吻合"，且所拟抵补之法逻辑混乱次序倒持，所依数据"毫不调查，遽以无从计算一语置之"，其结论主张是"舍根本而求枝叶"，同时还进一步对吴氏的"改良田赋之法"也做了评判①。此论虽过于苛刻，但也代表了一部分人士的意见，并且发表于吴贯因主编的《庸言》杂志，很有意思，这可能就是学术争鸣罢。

田赋究竟应归地方税或国家税，在贾士毅看来，先决前提仍是他一直强调的地方团体级数、国家行政自治行政范围、国家费与自治费之额数等的首先确定，先决前提尚未确定，"而贸然从事划分税目，曰某税应归国家、曰某税应属地方，非柄凿而不入，即扞格而难行"，基础未固，无异于"架空以构楼阁"，必不可得。他的意见类似学术综述，对前人的观点进行梳理而没有提出自己的具体设想，最后的结论却是："今者正式国会业已开幕，南北议员云集都门，或富于政治经验，或长于专门学识，各出其平日所抱负之政见，以发表于院内，诚为盛事。惟田赋问题，内外争持，已近一岁，尤望出以公心，准乎事理。"② 一种理想主义的期盼在激烈的权力博弈过程中很难保证大家能"出以公心，准乎事理"而使税政改革得以推进，貌似也是一种"全凭理想"的建议。

其他社会贤达和经济学家关于财政体制改革的讨论还有很多，如马寅初（他似乎更在意国家税和省税的说法，常在地方税和地方税名

---

① 徐士瀛：《吴氏贯因划田赋为地方税驳议》及《吴氏贯因论改良田赋之法驳议》，《庸言》第 1 卷第 9 号。

② 贾士毅：《论划分田赋当先决前提》，《民国经世文编（内政·外交）》，第 3247—3253 页；《庸言》第 1 卷第 11 号。

称上纠结，与一些论者提出的地方税也是国家税的文字游戏大致相同）、陈启修等人的财税改革主张可参阅付志宇的税收思想史专论①，这里重点谈贾士毅所拟的"划分国地税私议"②。

贾士毅以其深厚的学养和丰富的财政经验参与了民国的众多财政改革实践，由教授而专家而高官，皆得其所，被誉为"民国财史著作第一人"，1911 年自日本学成归来，即为清廷授予法科举人，以示褒奖，旋即政权更张，但其才华已深得财政总长熊希龄及其继任者的赏识，初出茅庐的贾氏即对当时争论不休的国地税分设问题提出了极具见地的"私议"，并草拟出"国家税地方税草案"而备受推崇，"当时北京财政部对于程氏的说帖，颇待以青眼，所以随即组织一个特别财政讨论委员会以审查其内容暨计划实行划分之程序"③。

该文几近万言，所论层次清楚，条理清晰，主要内容包括以下几个方面。

一是国家与地方的概念界定。首先是定国家与地方的界定，国税为国家收入，以充国家行政之用，固非专指中央所在地之行政，即各地方行政区域内之国家行政亦属之。地方税为地方收入，专充地方行政之用。

二是对地方级数的确定。世界各国，省以下地方团体级数有别，无论其为二级制、三级制或更多，总须适合本国国情，我国地方制度为采省、县、市乡三级制，无论哪一级行政，皆不可无经费，而经费未有不取诸其所属之居民者，所以地方团体级数少则人民负担重数少，需要谨慎选择。

三是国家行政与地方行政范围的划分。这是国家费与地方费划分的基础前提。国家行政主要包括中央政府各部如外务、军务、财务、

---

① 付志宇：《近代中国税收现代化进程的思想史考察》，西南财经大学出版社 2010 年版，第 109—119 页。

② 贾士毅：《划分国税地方税私议》，《东方杂志》第 9 卷第 6 号，1912 年 12 月 1 日。

③ 李权时：《国地财政划分问题》，上海世界书局 1930 年版，第 42 页。

内务、教育、实业、交通、司法八项中央政府各部之行政，此外还包括各省之国家行政如外交、军政、司法及监狱、专门以上学校、征收国税事务、交通行政、实业行政等。地方行政主要包括地方教育、实业、救恤、警察、卫生行、防灾等项。

四是国家费与地方费的划分。以前项行政范围的划分定其经费，国家费大致范围包括：立法费、官俸官厅费、海陆军费、外交费、司法官厅及监狱费、专门教育费、官业经营费、工程费、西北拓殖费、征收费、外债偿还费、内债偿还费、清帝优待费等。地方费大致范围包括：地方上的立法费、教育费、警察费、实业费、卫生费、救恤费、工程费、公债偿还费、自治职员费、征收费等。

五是国家费与地方费数额的确定。在国家费与地方费划分的基础上，应依据预算确定各级所需的数额，实行量出为入原则。

上述五项为国家税与地方税划分的先决条件。至于税种的划分，应依世界各国通例和我国国情为前提，更需"考税制之沿革，察各地之情形"而后确定。通过比较此前已有的说法，如间接税宜为国税，直接税宜为地方税者；整齐简单中央易于直接收入之税宜为国税，零星参差不便直接收入之税宜为地方税；课税物件确定而少移动者为地方税，反之则为国税，各说均有不足，莫如以国家地方岁出之多寡，为税项支配之前提和划分国地税的标准。按此构想，国家税与地方税的划分大略如表 2-1 所示。

按贾氏所言，国家税每年总收入约国币三亿元，地方税每年总收入约国币五千万元。就地方财政而言，不敷之额仍可恃手数料、分赋金、国家补助金、公营企业收入、公债收入等以为弥补，当可免不足之虞。偶或不足，亦得遵照法律所规定，添设新税，再不足，犹得其地方公债以图收入之适合或由中央酌量补助。国家收入不敷之款可通过整理财务之法以增加收入。如盐税向为私销所侵蚀，如整顿盐务，废除旧日引界，而盐税可增巨额；田赋附加税之权利归于地方，各省必能尽心清厘增收，中央田赋正额必随之增加。其他旧税目之货物税，新税目之印花税所得税，以及税项外之国有财产收入、司法行政收入，或改良整顿，或设法推行，皆足为中央入款之大宗，以之抵补不敷之额，必当绰有余裕。

表 2 - 1　　　　　　　　国家税地方税划分标准

税项	税种		划分理由
国家税	已办	田赋（丁漕）	1. 确实，大宗。若归地方，则中央收入顿失巨款，而无他项充足税源以为弥补。2. 地方行政，苟无可靠之收入，则养民教民卫民诸政，又将废而不举。故田赋划为国税，而予地方以征收田赋附加之权
		盐课	1. 为国家岁入之大宗。2. 各国于盐，多课税或专卖，咸为中央收入。3. 我国盐课，素为中央收入
		关税	1. 各国虽有行保护政策或行自由政策之别，而其关税收入，或归诸中央。2. 我国将来或主自由贸易，或主保护贸易，全以关税为达其政策之手段，故为正当之中央岁入
		厘金	1. 各国国产税皆作国税。2. 厘金既归中央，将来裁厘加税，较属简便
		矿税	对采掘矿山所课之税。所以划归中央，盖以我国矿山，间与外人有交涉者，税权归诸中央，办理较易，且将来如采矿山国有政策，较省周折
		契税	对财产权移动而登录于官簿所课之税，所以划归中央，盖以登录税之性质应为国税，而契税一项，归于中央，则将来改为登录税，较简易
		烟酒茶税、油糖捐	具有全国性质之税捐
	拟办	印花、登录	印纸税及登录税，非仅能得巨大收入，并对于一般人民生法律上之效力。登录税施行时，税契应即废止，以免重税之弊
		所得、营业	所得营业二税，均用累进法征收，实含有调剂贫富之政策。二税赋课既属普及，负担亦极公平，且弹力丰富，能得多额之收入。营业税施行时，地方税中之当税、牙税、商税、牲畜税一律废止
		国产税	包括全国所产之货物。择具有国税性质，如茶烟糖酒丝茧等数种，归中央收入，一征之后，概不再征。零星参差之物品，征否归于各省。国产税施行时，厘固当裁，而油糖烟酒茶丝茧等税，亦应同时改章办理

税项		税种	划分理由
地方税	已办	田赋附加税	仿各国成例,拟定地租附加税之最大比例限额,以定为十分之六为宜。田赋征附加税不独省,如县如市乡,皆将赖此为税源之一,故不能以附加之数为行省所独占,应分配于省县市乡各级,其比例由各省自定
		当牙税捐	此二税似营业税,征收手续繁重,岁入无定,故划入地方税
		商税牲畜税	此二税似营业税,以岁入极微,故划入地方税
		杂税杂捐	零星参差,不便中央征收,归地方
		地方杂捐税	名目不一,岁入无详明之统计
	拟办	家屋税	房捐具家屋税之刍形,然仅限于市廛,未能普及,应仿照各国成规,另订家屋税章程。盖以其课税物件,确定而少移动。最良之地方税
		营业所得附加税	我国将来实行营业所得两税,若不许地方设附加税之权,则调查非易,隐匿自多,不如仿照日制,定其比例,归于地方
		杂税	饭馆及酒铺税;戏馆税;船税;人力车马车税;渔业税等税,既有疑为涉于苛细,然此虽征之于店户,而实转嫁于消费者,故为地方税

此提案的理论依据和实践思路当无异议,由于贾氏职务所致,其论必以中枢意见为圭臬,以税改进行为要务,以保证国税收入为核心,从其计划中不难看出:一是国税所占比重较地方税为优,国家主义意图明显,似为部中授意。二是将所有重要税源都划属中央收入,重要的政务也由中央办理,而地方则以省为单位,仅划给一些收数较小的零星税源,极易引起地方反对。三是田赋划归中央税,显然是对争论良久的田赋归省的叫板,体现出强权政治倾向。四是田赋附加税比例,张君劢所拟省制草案中将其定为国税定额的十分之三,贾氏认为宜定为十分之六,税率提高与民众负担能力不相称。五是该案设计易致弊窦,如地方财政不足恃手数料以为补充,或添设新税以为挹注,增税的借口因此而合法化;田赋附加之权归地方,极易进入"一抓就死,一放就乱"的死胡同,田赋乱象便不可避免。这些弊端必须

于税法中予以限制，否则，留给纳税人的将是难以承受的负担和无穷无尽的忧伤，当然，做到这一点绝非"私议"所能解决。

图2-1　小民何堪　　　　　　图2-2　负担之力量

注：选自阳信生：《社会万象》，岳麓书社2004年版，第87—88页。近代中国国力衰颓，经济凋零。政府官员仍巧取豪夺，横征暴敛，无所不用其极。民众所受"勒捐""罚款""加征""杂捐"之额常是"正供"的数倍、数十倍，实乃国人不能承受之重，小民何堪！

第三章　北京政府分税制的实践

　　北京政府时期的财政税收状况可分为三个阶段：民五前为初期，国家大局粗定，各省指款报解相继推行，关盐两税收归中央，财权渐归集中，可为财政集中时期，财政管理的重心在于确定中央与地方的事权和财权。民六至民十为中期，袁氏称帝失败后，局势纷乱，军阀专横，称兵无已，中央财政渐随时局转入紊乱之途，但因中央威力未减，各省解款尚能勉为应命，内外债尚能募集的款，收入既广，支出日增，故又称为国用浮滥时期，危险在于地方事权财权的扩张。民国十年以后为末期，此时政局益紊，军阀跋扈，财权分散，不仅各省专解各款停顿，甚至常关税、印花烟酒税、盐税悉被截留，内外债因信用薄弱而无法进行，库藏如洗，罗掘俱穷，故又称为财源枯涩时期，制度建设重点在于规范税收立法，限制地方税权任意扩张①。杨汝梅将其特征概括为破坏时期、整理时期和紊乱时期，其意大致相埒②。由于国势动荡，常使政令难出都门，税收政策实施乏力，民初所形成的分税制财政管理体制因失去其运行基础而沦为文本。

　　民初中央政府面临着严重的财政危机，历任财长不得不将整顿旧税、开征新税、改革税制作为其重要的财政手段，力图减少中央财政亏空。熊希龄、周学熙、周自齐、陈锦涛等，主张借鉴西方的财税理论，"使文明先进国最良之税制推行于吾国"，认为"非采用最新之

---

① 《财政年鉴》第一编，商务印书馆 1935 年版，第 1 页。
② 杨汝梅：《民国财政论》，商务印书馆 1927 年版，第 9 页。

思想及最近之学说，不足以剂租税之平"，他们的施政方针大略一致：一是完善税法，"理财之要素，贵乎出纳有制"，而欲图财政之整理，"必有统一之法规，而各项法规，以关于租税、公债、会计者为最切要"①，因此民初各项税法相继制颁，并成为近代财政史上的一大亮点。二是整顿旧税，这是基于对传统税种如田赋及其附加、厘金、盐税等的混乱及弊端加以改良的迫切需要，以期实现国家税收收入的增加和"改良税则以均国民之负担"之目的②。三是引进西方新税种以扩充财源，周学熙在向参议院做施政报告时，就提出了开征印花税、遗产税、营业税和所得税的设想和要求。四是划分税项以明事权，主张依据事权划分国家税、地方税征管权限，推行分税制。五是健全机构以成专责，先后设立的税收征管机构如盐务筹备处（后改为盐务署）、印花税处、盐务稽核总所、烟酒事务署等，专司相关税收的征管事宜，以杜流弊。民初短短的几年内，各项税制改革有序铺开，税收法制逐步确立，在中国税制史上具有奠基意义。

第一节　分税制的法制构建

国家税权的合法性来自政权的法统属性，是税收得以实现的政治保障。税收现代化在政治层面上要求国家政权与税权具有合法来源，在法律构建上要求国家税收的法制化以及在此基础上产生的税收法治精神。中华民国成立后，现代税收法律体系逐渐形成和完善，在税收征管体制改革与实践上具有开创意义。民初分税制的法制建设初具规模，但由于政局多变，分税制的实行时断时续，法制与实践之间充满着无法跨越的政治性与技术性障碍，众多制度与设想难以落地生根。

---

① 中国第二历史档案馆：《中华民国史档案资料汇编》第三辑，财政，江苏古籍出版社1991年版，第100页。
② 《熊总长演说补救财政办法》，《申报》1912年5月16日。

一 税收法制的完善

（一）民初税权的合法性基础

1. 宪法的税权规定

国家税权的基础是国家政权的合法性。民国新生政权在"约法"的框架内以民主形式产生并行使职权，因此在法律意义上便具有了国家政权的合法性要件。按照夸克的说法，合法性就是"符合法律的东西"，并在其补充条件中指出，一是"有关法律的叙述必须要与社会同一性的构成价值协调一致"，二是"法律陈述必须要以一种可信的方式促进社会价值的实现"，即只有当合法性表达了团体的同一性时，才能够将合法性阐述为"符合法律的东西"，其意指政治机构本身的合法性必须是大多数国民认可并以法律程序的合法性为前提①。初生的民国政权可以称为"符合法律的东西"，此可看作对中华民国政权合法性的一个注解。

在税权的规定上，南京临时政府颁布的《中华民国临时约法》就明文规定："人民依法律有纳税之义务"（第十三条），并且规定参议院有议决临时政府之预算决算以及"议决全国之税法、币制及度量衡之准则"的权力（第十九条），这就从宪法层面规定了国民的纳税义务和国家税权的合法性，并作为其后多版本的民国"宪法"的模板，无论是"天坛宪法"中的"中华民国人民依法律有纳租税之义务"（第十七条）和"新课租税及变更税率，以法律定之"（第九十五条）、"现行租税未经法律变更者，仍旧征收"（第九十六条）等规定，还是袁世凯时期的"中华民国约法"中有关"人民依法律所定，有纳税之义务"（第十一条）以及"新课租税及变更税率，以法律定之"（第五十条）等规定，均是以根本法的名义对国民纳税义务和征税权限的明确规范，一再强调的核心是国

①〔法〕让-马克·夸克：《合法性与政治》，佟心平、王远飞译，中央编译出版社2002年版，第33页。

家政权和税权来自于国民代表以及在此基础上的宪法授权，此为历届政府合法性的标志。

宪法体现了税收法定原则的基本精神，但不难发现，为汲取更多的社会资源，这一宽泛规定更多地在强调纳税人的义务，而纳税人权利保障的缺失必然将国家与纳税人置于一种不平等甚至对立的境地。因此，虽然宪法体现了国家税权的合法性基础，但因其不具有真正代表纳税人意见的同一性，其合法性在其后的表现中屡屡成为国家强行征税的意志和手段，并且各项税收法律的制定因其表现为"符合法律的东西"而成为历届政府的敛财工具。

2. 税收理念的演进

随着西学东渐的深入，一大批稔熟西方财税学理的专家学者纷纷走到前台，他们大多经历了清末新政的历练，成为民初理财的骨干力量。他们分别提出了不同的治税思想，并在税收法制的创建方面作出了积极的贡献。

"税以足国，赋以足兵"的基本职能和"轻徭薄赋"的理想是中国传统税收的观念追求，但在现代国家"行政扩张法则"的影响下，财政收支规模不断膨胀，税收加重成为世界性趋势，税收成为"无处不在的恶"。而在现代社会，国家收税为公众提供服务和保护，公众以履行纳税义务而获取公共产品，"服从的道德义务和权力的德性就构成了国家税权合法性存在的道德基础"①，国家与社会互动的焦点便是纳税以及税收的实现方式，税收已不再是仅满足当局挥霍的需要，税收职能更多地体现在促进社会发展这一层面。

在民初的治税理念中，为国聚财虽然是首要职能，但税收的法定、公平、普及、效率等基本原则屡被提及。1914 年 3 月 12 日，以大总统令公布、由国务总理财政总长等 10 位内阁成员副署的《会计条例》便明确规定："国家之租税及其他收入，依据法令之规定，征

---

① 张晓君：《国家税权的合法性问题研究》，人民出版社 2010 年版，第 39 页。

收或收纳之。无法令上确定之该管官吏资格者，不得征收国家之租税或收纳其他之收入"（第十一条）①，这就从法律层面对税收征管的法律依据和征管主体的身份资格进行了明确界定，无法不征、无资格不征的治税理念已载入民国法文，应该说税收法定原则离我们并不遥远。

除了上述税收原则外，税收的社会职能已成为新动向，保护产业、涵养税源的意识凸显，"理财须以培养税源为第一义，而培养税源须以保护产业为第一义"的论断更具现代意义。在促进税收公平正义方面，一些寓禁于征的"加税"也体现出他们对税收职能的理解，如周学熙认为"烟酒俱奢侈品之性质"，并非日用必需之物，"自应酌量加征，以裕国计"②，主张征收消费税、奢侈品税即含此意，并在其第二次长财时，颁行了《烟酒公卖局暂行章程》及《烟酒公卖暂行简章》两项制度，饬令全国开征烟酒公卖费。同样，印花税开征之后，设有专门征收洋酒、化妆品、奢侈品类特种印花税，亦含有寓禁于征的性质。但其"禁"并未奏效，如婚书贴用印花是为了限制早婚，香类征收特种印花税是为了反对迷信等，似乎具有明显的主观臆断嫌疑。而梁士诒等人从财政学的角度指出"量入为出"原则将限制国家建设的投入，国家贫弱导致了收入规模的狭小，但国越穷事越多的现实决定了有限的收入难以保障国家的建设需要，所以应在确定国家支出范围的基础上，确定国家税收规模，实现"量出为入"③。

其他原则如适度原则、便民原则、公平普及原则、量能原则等均为当时的财税专家所关注，这些税收理念的演进，更多地指向了现代税收社会职能的基本要义，其中，维护社会的公平正义已经成为现代

---

① 中国第二历史档案馆：《中华民国史档案资料汇编》第三辑，财政，江苏古籍出版社 1991 年版，第 29 页。
② 同上书，第 1584 页。
③ 岑学吕：《三水梁燕孙先生年谱》，商务印书馆 1939 年版，第 392—393 页。

税收的基本功能，并在民国税收法规的制定方面有所体现。

（二）民初税收的法制化

民初税收法制化进程的提速主要体现在各类财税法规的相继制颁，其开创性意义不仅是指法律的制定，还在于对法治精神的追求，而且成为税收现代化的一个标杆和依法治税的基石。从实践看，民初许多法律规范的出台，大多经参议院核议、大总统批准等法定程序后公布实施，程序公正合法更为重要。如《印花税法》的制颁程序，即经财政部审议拟定初稿之后，递交国务院转呈临时大总统审核，之后再行提交参议院审议，参议院议决后再由大总统签发施行命令。这一决议过程虽极复杂漫长，历经数月讨论了数十次①，但最终于1912年10月21日完成，由临时大总统令公布，并于1913年3月1日正式实施，也体现出时人对于税法制定的审慎态度，当然也可以窥探出这一时期参政议政的复杂一面。

《印花税法》是我国按照现代法律程序公布施行的第一部税法，此后又经过了数次修订、补充和各项配套制度的相继完善，完成了印花税法律体系建设，主要包括：《印花税法》（1912年10月），《印花税法施行细则》（1912年12月），中国银行、邮政总局、交通部电政司、国税厅等部门的《发行印花税票专则》（1913年前后），《贴用印花税票细则》（1913年11月），《人事证凭贴用印花条例》（1914年10月），《修正印花税法》（1914年12月），《稽核印花税办法大纲》（1914年12月），《修正关于人事证凭贴用印花条例》（1915年1月），《租界内华人实行贴用印花办法》（1919年11月），《督察印花税规则》（1920年9月）等。

此后颁行的财税法令大致包括以下几种。

（1）官制与管理类主要有：《国税征收条例》《财政部官制》《盐务署官制》（1912年11月）、《财政部办事通则》（1912年12月）、

---

① 《参议院第七十一次开会纪事》，《盛京时报》1912年9月19日。

《划分国家税地方税法（草案）》（1913 年 11 月）、《财政厅官制》
《征收官交代条例》（1914 年 9 月）、《印花税处章程》（1916 年 11
月）、《财政部征收官任用条例》（1919 年 9 月）以及财政部所属单
位办事规则等官制法规。

（2）分税种法令类主要有：《验契法草案》（1912 年 7 月）、《盐
税法（草案）》（1913 年 10 月）、《所得税条例》《所得税条例施行细
则》《贩卖烟酒特许牌照税条例》《验契条例》《契税条例》（1914 年
1 月）、《贩卖烟酒特许牌照税条例施行细则》《契税条例施行细则》
（1914 年 2 月）、《国定关税条例》（1917 年 12 月）、《修正盐税条
例》（1918 年 3 月）、《所得税征收规则》（1921 年 1 月）等各税种法
律法规。

（3）税收征管奖惩类主要有：《督征经征分征官额外增收奖励
条例令》（1914 年 1 月）、《征收厘税考成条例》和《征收田赋考
成条例》（1914 年 9 月）、《销盐考成条例》（1914 年 11 月）、
《缉私官弁奖励惩戒条例》（1914 年 12 月）、《中央解款考成条
例》（1915 年 5 月）、《监督财政长官考成条例》（1915 年 7 月）、
《考核缉私成绩规则》（1916 年 3 月）、《修改征收厘税考成条例》
（1917 年 2 月）、《征收所得税考成条例》（1921 年 1 月）等一系
列税收考核法令。

（4）税务检查类主要有：《财政部调查委员会章程》（1912 年 7
月）、《盐务缉私条例》（1914 年 12 月）、《印花税法罚金执行规则》
（1915 年 1 月）、《财政部检查征收机关委员会简章》（1915 年 5 月）、
《税务征收检查处简章》（1919 年 1 月）等相关法规。

此外，北京政府还颁行了许多与税收相关的经济法规以做监督，
除了前述部分税种的征管考成条例外，较为重要的如《审计处暂行审
计规则》（1912 年 11 月）、《审计条例》（1914 年 3 月）、《审计法》
（1914 年 10 月）、《审计法施行规则》（1914 年 12 月）、《审计官惩戒
法》（1915 年 11 月）等财务审计法规、《会计条例》（1914 年 3 月）、

《会计法》（1914 年 10 月）以及相关的预算法案等，从税收的审计和监督层面为民初的税收征管提供了相应的法制保障。

这些税收法律法规的制颁，体现了国家治理的现代化渐进路线和对税收法定原则的时代追求，如此大规模的具有现代意义的法制建设在中国历史上尚属首次，具有鲜明的现代税收特点，其中有些法规虽未实际推行，但从理论上讲，仍不失为一种税收理念的进步，为中国税收制度的现代化进程提供了助力。

税收现代化的指标可以简化为具有现代意义的税收法律体系的完备和征纳双方对税法的共同遵从，即现代税法的确立以及在此基础上的依法征税、用税和纳税观念的养成。税收现代化不仅是税收法制的现代化，更需要税收法治理念做支撑。但北京政府时期的税收并未因众多税法的建立而走向现代化，其因即为税收法治理念尚未形成，征纳双方本应共同遵守的税法往往在权力面前偏向一方，法制"媚权"成为税收现代化的主要阻力之一。税收法制体系是税收现代化的"形"，而税收法治理念则是"神"，只有将现代税收法治理念充分融入税法体系之中，做到"形神兼备"，才可能实现国家税收的现代化[1]。其中，现代税收理念的生成，归根结底依赖于征纳双方具体的"人"的现代化，亦即是说，在制度与人的互动中，人的现代化因素更具意义，这是实现税收现代化的核心和关键。而这两点在民初的税收实践中均存在着较多的异化倾向，税收最终依然是敛财工具而非服务经济社会的利器。

二　民初分税制的确立

（一）《国家税地方税法草案》的公布

已如前述，中央与地方在税权划分上函电交驰，意见不一，"或趋重国家，或趋重地方，见解既属相歧，持论每多偏执"。为达财政

---

① 张守文：《税制变迁与税收法治现代化》，《中国社会科学》2015 年第 2 期。

统一，1912 年 7 月，财政部特设调查委员会，在各省设立国税厅筹备处，以作划分国家税与地方税之预备。其后，为"破内外隔阂之弊，收气脉共贯之功"，财政部又委派财政视察员分赴各省，就国家与地方之界限、地方团体的级数、国家行政与地方行政的范围等与税权划分相关的"先决"问题进行了广泛的讨论①。财政部税务股也在积极调研，认为国家税地方税的划分应依行政范围之广狭为标准和前提，"今前提尚未解决，则国家与地方所需经费多寡即无从判断，而遽事划分两税，冀作法案，此稍有财政常识者所必不赞同"，即或前提已决，两税诚得以划分，要想推行，也需要"二三年后，而于现时无当"，此语预示了其后分税制的发展历程。但也指出："国库无涓滴之存，决不容长借外资维持国用；民力有凋疲之痛，又未便多行新税，自促本根"，因此，整顿税制，划分国家税地方税仍不失为一种"以救目前危急"的办法，并拟出两税划分暂行办法，试图摆脱"中央需款急如燃眉"的财政困局②。在袁世凯政府权威尚在的情况下，经周学熙等人的努力，各地大员为表忠心勉强达成了一致意见，财政部终于在 1912 年 10 月公布了《国家税地方税法（草案）》《国家费用地方费用标准》等法律文件。

这是一个多方博弈的结果，除了前述中央与地方的利益纠葛之外，还有来自各政党的舆论压力，尤其是由同盟会及众小党联合转化而来的国民党，其时已与中央政府存在着诸多嫌隙与争斗。1912 年 9 月，袁世凯与孙中山、黄兴、黎元洪协商后，通电宣布八大内政纲（史称"孙黄袁黎协定八大政策"，亦称"四大伟人协定"），其中提出"军事、外交、财政、司法、交通，皆取中央集权主义，其余斟酌各省情形兼采地方分权主义"，这一共识是双方相互妥协的产物，和谐假象迷惑了孙、黄，孙中山专心要去修铁路，黄兴则要去开矿，发展国民经济俨然成了他们的主营业务，此举为袁世凯政府加强中央集

① 贾士毅：《民国财政史》（第一编），商务印书馆 1934 年版，第 104—106 页。
② 《暂行国家税地方税办法意见书》，《申报》1912 年 8 月 7 日。

权排除了政党之争，让出了一条大道，为其企图通过国地财政收支的划分以加强中央财权的目的扫除了障碍。但好景不长，蜜月期过后便是兵戎相见，"二次革命"后的治理布局仍待调整，财政部所拟的国地税划分"草案"并未因其具有法律的外形而固定下来，同时由于分税制的配套制度尚不完善、推行分税制的思想准备尚不充分，加之分税与集权本身的矛盾无法解决，"草案"仍处于商议状态。

财政调查委员会所拟之国地税划分草案与贾士毅的"私议"大致相同①。

现行税目的划分以田赋、盐课、关税、常关税、统捐、厘金、矿税、契税、牙税、当税等 17 种划为国家税；田赋附加税、商税、牲畜税、粮米捐、土膏捐、船捐、杂货捐、房捐、戏捐、乐户捐等 19 种零星微小税捐作为地方税。将来新兴税目以印纸税、登录税、遗产税、营业税、所得税、出产税、纸币发行税 7 种为国家税；地方税分为两项：特别地方税如家屋税，国家不课征的营业税、消费税以及入市税等 6 种；附加地方税如营业税附加、所得税附加等。应行废止的税目如登录税施行时契税、牙税、当税应行废止，营业税施行时，常关、统捐、厘金废止。为了防止地方政府在附加税上的任意加税，财政部规定地方特别税及附加税的比例不得超过限制范围，田赋附加不得超过正额的 30%，营业税附加不得超过 20%，所得税附加不得超过 15%。

如此划分两税的理由，财政调查委员会道出了"中央征税悉委各省代征，国家财政之基础已不巩固"的严峻现实，表达了中央对地方的严重不信任，杜绝地方截留税款的办法即在于划分两税，"应属于国家者作为国家税，由中央自为管理征收；应属于地方者作为地方税，由地方管理征收"，否则，国家与地方之财政永无划清之日，并

---

① 江苏省中华民国工商税收史编写组、中国第二历史档案馆编：《中华民国工商税收史料选编》第一辑（上），南京大学出版社 1996 年版，第 736—741 页；《财政部划分税制内容》，《申报》1912 年 10 月 28 日。

预想通过国地税的划分，以实现"调和贫富，酌剂盈虚"的目的和"欲求事实之易行，足以救目前财政紊乱之病"的意图。同时，该草案宣称仅作为"预定赋税系统之雏形，为将来施行之基础"，可以想见其时中央与地方关系的复杂程度以及为减少地方阻力中央政府而委曲求全的别样画面。

由于该草案"将重要之税划归中央，不重要之税划归地方"[①]，立即引起了各省要员的强烈不满，争吵仍在继续。更为重要的是，为加强中央财政集权而在各省设立国税厅，直隶财政部，负责中央税款的征收管理，办理属于国家的经费支出，地方则在省长公署下设财政司，办理地方的财政收支，管理地方的零星杂税，这一规定显系对地方利益的侵夺。1913 年 1 月 10 日，袁世凯任命全国 22 个省的国税厅筹备处处长，分赴各省筹备建立国税厅的相关事宜，财政部也随即发布整理财政令，强调整理财政当从税务着手，并令各省国税厅等各处处长依据中央政府的既定方针，参考地方财政情形，妥筹办法，以与各省财政司划清国家税与地方税的界限[②]。上述种种做法在道理上说得通，但在实践上很显然是对地方势力财权的争夺，权益受限的政策必然不受欢迎，即使北洋嫡系们表示欢迎，也不会十分热烈。

1913 年 2 月，财政部致函国务院，大倒苦水：划分两税，屡遭非难。后经财政视察员与各省协商，国税地方税草案遂得多数赞同。"现在此案尚未通过，而苏省都督复电陈省会欲提漕粮为省有，闽省亦有划一粮价，变更田赋税率之说"，这种做法极易被他省效仿，且系"以省议会而议国家税项，既嫌侵越权限，且淆乱人民观听，于统一前途不无窒碍"，虽经财政部屡次电驳，"恐终无效"，故请国务院再行通电各省都督、民政长暨省议会，在国地税法草案未议决以前，凡征收各项税课，"仍照向章办理，不得率议变更"，并重申改良税

---

① 金国珍：《中国财政论》，商务印书馆 1931 年版，第 515 页。
② 国家税务总局主编：《中华民国工商税收史纲》，中国财政经济出版社 2001 年版，第 54 页。

项之权由财政部通盘筹划，"全国一致进行，以清权限而重税法"①，地方不得肆意干扰。在争吵声和枪炮声中，划分国地税的总体路线并未改变，财政部虽经历了周学熙辞职、梁士诒兼任、熊希龄组阁兼任等系列变动，北京政府最终还是在 1913 年 11 月 22 日正式颁行了《划分国家税地方税法（草案）》，计五章十三条②。

修改后的草案与原草案相比，仅仅是在分章和文字上作了一些细微调整。第一章为总纲，是对国家税、地方税概念的界定，国家税是指"国家因中央及地方行政诸经费所征收之租税"，地方税是指"地方自治团体因处理自治事务诸经费所征收之租税"。第二章为现行税的划分方法，共两条，对当时实行的税种进行国家税（十九种）、地方税（二十种）的划分。第三章为新税之划分方案，共两条，拟订了若干新税种分别划归中央（七种）和地方（五种），以便在将来举办。第四章为地方特别税及附加税之限制条款，共分三条，是对地方特别税及附加税、附加比例的限制条款。第五章为附则，共四条，是对前四章未尽事宜的补充规定（如表 3 - 1 所示）。

该草案被认为是抄袭日本而来，日本系抄袭法国，故"可谓为法国日本税法制度之化身"③，此论不虚，近代分税制财政体制被认为是西学东渐的产物，更多地与那一批财税专家的西学背景有关，而贾士毅等人的留日经历更与该草案的特点密切相关，"抄袭日本"当属学源上的承袭，并无不妥。作为中国近代史上的第一部较为完全的分税制法律文献，其意义不容小觑，尽管制度的安排仍有许多缺陷。

_____

① 《财政部关于国地税未划分前请通电各省仍按原章征收捐税致国务院函》，中国第二历史档案馆编《中华民国史档案资料汇编》第三辑，财政，江苏古籍出版社 1991 年版，第 1222 页。

② 《划分国家税地方税法（草案）》，《政府公报》第 558 号，1913 年 11 月 22 日；《税务月刊》1914 年第 1 号。该"草案"因 1913 年 11 月袁世凯下令解散国民党，致使国会法定人数不足，无法开会，《划分国家税地方税法》的立法程序未能完成，仅以大总统名义颁行，故仍称为草案。

③ 金国珍：《中国财政论》，商务印书馆 1931 年版，第 521 页。

表 3 - 1　　　　　　　　　　国家税地方税划分

税项	国家税	地方税
现行税种	田赋、盐课、关税、印花税、常关税、统捐、厘金、矿税、契税、牙当税、牙捐、当捐、烟税、酒税、茶税、糖税、渔业税、其他之杂税杂捐，共19种	田赋附加税、地捐、商税、牲畜税、粮米捐、油捐及酱油捐、船捐、杂货捐、店捐、房捐、戏捐、车捐、乐户捐、茶馆捐、饭馆捐、鱼捐、屠捐、肉捐、夫行捐、其他杂税捐，共20种
将来新设税种	登录税、通行税、遗产税、营业税、所得税、出产税、纸币发行税，共7种	特别税：家屋税、国家不课征的营业税、消费税 附加税：营业税附加、所得税附加
附设规定	1. 地方特别税有妨碍国家税者，财政总长得禁止其征收；凡特别税经财政总长认为不正当者亦同 2. 地方附加税不得逾限：田赋附加不得超过正额的30%，营业税附加不得超过20%，所得税附加不得超过15% 3. 遇有特别事项须增加附加税之成数时，非经财政总长认可，不得超过前条之限制	
附则规定	1. 在本法施行前，赋课征收之租税，其性质与附加税相同向归国库收入者，在未经整理赋税以前，仍作为国家税 2. 各项新税法施行时，凡旧税与新税抵触者即应废止 3. 各省编制预算，凡地方费以地方税支办，有不足时得呈请内务部核定由中央补助	

资料来源：《划分国家税地方税法（草案）》，《政府公报》1913 年 11 月 22 日，第 558 号；《税务月刊》1914 年 1 月，第一号，第 1—6 页。

这一法律草案虽经历了良久的争论才得以公布，但反对之声仍不绝于耳，其时，因军兴而形成的各路军阀既要依赖庞大的军队以坐大，又要为此而承担巨额的军费支出，而多数省份早已入不敷出，度日维艰，一旦将向为地方主干税种的田赋、厘金等财源划归中央，改由国税厅征收，则地方仅剩杂税、杂捐等零散税入，绝对无法维持庞大的军政开支。特别是军费向为各省支出大宗，若不大量裁减军费，自无法维持，但裁军无异于剜肉，必然为地方军阀所反对。故命令虽颁而"各省或行或否，袁氏亦复旋用旋弃"，前后行之一年有余，难以推展，许多实际问题亦无法解决①。

从"草案"制定的动机看，具有明显的中央集权倾向，袁世凯崛起于地方督抚，深知实权操之于地方之手的利害，他最为担心的是中央政府大权旁落而不得不时时警惕，加强中央集权为其一贯方针，巩固财权兵权为其施政核心，消减地方财力就成为其限制地方势力的必要手段。因此，该草案的显著特点即在于税项划分以偏重中央为根本，它规定田赋、盐课、关税、统捐、厘金等重要税种均划归中央掌握，而地方税收只有为数较小的杂税杂捐，确实有为难地方之嫌。尤其是地方特税附加税的比例限额的规定，直同于对地方权力的剥夺，对于有"妨碍国家税"的地方特别税或财政总长认为不正当者，财政部有权予以取缔，这些规定无疑是断绝地方政府财路的强势要求，可以预见该制度在其后的推行难度。

（二）《国税征收条例》的颁布

1912 年 8 月，财政部税务股为早日推行两税，拟订了《国税征收法（草案）》，后修改为《暂行国税征收条例》，并在公布不久后即进行了再次"修正"，修正后的条例类似于"国税征收实施细则"，全文共五章四十六条②。

第一章为总则部分，共二条，对该条例的施用范围作出明确规定，征收国税按本条例执行，具体税种另有规定的除外，征收机关和征收官吏及其职务另定。

第二章对征收方法的规定，共十六条，第三条至第七条规定，国税征收优先于地方税及其他债权、抵押权或质押权，破产、拍卖、被强制执行或受国地税延纳处分时，国税有先期征收权（包括所需之督

---

① 国家税务总局主编：《中华民国工商税收史纲》，中国财政经济出版社 2001 年版，第 54 页。

② 江苏省中华民国工商税收史编写组、中国第二历史档案馆编：《中华民国工商税收史料选编》第一辑（上），南京大学出版社 1996 年版，第 391—397 页。

催公费和延纳处分费），其他大多是有关于纳税时间地点以及纳税文书方面的规定。这些条款规定很显然是对国税地位的过度强化，充分体现出北京政府加强中央集权的真实意图。

第三章为延纳处分规定，共二十四条，主要是对纳税人逾期不缴纳或经督催后仍不完纳国税的处分措施，几乎全是对扣押延纳人财产程序及扣押物处置等方面的规定，其中仅有两条是对纳税人权益的保障性规定，第二十五条"不得扣押"的物品列举（延纳者及其同居家人生活物品及一个月间的粮食及薪炭；个人的勋章、徽章及各种图记；未经公开的发明物、著作物；职务上必要的制服；家谱、墓地及祭祀物品；修学必须的书籍及无关财产证据之簿书等数项）和第二十六条有条件的"不扣押"的物品列举（延纳人若愿将他项物件抵充且足偿督催公费、延纳处分费及税款时，不扣押其职业上必要之器具及材料；农业上必要之器具、种子、肥料、牛马及其饲料等），虽然项目不多，还算不上是对纳税人权利的尊重，但刚从"皇粮国税"大于天的封建时代走出来的中华民国，在国基初成、中央财政吃紧又急于集权的情况下，这些微不足道的恩泽也算是对民生的眷顾。但若细究起来，在中国历代的税则中，此种规定似亦不鲜，并且常有蠲免赋税之皇恩浩荡。

第四章为罚金规定，仅一条，延纳人及占有延纳人财产者，藏匿或脱漏其财产，或订虚伪契约，处以一月以上二年以下有期徒刑。收管扣押物件之人，将所收管之物件藏匿、脱漏、消耗或故意损毁时，亦同。知情帮助前两项所为之人及承诺虚伪契约之人，减半处罚。这一部分名为罚金，实为罚身，是刑事处罚而非经济处罚。

第五章为附则部分，共三条。其中第四十五条规定，凡从前关于征收文告、章程与本条例不相抵触者，仍继续有效。该项规定无意间造成了法律依据源头上的混乱不一，显然是对本条例法律威严的侵蚀，很难保证其实施效果。

该条例仅限于国税征收方面的规定，按此逻辑，有关地方税的

"征管法细则"也需仿照制定，从法制建设的角度看，源头上的紊乱将成为不可避免。此外，该条例很多规定还很不完善，过多地强调了纳税人的义务和对其违法的处罚，却没有对征收机关不依法征管的任何处罚规定，无疑为其后的税收征管乱象留下了过多的自由裁量权，且长期难以修补。

（三）国家费地方费的划分

1912 年 10 月，财政部在公布《划分国家税地方税法（草案）》的同时，拟订了《国家政费地方政费标准案》，以与"草案"相一致。

按照贾士毅的"私议"构想："国家行政与地方行政之界限不分，则无从决定国家费与地方费。国家费与地方费不定，则无从划分国家税与地方税"，是故，行政上的分权便成为财税改革的核心，而这一"分权"概念绝对是最高当局最为忌讳的字眼，集权可以，分权妄想。在他的设计中，国家行政包括的外务、军务、财务、内务、教育、实业、交通、司法等八项要务，基本上占据了政府行政的绝大部分，留给地方政府的纯属地方教育、警察、抚恤防灾、卫生防疫等出钱出力不讨好的事务，与他"谋中央之巩固，图地方之发达，两者兼顾，庶于事有济"的提法不完全一致，但很显然符合上峰的意思。

贾氏所言："行政范围既定，费目自易解决"，鉴于此，财政部便拟订出了国家费地方费划分的基本框架①：

1. 国家行政经费包括十四种

立法费：专指国会经费而言，省、县、市立法机关之费用不在此项。

官俸官厅费：此项以属于官治行政之职员俸给及公署费用为限。自总统府、国务院、都督府、省长署及县知事署皆属之。

海陆军费：为国防所需之经费，无论是中央所在地的海陆军费，

---

① 贾士毅：《民国财政史》（第一编），商务印书馆 1934 年版，第 124—127 页。

或外省的海陆军费，统由国家预算内支出。

内务费：内务行政费大半属于地方，但国都所在地及省城、商埠之警察经费与内务部直辖之内务费，统由国家预算内支出（此项为贾氏"私议"所无）。

外交费：外交以国家为主体，故无论为中央所在地之外交费或外省之外交费，统归中央支出。

司法官厅及监狱费：司法独立，久成各国通例，且以保障人民之生命财产。故全国各地之司法费，亦应统由国家预算内支出。

专门教育费：此项仅限于教育部直辖之机关、国立专门以上学校之费。省立县立各学校之经费由地方负担，不属于国家行政经费支出范围。

官业经营费：邮电路航、山林、矿业及各部直接经营之官业等所需之费，均从国家预算内支出。

工程费：此项专指重大工程而言，如河工经费等，因其工程之利害及于各省，故经费应由中央支出。

西北拓殖费：西北拓殖事业，非仅仅增进西北之生产力，其利害亘及全国，其经营费应当从国家预算内支出。

征收费：仅指征收国家入款所需经费而言，地方收入之征收费由地方经费支出。

外债偿还费：外债关乎国家之信用，凡中央政府自借之外债，皆由国家预算内支出。各省自借之外债则不属之（这一点与贾氏"私议"所拟"亦应统由中央负担偿还"的意见不同）。

内债偿还费：此项仅限于政府公债偿还费，地方公债之偿还费由地方财政负担。

清帝优待费：优待费载在条约，此项条约既以民国为主体，则其经费应由民国中央支出。

2. 地方行政经费包括十种

立法费：地方议会之经费。国会费不属之。

教育费：除教育部直辖机关及国立学校外，凡专门教育、普通教育、义务教育诸费，均应由地方支出。

警察费：警察为保护地方治安而设，除京城、省会、商埠所需之警察费外，其他警察费，均应由地方支出。

实业费：除中央所营实业外，凡农工商各业由地方团体自办者，均由地方支出。

卫生费：卫生行政系保卫地方人民之生命，则其费自应由地方支出。

救恤费：救恤行政系减轻地方人民之困苦，则其费自应由地方支出。

工程费：除国家所营之工程外，凡地方团体经营之工程，其费均由地方支出。

公债偿还费：此项仅限于地方公债之偿还费，政府公债之偿还费，则不属之。

自治职员费：此项系指如市长、乡董之薪水等，而与立法费有别。

征收费：此项仅指征收地方收入所需之经费，至中央收入之征收费，则不属之。

上述国家政费与地方政费划分标准有着明显偏重国家的倾向，且仅限于中央和省级政费的划分，未就地方政费内的具体构成作出规定，留给地方政府做决断。

上述三项法规并未真正推行，财政部在致电各省都督、民政长时感慨：军兴以来，国体更改，中央本无收入，全赖各省解协，现解款停顿，虽经累次电催，而协解之金终属寥寥无几，民元以来，所收齐豫湘粤赣等省之解款不过360余万元，杯水车薪，无补于艰。各省解款既已呼吁无效，不但不接济中央，反求中央接济，"请款之文告急之电沓来纷至，积案如山"，为顾全大局，中央还设法接济地方1400余万元，且为各省偿还所借内外债1320余万元，代还各省应行摊解之赔洋各款 7750 余万元。中央希望各省都督、民政长诸公"伟筹毅力，无任钦驰，风雨同舟，端资共济，愿合群力群策之助，共推无虞无诈之心。异日借诸公之力，使吾国财政就绪，富力大增，国势勃兴，强邻敬畏，则国家受诸公之赐者宁有涯涘"①。言之恳切，可见一斑，"午夜彷徨，疚心束手"的代理财长熊希龄不得不俯就示好，求助各省长官力予维持。该长电所陈诸项，与几个月前（1913 年 8 月）全国财政会议上代理部务的财政次长梁士诒的说法几乎相同："协解之款十有九虚，临时告急，罕有应者"，不仅如此，在中央实乏可恃之款的同时，"各省请饷告急之电纷至沓来"，同样只能用极为恳切的言辞请参会的各省"财政最高级最重要之员"内外兼顾，协济中央，直呼此举为"救国而已"②。足见民初理财与政策推行之艰难，而事实上，地方与中央一样，同处于极度的财政艰难之中，这已不仅是单一的财政问题了，社会不稳、经济衰败才是财源枯竭的根本原因。

三　民初分税制的演进

前述中央与地方税项和经费的划分方案，使"一个从无到有的概念"③ 具有了法律的模样，但归根结底还是如何使政策落地的问题。由于北京政府刚脱胎于封建帝制，集权主义根深蒂固，贸然而来的民主制度对普通民众而言并无特殊意义，热衷于此的还是从上到下的各级权贵及受西学熏陶的知识分子，最高当局的集权行动与各地实力派的分权主张闹得不可开交，再加上难以说清的政党意见和铺天盖地的媒介清议，分税制总是随着当权者的力量变动而成为一块跷跷板，此

---

① 财政部：《述近日财政大势致各省文》，经世文社编《民国经世文编（内政·外交）》，《近代中国史料丛刊》第 50 辑，第 2993—2997 页；《财政部维持财政之通电》，《东方杂志》第 10 卷第 5 号，1913 年 11 月 1 日。
② 《代理财政部部务梁士诒演说词》，《中华民国工商税收史料选编》第一辑（上），第 896—900 页。
③ 杜恂诚：《民国时期的中央与地方财政划分》，《中国社会科学》1998 年第 3 期。

起彼伏，难成定规，所凭借的唯一条件就是实力，很难与现代国家及民主制度联系起来。

袁氏当国，集权为要，阁员自然明白，在财税制度的设置上也充分考虑到这一点，上述收支项目的划分就体现出中央对地方势力的蚕食鲸吞，而较少考虑促进社会进步与发展等因素，甚至如财政总长周学熙也并不十分在意国地税划分的财政意义和社会意义，他在财政部与某参事谈论该问题时竟说："什么叫作地方税我真不懂。但凡是税，都是国家的，须知，地方即是国家的地方。普天之下，莫非王土……我是一定不认地方税三个字的。"① 这种公然为中央集权辩护的言论与"地方税也是国家税"的说法如出一辙，绝不应出自财政总长之口，制定方案、推行分税再毫无道理地否认分税，全由他们自己说了算，这种自相矛盾的说辞和态度无异于自己掌嘴，很难保证该制度的正常运行。因此便不难理解其后分税制一直变动的原因了。

（一）分税制的取消

1914 年，应该是袁世凯的好运之年。二次革命后，国民党首领流亡国外，袁世凯借机削藩，统一全国。1913 年 10 月，袁世凯依法当选为中华民国第一任正式大总统，11 月，解散国民党并收缴其议员证书。1914 年 1 月，袁世凯下令解散国会，2 月下令停办各省自治机关，取消京师地方自治，停止各省议会议员职务，解散各省议会，5 月，颁布袁氏《中华民国约法》，在总统府内设政事堂，取代国务院，任徐世昌为国务卿，嫡系幕僚杨士琦、钱能训为左右丞，"凡一切军国大事借由政事堂议决施行"。袁徐二人还商定：凡军事、外交、财政、蒙务均由袁亲决；凡政务上之变更事项，国务卿及各部长均可详陈意见，惟正式议案须由袁提出；政事堂决议案非袁核准盖章不得发表；各省来电，凡关系重要者，于每日午后六时呈袁核阅盖章发还再行核议。报人因此感慨："观此可知总统制之精神。"至此，袁世

---

① 《周学熙地方税之奇谭》，《申报》1913 年 2 月 28 日。

凯便牢牢控制了一切政权，重要政敌既已消散，嫡系党羽占据要职，北洋政府业已形成，袁世凯权势已达巅峰，按照媒体的评论，袁世凯实已拥共和之名而行专制之实，"今所谓共和，徒存虚名，易其名则帝制成矣"①。

为确保中央财政收入，1913 年年底，袁世凯即下令对征收管理严加考核，"国家财政基于税源，征收人员关系綦重"，要求财政部妥速拟定征收官吏考核章程，俾资遵守，"所有征收官吏及兼管征收之地方官，如其征收不力或延不报解，均即行撤换。其有从中舞弊、侵蚀公款以及地方痞棍盘据渔利者，均应分别按法严惩，以警贪婪而重公款"②。未几，再下令重申，设立各省国税厅筹备处，"原以期收入之日增，定支出之分配，使中央政费有所挹注，而各省行政经费亦得酌盈剂虚，无虑匮乏，并非设此官以掣行政官之肘也。乃今核各省财政困难之状，仍未稍纾，一由设国税厅以后，各该行政官多疑赋税等项，一经解厅，即为中央之专款，不得自由取支，或诿延不交，或既交之后，于督催概不出力，任其短绌。一由厅员于委收厘税等差用人不当，或征报不实肆意侵渔，或钩考无方徒滋弊混"，各省民政长务与国税厅员更要实力整顿，切实督催③。此意蕴含着对征收体制的不满，为停办国地税分设埋下伏笔，半年后国地两税便被取消而规复前清旧制。

1914 年年初，周自齐继任财长，便开始了他的系列政改，以适应袁世凯的中央集权需要。但其时，"所有每月行政经费之分配，大率由总统自行决定"，财政部只是于月底将各项用途开列清单呈请总统批示，财长持此即为发款之标准④，财部权力逐渐转入总统府。3

① 《大陆报论中国政局之将来》，《申报》1914 年 4 月 12 日；《专电》，《申报》1914 年 5 月 17 日。
② 《大总统关于严行考核征收官吏令》，《中华民国工商税收史料选编》第一辑（下），第 2170 页。
③ 《大总统令》，《政府公报》第 590 号，1913 年 12 月 24 日。
④ 《财政前途之消极观》，《申报》1914 年 3 月 28 日。

月，财政部召开全国财政会议，提出了仍按宣统末年预算模式，恢复前清解款办法的要求，为取消分税制的第一步计划。4月，财政部以田赋收数与前清相比，短绌更多为由，下令规复前清旧额，通令各省民政长将各县民国二年的田赋实征数与宣统二年的实征数及前清额征之数，逐县列表，报部备案①。同时调查各地截留税款情形，责令"查明各省欠解国税确数，并将其动支情形，造册送财政部以备核办"②，并按照年初袁世凯面谕"以后对于收税各官之赏罚必须分明，以重国课"③的行政秘籍，于当年9月颁布了新的"征收田赋考成条例""征收厘税考成条例"等法规，以加强对所属征收官吏的奖惩考核，强化税收征收管理，杜绝中央收入为地方截留。

在财政会议期间，袁世凯对各省会议代表恩威并加地强调了国税征收要义和税政弊端所在："在人民一方面，希望减轻负担，本属恒情。即政府亦非不欲轻徭薄赋，与民休息。但若经费不继，无以维持秩序，则人民必将受其痛苦；或信用丧失，牵动外交，益复不可思议，而人民之受痛苦恐将百倍于今日。……今各省财政败坏至此，不尽由于人民于原有之款未尽纳输，实多由经理财政之官每不得人，或于厘税肆行侵蚀，或于支用过为浮滥，且有卷款而去贻累国家者，是竭人民之菁华以供贪猾之欲壑，此尤非认真整饬严予惩处不可"，要求各省"当以拥护国家者拥护中央，万不可狃于偏见但知自顾，必须中央联合一气，如手足之捍头目，庶几群策群力，国赖以存"，最后甚至以严厉的语气强调，"如官吏漠视大局，不以爱国为念，本大总统亦决不稍存姑息，危及国家"④。这也可以看作是袁世凯政府已入强势的一种表现。

按照时人评论，其时的袁世凯政府财政紧张的局势得以缓和下

① 《财政部规复田赋旧额令》，《中华民国史档案资料汇编》第三辑，财政，第1244页。

② 《周总长追查国税之用途》，《大公报》1914年4月6日。

③ 《总统府会议新税》，《申报》1914年2月19日。

④ 《总统致财政会议委员训词》，《申报》1914年5月14日。

来，盐税有余了，各省包办税款有余了，验契有余了，今后税收的新
计划是减少借款，奖励聚款之官，激励输款之民，但对比民初税政的
诸多变化，时人感慨："以前之计划，所谓蚀国之计划，以国易财，
国将为财所尽矣。今日之新计划，所谓蚀民之计划，于民取财，民将
为财所尽矣"①，似乎已透露出人们对未来税收的种种担忧。

有意思的是，江苏巡按使韩国钧获嘉奖后致电大总统政事堂称，
江苏省因验契征收得力，各员及南通等县知事均给予五等金质单鹤奖
章，其本人及前国税厅筹备处处长张寿龄督饬有方，均传令嘉奖。电
称奉令之余，悚惶无地，人民纳税官员获奖，"于法令有不安之处"，
前朝成案，人民纳税骤增，多数或加惠地方，或增广学额，恩出自
上，泽及于民，意合深远。今民智渐开，赋税义务本有相当权利，若
掠美而尽属之官，即不必闻怨咨之声，神明已多内疚。因此陈请修改
"征收奖励章程"，提出"凡税额骤增之处，移官长之奖金充地方之
公费"，而官长之考成则与各项政绩平均优劣以进退人才，并拟请收
回此次对他个人的嘉奖②。此说本不应称为"痛言"，只能说是部分
官员对于税政奖惩制度的一种认识而已。

6月，周自齐上书袁世凯，认为国地税划分施行一年未收实效，
各省所收地方税极不统一，"有将田赋等正项拨入者，如因附加税不
得过百分之三十分，竟将地丁、正耗及平余等合计作百三十分，而以
三十分划入地方。有将向列奏销之数拨入者，如畜税等，前清会典皆
列有收数，每年均办奏销，现乃划归地方之类是也。有将向供赔款之
项拨入者，如陕西之加复差徭，四川之肉厘等类是也。当国用日增之
际，而向供军国之用者反少于前，无惑乎财政困难日甚一日，而地方
税划分之后，所办自治、学堂、实业等，亦徒有其名，多归中饱"，
因此建议将国家税、地方税名目取消。其后征收办法是：由财政部与
各省进行协商，认定具体解款数额，责成各省按期上解中央。无论国

---

① 冷：《财政新谈》，《申报》1914年5月21日。
② 《人民纳税官长获奖之痛言》，《申报》1914年6月19日。

家税或是地方税收收入，"均应解交各省主管财政官署，审度缓急，酌量支配。果系有益地方之举，亦自不令停辍，总以财政可裕，国基可固为主"。其时，各省已设财政厅，受财政部监督，且承办了国税厅的部分业务，"国税地方税已无区分之必要"，于是，这个统收统支的改革方案得到了袁世凯的批准①。税收征收管理办法仍袭传统旧制，征管之权归各省财政厅直接办理。至此，国地税划分不久遂告停止，争论数年弄出来的分税制无功而返。

前文已多次提及，分税制的背景多与中央政府权威的弱化和地方势力的膨胀有关，分税的目的在于减少地方对中央税款的截留和侵蚀，其法大致采用机构分设人员专任制度，正如在 1913 年 8 月财政会议上，提议者所拟的"各州县征收机关分立征收员采专任制度意见书"中认为，"中国将来无论改良旧税，举办新税，均非先谋征收机关独立，征收人员采专任制度，则财政上即无良好之希望"，并历述了县知事兼办征收的十大弊害，若采专任制度专办，则其弊当然消除。该案经议决，以征收机关责成州县，使之对国税厅负完全责任，其最终目的是行政机关与征收机关分开，并要求与会人员回省后照此方针善筹办法②。其后便有了财政部的专任办法：张镇芳负责总统府财政事宜，周自齐掌理全国财政，蔡廷干专司税款，张弧专司赔款事宜，张寿龄负责各省请款，吴乃琛负责京内各机关请款③，以期专责而杜推诿，但地方机构分设与专任职员调配尚未涉及。

但是，历史的发展似乎比制度的变更来得更快，当机构分设人员专任制度还未备妥时，由于袁世凯中央集权政府的初步形成，在

---

① 《财政部奉准取消国地税名目咨》，《中华民国史档案资料汇编》第三辑，财政，第1235 页；《取消国税地方税名目之呈准》，《申报》1914 年 6 月 9 日；《国税名称之取消》，《申报》1914 年 6 月 6 日。

② 《关于征收机关分立征收人员专任案及议决案》，《中华民国工商税收史料选编》第一辑（上），第 948—950 页。

③ 《财政专任办法》，《大公报》1914 年 4 月 23 日。

袁氏独揽大权后，便无须与地方争利和争吵了，中央收入除了名义上的国家税以外，还要求各省将"每年以收抵支之余款，缴解国库济用"①，其部下自会效忠报解，分税制看来已真"无区分之必要"了。而刚刚履新的财长周自齐也由最初主张分税而转向，那份"取消国地税名目"的咨文宣告了分税制在民初的短命。在强权政治与路径依赖的双重作用下，规复旧制似乎更容易得手，那一批脱身于清王朝的财政官僚或许对解协制度更留恋。

（二）"中央专款"的形成

旧制最大弊端易生腐败和地方截留滥支，解协不力。为防止地方截留，袁世凯政府于1915年推行中央专款制度。

1914年6月6日，袁世凯批准了周自齐关于巡按使监督财政的呈文，巡按使"既受监督财政之命，则与本部（财政部）有联属关系，一切当受成于本部，不得轻易更张，庶几统系分明而事权不至庞杂"②，各省巡按使从此负有监督财政之责。紧接着，6月11日，袁世凯又批准公布了《财政厅办事权限条例》（共九条），规定各省财政厅厅长由大总统任命，直隶财政部，管辖全省财政征收官吏及考核，兼管征收之县知事，综理赋税出纳，执行各种税法等各项财政事务，同时，"受巡按使监督，凡属于筹办财政事务，除奉特别命令外，秉承巡按使办理，并受其考查，所有本省经费支配，凡在主管部核定范围以内及地方自行筹集之款，得受巡按使之指挥"，财政厅所收赋税应悉数交存金库，不得擅支③。这样，巡按使、财政厅厅长共同为财政部、为大总统负责，袁世凯终于完成了财政的高度集权与统一。这一体制的变化，使地方政府成为中央政府的后勤部，所以，袁世凯提出："现在国家税地方税业已取消，岂乏腾挪余地，移缓就急，自当力任其难"，并要求各省除认解外，另行

---

① 财政部财政年鉴编纂处编：《财政年鉴》（上），商务印书馆1935年版，第3页。
② 《财政总长周自齐呈》，《政府公报》第752号，1914年6月10日。
③ 《财政厅办事权限条例》，《政府公报》第754号，1914年6月12日。

"妥筹的款若干，作为筹解"①。如此安排显然要依赖于中央政府的强力后盾，也得益于各地巡按使、民政长、财政厅厅长等人事安排的"袁家化"，各地虽颇有怨言，但碍于与袁世凯的私人关系和情分，除了腹诽而外，大多选择了默认和表面上的热情支持。因此，认缴认解并不困难，按照后人的说法，"原随中央威权为增减，非为法令空言所能奏效"②，亦即此意。

为保障中央财政收入，袁世凯政府除了上述的解款办法外，于1915 年 1 月下令实行中央专款制度，所谓中央专款，是指由各省代收但指定专属中央的若干税种及其税款。这项专属中央税款，在1916 年以前，只有验契税、印花税、烟酒税、烟酒牌照税、牙税五项，亦称"五项专款"，即在规定的国家税目外，另外指定几项税收作为中央税，责由各省认定数额，由财政厅按月解京。1916 年 2 月，北京政府又将专款范围加以扩大，于五项以外又增加了田赋附加、所得税、牙税增收、厘金增收、牲畜税、屠宰税和均赋收入等项，改名为"中央专款"③，将曾经争议好久的田赋附加税等已经明确划归地方税的税种也囊括进中央专税。此做法的底气很显然与袁世凯个人权势及中央权威的日益隆盛有密切关系。

1915 年 3 月 5 日，周自齐被免职，周学熙再度长财，在厉行解款和中央专款制度方面极为用心，为落实袁世凯"对于收税各官之赏罚必须分明，以重国课"的要求，也因"所有各省应解之款，类别既繁，款项甚巨，彼此既不免牵混，迟速又多有参差，非确定考成条例无以定殿最而示劝惩"之故，财政部拟定了《中央解款考成条例》④，凡对中央专款征解负有责任的官员均在该条例的考核范围，得到了袁

---

① 李新、李宗一主编：《中华民国史》第二编第一卷（1912—1916）上，中华书局1987 年版，第 430 页。

② 财政部财政年鉴编纂处编：《财政年鉴》（上），商务印书馆 1935 年版，第 3 页。

③ 孙翊刚：《中国财政史》，中国社会科学出版社 2003 年版，第 366—367 页。

④ 《中央解款考成条例》，《中华民国工商税收史料选编》第一辑（下），第 2185—2189 页。

世凯的全力支持。该《条例》共十七条，明确规定：中央解款每年应解总额以大总统命令定夺，财政部按照每年应解总额，匀定每月报解之数，通令各财政厅或财政分厅厅长按月照数解清，每三个月一结，由财政部呈明大总统存记，全年统计呈请奖励。其监督财政之长官，并由财政部同案呈请奖励。但该条例的奖励措施很笼统，惩罚规定则相当详细，各财政厅或分厅厅长如有逾期不解或解不足数者，将受到严厉的减俸、记过、记大过、免职（三个月分文不解及逾期至四个月以上者）等处分，负有监督职责的地方长官有督催不力者，给予罚俸处分或呈请大总统量予处分。由于财权统一日臻巩固，考成制度更加严格，在"大总统特定解款足额、额外增收奖励条例示之激劝，以树风声"的措施激励下，各省解款、专款尚能按期照解，如1915年直隶、湖北、江西等12省解款2178万元，专款1898.96万元①，大概要算得上袁世凯时期收入最好的年景了，由此可见袁世凯政府的强悍与威武。

但该"条例"与其说是强化税收征管的需要，毋宁说是为袁世凯集聚财富更张帝制的筹备，即便如此，周学熙此次任职，虽竭尽余力，但在配合袁氏帝制自为方面略显迟钝而不免受责，一年后被免职。若从法制建设而言，各种考成制度不免立法过于苛刻，致启各地官员的法外征税，并因此而引众多商民之訾议，但慑于袁氏权威而无可奈何；若从当局的政治追求来看，很显然源自于袁世凯的利令智昏，他错把洪宪当红运，上演了一出本已权势熏天却仍不满足的闹剧，实可谓晚节不保且遗臭万年。

袁氏之后，中央政局开始紊乱，税收制度变化更张，颇无止日。1917年，财政部对中央专款再做调整，将增收潜力较大的印花税划出，在财政部内设印花税处（李景铭任处长）、各省设印花税分处专办印花税收事宜，并将不符合国家税性质、不便提交国

---

① 财政部财政年鉴编纂处编：《财政年鉴》（上），商务印书馆1935年版，第3页。

会议决的屠宰税、牲畜税等项剔除，仅把烟酒税、烟酒税增收、烟酒牌照税、契税、牙税、矿税六项固定为中央专款，采取承包方式，按照各省认定数额上解，"多者仍归本省，少则由省款提补"①，这种设计虽然能够调动地方政府对税收征管的积极性，但也隐含着肆意扩张的危险，其后的税收史即证明了这一点，横征暴敛已成为税收常态，成为民生的灾难。张勋复辟和护法运动先后兴起，西南诸省名正言顺地宣布脱离中央，其余多省虽未宣布脱离，中央也再难控制。为应对危局，财政部遂决定从 1919 年 1 月开始，将性质相近的烟酒税、烟酒税增收、烟酒牌照税三项划出，仿照印花税征收之法，另设烟酒税署直接办理，至此，中央专款仅余契税、牙税、矿税三项，年额合计仅为 630 余万元而已，即便如此，也非实解到部，因中央应发各省军费多由专款划拨，往往款未收足，先由各省借垫，年度终了再归专款结算，甚至辗转咨查，经年累月，尚未抵拨清楚。不少省份留拨日多，解部日少，解款省份 1917 年有直鲁豫晋苏皖赣闽浙鄂陕湘川粤 14 省，1918 年解款有直鲁豫晋苏皖赣闽浙鄂陕 11 省，而 1919—1921 年间，仅剩赣浙苏三省解款，总数亦仅 400 万元左右，到 1922 年以后，实解数目殆等于零，甚至任意截留抵拨用途，均无报告，解款制度及专款制度已名存实亡（如表 3－2 所示）②。但据分析，各项专款实收额并非短绌，印花税划出，剔出 200 余万元，西南六省脱离中央，又减少 300 余万元，烟酒税署成立，再剔出 600 余万元，总计减少 1100 余万元③。中央专款制度陷入尴尬境地，终被淘汰更张，再以分税制替代。

---

① 贾士毅：《民国续财政史》（一），商务印书馆 1932 年版，第 59—60 页。

② 杨荫溥：《民国财政史》，中国财政经济出版社 1985 年版，第 11 页；贾士毅《民国续财政史》（一），商务印书馆 1932 年版，第 59—62 页；施养成《中国省行政制度》，商务印书馆 1947 年版，第 297—298 页。

③ 杨汝梅：《民国财政论》，商务印书馆 1927 年版，第 34—35 页。

表 3 - 2　　　　　　　历年中央专款认解及实解数比较表　　　　　单位：元

时间	各省区认解额	各省区实解额	实解认解比/%	备注
1915 年（五项专款）	13842260	11152374	80	下半年五项专款收入
1916 年（中央专款）	30480584	17601326	57	
1917 年（中央专款）	12878597	10359714	80	自本年始，仅剩六项专款
1918 年（中央专款）	8512964	5755271	68	自本年始，西南 6 省脱离中央
1919 年（中央专款）	6349072	4245299	67	自本年始，仅剩契牙矿三项专款
1920 年（中央专款）	6349072	4245299	67	
1921 年（中央专款）	6349072	4245299	67	
1922 年（中央专款）	6289378	无实解数	0	
1923 年（中央专款）	6289378	无实解数	0	有 13 省区抵拨中央军饷报告

资料来源：杨汝梅：《民国财政论》，商务印书馆 1927 年版，第 35—37 页；杨荫溥《民国财政史》，中国财政经济出版社 1985 年版，第 12 页；贾士毅《民国续财政史》（一），商务印书馆 1934 年版，第 60—61 页。

中央专款制度的实行可以看作北京政府高度集权的一种体现，一方面是为了弥补各省解款的不足；另一方面则是希望借助分税制的外壳，将潜力较大的税种划归中央作为其可靠的收入，以与解款办法并存。当时预计两者合一，年收入约在 5000 余万元，以解中央财政之困。从税收征管的角度看，中央专款制度提高了税收征管效率，且不易被地方染指或截留，同时在确保中央收入的前提下，也为地方留下更多的筹款空间。但是这种制度和解协款制度无异，都是建立在中央集权的基础之上的征收办法，一旦中央权威丧失，很难保证中央税款不被截留自用，如表 3 - 2 所示之结果亦不难看出，政局不稳与基础动摇的结果便是政权危机甚至崩溃。

（三）两税分设的再议

1916 年的中国，喜怒哀乐多重情感并存，袁世凯自作孽不可活，但权威核心的消失留给民国众多难以肃清的割据势力，散落在各地的大小军阀，各自为政，扩军备战，横征暴敛，民不聊生，可怜的北京政府常常政令不出都门，中华民国已沦为一个地理名词，中央财权丧失，国家税政很难统一，军费的扩张使国用陷入浮滥时期，原有的中央专款制度逐渐名存实亡。

在袁世凯紧锣密鼓地准备登基之时，就有人提出恢复分税制的建议，两税统系分明既属立宪精神所倡导，也是地方自治所需要，呈请袁世凯政府斟酌损益，恢复 1913 年国地收支划分案①。1916 年 8 月，众议院再次提出恢复民二划分方案的建议，经国务会议议决，始又依照原案办理，"民六以还，国地收支仍照民初国家税地方税法草案及国家地方政费标准案办理，迄未变更"②。但事实上这种制度的恢复很难还原旧状，加之国地税的划分并未认真执行，充其量是理论的探讨和预算上的数字拨弄，"依照原案办理"也不会取得什么效果，加上此后收税靠枪的现实决定了税收制度的变革很难落实。

1917 年 4 月 14 日，众议院预算委员会开会，本为讨论审查全国岁入各款情形，却因内容涉及具体税项的归属问题而扰攘不已：一是国家税、地方税是否即行划分问题；二是政府拟加各税可否提前议决以昭划一问题。与会委员各有说辞，莫衷一是。如对国地税是否即行划分的讨论，议员邱冠棻、李肇甫等提出：中国税律不清，界限含混，发生种种困难，致财政不能统一。此时划分国家税与地方税自系正当办法，惟为时匆促，此等复杂而关重要之问题，恐非仓促所能竣事，主张暂照原案办理。会议主席褚辅成则主张即行划分，并从宪法上之关系、立法上之困难、大方针之先决三个方面陈述其即行划分两税的理由。反对者有之，赞成者有之，后者认为两税划分，虽属不易，但界限不清，财政纠葛不断，主张由政府厘定划分法案，提交议决，这一主张得到了大多数人的支持，但仍提出划分内容不能不详加

---

① 《游洪范关于规复国税地方税名目致大总统呈》，《中华民国工商税收史料选编》第一辑（上），第 747 页。

② 贾士毅：《民国续财政史》（一），商务印书馆 1932 年版，第 15 页。

慎审的建议①。这次会议虽然议定了划分国地两税的重要性与必要性，但是涉及具体内容时却有相当的困难，最终议而未决。次年，财政部再议两税划分，应者寥寥，终无结果。

之所以两税划分遥遥无期，还有一个重要原因：民八九之交，我国兴起了所谓的联治或联省自治运动。地方政府往往以自治需要为名，不断扩充税源，侵吞解款和专款，同时，要求田赋归省、附加拨县的提议一直不绝，如湖南省议会早在1916年10月就已明确提出划分田赋附加税的三分之一归县自治经费的要求，经省议会议决，自1917年开始仍照元年田赋新章规定办理，并电请财政部予以承认②，态度和语气似乎并不友好。

1919年年初，江苏省财政厅为响应财政部划分两税之提议，提出了新的国地财政划分方案，颁行了"征解简章"，对国省两税分解办法作出规定，要求所属各县"遵照定章按旬交纳，将正省两税同时分别交库，不得笼统参差，以便稽核。其解款办法：国税按照中七交三分成交纳，省税概交江苏银行，毋再舛误"③。但值得回味的是，江苏省自进入民国，苏沪宁政出多门，且往往指摘中央，即使冯国璋时期，也以坐拥江南以各省领袖自居而傲视一切，与袁世凯政府的关系亦至微妙，不巧的是，冯国璋其时已被迫下野，可想这一制度能有多大的效益和效应。

1919年年底，有议员再就国地税分设问题提出要求，自治既分，许多政务转为地方后，国家支出减少而地方支出增加，不仅田赋一项应"完全改为地方收入"，甚至连营业税、物产税、契税等"亦应划归地方"④，这种意见显然是对中央财政的挤压和对中央政府的挑战，足见地方势力的逐渐强大，小小议员竟敢向中央叫板，其背后定然是地盘和军队的比拼。其他各省议会也在紧锣密鼓地进行税项划分，直

---

① 《国家税地方税划分问题》，《申报》1917年4月18日。
② 《省议会咨催划分田赋附加税为自治经费》，长沙《大公报》1917年6月17日。
③ 《分解国省两税之办法》，《申报》1919年1月22日。
④ 《划分国家税地方税意见书》，《益世报》1919年11月23日。

接染指国家税权，尤以湖南、浙江为最。

湖南地处南北要冲，是联治运动策源地。该省以 18744106：575230 票通过省宪法案，明确规定：省税由省议会议决之，省政府征收之；全省岁出至少须 30% 为教育经费，2% 做教育基金。

浙江紧随湖南之后，民国十年九月九日公布，一是规定该省各种赋税均为省收入，省政府依法律之规定征收之。二是募集省公债及增加省库负担之契约，非经省议会议决，省政府不得募集和缔结。三是本省对于国家政费之负担，至多不得超过本省收入总额的 30%。四是每年省教育经费至少须占全省预算案岁出总额 20%，教育基金占总数的 3%。五是每年省实业经费，至少须占全省预算案岁出总额 7%。六是每年省交通经费，至少须占全省预算案岁出总额 5%。

在此联治运动时期内，继湖南浙江制宪者，有四川、湖北、江苏、广东等省，而广东尤为废督之先驱及市自治之先导。联治运动的结果，徒然造成准军阀割据的局面，于全国的真正统一实在毫无裨益①。如此大规模的联治运动，直同于脱离中央，财政税收上的恶劣表现便是"各种赋税均为省收入"的强势表达，完全没有了国家的概念和意识，又何敢言说国家财政的统一？

顺便提及，有清以来从不给中央添麻烦的河南省，是一个为数不多的只有巡抚不设总督（晚清 22 行省仅有 3 个）的极为本分的省份，一直以来，以其地处中原、接近核心的区位优势，充任着华夏文明的传承者和中原文化的传播者的角色，常怀大局意识而委曲求全，不缺的是对中央政府的忠心，缺少的是中央政府对该省的关心。时至1919 年 11 月，河南省议会全体议员讨论修正"河南省征收统税章程"及其施行细则后，曾致电北京政府参众两院，就国地税划分办法及相关规定进行商讨，原国地两税划分办法规定：以 100/130 划归中央，以 30/130 划归地方，通令全国遵行在案，按此规定，"豫省地方

---

① 李权时：《国地财政划分问题》，上海世界书局 1930 年版，第 46—47 页。

税应得 30 万元，屡经敝会咨请省长向财部力争拨还地方，乃财政部竟将地方税应得之款一再编列国家岁入预算栏内，久被侵占，殊非事理之平"，要求国务院主持公道，按照划分方法，拨还地方，"庶法理人情两相符合"①。遗憾的是，这种呼吁和请求因中央财政的窘迫很难奏效，只能说是对原划分方案的一种不满或批评，但绝不会因此而闹出脱离中央或其他出格之事，此为中原文化的一种体现，为维护中央政府的权威而选择默认，此种求全做法绝非"中庸之道"或者趋利避害，而是更为宽厚的对于民生的眷顾。

随着社会思潮的日新月异，地方分权之说愈唱愈高，影响到财政方面的主要问题是：归诸地方的事务日增（内政教育工商警察等归于地方），地方政费、地方收入均应增加，"其始但倡为论议，其终卒见诸法规"。比如，有人提出，无论联省自治抑分权自治，中央与各省之权限要当划清，为避免税权偏重于中央或各省，宜由超越政争的财政专家审拟国税省税之划分办法，以"获一持平兼顾之制，而永奠中央与各省之关系"，同时指出两税划分标准"当斟酌于学理、事实之间"，并据此拟定了两税的大致框架：国家税包括：关税、盐税、烟酒税、货物税、印花税、特种所得税及其他应全国一律而亦未划归各省之税。省税主要包括：田赋、房地税、营业税（如牙税、当税、特种营业牌照税、普通营业牌照税等）、矿税、普通所得税、印花税余额及其他直接关系地方之税②。这一划分方法很显然是出于地方自治的需要，很难做到"持平兼顾"，但其观点对 1923 年年底的"曹锟宪法"（亦称"双十宪法"）颇有影响。

1922 年，直系掌握了北京政权，曹锟通过贿选取得总统地位，于 1923 年 10 月 10 日就职，并颁布了兼取欧洲各国宪法之长的《中华民国宪法》。这部宪法是在各省自治或联省自治的背景下产生的，为缓和各省的抵制，安抚地方分权的主张，采用联合式的中央集权和

① 《河南之税务谈》，《申报》1919 年 11 月 18 日。
② 叔衡：《划分国税省税意见书》，《东方杂志》第 19 卷第 23 号，1922 年 12 月 10 日。

地方分权制，对国家与省之间的财政收支划分作了很大的调整，重新划分了国地税，特别是将中央与省之间争执不下的田赋划归省地方，"实本扩充地方政权之旨而规定"①。12月，公布国家税与地方税草案，这就是中国历史上第二次分税。怎奈曹锟总统的头衔来之不誉，贿选让议员得到实惠，"联省自治宪法"为迎合军阀割据而加强了地方权力，这种让步并没有得到地方实力派的拥护，该宪法越年即被推翻，可谓短命。翌年，段祺瑞就任北京政府临时执政，该宪法即行废止。这次国地税的划分亦属昙花一现。

该宪法要求：首先是"人民依法律有纳租税之义务"，其次，"关税、盐税、印花税、烟酒税、其他消费税及全国税率应行划一之租税"由国家立法并执行；"省税与县税之划分由省议会议决"以及"新课租税及变更税率以法律定之"等项规定，将税收置于根本法的范畴，以塑威严，发扬国光，巩固国围，增进社会福利，拥护人道尊严，并期望能够永矢咸遵，垂之无极②。该宪法虽然有各种缺陷，但毕竟是民国十年制宪历程的结晶，也是中国历史上第一部正式成文宪法，凝聚着政治精英对于宪政秩序的探索和追求，不能因"贿选"而被贴上某种永久标签③。

该法规定按照税项划分属于国家税的税目有六类：关税、盐税、印花税、烟酒税、各种消费税以及全国税率应行划一之租税。属于地方税的税目有田赋、契税和其他省税三种④。至此，自民元二年间财政部与地方争执最剧之田赋正式划归地方税，足见政论之趋势和地方势力之强大。

按照政费划分时，属国家支出的项目有外交费、国籍法实施费、国

① 贾士毅：《民国续财政史》（一），商务印书馆1932年版，第15—19页。
② 《曹锟制造之宪法草案》，郭卫《中华民国宪法史料》，《近代史料丛刊》第88辑，第30—41页。
③ 于明：《革命与制宪之间——吴景濂与1923年的〈中华民国宪法〉》，《华东政法大学学报》2013年第5期。
④ 吴兆莘：《中国税制史》（下），商务印书馆1937年版，第126页。

防费、司法费、划一度量衡费、币制及国立银行费、国税征收费、邮电路及航空费、国债偿还费、国省财府整理费、专卖及特许费、中央行政费等十六种。属地方支出的项目有省教育实业及交通费、省财产处理费、省水利及工程费、省税征收费、省债偿还费、省警察费、省慈善及公共益费、下级自治费及其他国家法律赋予事项之经费共九种。

上述税项与政费的划分，从内容上看，很显然仍以"侧重国家"为特征，而不能简单地以田赋归属地方而称之为"扩充地方政权"为主旨。为维持公共利益之必要，中央政府对于各省课税的种类及其征收方法还作出了如下限制性规定（"曹锟宪法"第二十七条）：不得妨害国家收入或通商、不得重复课税、不得对于公共道路或其他交通设施之利用课以过重或妨碍交通之规费、各省各地方间不得因保护其产物而对于输入商品课以不利益之税、不得对各省及各地方间通过物品课税等五项规定，多少也算是为促进经济发展需要作出了相应的规范和调整。昙花一现的"曹锟宪法"还未来得及施行，便因其政权的垮台而被临时执政府所推翻。

1925年2月14日，财政部拟订了军费标准、中央概算、各省区预算、实行免厘加税、划分国地两税等九项整理财政的提案，由临时执政府秘书厅函送国会议决[①]。这套整理计划拟分为三步：第一步以拟定军费标准、拟定中央概算和核定各省区预算为重点，第二步以实行关税二五附加税、实行免厘加税和整理内外债款为核心，并在此基础上，实行第三步计划：即划分国地两税、统一国库整理币制以及推行各种新税等，以期达到"治标治本均有眉目"的目的。在划分国地两税的提案中，所提三个先决问题，仍系老调重弹，如辨别各税性质以明系（主要为税种划分提供依据）；综计历年收入以验盈亏（为划分政费及实行预算决算提供准备）；整饬征收机关以定权限（为国地税征管查机构分设和权限设定提供依据）。财政部的这种安排，其实质是在没有充分考

---

① 《临时执政府秘书厅转送财政部整理财政提案公函》，《中华民国史档案资料汇编》第三辑，财政，第209—269页。

虑中央统治能力和征收能力的情况下，对国地税划分进行的理想化文本构建，很难取得实效。其税种划分的大致概况如表 3 - 3 所示。

表 3 - 3　　　　　　　　1925 年国地税划分标准及说明

税别	税目	说明
国税	所得税	民国十年始行开办，今应定为国税
	矿税	民国三年，颁布矿业条例，分矿税为矿区税、矿产税两种，所定比例税率，各省多未实行，办法殊不一致，今应定为国税，亟应整理，以归划一
	营业税	我国向无此项税目。唯旧有牙税、当税、渔业税及近年所办之烟酒牌照税，实属此种性质。民国三、四年间，政府定有特种营业执照及普通商业牌照两种税法，均未实行，今应定营业税为国税，亟应从事筹办，并归并当等税，以免重复
	关税	我国关税有海关、常关两种，海关征收国境出入货税属之国家自不待言。唯常关所征一部分之行商货税，实系通过税，将来裁厘加税实行后，如改征出产、销场两税，照约应留常关征收
	盐税	
	烟酒税	烟酒两种，前清本由常关及厘局课税。光、宣之交，各省始行专设烟酒税捐，种类复杂，名目繁多，税率尤不划一。民国四年，仿各国专卖法，官督商销，而定公卖之制。自是烟酒公卖与烟酒税捐并行，今确定为国税，亟应整理，以谋统一，而免重征
	丝茧税	丝本我国出口大宗，占海关输出总额百分之十九，位置第一，今应定丝茧税为国税，俾得随时权其轻重，以与外货竞争
	茶税	茶亦我国出口大宗，占海关输出总额百分之六，位置第三，今应定茶税为国税，理由与丝茧同
	糖税	今应定为国税
	出产税	我国废止厘金，拟办出产、销场两税，以谋抵外，各省亦有试办者，今应定出产税为国税，亟应统筹全局，以期实行
	销场税	详见出产税项下
	印花税	
	登录税	民国四、五年间，曾经财政部拟就登录税草案，卒未果行。十年复经司法部提议，援照奉、吉两省登记规则，拟具各省区不动产登记条例，于十一年五月交由国务会议议决施行，今应定登录税为国税，亟应由各部会商筹办，并将各项登记归纳于此，以免纷歧
	承继税	亦曰遗产税。民国四年，曾经财政讨论会拟定遗产税条例，尚未实行，今应定为国税
	运输税	亦曰通行税。民国三年，曾经财部拟具通行税法草案。嗣由交通部改为运输税，今应定为国税

续表

税别	税目	说明
省税	田赋	
	房屋税	此税始于前清末年，各省办理此税，大抵供巡警学校及地方公益之用，以其性质定为省税
	宅地税	此税与田赋、房屋税性质相近。民国四年，财政部筹议宅地税办法，近复拟有市街宅地税条例草案，尚未实行，今以其性质仍定为省税
	牲畜税	此系各省固有之税，大都按照习惯办理，今以其性质仍定为省税
	屠宰税	此系各省固有之税，与牲畜税同，今以其性质仍定为省税
	谷米税	此系各省固有之税，今以其性质仍定为省税
	杂税捐	此系各省固有之税，今以其性质仍定为省税
	契税	此与田赋有密切关系，应定为省税

表3-3所列国税十五目，省税八目，均属当时所行之税及已筹议而未办，或试办而推行未广的税种。如将来发生新税，即各依其性质分别隶属。田赋、契税两项，原系国税，今按其性质之关系及最近学说之主张，将来拟改为省税，这种变化仍是对地方势力的妥协变通，很显然是对1923年"曹锟宪法"所定规则的接续和发展，其结果也基本雷同，在"城头变幻大王旗"的时代和变动不居的政局形势下，最终无法保证其顺利实施，故而仍沿用向中央解款制度。由于解款经常被地方军阀截留之用，因此中央政府的收入非常有限，库藏如洗，罗掘俱穷，财政危机日益加重，同时，由于军阀混战导致的经济衰败，地方的日子也不好过，变本加厉地搜刮开始盛行。整个中华民国的财政陷入了严重的财源枯涩和极度紊乱时期，只待重整江河。

事实上，依据当时的形势，这次财政整理最为重要的不应是税种如何划分，而是税款如何征收管理的问题，分税制的另一层关键因素在于机构是否分设，该案也承认，"整理税制，尤以整饬征收机关为急务"，若征收机关组织未善，纵令税目分明、税额确定，亦不能收圆满之效果。整饬之法，应在税收征收、管理、监督三方面着力，分设隶属于中央财部的经征机构，以严格的考成制度加以约束，尚可改变中央权威弱化、政权统治无力的被动局面。因此，该方案提出了三种思路，一是在各省国税监督署之下，分设国税局统征一切国税。二是在中央设唯一之总金库，各省设分金库，各县设支金库，完善了税款保管措施。三是在各省另设国税监督署，除关税及盐税因与外人有关作为特种税务外，凡在各省征收一切国税，统归国税监督综核，且用人之权归中央，各省不得干涉，以达"庶收国库统一之效，而于征收上亦得杜绝种种弊端"的宏伟目标。这种方案设定，可以看作是一套完整的两税划分计划，其后又多次讨论、修改和补充，相对于此前的任何法案，这个方案愈加完善①。但由于众所周知的军事等原因，北京政府旋为国民政府所代替，给南京政府留下了重要的制度遗产，国民政府之奠都南京后，对于国地财政的划分便较为轻松。1927 年 6 月，古应芬长财，召集中央财政会议，到会者大多是中央直辖的财务行政官，如各省财政厅厅长，各省烟酒公卖局局长，印花税处处长，沙田局局长，官产处处长，盐运使，盐运副使，榷运局局长，各省关监督，全国纸烟税局总办，各省卷烟特税总局总办，各省煤油特税总局总办，财部奉派各员等。该会所议决的最要议案即划分国地两税征收之权限及国家地方费支出之标准案，并在短短几天即完成了两项议案的法制建设，可见其速与前述法案的成形有着莫大关系。

四　民初分税制的特征

民初分税制是本土税制与西洋税制相融合的产物，是中国税制由传统向现代转型的产物。分税制多是在地方势力膨胀时中央政府采取的一种应急措施，有利于缓解中央政府财政危机，但常因政令难出都门而收效甚微，很难实现由失序到整合的美妙构想。这里仅就导致民初分税制陷于困境的几种关系做以下分析。

---

① 《临时执政交议整理财政案》，《中华民国史档案资料汇编》第三辑，财政，第269—271 页。

（一）财政关系

民国中央与地方之财政关系与前清大同小异，解款仍旧，协款仍旧。如果说新型国家财政制度有一定进步的话，其优于晚清的地方大致如下几点。

一是解款制度的统一。前清收支省自为政，皆不统一。各省向中央解款，可以钱出多门、对应各部，中央各部亦有接受解款之权，甚为混乱。民国则要求各省由各县解款财政厅，北京则解往财政部，实现了管理上的逐步统一。

二是协款制度的统一。前清旧制，相关省份按照中央指令直接协济，但协济与否、协济多少自命令发出后，便与财政中枢的关系不是很大了，纯然成为各省之间的私下交易，扯皮不断，很难统一协调。民初协款规定，由各富省将协款上解中央，再由中央配于各贫省，不令彼此私相授受，杜绝了中间程序上的烦扰和无序。

三是设立审计院。北京政府于中央设立审计处（后设审计院），颁布了一系列法规。审计院依法负责对全国财政进行监督，审定国家岁入岁出，应该视为财政上的一大进步。中央政府虽然对地方行政管控乏力，但对于举借外债之事，政府必定干涉，故至今各省借外债者极少。此为审计院的成就之一①。

财政上的三权分立当列为税制变化之亮点。民国成立，政制改为内阁，设立国会，以财务立法监督财政；设立审计院，以财务司法审核财政，依法审核收支之用途及其收支之虚实，人民有监督财政之权；财务行政由财政部负责，掌管全国预算决算之编制，财政收支之执行，公帑之保管等职责②。尽管许多制度并不一定能够得以推行，如预算决算并未按期编制实行，财政监督也仅仅是一种设想而徒具其名，但至少是税制上的一大进步。较之前清"既无立法机关为准则于先，复无司法机关为检查于后，一任坐握财权者之欺饰蒙混，是以紊

---

① 金国珍：《中国财政论》，商务印书馆 1931 年版，第 514—515 页。
② 李超英：《比较财政制度》，商务印书馆 1943 年版，第 15 页。

乱纠葛不可爬梳"① 的弊端，民初财政上三权分立在时人看来，简直是一剂灵丹妙药，"三重监督为国家整理财政必不可少之制度"，虽然因各种原因而"始终未克完全施行"②，但其进步意义不容忽视。

民初税收特点除紊乱苛繁之外，尚有税收不公的问题：一是间接税过重，直接税过轻。间接税涉及一般消费品，人民负担额与其负担力相比，贫者过重，富者反轻，有失租税公平之道。二是直接税偏重田赋，而其他税种如营业税、家屋税等很难推行，殊失公平普及之旨。三是涉外税收严重不公，中外商民在租界内及外国人之在内地所经营之所有事业、资本、财产等，均不能依法纳税，不仅莫大税源因之脱漏，亦且驱逐内地工商与资本移入于外人势力之下。笔者曾就税收不公问题撰写数篇文章，常扼腕于民国之多艰，民生之辛酸。

就税收征管而言，最为讨厌的是税收征管制度自身的腐败和有法不依。租税征收制度，当力求人民纳税之便利与国家收入之增加。中国征收制度，多由官吏包收，如厘金、常关及统税、统捐等，大多是国家预定税额，责成官吏依额征缴，并以各种考成制度督促征收，增收则奖励有加，减收则谴责随至。官吏往往设法勒索，或额外加征，务为贪索，以邀懋赏，每有税制本良，而结果转至害民病国。因是人民负担较应纳之额为重，而国家收入并不因是而增加③。

整个北洋时期，中央政府为加强财权而采取了一系列改革措施，中央设财政部，各省成立财政厅，直属财政部，意在集中财权。当袁世凯时，中央尚能驾驭地方，各省尚能接受中央向地方的派款，迨至袁世凯政权崩溃，则财务行政之权，逐渐旁落，多操诸各省地方军阀之手，由此加剧了财政混乱。这期间，中央政府虽然对国家税、地方税以及国家费、地方费的划分标准不断地进行调整，以适应局势的需

---

① 钱应清：《上唐总理论财政书》，经世文社编《民国经世文编（内政·外交）》，第2982页。

② 杨汝梅：《民国财政论》附编，商务印书馆1927年版，第7页。

③ 《法制局关于整理财政各项法规意见书呈》，《中华民国史档案资料汇编》第三辑，财政，第114—116页。

要，但每次改革和调整多事与愿违，在中央政府缺乏核心权威之时，诸多改革不仅无效，而且滋生出更多的弊端和混乱，导致财政崩溃，政府垮台。朝野人士日益认识到中央和地方财税划分需要稳定的社会秩序和国家权威的存在。

（二）国地关系

在中央集权体制下，本无所谓地方财权，也就不存在地方财政的概念，太平军兴后，地方督抚渐渐突破了中央的掌控，"地方财政"开始萌芽，清末立宪运动加速了中央与地方财政分设的步伐。民初，历时16年，国地税分设依然头绪纷乱，中央政府一直在调试着这个并不熟练的财税制度，调整、取消再调整，不断变动着中央与地方的财权边界，以适应自身权力的消长。分税制并没有为公共财政的建设与发展做出相应的贡献，只是成为中央与地方之间利益分配的工具和标识。这也说明，先进的理论只有在稳定的环境中才能发挥作用，否则只会呈现出"伪现代性"，改良政治也因此成为近代中国谋求社会进步的必经之路①。

从税收法律的形成上看，民初最大的贡献就在于各种税收法律的相继制定和颁行，前文已作简述，兹不赘言。但诚如专家所言："北洋军阀统治时期，中国社会远未实现'以法立国''以法治国'，统治者也未真正做到'依法行事'，他们玩弄法律这个魔方是利用'共和'这块招牌的组成部分。他们实际上是政法不分，以政代法的。"②所以，尽管各项税收法律相继颁行，但命令可以改变法律，枪炮敢于藐视法律，加之袁世凯死后，中央与地方关系紧张，截留税款现象大量存在，亦如《筹安会第二次宣言》云："宪法之条文，议员之笔舌，枪炮一鸣，概归无效。所谓民选，变为兵选"③，最终还是靠实

---

① 刘巍：《北洋政府时期的财政分权与集权》，《求索》2017年第6期。
② 张静如、刘志强：《北京政府统治时期中国社会之变迁》，中国人民大学出版社1992年版，第362页。
③ 刘晴波：《杨度集》，湖南人民出版社2008年版，第594页。

力说话，法律成为摆设。

从财税实践上看，北洋政府时期，"筹划中央与地方财政久矣，而纠纷终不已。外省办一实业，则向中央请款，改革一政务，则向中央请款，筹还一外债，则向中央请款。中央于欠解之课税，则向外省追索，于欠缴之京饷，则向外省追索，于未付之赔款债项，则向外省追索。外省向中央请款，中央不应；中央向外省索款，外省亦不应。两不应而中央与地方之意见生，感情恶。百事于是乎不举，中国于是乎不可为矣"①。这既可以看作财政关系恶化的表现，也可以说是中央与地方关系的体现，彼此间的不信任导致政局长期混乱，国无宁日。

尤其到后来，每当出现财政危机时，就任命一个新的财政部部长来寻找尚未发现的新财源。一旦这些钱像往常那样很快用完后，又一次财政危机就随之而来，因此又有另一个财政部部长上任，并制定出新的临时解决办法。1924 年直系垮台后，北京政府更没有力量做必要的改变。在这样的政治情况下，中央政府的财政地位肯定不会巩固。谁能弄到钱，谁就能当国务总理或财政部部长，这已成为北洋政府时期财政拮据与政治动荡的真实写照。

从晚清以来，地方分权的趋势愈演愈烈，对于所有的政治强人或权力欲强的统治者来讲，任何分权都是绝不容许的，同样，对于渴望得到权力的大小军头而言，分权是他们的梦想。有趣的是，各省督军很少能完全控制自己的管辖区域，许多大小军阀甚至地区驻军司令、旅长等，都急于争夺地盘，他们不管有没有正式宣布，实际上是独立于中央政府和省政府。他们中的大多数不反对自己自治，但他们绝对反对别人，尤其是他们管辖下的人运用自治权②。秩序因此被解构，中央权威继续下降，以至于出现没有督军们的同意就无法制定国家政

① 默:《杂评二·浙省请款感言》，《申报》1913 年 3 月 1 日。
② ［美］齐锡生:《中国的军阀政治（1916—1928）》，杨云若、萧延中译，中国人民大学出版社 1991 年版，第 17 页。

策，没有地方军人的合作就无法作出省决议的危险局面。这种情况对军人来说，显然是难以忍受的，混战似乎不可避免。同时，由于军阀割据混战，军费支出浩繁，而财政收入的主要税源，或被地方军阀截留，或作为抵偿外债或赔款，收入所剩无几，赤字连年上升，财政极度枯竭，北洋政府为维持其统治，不惜以主权换取巨额外债，对内则对人民横征暴敛，以债抵债，饮鸩止渴，形成财政的恶性循环。

（三）人际关系

中国"熟人社会"的传统，凡事讲面子靠关系，在这张人情网络里，即使在军国大事上，也往往有因人兴废、人亡政息的事情发生。所以，无论国家政治上的或是经济上的问题，最终都可以看作具体的人的关系问题。人有文人武人贤达宵小之分，遇事便有论理论兵文明野蛮之别。事实上，民初就是个权力场，在不同的阵营里，文人靠笔和舌对骂，武人靠枪和炮对打，贤达名流在思考民族前程，宵小无赖在谋取个人私利，即使是好人政府也难抵抗军阀的枪杆子。

北洋时期，来自各方势力的权力争斗就开始上演，尤其是南北方矛盾始终存在且愈演愈烈。有关最高领导者之间的权力纠葛详情，可参阅张程所著《总统们：民国总统的另一面》[1] 一书。这里仅就内阁、财长变换更替部分原因做以简单回顾，其中，大多与人际关系的复杂有关。

民初的政坛，很长时间是在半生不熟的民主思想支配下走过来的，许多党派相继成立，各挟党见，各持一说以为真理，互相攻讦以为民主，相互掣肘，互不相让，谩骂与武斗交替，墨砚与拳头乱舞，甚至拔枪相向[2]。就连光芒四射、才气逼人的宋教仁也难幸免，先被马君武打得左眼流血，后被唐群英掌掴，"清脆之声震于瓦屋"，并且都是在众目睽睽之下，开会的公开场合。此举既辱斯文，亦难议政，闹剧表演，似成常态。后人评论认为："议员并无选民，政党随

---

[1] 张程：《总统们：民国总统的另一面》，国家行政学院出版社 2011 年版。
[2] 《叫骂声中之参议院》《打掷声中之众议院》，《申报》1913 年 5 月 12 日。

意整合"，多数议员"只是一批徘徊于转型中期，从前朝稍有新思想的半新人物转到后朝，仍背着'入朝做官'的老包袱不放的半旧的政客"①。这些政客通过建党、入党等形式扩张影响，实现由"入朝为官"向"入党为官"的转变，目标是做大官，手段是行党见，结果是影响政局。此类事故其后屡见不鲜，此为政党之争。回头省视唐绍仪等人的辞职动因，除了难以忍受北洋武人的跋扈之外，也有出自这种党争的复杂背景。此外，甚至有人建议，参政院"多由腐败官僚醒龌大吏组成，与新世界潮流决不相容。以此种旧骨董备员咨询，其结果不问可知矣，以此种旧骨董而代行新式之代议政治，其结果又不问可知矣"，不如干脆解散这个没有实际作用而只会争吵的组织②。其实，不用建议，袁世凯就这样做过，并且名正言顺波澜不惊。

唐绍仪虽与袁世凯关系甚笃，但经南北议和后，与南方往来密切，甚至还加入了同盟会，进京组阁时又随带了一批南方官员，这一做法隐隐之中颇令袁大总统不悦，记载所称：每当唐绍仪晋谒总统时，袁之左右就说："唐总理又来欺侮我们总统了"，欺侮多了，袁即对唐说："少川，我老了，以后还是你来做总统吧"，如此言重，老友也难承受。此外，在执政理念和行为处世方面，唐绍仪不仅与部分北洋武将（如因王芝祥案的冷遇甚至与袁世凯发生激烈争吵）关系不睦，而且又与时任财长的熊希龄心存分歧，在与六国银行团办理交涉时，熊几乎事事请示总统而目无总理，钱借到了，总统也顾不了总理了③。如此冷遇和对规则的漠视使唐绍仪无法忍受，执事未足三月即告"失踪"，溜之大吉。官场之明争暗斗，自此成风，或许源于南方"虚君"制度的设计，但对于涉事各方来讲，都非政治家的表现和作为。

1912 年 4 月，熊希龄首度出任北京政府财政总长，本拟做大幅度

① 唐德刚：《袁氏当国》，香港远流出版公司 2002 年版，第 82—83 页。
② 《解散参政院之建议》，《时报》1916 年 5 月 1 日。
③ 唐德刚：《袁氏当国》，香港远流出版公司 2002 年版，第 77 页。

的财政机构改革及财税制度的建设，5 月 13 日，他在参议院发表施政演说时，提出了节减军费、建设国家银行、预筹币制办法、改良税制以均国民之负担、划分税目以别国家地方之权限等八条主张①。这些主张应该说是符合当时的政治需要的，但这一理财计划却屡遭到参议院的反驳而不予通过，本已十分郁闷，再加上与袁世凯、唐绍仪大借外债的意见相左，便心生退意。此外还与同盟会大佬、南京留守黄兴的关系越来越紧张，二人本为同乡，初期情谊甚好，熊任财长，对黄兴电请拨款的要求颇为关照，但在举借外债上，熊希龄本身就是勉为其难，此时还受到了黄兴的公开责难，熊希龄对黄兴全然不顾乡党情分，一方面"告急政府，请拨巨款"，另一方面"通告全国，反对借款，责难熊秉三"的做法"颇为愤恨"，直发"克强究竟是何用意"的感慨，既告急要钱，又反对借款，"双方并进，是明明与我为难，使我无所措手足耳。其作事如此之离奇，令人不测其用意所在"②。面对如此错综复杂的关系，再加上确难解决的财政支绌、南北方各持己见等纷乱头绪，理财能手熊希龄也颇感无奈，阅三月随唐内阁的倾倒而辞职，此举绝非理财能力之不足，实乃人际关系之险恶。由于当时政争激烈，熊希龄任内，在财政方面并无多大建树。及至其二度长财，着力推行分税制，划分了国地政费标准和国家税与地方税，完成了两税划分的法制建设，但不旋踵，再因内阁变更与袁世凯产生矛盾而辞职。这一段时间的北京政府里，很多人都喜欢这样做，一言不合就辞职。这种做法并不可取，有时似乎是看人笑话致人难堪的恶作剧，全然没有政治家应有的风度。

此种情形，同为理财专家的周学熙、周自齐都经历过、伤感过。

周学熙初任财长，既要直面严重的财政危机，又要应对财政部内

---

① 《熊总长演说补救财政办法》，《申报》1912 年 5 月 16 日；《国务卿莅院演说之概要》，《盛京时报》1912 年 5 月 16 日；《莅参议院宣布政见》，经世文社编《民国经世文编（内政·外交）》，第 275—276 页。

② 《咄咄新民国之财政》，《申报》1912 年 6 月 8 日。

的人事更迭。周学熙履新财政部时，即行引用前清官僚三人为其幕府，一为盛宣怀党羽、曾任币制局总办的赵椿年，一为载泽私人、曾充清理财政处总办的杨寿枏，一为候补道曾充湖南监理官的陈惟彦，赵任参事（不久升任次长），杨陈分任盐务处总、会办，部中所有事项实际皆由三人暗中主持。此举改变了熊希龄南北部员兼用的方针，引起全部尤其是从南京部员的极大愤慨，辞职者络绎不绝，致使周因此而不敢到部视事。如此折腾，甚为闹心，其中缘由，未必都是"为只饭碗"①。甚至财政部还有人直陈：周学熙到任不过数日，"何以能全知本部司员之贤否，即以次长而论，北京旧员次长或能知之，由南京新来之司员其才具之短长，恐次长亦未能必详知，也何以不与各司主任之人熟商，便凭一二人之私意以为用舍？"可见其时周总长遭掣肘之处不唯上峰，更有部员②。另外，周学熙自上任后，一改前任熊希龄的做法，在财政部设赋税司、会计司、泉币司、公债司和财务司等五司，在赋税司司长的任命上，原拟的司长李景铭改为曹葆琎，引起了赋税司司员的强烈反对和集体罢工，抵制由周总长提拔的司长曹葆琎③。财政部内部人事关系的复杂可见一斑，更别说财政部与其他部门的复杂关系了，周学熙由此便萌生退意，1913 年"宋案"发生后，随赵秉钧内阁的解散而辞职。

1915 年 3 月，袁世凯再任周学熙署理财政总长，意图用皖系压制以梁士诒为首的粤系。但周学熙在筹办帝制经费方面，不能满足袁世凯的需要，甚至还上书劝阻袁世凯放弃帝制，如此不识时务的劝阻使其得到了"以筹款维艰四字，受不知大体之申斥"，终因"根据不厚，手腕又不灵活，终不能敌"，难以应付，即便也撤换了部分干将，仍改变不了上峰不满、皖派黯然的现实，事权信用早已消减的周学熙更加心灰意冷，"往来京津，部中鲜有踪迹"，孙宝琦接任财长后，

---

① 《财政内务两部之暗潮》，《申报》1912 年 9 月 4 日。
② 《财政部风潮再纪》，《大公报》1912 年 9 月 1 日。
③ 《赋税司驱逐司长风潮》，《申报》1913 年 3 月 16 日。

"财权完全收归粤派"①。这段文字非常明确地记述了民初政坛上的派系之争,曾被誉为袁世凯的"财政操盘手"的周学熙也无法置身事外,且屡受牵连,不得不挂冠走人。

1914 年年初,周自齐接任财政总长,其筹款能力虽深得袁世凯的青睐,但仍免不了为人事所困,其做法也很难使众人满意。周自齐上任后,在业务上更张前议之两税划分,宣布取消两税,欲规复前清解协款旧制,虽因各省多次反对而暂缓,但"中央专款制"却得以推行。在人事安排上,周于 1912 年赴山东任上时,曾随行偕带大批旧部,以为行政便利并深受其利,及至长财,仍欲仿效。熊希龄辞职后,原财政部自次长至部员,多属熊系,为免遭排斥均纷纷提出辞职。袁世凯认为熊希龄在财政用人上尚为得当,因此在召开总统府会议时曾提出:"凡熊总理所用之员应以才具优劣以定去留,不准稍存成见。"②但时过不久,周自齐总长便以财政困难,欲行减政主义为借口,裁去了财政部原熊系之人③。此外,民初财政专家李景铭在周学熙首次长财时,即因赋税司司长之职而心生不悦,其后有屡遭非议,最后也因"退意已决"而长期请假④。这些情况都不是来自财政业务的困扰,人事的纷繁才是劳神费力的核心所在,往往使人心力交瘁而莫可名状。而"一总长之交替,一部之前后左右皆易人;一内阁之交替,各部之前后左右皆易人"⑤的做法绝非国家治理的手段,无理由的人事更迭更是一种行政资源的严重浪费。

慈禧太后统驭大清数十年,玩的是平衡术,火候拿捏得比较准,各方势力在争斗中为王朝效力。袁世凯也玩平衡术,但技术尚未纯熟,即使在帝制危机时,仍不忘平衡各派,防范嫡系下属,如南方军

---

① 彬彬:《政海新潮》,《时报》1916 年 5 月 1 日。
② 《熊系人员之留去》,《大公报》1914 年 2 月 22 日。
③ 《财政部裁汰人员之先声》,《大公报》1914 年 3 月 7 日。
④ 《赋税司长请假之原因》,《申报》1914 年 4 月 3 日。
⑤ 萍:《人才辈出》,《时报》1916 年 5 月 1 日。

兴之际，思以张勋为防冯国璋之准备，兵权交于段内阁而不予兵权之实；暗中让冯国璋及联合各省将军等借口省内防务需款，"有不肯解款协助中央之势"，以给段内阁造成更加窘迫的财政压力，从而达到防备冯段和离间排袁势力之目的①。这种做派，纯属玩火，而非部下贪渎、人心不古。其后的执政者则只能靠武力宣示在北京的执政地位了，无论权术与技巧矣。

第二节　分税制的征管机构

民国税制既立，但远未达到依法治税之境界，也无法担负为国聚财之重任，"共和"的招牌有了，但"依法治国"的思想准备还不充分，统治者也不可能真正做到"依法行事"。从税收的实践看，法制建设只是个开头，税收征管的实践过程极其复杂，从文本的产生到制度的落实中间隔着很长一段距离。从机构设置看，按照国地税分设国税、地税征管机构。国税机构由财政部统管，按税种分设专局，形成一税一局，机构林立。地方税机构由省财政厅总管，从由县署经征到招商承办或设专局，也经历了一税一局到统一经征的过程。

一　中央财税机构

国地税分设的核心是税权和事权的划分。就税权而言，两税的划分，其根本意图在于防范地方政府对中央税款的觊觎和截留，最简单的办法就是分设征管机构，由中央直接派员经管，从中央到地方实行条块化管理，以达指臂之效，地方不得染指。

（一）财政部

依据"临时约法"规定，财税立法权归诸国会，参议院有"议决全国之税法、币制及度量衡之准则"之权，"新课租税及变更税

———————
① 《译电》，《时报》1916年5月1日。

率，以法律定之"。财政司法之权归于审计院，负责监督全国财政运行事宜，依法审计国家"岁入之征收，岁出之支用、官有物之买卖、让与及利用，是否与法令之规定及预算相符"，依法审定各种决算①。财税行政权属财政部，总揽度支全权，掌管全国预算决算之编制，财政收支之执行，公帑之保管等职责。此为民初财政上"三权分立"的基本框架，虽然在实践上并未完全奏效，但在理论上和法制上具有十分重要的意义。

依据"财政部官制"等相关规定，财政部为中央财政税收管理之最高机关，直隶于大总统，"总辖国家之财务，管理会计、出纳、租税、公债、泉币、政府专卖、储金银行及其他一切财政，并监督地方公共团体财政"，财政部置总长一人，承大总统之命，掌理本部事务，监督所属职员，并所辖之各官署。财政总长对于各省巡按使及各地方最高行政长官之执行本部主管事务，有监察指示之权，对于巡按使及各地方最高行政长官之命或处分，认为违背法令或逾越权限者，得呈请大总统核夺，事权由此得到了统一。财政部下设赋税司、会计司、泉币司、公债司、库藏司五司，分掌所属财政事宜。赋税司主要职掌包括：关于国税之赋课及征收事项；关于国税之管理及监督事项；关于土地清册事项；关于赋税之调查、稽核、计算事项；关于财政部所管之税外一切收入事项；关于公共团体收入事项；其他关于赋税一切事项②。可见其为全国赋税征收管理之总机关，并具体负责中央税款的征管及监督工作。

民初，财政收支沿袭晚清之制，中央财政收入依赖传统的解协款制度，但其理论上的进步之处在于，全国解协款之权自此操于财政部之手，所有需解协之款项，均须由各县解至各省财政司，由财政司汇总后统一上解财政部，再由中央依据需要，统一调配使用，严禁地方私相授受，税收征管和税款使用等权限得以统一。

---

① 《审计法》，《政府公报》第 867 号，1914 年 10 月 3 日。
② 《大总统公布修正财政部官制令》，《中华民国史档案资料汇编》第三辑，财政，第4—7页。

1912 年年底，纷纷攘攘的国地税划分问题暂告一段路，初拟了"国地税划分草案"，派出了财政视察员，各省国税厅开始筹办，机构分设与税款分征似乎也将渐趋实行，因此在税收征管上引起了不小的争议，于是财政部致函国务院，要求各省在国税、地方税未划分以前，凡田赋、漕粮、盐课、关税、厘捐、契税、牙税、当税，向为国家收入者，仍照向章办理，不得率议变更①。"解款仍旧，协款仍旧"依然是民初财政的主体方法。

在全国税收管理上，形成了以财政部为总枢上级机关，以各省财政厅为中级机关，各征收局及兼管征收田赋之县知事为初级机关的征管模式，即财政部—财政厅—各征收局各县知事的统属较为严密的税收征管体制。中上级机关为管理机关，负责税收政策的制定和征收命令的下达，初级机关（各征收局和兼管征收田赋之县知事）为具体的征收机关，负责上级税政的落实和税款的征解。

（二）税务处

1. 机构沿革

前文已述，清末新政时期，为了扭转关税一直为洋人把持的被动局面，1906 年 5 月，清廷决定另行成立税务处，作为预备接管海关的中央机构，上谕称："户部尚书铁良著派充督办税务大臣，外务部右侍郎唐绍仪著派充会办税务大臣，所有各海关所用华洋人员统属节制。"② 根据其机构特点，税务处属于由外务部与度支部的相关职能抽调另设的共管机构，初设时，以户部尚书为"督办税务大臣"，外务部右侍郎为"会办税务大臣"（1911 年改称副大臣），其属官由外务部、度支部的官员兼充。管理关税的总税务司及各关税务司，由此全隶税务处管辖。其后清廷又宣布将税务处合并于度支部，但直至清

---

① 《财政部关于国地税未划分前请通电各省仍按原章征收捐税致国务院函》，《中华民国史档案资料汇编》第三辑，财政，第 1222 页。

② 朱寿朋：《光绪朝东华录》（五），中华书局 1958 年版，第 5513 页；《上谕》，《东方杂志》第 3 卷第 5 号，1906 年 6 月 16 日。

亡，税务处并未裁撤。税务处甫一设立，即引起了英国的强烈不满（总税务司司长期由英人把持）和不小的争议，清廷迫于压力不得不声明：海关内部并不更动。清廷希望从洋人手里收回海关行政管理权和关税自主权的计划未能实现①。

民国成立后，沿袭旧制，中央设税务处，与财政部并立，设督办（梁士诒任督办为久）、会办各一人（蔡廷幹长期任会办，1924 年升任税务处督办，第一批留美学童），下设相应机构襄办其事。其制如清而稍变，是"指挥监督总税务司、管辖各地海关征收税务之总机关"②。依《税务处官制草案》，税务处督办改归财政总长兼任，"凡税务处人员，悉照中央官制办理"，同时因前清各常关、海关监督，"大半皆由监巡各道兼摄，责任不专，事多废弛"，遂制定了《税关监督官草案》，"将各税由监督直接归税务处管辖。其官制悉照中央办理，明定职掌，以资遵守而专责成"③。依据官制规定，"总税务司及税务司统由税务处督办节制，其职掌照旧办理"，各税关监督统由税务处督办荐任，各关职员由督办荐任或委任，"税关监督承督办之指挥掌理税关一切事务，监督所属职员"④。这样，独立于财政部之外的税务处在法律层面上便具有了"准海关总署"的属性，在行政管理与职能上具有了统管全国关税之权限，财政部名义上因此也具有了海关管理权。但囿于近代海关的特殊性质，这个"行政效率极高"的系统对每个国民而言，都是述之不尽的哀伤。

时人概括民初海关行政统属结构：中央事务由外交部、财政部、税务处共管，其下为总税务司署，管理海关各项业务，下辖各地税务司，与其并列者为各地海关监督。"但税务处对于总税务司仅有表面

---

① 陈诗启：《清末税务处的设立和海关隶属关系的改变》，《历史研究》1987 年第 3 期；李晶《关于税务处问题之中英交涉》，《史学月刊》1985 年第 2 期。

② 贾士毅：《民国财政史》（第一编），商务印书馆 1934 年版，第 243 页。

③ 黄远庸：《财政部重要法令之说明》，《黄远生遗著》，华文书局 1938 年版，第 286 页。

④ 《税务处官制草案》《税关官制草案》，《经济杂志》1912 年第 1 期。

管辖权，于关监督亦仅有表面指挥权，以税务司有独立权，而关监督受财政部节制故也。总税务司为中国官吏，受中国政府俸给，而听政府指挥者也。"① 此论较为公允。杨涛认为，海关行政制度在民初变化不小，并以其对交通系的"学术好感"，详细论述了梁士诒任税务处督办时，在禁烟缉私、收回常关管理权、预算统计等方面所取得的成就，该论颇具见地和说服力②。但实际上，由于鸦片战争之后海关主权的丧失，关税长期不能自主，税务处在决定关税事务方面所能发挥的作用相当有限，不应夸大，但也不能完全说"在决定关税事务方面未起作用"③。

2. 收回利权

常关管辖权的部分收回。常关旧制有三：五十里内常关（辛丑后以赔款过巨，该类常关税款列入抵押而归税务司兼管）、五十里外常关、内地常关，由各关监督"专理其事"。后两种管辖权虽属自我，但民初并未理顺各种复杂关系。1913 年春，财政部"简派海关监督，即以沿江沿海各五十里外常关分归海关监督兼管。所收税款径解部库。由是是项常关遂成为中央直辖之机关"，五十里外常关收归税务处而得统一。1913 年秋，淮安、临清、凤阳、武昌、汉阳、太平等原由各省管辖之内地常关改由中央专派监理，浙海关各常关小口由原来商人包缴改为收回自办。"三年冬，设局多伦，规复前清常税之旧。四年夏，复将旧隶省辖之潼关及辰州、浔州、成都等关，改简监督。是年秋，又将雅安、宁远两关直隶部辖。而以广元、永宁两关属之成都，打箭炉关属之雅安，并将多伦一局改为税关，以昭一律。至是，税系始益分明，整理乃稍就绪。"④ 但五十里内常关依然作为赔款抵押品而控制于海关税务司之手。

---

① 杨德森：《中国海关制度沿革》，商务印书馆 1925 年版，第 51 页。
② 杨涛：《交通系与清末民初经济变迁》，中国社会科学出版社 2017 年版。
③ 国家税务总局主编：《中华民国工商税收史纲》，中国财政经济出版社 2001 年版，第 57 页。
④ 贾士毅：《民国财政史》（第一编），商务印书馆 1934 年版，第 496—500 页。

　　修订税则与裁厘加税。二者本为一个话题，修订税则必涉及裁厘加税。在列强的话语体系里，加税的前提是裁厘，而裁厘绝对是对国家税收的削减，是故，晚清的裁厘加税谈判不断却无果①。民国后，北洋政府依据相关文件规定，曾与各国协议修订税则、酌提关税问题，财政部还拟出洋货进口、国货出口、外人在中国制造货课税办法三条，但该方案各国未能承诺，"非外人不肯加税，乃我国不肯全裁内地货厘所致。果能尽撤内地货厘，各国必极赞同"②，此论过于乐观，列强反对增税是其一贯主张，此说的前半句或许正确，但后半句则未必可信，要知道列强随时随地总能找到不允许增加关税的理由。

　　1914年6月，修约加税磋商经过几轮谈判后，英美奥德等国承诺即行修正，"其余各国则虽通告同意，然改定之前，尚有附加以若干条件者"，表示同意组织讨论会进行协商，并初步议定在各国公使避暑度假前在上海召开修改关税会议③。最为无耻者，当属日俄法三国，凡涉及税收谈判，都要进行无理干扰，法国表示："此次所拟修改之处，如得相当酬报，焉有不允酌改之理"，但转折之后的意思是："俟革命损失赔偿公平，完美了解之后，始可续议此事"，俄国甚至提出相当多的理由和要求，总之是不同意中国修改税则④。最为蛮横者是日本公使的答复："不能应关税改正之交涉。"⑤ 这句毫不带任何外交辞令的拒绝与它们当时反对中国印花税的说法极度相似："对我国人亦须适用印花税法，则本领事碍难承认"，并且还扬言："若必

　　① 《北洋大臣致外务部电》，"中研院"近代史研究所藏档案，馆藏号：02-13-029-01-042；《鄂督致外务部电》，02-13-029-01-040，02-13-008-02-059。
　　② 贾士毅：《民国财政史》（第二编），商务印书馆1934年版，第494页。
　　③ 《修改关税之进行谈》，《申报》1914年6月21日。
　　④ 《法康使致外交总长孙照会》《外交部致驻俄刘公使电》，《外交文牍：修改税则案》（版记不详），第5—8页。
　　⑤ 《北京专电·日本公使不愿为关税改正之交涉》，《盛京时报》1914年2月28日。

施行本邦人征此税项，本领事断不能承认。"① 这个一衣带水的邻邦极不优雅地否定了中国印花税。可以说，这三个国家对于中国税政的野蛮干涉始终如一，其掣肘套路仍是断然否认而毫无说辞，纯然一种王霸行径。

在弱国无外交的丛林时代，列强的蛮横使中华民国修订税则的计划难以实现，延宕数年，且多次召开修订税则会议，先后于1922年4月在上海、1925年10月在北京举行关税特别会议，但均效果甚微，"关税自主"的历史重任便留给了继任者，南京国民政府成立后，税务处也结束了它的历史使命而更名为关务署。

3. 税收实效

从关税收入上看（表3－4），虽然历年来的收入一直呈上升态势，但由于关税的征收管理由洋人把持，且被列强作为各项赔款、借款的抵押品而由洋人监管，中国政府却不能自由支配这些税款，这些收入的绝大部分不经中央政府而被直接划拨以偿还各项洋款，北京政府只能获取其中很少的剩余部分（即关余）。在1912—1927年，只有1324.41万海关两归北京政府自己处理，这只是收入总额的18%，尽管为数很少，但对北京政府来说也十分重要，因为这是固定收入中最可靠的来源，各省的军人不能进行干预（只有广东例外，孙中山领导的南方政府说"关余"应该用于他领导下的地区，1919年之后，南方政府也确实得到了其中一部分关余）②。中央政府以这些钱作为外国借款、国内公债或从国内银行借款的保证金。1922年7月，整个关余都作为将来偿付这些借款的本利的保证③。

---

① 《特派福建交涉员王寿昌呈外交部》，"中研院"近代史研究所藏档案：03－19－018－02－002；《呈报驻厦门日领照复不承认印花税》，03－19－018－02－003。

② ［美］齐锡生：《中国的军阀政治（1916—1928）》，杨云若、萧延中译，中国人民大学出版社1991年版，第144页。

③ 张俊义：《1918—1922年南方政府争取关余分配权的斗争及交涉》，《暨南学报》（哲学社会科学版）2016年第12期。

表 3 - 4 　　　　　1912—1927 年海常各关税收总数收支表 　　　单位：关平两

年份	收入				支出	
	海关	常关	上年余息等项	总计	总计	结存
1912	38258922	2545016	3651464	44455402	33668676	10786726
1913	41576322	2806175	11072973	55455470	52841797	2613673
1914	37222361	3389002	3053569	43665332	42260077	1405255
1915	35460351	3784570	1870718	41115639	37652415	3463224
1916	36506285	3746645	3882715	44135645	36064959	8070686
1917	37042287	3775732	8530681	49348700	43311667	6037033
1918	35331011	3974035	6472310	45777356	36459799	9317557
1919	44417328	4493708	9607328	58518364	55225683	3292681
1920	47823735	4385535	3666257	55875527	47864032	8011495
1921	52371785	4522058	8317021	65210864	60484270	4726594
1922	56141327	4317596	5003244	65462167	60771553	4690614
1923	60915313	4490131	5089327	70494771	60693418	9801353
1924	66735590	4175962	10160402	81071944	63556713	17515231
1925	67081525	4528107	18126792	89736424	85861388	3875036
1926	74985502	4298093	4253708	83537303	78550005	4987298
1927	65750266	3606991	8272976	77630233	70823313	6806920

　　资料来源：中国第二历史档案馆：《中华民国史档案资料汇编》第三辑，财政，江苏古籍出版社 1991 年版，第 1329—1360 页。

　　表 3 - 4 所列民初关税收支状况，收入总计减除支出总计即为当年的结存数（关余），历年的结存数额大小不等，最多者如 1924 年结存 1750 余万两，最少者也在 140 余万两以上，普通年景多在数百万两间上下浮动，这对于财政饥渴的民国政府而言绝不是一个小数目，但这些本应交付北京政府使用的关余也非全部交付，尚有许多名目的扣除，其后还有地方势力的截留，这是关税令人痛心的一个方面。另一方面，若从支出情况分析，数额最大者当属各种赔款、借款的偿还，且绝大多数为晚清时期的赔款和借款，如甲午赔款、庚子赔款以及由此引发的各种强迫性的政治贷款及其高额利息，而脆弱的民国政

府对晚清遗留的烂摊子也只能照单全收，并从此背上了难以承受的包袱，而这些沉重的负担必然地转嫁于中国人民头上，小民何堪！那一串串冰冷的数字背后汇聚了数不清的国家耻辱和民族血泪，它已成为那段伤痛屈辱史的记忆符号而存在，并时刻警醒着国人要牢记历史，发愤图强！

（三）盐务署

盐铁专卖，历史悠久。中华民国成立后，为筹借善后大借款而设有盐务筹备处，掌管全国盐务行政；另设盐务稽核造报所专司盐款考核。善后大借款签约后，盐务筹备处升格改组为盐务署，负责全国盐务行政；盐务稽核造报所改为盐务稽核总所，负责盐税的征收工作。

1. 机构与法制

1913 年，袁世凯政府为镇压南方革命，向英法德俄日五国银行借款2500 万镑，9 折发售，按84 折净收，年息5 厘，期限47 年，以盐税、关余及直隶、山东、河南、江苏四省所指定的中央税款为担保，此即善后大借款，借款合同还附有更加严厉的条款规定，中国盐税征收办法整顿改良须由洋员加以襄助，中国盐税的征收、支用之权均操诸外国人之手，税款必须存入外国银行，人员任用必须与外国人"会同定夺"，就连偿债以后的余款（盐余）不经会办同意亦不能自行支用。整个盐税机构从上到下均为外人所控制，中国盐税主权自此遂告丧失①。盐税自此处处受洋人牵制成为其一大特点，也是继关税之后又一大税种的全线溃败。

1914 年5 月，财政部以盐政"当刷新之际，职务既属殷繁，而税收为债约所关，权限尤须厘订"为由，拟定《盐务署官制》，呈准执行。按其官制，盐务署直隶财政部，署长（由次长兼任）则受财政总长之监督，事务虽分，而政权仍合，责任专而系统明，各省设盐务司，直隶于盐务署，统辖所属区域内产盐、运盐、销盐、缉私等一

① 国家税务总局：《中华民国工商税收史纲》，中国财政经济出版社2000 年版，第67 页。

切事务。各盐务司所属行盐区域内设榷运局，掌理榷运事务①。如此设置，则从中央到地方，盐务权责归一，由财政部统管以手指臂之效，有利于排除地方干扰和中央税款的征解。

根据善后大借款的约定，财政部盐务署内应设稽核总所，专司盐税征管事务，与掌管盐务行政的盐务署既有隶属关系，又各自分立，关系较为微妙。稽核总所设总办一人（由盐务署长兼任）、会办一人（由洋人担任，并兼任盐务署顾问。即使会办请假或暂离职守，其职亦须由洋副会办充之），直接受财政总长之管辖。这是洋人染指中国盐务之肇始，盐税从此不独立，如稽核总所总、会办职责明确规定：华总办、洋会办专任监理发给引票，汇编各项收入之报告及表册各事；中国政府盐务收入账内之款，必须有总、会办会同签字之凭据，方能提用；总、会办有保护盐税担保之各债先后次序之职任。在人事管理上也同样受洋人的干涉，如总所华总办、洋会办及洋副会办由财政总长任用外，其余总分所华洋人员，其任免均须经华洋总、会办会同定夺，再呈由财政总长核准。盐务署长兼总办与洋会办兼洋顾问，二人非隶属关系，彼此有不同意之事，应呈由财政总长核夺。同时规定，稽核总所应在各产盐地方设立稽核分所，内设华洋经、协理二人，其等级、职权均相平等，由总所华洋总、会办任免（须财政总长核准）并受之指挥监督。其职务主要包括：华洋经、协理须会同监理发给引票，或准单，准许纳税后运盐，以及在各稽核分所设立之处可征收一切盐税、盐课及各费，并监督他处之征收各税各费。凡该处收税之官，应由总、会办委任。凡在盐区征税后放盐，须以该分所华洋经、协理会同签字之单据，或以该分所印信为凭。所有收入之款，应由分所华洋经、协理以中国政府盐务收入账名目存于国内各银行，或该银行所认可之存款处。其款项数目，应报告稽核总所，以备与稽核分所送呈之报告

① 《临时大总统交议盐务署官制草案》，《中华民国史档案资料汇编》第三辑，财政，第1361页。

较对其放盐之数，并与银行送呈之报告较对其收款之数①。其后演变为税款先由征税之地解交中国或交通两行分行，每十日就近转解外国银行，再由彼汇解驻沪之五国银行，代我国保管盐税项下之收入。此种变化全由借债引起，以 1880 年之英德借款为嚆矢，其后庚子赔款，京汉、川汉路款继之，但盐税虽充抵押，而盐政权及盐款存储，固仍操之于吾国也。自善后大借款始，"五国银行团因立于债权者之地位，于是种种要挟"，时人对此表示出了极度的忧虑，"因洋员兼承银行团之委托，实行其掌管盐税之权，其名义虽为稽核，实则已间接握我财权矣"②，此中的无奈绝非文字可以描述。

民初盐税法律甚多，主要包括：《盐税法草案》（1913 年 10 月）、《修正盐税条例》（1915 年 10 月）、《制盐特许条例》（1914 年 3 月）以及 1914 年 12 月集中颁布的《私盐治罪法》《缉私条例》《场知事任用暂行条例》《地方官协助盐务奖励惩戒条例》《缉私官弁奖励惩戒条例》等系列法规，对盐务缉私和官吏奖惩等进行了法律规范，对于保证盐税的征收管理起到了一定的推动作用。但因时代的局限，税法尚有一些非现代因素的存在而使其带有明显的中世纪人治与暴力特征，如《私盐治罪法》中规定的量刑标准过重，甚至有"被夺公权"和枪毙之重刑，《缉私条例》中有"遇有结伙执持枪械拒捕者，得格杀之"③，以及地方官（县知事）缉私不力将被褫职或罚俸处罚等规定，但这种"得格杀之"的管理逻辑无论如何都不是现代税法应有的价值体现，这与民初常有的"就地正法"之类的做法以及"定点清除"之类的暗杀活动等暴力轨迹较为契合，严刑峻法的思维显然与"新社会"民主法制急于求成的急躁心态有着相当的关联。

---

①《财政部奉准公布盐务署稽核总分所章程令》，《中华民国史档案资料汇编》第三辑，财政，第 1375—1379 页。

②《盐税存储外国银行之简史》，《东方杂志》第 20 卷第 12 号，1923 年 6 月 25 日。

③《缉私条例》，江苏省中华民国工商税收史编写组、中国第二历史档案馆《中华民国工商税收史料选编》第二辑（下），南京大学出版社 1995 年版，第 1445—1446 页。

2. 缉私与征收

盐政重在缉私，但舍杀伐之刑，无以图改良之希望，于是缉私制度屡做调整。由于盐务缉私队伍尚未统一，1915年，盐务署将各省缉私队伍一律改编，设缉私统领以节制之，并公布了《各省盐运使运副及缉私营办事权限章程》十六条及《私盐充公充赏暨处置办法》七条，以使缉私营队处置私盐有了明确的标准。1916年，又公布《海关缉私充赏办法》，俾海关与盐务有合力缉私之可能。又因私枭强悍，聚众持械拒捕者日多，乃于缉私统领之下，设缉私营执法处，公布《审判私盐案件条例》六条，以便审讯。是年公布《考核缉私成绩规则》五条，以便考核缉私人员之成绩[①]。应该说法律的严苛足以震慑违法行为，但不巧的是，违法者愈禁愈多，并多为当权者（军人、权贵与众多盐商）而非普通纳税人，普通百姓只能是税负的具体承担者。

盐政紊乱及盐务违法的根源主要表现在以下几个方面。

一是官方税率的任性增加。《盐税条例》甫一公布即引来了众人的批判，"财政部亦不欲居盐斤加价之名，故倡南北同价说，以每百斤征税二元为标准……均价而实加价也"[②]。而历来有盐斤加价之恶例，已为世人所诟病，财政部以"南北同价"之说为由修改税法，将盐税税率定为每百斤2.5元，实已加价甚多，1918年《修正盐税条例》又将税率提高至每百斤3元，但全国税率仍不一致，高低不一，有的地方甚至高达六七十元之谱，很是不得人心。其后，很多省份通过各种手段变相提高税率的做法越发常见且屡禁不止，安徽省田赋加税、盐斤加价曾引起津沪各地皖省巨绅周馥、李经羲等之反对，盐务稽核所洋员也坚不赞成，盐务署也致电皖省，"关于盐务，未经盐务署核准之后，不得自行加价"[③]，但加价之实确实

---

① 《盐务缉私与税警制度沿革》，《中华民国工商税收史料选编》第二辑（下），第1436页。

② 《盐税条例颁布之由来》，《申报》1913年12月31日。

③ 《京华短简》，《申报》1919年1月10日。

存在。

二是地方政府的任意截留。袁世凯时期，盐余尚能汇至中央，到后期则全失章法，以盐余作抵滥借内债、截留税款之事从未根绝。所以，与关税相比，盐税虽然也是逐年增加，但其收入从未成为中央政府有保证的收入，其中的 60% 左右被用作支付外债本息或为各省截留，无补于当时庞大的岁出①。由于内战，各地军阀对于经费的需要愈来愈迫切，许多军阀把他们地区内的盐税作为增加自己收入的手段。1924 年后，军阀的干涉影响到大片地区，致使中央盐税增长趋势逐年下降，1928 年归北京的盐税减少到零（如表 3－5 所示）。

从表 3－5 中看，盐税收入总额逐年增加（这与税率不断提高和加强征管和严格缉私有关），在国税总额中占比多在 50% 以上，一直居国税收入之首位，最高年份为 1918 年，高达 61%。中国政府能够支用的款项只有偿还外债之后的盐余，1923 年达到最多，为 7880 余万元，1915 年为最少，仅为 2700 余万元，但归诸中央政府支用的款项，自 1917 年后，便呈逐年减少趋势，其因即地方截留。有意思的是，地方的截留挪用并非全部是擅专行为，1916 年前的几年内尚无截留，其后的截留也是奉准截留，刚开始，地方政府截留之数较小，自行截留的款项更小，到后来则中央无力控制，地方更加胆大，擅自截留成为日常。自 1924 年以后，中央与地方的分成比例开始倒置，地方分得盐余 3347 万元，中央分得 3126 万元，此后便日益恶化，直至最后全数截留。起初，敢于截留者仅二三省份，其后逐渐增多，到 1926 年，各省皆截。盐税无疑成为各地军阀的重要收入来源，而对北京政府的重要性则降为乌有。

---

① 杨荫溥：《民国财政史》，中国财政经济出版社 1985 年版，第 9 页。

表 3 – 5 　　　　　　1914—1927 年税收总额、盐税占比、
税率及收入分配 　　　　　　　　　单位：万元

年份	国税总额	盐税总额	盐税占比/%	盐税税率担/元	放还盐余	中央政府所得份额	地方所得份额			截留省份
							奉准截留	自行截留	合计	
1914	12912	6848	53	1.38	3130	3130				无
1915	13776	8050	58	2.17	2752	2752				无
1916	13990	8106	58	2.17	5223	4036	1050	137	1187	粤滇川
1917	14174	8225	58	2.01	6862	6112	445	305	750	粤滇川湘闽
1918	14502	8840	61	2.10	7177	5613	1145	419	1564	粤滇川湘鄂
1919	15951	8782	55	1.90	7518	4884	1552	1082	2634	粤滇川湘鄂
1920	16767	9005	53	2.11	6402	4011	1056	1335	2391	粤滇川湘
1921	19943	10750	54	2.29	7047	5206	659	1182	1841	粤滇川湘赣闽
1922	20150	10901	54	2.25	7886	4719	1154	2013	3167	粤滇川湘鄂赣闽晋奉甘
1923	20806	10912	52	2.33	7175	4154	375	2646	3021	粤滇川湘赣闽奉
1924	21383	10540	49	2.27	6473	3126	410	2937	3347	粤滇川湘赣闽奉皖苏浙晋
1925	22401	11382	51	2.44	6597	3294	327	2976	3303	粤滇川湘赣闽奉皖苏浙吉黑
1926	23947	11415	48	2.51	5654	887	1028	3739	4767	各省均截，惟鲁直解少量
1927	23090	11964	52	2.83	4875	230		4645	4645	同上

　　资料来源：江苏省中华民国工商税收史编写组、中国第二历史档案馆编：《中华民国工商税收史料选编》第二辑（下），南京大学出版社 1995 年版，第 1596—1597、1666、1670—1671、2029、2037、2043—2044 页；中国第二历史档案馆编《中华民国史档案资料汇编》第三辑，财政，江苏古籍出版社 1991 年版，第 1419—1425 页。

盐税的逐年增加即意味着盐业生产者和销售者必须付出比以往任何时候都要高的税额，但国库却并未因此而充实。税收的增加常以提高税率为代价，最终必将转嫁至每个消费者头上，民众的日子更加艰难，吃不起盐的日子很常见。事实上，自1914年起到北京政府垮台，盐税的平均税率大多数年份都呈提升态势，至1927年，税率增加到每担2.83元，与1914年相比，增幅达105%，盐税收入由6000多万元增加到11000余万元，上升了将近一倍。此外尚有地方军阀随盐税而强加的各项附征，使人民承受的盐税负担更加沉重。这些收入一部分作为偿付借款本息而被帝国主义所攫取，一部分进入北洋军阀的手中用作镇压人民和互相混战的本钱，还有一部分被军阀、官僚中饱私囊、挥霍无度，因而广大人民对盐税的滥征深恶痛绝[1]。

（四）印花税处

1. 印花税处与印花税法

印花税是对经济活动和经济交往中书立、使用、领受具有法律效力的凭证的单位和个人征收的一种税，是一种具有行为税性质的凭证税。因纳税人主要是通过在应税凭证上粘贴印花税票来完成纳税义务，故名印花税，晚清时期被介绍到中国，为近代中国引自西方的第一个税种。

自1889年始，清廷为筹措军费和赔款，在李鸿章、奕劻、陈璧、伍廷芳等人的奏请下，经过数年筹划，于光绪二十八年（1902）制定出印花税大略七条[2]，准备开征印花税。1903年年初，在袁世凯等人的倡议下，最终拟出《印花税办法》和《印花税章规》各八条、"禁例"十条，作为印花税法的主要依据，拟行试办[3]，同时派员前

---

[1]　国家税务总局：《中华民国工商税收史纲》，中国财政经济出版社2000年版，第87页。

[2]　赫德：《印花税入手办法节略》，"中研院"近代史研究所藏外务部档，馆藏号：02-13-007-01-042。

[3]　廖一中、罗真容：《袁世凯奏议》，天津古籍出版社1987年版，第681—686页。

往日本，"就便考察银行金镑、印花税各事宜"①，似乎要认真举办切实推行。然而，中央统驭乏力，政令推行阻力重重，加之官民均不甚了解印花税为何物，且枢府大臣亦多持异议，故推行未果。1907年，因议禁鸦片，为资抵补，度支部奏准拟定《印花税则》十五条、《办事章程》十二条，通令各省施行②，但推行效果不佳，时人曾称："印花税税则，清末已有公布，而未见实施"③，并非确切，只是征收数额极其有限罢了，"终清之世，未能普遍开征"④，当属实情。

民国政府北迁之后，财政部将开征印花税作为整理财政税制的重要一端。1912年7月，周学熙出任财长，提出了开征印花税等税改建议，并参照清末印花税的相关文件，在较短的时间内即完成了税法的厘定事项，1912年10月21日，《中华民国印花税法》经参议院核议、由临时大总统令颁布实施，这是我国按照现代法律程序颁布施行的第一部税法。此后，《印花税法》又经过了数次的修订和补充，法制渐趋完备。先后颁布实施的印花税法规主要包括：《印花税法施行细则》十八条（1912年12月12日），《印花税票总发行所章程》八条（1913年2月5日），《关于人事证凭贴用印花条例》（1914年8月19日），《修正印花税法》（1914年10月），《稽核印花税办法大纲》十八条（1914年12月），《印花税法罚金执行规则》八条（1915年1月14日），修正《关于人事证凭贴用印花条例》（1915年1月），《蒙藏院发给京外寺庙有职各喇嘛札付度牒贴用印花规则》八条（1915年8月），《租界内华人实行贴用印花办法》（1919年11月14日）以及中央和各地颁行的特别印花税法规，如《药品及香类贴

---

① 外务部：《日本大阪赛会请旨派员前往并就便考察金镑印花税各事宜旨知照由》，"中研院"近代史研究所藏档案，馆藏号：02-20-001-01-045。

② 《度支部奏陈印花税办法》，《光绪政要》卷33，《近代中国史资料丛刊》第35辑，第2515页。

③ 吴兆莘：《中国税制史》（下），商务印书馆1937年版，第261页。

④ 杜岩双：《我国印花税制史之研究》，《直接税月报》1941年第1卷第4期；贾士毅《民国财政史》（上），商务印书馆1934年版，第224页；黄孝庚《最近财政概论》，成都四川印刷局1937年版，第172页。

用印花办法》（1915 年 1 月 16 日），《征收广东全省爆竹类印花税暂行章程》二十六条及《招商承办广东全省爆竹类印花税暂行章程》十八条（1923 年 9 月），《奉天省征收纸卷烟特税章程》（1925 年 7 月），《奉天省征收酒特税章程》（1927 年 3 月）等。由上观之，印花税虽小，却是民国政府制定税法最多的一个税种。

北京政府印花税由财政部赋税司负责。印花税票的印制归财政部印制局负责，发行归财政部印花税票总发行所负责，承赋税司司长之指挥。1916 年 11 月，财政部撤改印花税票总发行所为印花税处（赋税司司长李景铭长期任处长），直隶于财政部，办理全国印花税事宜，次年在各省设分处，分处处长由中央任命，1920 年 12 月，财政部决定改各省印花税分处为印花税处。南京国民政府成立后，印花税由财政部赋税司主管，1927 年 10 月，财政部再将印花税处单列划出，设印花税处，直隶于财政部，在各省成立印花税局，下设分支局，由省局直辖。

2. 印花税征收管理

由于印花税的特殊性，其税款的实现是以印花税票售出为断，印花税票既是纳税凭证，又属有价证券，因此，其印制、管理、发行就成为印花税征管的核心所在，均制定了相当严格的制度，确保税票的安全。

印花税票的印制。按制，每年初，财政部根据印花税票销售情况，提出印制计划，由印花税处书面通知印制局承印，同时委派 5 名监察员到局监印，以防滥印作弊，以昭慎重①。1916 年，西南各省独立，四川、贵州、云南、广西及福建、浙江等省均自行印制印花税票，其后便一发不可收拾，甚至自行任命印花税处处长，自印发行印花税票而屡禁不绝，印花税票印制的中央规制遂遭破坏②。1925 年财政部对印花税进行整顿，制定颁布了《检查印花税票办法》，规定印

①　《财部增印大批印花税内幕》，《申报》1923 年 4 月 6 日；《财政危急中之印花案》，《盛京时报》1923 年 4 月 10 日。

②　段志清、潘寿民：《中国印花税史稿》，上海古籍出版社 2007 年版，第 45—46 页。

花税票的印制须由印制局和派驻该局的检查员共同监制，印制税票之新旧钢版，全归检查员管理，早发晚收；逐日印制之印花税票及作废税票，每日收工时，由检查员会同印制局人员盖章封存①。办法虽极严密，但并未杜绝地方私印印花税票现象。

印花税票的发行。依据《印花税法施行细则》的规定：财政部内设立印花税票总发行所，隶属赋税司领导，办理全国印花税事宜。1913 年 2 月，印花税票总发行所成立，财政部赋税司拟定《印花税票总发行所简章》八条，对总发行所的机构设置、办事程序进行了明确规定：总发行所设置经理一人、办事员二人、书记一人。经理由赋税司第四科科长兼任，负责印花税票发行事务，其主要业务包括：负责印花税票的印制、收发及分配事项；稽核各发行所收数、册报事项；查核各发行所废置事项；颁发各发行所呈报册式及招牌式样事项；赋税司交办印花税票函件事项；收支报告事项；规则拟定与会计事项；等等②。

印花税的分发行所为中国总银行、邮政总局、电报总局、京师及各省会商务总会，1913 年 5 月财政部又认定海关监督和常关监督为分发行所，6 月，各省国税厅筹备处次第成立，财政部又认定各省市国税厅筹备处为分发行所，7 月，又委托京外各级检察厅发行印花。各分发行所对财政部总发行所负责，各分发行所所属之分支机构为支发行所，国税厅筹备处所属各县征收局为支发行所。支发行所对辖区内的各种商店、邮政信柜得认定为代发行所，但邮政信柜应由邮政分局或支局认定。为确保使印花税票的安全与便民，财政部先后制颁了《邮政总局发行印花专则》《委托国税厅关监督发行印花细则》《国税厅关监督发行印花专则》《交通部电政司发行印花专则》《中国银行

① 国家税务总局：《中华民国工商税收史——税务管理卷》，中国财政经济出版社1998 年版，第 227 页。

② 《财政部赋税司请核定〈印花税票总发行所简章〉付》，《中华民国工商税收史料选编》第四辑（下），第 2174 页。

发行印花税票专则》《发交京外各检厅备用印花专则》等一系列"发行专则"，各分发行所必须按照"专则"的规定办理发行事宜①。

为普及印花税，财政部于1917年2月发出通知，请各省政府于各乡镇酌设印花税劝导委员。根据乡镇大小分设或合设劝导委员一人，由县署委任兼办分售印花税票事务，并按照销售金额给予7%的手续费，作为办公费用。劝导委员查获的违章案件应送县府处理，不得擅自处罚。但县府所处罚金，可拨给五成津贴其办公费用②。

印花税税务稽查。纳税人购买印花税票后，依据印花税法所列举的应税项目和税额贴用印花，并按照税法的规定进行划销，便完成了印花税的完税过程。但纳税人遵章购贴印花的意愿并不强烈，许多人持观望态度，甚或抵制、逃避，税务稽查便成为印花税的重点工作之一。但众所周知，税务稽查往往借"重拳出击""严查重罚"之机设租敲诈，其中积弊，难以述尽。如湖南宝庆隆中镇赵家陇赵某于1921年腊月廿二日娶妻，经过四十里山路，正遇一班收印花税者，随即被呼停轿，将新娘扶出，满贴印花百分于新娘身上。贴毕，曰："国家之印花税法，凡途遇迎亲者，必贴印花百分多，收洋一元多，以为国用。"③乡民很难理解国家税法究竟是什么，被欺负至如此样子也不知是否自己违法，留给他们的只是一脸的茫然。

3. 印花税收入

印花税初办时，收数甚微。1913年收入只有57561元。其后由于税目税率的扩张，税收逐渐增多，1915年收入增至364万余元，为收入最好年份。1916年收入减少，仅有204万元。此后又恢复增长，但由于军阀兴盛，各自为政，截留之风日剧，如浙江省自1920年以后，便不受北京政府约束，截留印花税，停解中央专款，并自行印制

①　《财政部委托邮政总局为印花分发行所的有关文件》，《中华民国工商税收史料选编》第四辑（下），第2312页。

②　国家税务总局：《中华民国工商税收史——直接税卷》，中国财政经济出版社1996年版，第284—285页。

③　《新娘身上贴印花的奇闻》，《大公报》（长沙）1922年2月27日。

浙江省印花，自行委派省印花税处处长，印花税皆自收自用。四川省由地方军阀划分防区分驻分管，各防区征收的印花税全部使用自制印花，收入归己。广西桂系军阀、云南滇系军阀和宁夏省同样自行印制印花税票，收入为己所用①。虽然预算账面上的税额不断增加，但实解京而归诸中央者，为数甚寥（如表3-6所示）。

表3-6　　　　　　　　　历年来印花税收入统计表　　　　　　　单位：银圆

年份	收入数	备注	年份	收入数	备注
1913	57561	实收数，北京地区	1920	2994676	实收数
1914	470000	实收数	1921	3315714	实收数
1915	3637000	实收数	1922	3399674	实收数
1916	2040000	实收数，西南六省不在内	1923	3074977	实收数
1917	2492298	实收数，西南六省不在内	1924	3106760	实收数
1918	2845580	实收数	1925	5864400	预算数
1919	2727386	实收数	1926	5302200	预算数

资料来源：贾士毅：《民国续财政史》（一），商务印书馆1932年版，第62—63页；《民国续财政史》（二），商务印书馆1933年版，第556—559页；杨汝梅《民国财政论》，商务印书馆1927年版，第39页。

　　袁世凯之后，局势纷乱，印花税反成为各路军阀敛财的工具，各省印花税处原本是中央的派出机构，却成了地方军阀的附庸。1919年以后，印花税更趋混乱，私印滥发税票、以票做抵借款等事情层出不穷，实解到部的税款越来越少。根据资料记载：1921年10月10日至1922年9月，财政部共发出印花税票票面数347万余元，而实际解到部数仅72万余元，只占20%左右，其未解及截留之数达275万余元（如表3-7所示）。

---

　　① 国家税务总局：《中华民国工商税收史纲》，中国财政经济出版社2000年版，第64页。

表 3 – 7　　　　　印花税最近发行数及实解到部数一览表　　　　单位：元

时间	销售票面	实解到部	时间	销售票面	实解到部
1921 年 10 月	267639	54139	1922 年 5 月	161734	21948
11 月	386067	66899	6 月	274113	82019
12 月	327428	29426	7 月	358729	48850
1922 年 1 月	234046	107200	8 月	110337	30482
2 月	144186	116276	9 月	349316	37883
3 月	485776	64783	合计	3473306	720797
4 月	380571	60892			

资料来源：杨汝梅：《民国财政论》，商务印书馆 1927 年版，第 41—42 页。

　　到 1923 年，印花税制遭到严重破坏而致有"印花税大事故"，财政部自己都在私印印花税票以作向银行借款的抵押品，怎么说都是执法犯法自毁长城之举，让国人倍感愤慨，全国上下函电交驰，怒斥之声不绝于耳，印花税已到了非整顿不可的地步①。1924 年 10 月 17 日财政整理委员会提出《整顿印花税意见书》，要求加强对印花税的管理与整顿。1925 年 8 月 19 日至 26 日全国印花税专业会议在北京召开，历时 8 天，集中讨论了三个问题：印花税票整顿问题；节省征收经费问题；修改印花税法问题。会议在反复磋商、初步达成共识的基础上，通过了《整理印花大纲》和《修正印花税法草案》两个法规文献②，但该整顿计划未及实施而政坛变天。但故事似乎并未因政局变化而改观，据 1929 年 7 月河南省印花税局向财政部的报告称：河南驻军擅委分局局长，把持税务，省局派人接办，抗不移交，甚至私印印花税票，沿街兜售。尽管如此，河南省该年度的印花税收入仍盈收三成以上而受到嘉奖，记大功一次③。

---

　　① 见拙文：《论民国初年国家与社会的互动关系——以 1923 年财政部私印印花税票案为中心》，《山东大学学报》2011 年第 3 期。
　　② 《全国印花税会议速记录》，中国第二历史档案馆档案，馆藏号：1027 – 2 – 35。
　　③ 河南省税务局：《河南省税务大事记》，中州古籍出版社 1996 年版，第 44—45 页。

此外，印花税在推行中还遇到了一个难以克服的阻力：印花税无法普及洋人甚至洋人控制下的租界内的华人。财政部初拟的《租界内华人实行贴用印花办法》本极谨慎，但仍遭到列强的蛮横阻挠，经过长时间的磋商仍不得其果，他们始终不同意中国政府向在华外国商民征税，也拒绝租界内行用中国税法。这就使得同在中国境内，甚至仅有一路之隔，一边居民有纳税义务，而居在租界内的华人和外国人因受租界的庇护，则可以不纳税，虽然中国政府不断向列强进行外交抗争，但在"弱国无外交"的丛林时代，中国政府莫奈之何！事实上，这种情况与其他税种一样，涉外税务始终是民国初年的税史伤痛。不是我们不讲文明，而是列强十分野蛮。

（五）烟酒事务署

民初烟酒税经过了一个时期的发展，逐步形成了一个混合税种，主要包括烟酒税（属营业税性质）、烟酒牌照税（属特许税，与印花税有重复课征之嫌）和烟酒公卖费（专卖收益）三项，总之是种类苛繁，税目过细，税率参差，纳税人很难不违章。

1. 税制建设

烟酒本系奢侈品，各国均课以重税，中国税率甚轻，提高税率以增收，与寓禁于征的宗旨暗合。为贯彻"官督商销"的烟酒公卖制度，周学熙呈准在财政部内设立全国烟酒公卖局，总管全国烟酒公卖事务，由财政总长、次长督率办理，另设总办一人专司其事（首任总办为钮传善，曾任陕西巡按使、财政厅厅长等职），赋税司司长充任会办，以资接洽①。该计划获大总统批准后不久，财政部随即颁布了《全国烟酒公卖局暂行章程》以及《全国烟酒公卖暂行简章》，自1915年5月开始施行，可谓雷厉风行，史无前例地高效快速，当与袁世凯急于筹钱谋划帝制有关。

"章程"（十四条）是对公卖局机构、人员及其权限职掌的规定，

---

① 中国第二历史档案馆：《中华民国史档案资料汇编》第三辑，财政，第1586页。

核心是掌管全国烟酒公卖及烟酒税征管事宜。"简章"（二十一条）是以实行官督商销为宗旨，实行划区管理，通过招商承办的方法，由公卖局（分局）酌取押金，给予执照，允其经理公卖事务，对烟酒烟酒税税率、征管、稽查等事宜的具体规定。在手续上，将原有之烟酒各项税厘、牌照税及地方各捐合并统一征收，分别核算①。这种方法本为利商便民，但因其须粘贴各种复杂印照，加之不厌其烦的税务检查，受其害者不在少数，堪称病民之税。其后部分省份行用之烟酒印花特税应属这种做法的延续，为敛财而征税绝非正义和善政，徒惹国民愤怒而收益鲜少。

为使该项"中央专款"收入切实可靠，财政部沿袭印花税之做法，实行中央垂直条块管理，在各省设置烟酒公卖局，直隶财政部，管理烟酒公卖及代征烟酒各项税捐事务，并制定了《各省烟酒公卖局暂行章程》及《各省烟酒公卖局稽查章程》等法律，以与财政部烟酒公卖局前述法令一致，同时实行。

《各省烟酒公卖局暂行章程》（三章二十三条）规定：各省设烟酒公卖局，直隶财政部，局长承财政部命令，管理烟酒公卖及代征烟酒各项税捐事务，各省财政厅长会同烟酒公卖局办理相关业务并负完全责任。各省烟酒公卖局应酌量烟酒产销情形，划分区域设置公卖分局。在烟酒产销较少的区域，派监察员管理该区域烟酒公卖事务。各省局须遵照部令按月将征存之款项解交金库存储，听候核拨，每半年由财政部考核成绩，酌予奖惩。《各省烟酒公卖局稽查章程》也是三章二十三条，对稽征手续、方法、罚则进行了细化，有些规定至今仍具借鉴意义，如罚则中不仅有对于商民违法的处罚规定，"停止营业""货物没收""加倍处罚""三倍处罚"等规定具有一定的震慑力，而且还有对征收管理人员违法的处罚规定，"罚薪""撤差""交法庭按律惩办"等更是大快人心，此外还如第

<hr/>

① 中国第二历史档案馆：《中华民国史档案资料汇编》第三辑，财政，第1588—1591页。

十条规定：分局于辖区内可派巡丁缉查私烟私酒，或商由该县知事加派警察帮办，"并准乡镇团首邻近举发，但必有私烟私酒之实据，妄报者反坐"①。一个"反坐"，体现出法律严肃性背后的别种情怀，惩治诬告陷害本为法律公平的一种基本属性，后来很多法律怎么就没此规定了？如有，或许很多事将不复存在，谁敢"碰瓷"构陷？反坐很好，不能取消！

　　到1915年年底，全国27省区除新疆和川北边区仍归财政厅办理，未设公卖局外，其余25省区均相继成立了烟酒公卖局。而中央管理机构此时亦有所变更，1916年1月，全国烟酒公卖局改为全国烟酒事务署，脱离财政部而直隶政事堂。1917年8月烟酒事务署又改回烟酒公卖局旧称，仍隶财政部，继续办理全国烟酒公卖及税捐征收事务，9月，重颁《全国烟酒公卖局暂行简章》，定公卖局内设机构有三，将管理烟草、酒类专卖及税捐事宜改归分地区管理模式。1919年1月，兼署财长曹汝霖又以全国烟酒公卖局事务繁重，呈准恢复全国烟酒事务署（由张寿龄任督办），改隶国务院，折腾了两个轮回。1920年2月，北京政府再颁《全国烟酒事务署官制》，掌全国烟酒一切财务行政事务，署内置督办、署长各一员，内设相应管理机构。各省区原设烟酒公卖局，一律改名为烟酒事务局，公卖分局为事务分局，受全国烟酒事务署之管辖。1922年6月，政务院再对《全国烟酒事务署官制》进行修订，规定事务署督办由财政总长兼任，事务署遂又改隶财政部②。各省依制所设烟酒公卖局（事务局）可依据各省烟酒制造、消费情况划分区域，设立分局，分局再设分栈、支栈，如此逐级划分，严格层级管理，以收专款之效。

　　烟酒税捐系对于烟酒本身所课之货物税，兼具营业税、关税性

---

①　中国第二历史档案馆：《中华民国史档案资料汇编》第三辑，财政，第1591—1596页。

②　国家税务总局：《中华民国工商税收史——税务管理卷》，中国财政经济出版社1998年版，第22页。

质，主要包括：输出入税（应属关税，如洋烟酒之输入，国产烟酒之输出）、出产税（烟叶税、酿造税）、通过税（厘金和常关税）、销场税（卖钱捐、买货捐、门销捐、坐买捐）、熟货税（烟丝税、条丝税、熟丝税）、加价抽收（税额以外之加价）等很多种。民初的税改主要是对前清烟酒税征收机构繁多（海关、常关、厘局、货捐局、县知事公署等七八个征管单位）的归并以及课税标准的统一和简化。

烟酒公卖费主要包括：一是公卖费，烟酒公卖价格由事务局就其生产费、利益及各税厘捐等审查计算外，参酌生产贩卖情况，加算其十分之一以上十分之五以下而决定，随时公布。分栈及支栈，必依此价征收公卖费。公卖费率之轻重，各省不同，即同一省亦时有高低，15%—20%者最为普通。具体方法为：各商店先期概算每月可生产、贩卖之烟酒种类及数量，逐级上报辖区主管之各支栈及公栈；接到各商店之报告后，各栈即赴该店检查，各粘贴印刷之执照并盖戳，征收公卖费，各分栈从每月代征之公卖费中提取二十分之一留作手续费。烟酒之贴用执照者，在同一省内贩卖，虽移动区域，亦无再贴执照之必要；但运贩于他省时，由该省事务局检定价格，加贴执照，但其费额由事务局定之①。此项专卖制度本以整理改良并废止各省烟酒税捐为理由，但其结果则成为增加新税，加之实行包征之制，税制益行紊乱，弊窦丛生而难收实效。二是烟酒牌照税，实行较早，系对批发零售烟酒之商户征收的一种权利许可税，凡经营者均须取得财政部统一制颁的营业许可牌照，并依据经营规模之大小和经营性质缴纳4元至40元不等的税金，方准营业，每年分两次完纳，特许牌照不得转卖、让与或贷用，违者将依据法律条文的规定给予严惩②。

1921年8月，经大总统徐世昌批准，烟酒事务署公布了《征收

① 吴兆莘:《中国税制史》（下），商务印书馆1937年版，第267—270页。
② 《贩卖烟酒特许牌照税条例》，江苏省中华民国工商税收史编写组、中国第二历史档案馆《中华民国工商税收史料选编》第三辑（下），南京大学出版社1996年版，第2760—2762页。

纸烟捐章程》。该章程规定：运销内地纸烟除完纳海关税、崇文门税项外，应缴纳纸烟捐。纸烟分舶来与在华制造两种，均征收内地统捐，捐率值百抽2.5，其等级依照海关税则规定办理。在华制造品除值百抽2.5的内地统捐外，另于出厂时，不论等级，每5万支再加征出厂捐2元。缴纳内地统捐后，填发捐单交商执持粘贴；缴纳出厂捐后，发给印花粘贴以资查验。已完纳统捐、出厂捐的纸烟，经过局卡一律查验放行，不再重征杂捐、厘金等。但规定，凡在租界及条约规定开放的商埠内销售，则免纳内地统捐。纸烟捐采一道征收制，在出厂及起运时征收①。纸烟捐由全国烟酒事务署设专局征收，有总局、分局，下设督察所、查验所、分所等。总分各局设在纸烟的集中产地，全国卷烟总局设在上海，另在天津、汉口、山东设分局。纸烟捐于同年10月11日开征，中国对卷烟征收专税盖自此始。

1923年2月，全国烟酒事务署又呈准公布《征收雪茄烟捐章程》，开始对雪茄征税，舶来品值百抽2.5，国产品值百抽5。凡运销于中国警察管辖权各区域的国产品或舶来品，均须纳捐粘贴捐证，经过局卡查验放行，其他零星杂税概不重征②。嗣以国内商人反映，国产品的税率过高，不符合扶植奖励本国工业的政策，提出减低要求。同年7月，全国烟酒事务署呈准公布《修正征收雪茄烟捐暂行细则》，明确规定不论国产品或舶来品一律值百2.5，降低了国制品的税率。

1922年冬，浙江省打算修筑省道，但缺乏资金，考虑到卷烟为奢侈品，对人民健康有害，各国多采取重税政策，有的国家还规定由政府经营，实行专卖，遂设浙江省卷烟特税筹备处，厘定章程，于1923年2月成立浙江省征收卷烟特税总局，全省划分为8个区域，各成立一个分局，自次月开征。根据《浙江省征收卷烟特税暂行章程》规定：凡本省境内，人民购吸卷烟均须纳税，税率为20%，由贩卖卷烟的商

---

① 《征收纸烟捐章程》，《中华民国工商税收史料选编》第三辑（下），第2781页。
② 《征收雪茄烟捐章程》，《中华民国工商税收史料选编》第三辑（下），第2783页。

店代为缴纳，以粘贴印花为征收凭证，税款用于修建省道①。此制开地方征收卷烟特税之先河，也开始了印花税与烟酒税逐渐合并的初步实践。此后，各省相率仿行，理由各异（如云南以筹措教育经费为名），名目繁多（如营业特税、营业凭证税、用户捐、吸户捐或卷烟印花税等），大抵以征税为目的，能否做到税款专用至今是个谜。各省自定税率，差异较大，自10%—85%不等。到1925年5月，全国烟酒事务署卷烟税务总局再颁"暂行章程"，对全国卷烟特税的征收管理进行规范，但效果极为有限。

2. 内外反应

烟酒税从开征之日起，就不断遭到商人的反对，早在1915年7月，上海烟酒公卖局尚未开业之时，上海烟业众商即开会呈具意见书，从商业凋敝、发展生产到维护利权，从税收公平、租界内外统一税负等诸多方面进行分析，提出将烟酒税减免缓的主张②。1916年10月，中国烟酒联合会推举代表赴京请愿，就烟酒业现状、请愿理由及请愿主旨拟出数千言请愿书呈送国务院，要求统一税法，公平税负，裁并机构，减少苛征，以便商民而裕国课③，其核心仍是反对新颁之烟酒税。该联合会几乎年年有活动，每次都在和政府抗争，要求修改税则、减免税负之声几乎不绝。我们再翻看1924年的旧报，满纸都是反对卷烟税和政府"卷烟特税势在必行"的报道，但其结果与此前苏常酒商的反对一样，烟酒税不能不办，"未便任听各商借词反对"，财政部要求各省一面切实劝导各商勿得误会要挟，一面饬令从速设局开办④，抗议无效！

如果说面对国内纳税人的抗议，政府尚有足够的王气、霸气、匪气以资压制的话，面对洋人，各级政府都毫无脾气。印花税如此，烟

---

① 《浙江省征收卷烟特税暂行章程》，《中华民国工商税收史料选编》第三辑（下），第2792—2793页。

② 《烟酒公卖声中之官商消息》，《申报》1915年7月12日。

③ 《烟酒联合会请愿书》，《申报》1916年10月21日。

④ 《苏常酒商反对酒捐之无效》，《申报》1915年12月4日。

酒税更是如此，没有洋人的许可，中国税法就不能行及外国在华商民，即使征税，也享有我国商民无法企及的优惠，此为税收上的严重不公。

烟酒税必然涉及洋烟洋酒，涉外税务自然是一个绕不开的话题。早在 1915 年烟酒公卖刚刚开征之时，奉天财政厅和烟酒公卖筹备处就密电财政部，电称：奉省英美烟公司运售卷烟，议定照章纳税，但日商三林、东亚等公司一直狡抗，延不纳税，致使英、美亦复观望。同时，日商开设烧锅，往往借口附属地运酒不税，迭经交涉，迄未就范，与公卖前途，大有关系，请财政部设法维持，以免阻碍。财政部随即于 8 月 14 日、9 月 6 日、11 月 3 日三次咨行外交部，认为英美烟公司运售烟卷既经议定照章完税，日商自不能独异，且中日条约既有服从课税之规定，尤应查照定章，一律纳税，方昭公允。庶将来于办理烟酒两税及公卖事宜，方能得中外一律之道。因此咨请财政部与日使妥为洽商，请其承认并仿照办理。懦弱的外长陆徵祥也毫无主意，其在回复中称，既由英美烟公司认定在前，日商事同一律，自未可听其借词延抗，故"迭经咨请照会日使"并饬特派奉天交涉员与日领商办，要求"一体遵行"，得到日本方面的答复是："查案后再行商办。"① 外交部、财政部与奉天财政厅之间函电不少，却无结果，此后便无下文。揆诸历史，日本伤我至深者，远非对烟酒税、印花税等税收上之掣肘与抗议，民族危难还在其后，我们只能感慨遇邻不淑！

再如，洋烟洋酒运销来华或洋人在华制造之烟酒，本应依法纳税，但自"全国烟酒公卖局暂行章程"公布以后，驻京领衔公使朱尔典就照会外交部要求解释该法，即有干涉之意，1916 年 5 月，又以热河烟酒公卖局征收英美烟酒公司公卖费，朱尔典旋即照会抗议。嗣后，各省征收税项涉及公卖费范围，屡生交涉案件。而英使以英美

---

① 中国第二历史档案馆编：《中华民国史档案资料汇编》第三辑，财政，第 1599—1602 页。

烟公司之故，争执尤力。财政部只能以变通之法，拟出"凡由外洋来华销售烟酒，除照章完纳正半各税外，亦令缴纳销场税一道，不再征费"，以博洋人之同情，并继续函请外交部与使团切实磋商，请其允认，以图推广①。但效果与前述无异，所议之事终归不了了之，可见民国初年税收现代化之路的艰难曲折。

云南开征卷烟特税时，英国驻云南代理总领事闵乐敦就致函云南唐继尧，认为云南对本省行销之纸烟，照值百抽二十之法征收纸烟捐违反约定，曾因此事"及他种不合法之征收"表示过严重抗议，因此再次提出"强硬抗议"，要求"立将一切有所妨害之办法及一切不合法之征收，从速取消"。唐继尧回复称，云南卷烟特税系仿照苏浙赣鄂皖粤等省办理，各省既能抽税于先，滇省自可仿办于后。又况本省尚有南洋兄弟烟草公司、亚细亚烟草公司，以及本地烟叶制成之卷烟，均系一律抽捐，洋商卷烟何能独异？并拟具云南开征该税之理由节略七条，"请烦查照"，意即：你自己看罢！云南省开征该税以作为教育补助经费，是经省务会议议决之事，"征收卷烟特捐，对于中外商人实觉毫无可议之处"②。这种态度在当时比较少见，很长国人志气。

各省纷纷举办卷烟特税后，遭到英美、花旗、大美、东亚等烟草公司的极力反对，各国公使以违背条约，迭向外交部提出抗议，要求停止征收。起初，他们在部分地方通过散放烟种，教民试种，嘱人收买熏制等途径获取原材料，并依据相关条约而享有诸多便利和优惠，1921 年 8 月，全国烟酒事务署曾与英美烟公司签订有声明书 11 条，中国征收香烟捐办法，英美烟公司亦允认遵办，并表示，凡英美烟公司在华制造行销各省之香烟，无论运往通商口岸或租界，均按五万支完纳二元之出厂捐，并由烟酒署发给印花票以备贴用。此项印花票得

①　中国第二历史档案馆编：《中华民国史档案资料汇编》第三辑，财政，第 1603—1604 页。

②　《英国驻云南代理总领事抗议云南省开征卷烟特税与云南省政府来往文件》，《中华民国工商税收史料选编》第三辑（下），第 2833—2835 页。

由公司向烟酒署备款请领，仍由烟酒署派员在厂查验印花。但如其他公司行销香烟较英美烟公司为轻，待遇较优，英美烟公司应享同等利益，并得将所纳之捐与他公司所捐之差数，由应纳捐款内扣除。其后于1925年3月又续订声明书4条，以减少涉外税务的矛盾交涉①。但此时各省相继自办特税，中央的约定条文并不一定能在各地推行，英美烟公司不断抗议反对。北京外交、财政两部派贾士毅等赴江宁交涉署与英国谈判，中方指出卷烟特税系在货归商店后征收，并非通过税，是对营业和消费的一种征收，属于中国主权范围，与通商条约无涉，据理力争。各烟厂见抗议无效，始允增加5%的"保护捐"。但各省以与20%的特税相差悬殊，表示反对，苏皖鲁豫赣鄂六省通电争之，沪商会措辞尤烈。然争执经年，所议并未实行，时适逢奉系政府垮台，事遂中寝②。

3. 税收收入

从表3-8所列税收收入上看，烟酒税与其他税种趋势相同，税收逐年增加，1915年年初办时仅收178万元，到1928年即增长至2658万元，增幅相当可观。另外，从税收成本上分析，全国烟酒机关支出经费或列预算呈报主管机关核定支给，或由各省提成开支，或由提取七五奖金项下转移支付。但不管哪种方法计提经费，烟酒税税收成本多在10%以上，费用较高，如1915年的征收经费即达33万元之多，占比高达19%，最低占比也在8%以上，显然有违税收的经济原则。因此说，设立单列机关征税虽然有管理上的优势，但无法遏制持续走高的经征经费。分税制的要义在于税权与事权的划分而非国地税征管机构的分设，否则，只能增加纳税人的负担和税收的征管成本。

---

① 《全国烟酒事务署与英美烟公司原订声明书及续订声明书》，《中华民国工商税收史料选编》第三辑（下），第2789—2790页。

② 国家税务总局：《中华民国工商税收史纲》，中国财政经济出版社2000年版，第107页。

表 3 - 8　　　　　　　　　　　烟酒税收入支出表　　　　　　　单位：万元

项目 年份	各省费税 收入总额	各省支 出经费	支出收入 之比/%	贾氏数据			
				专卖收入	税收收入	牌照收入	总额
1915	178	33	19				
1916	811	127	16				
1917	1211	148	12				1401
1918	1239	150	12	641	576	71	1288
1919	1656	154	9	666	673	100	1439
1920	1281	160	13	669	719	116	1504
1921	1280	152	12	612	711	124	1447
1922	1453	144	10	652	794	122	1568
1923	1547	156	10	694	780	113	1587
1924	1564	157	10				
1925	1188	108	9				
1926	1679	128	8				
1927	2479	263	11				
1928	2658	300	11				

资料来源：烟酒税处编：《烟酒税史》（下），第九章"收支概况"的相关内容，《近代中国史料丛刊》三编第 44 辑；贾士毅《民国续财政史》（一），商务印书馆 1932 年版，第 63 页；《民国续政史》（二），商务印书馆 1933 年版，第 298—299、302—303、519—520 页。

从历史和社会发展看，烟酒均属典型的奢侈品，且有害于民众，已为世界所公认，必须厉行禁止，或称寓禁于征。但民初对烟酒税抵制最强烈者并非烟民酒鬼，而是从中获益的烟酒制造商及与之狼狈为奸的商人和军阀，他们从不考虑烟酒对社会的危害，甚至不惜怂恿民众吸食鸦片而获益更多。

（六）其他国税征管机构

随着税制的不断变动，财政部内又增设了矿税处、所得税处等税务管理机构，分掌矿税、所得税的征收管理事宜，但终因政局动荡而效果不著。

1. 矿务监督署及矿税征收

北京政府时期的矿税亦系中央税，但其税收征管较为复杂。依其制，由农商部内设之矿务监督署负责矿务诸事，其中包括矿税征收事项。矿税计分矿区税、矿产税、矿统税三种，矿区税由各矿务监督负责征收，上解农商部核收，财政部备核；矿产税由各省财政厅征收上解财政部，矿统税则由各矿公司经向财政部认缴①。

1913 年 12 月，北京政府颁布"农商部修正官制"，有特设矿务局之规定，以提倡开矿事业。1914 年 2 月，在张謇的主持下，制颁《矿务监督署官制》，将中国划为八个区域，由各矿务监督署分区管辖，负责辖区内的矿务及税收事宜②。

民初，矿税仍沿清制，征收矿界年租与矿产出井税。为统一税制，农商部于 1914 年 3 月颁布《矿业条例》（共一百一十一条）及《矿业条例施行细则》（共八十六条）。《矿业条例》对矿产的勘探、开采及政府部门的管理等作出规定，对应纳各税亦单独立章分条加以明确，其中有关税收的规定主要是明确了矿税的种类和纳税方法：(1) 矿区税，为地面租税以外之税，按占地亩数计征，采矿税率初定为每年 0.3 元/亩，主要针对第一类矿质（金银铜铁锡铅锑等 23 种）和第二类矿质（水晶、石棉、云母、石膏、硫黄、硝酸盐等 29 种）征收，探矿征 0.05 元/亩。(2) 矿产税，第一类矿质，按出产地平均市价的 15‰征收，第二类矿质，按出产地平均市价的 10‰征收。(3) 开采第三类矿质（青石、石灰石、花岗石、白云石、黏土等 10 种）免除矿区税和矿产税，其原归地方税者，暂仍其旧，但税率不得超过矿质市价的 5‰。(4) 纳税方法及违章法则：矿区税及矿产税每年分两次完纳，凡逃税或企图逃税者，处以应纳税额 3 倍罚金。《矿业条例施行细则》中对税收的缴纳时限与方法作出了细化规定，矿业权者应于每年 6 月、12 月向矿务监督署预缴下期 6 个月之矿

---

① 金鑫：《中华民国工商税收大事记》，中国财政经济出版社 1994 年版，第 120 页。
② 阮湘：《中国年鉴》，商务印书馆 1924 年版，第 1311 页。

区税，于每年 1 月、7 月，按前 6 个月所出矿产之数额，将矿产税缴纳于矿务监督署。矿产税应按照矿业权者所呈送的矿业簿抄本核算，矿产税价格由农商总长于每年 6 月、12 月，根据各矿务监督署上报的前 6 个月各省矿产的市价平均核算，以为征收矿产税之标准，通告各矿务监督署长转饬遵缴①。此时的矿务监督署直接对农商部、财政部负责，尚能保证矿税的正常征解。

1914 年 7 月，财政部、农商部又会同拟定了《征收矿税简章》（共十一条），以周自齐、张謇的名义呈准施行。该"简章"规定：矿区税收入仍由各区矿务监督署直接征收，所收税款解交财政厅核收，同时册报农商部转咨财政部查核；而矿产税则改由各省财政厅派员负责征收，由财政厅册报财政部或留备各该省支用外，应将清册移送监督署转详农商总长备案。1915 年 3 月复经呈准，决定于各省财政厅内添设矿务科，秉承农商部之命兼理一切矿务。凡《矿业条例》及其他关系法令所定的矿务监督之职权、职务，均由财政厅行之②。这其中有一个极其危险信号：矿产税改归各省征管和支用，征管权限的下移极有可能为地方任意扩张税源和侵占矿税大开方便之门，尤其是在军阀混战的当口，为争夺税源不惜动武的事例比比皆是，中央政府很难把控。

事实正如所料，随着地方势力的膨胀和对收入需求的扩张，侵占、截留之事已成常态。因各省又相继设立实业厅，与财政厅共同兼理矿务征收矿税。由于矿产税归省征收支用，矿区税由监督署征收后转财政厅上解，这就存在侵占转移和截留之机会，所收矿区税甚少便不能理解。虽然已有明文规定："各厅经征矿区税不得藉故截留，或擅行动用"③，但威慑力不足，据各省呈报历年收入仅在 10 万元以

---

① 司法部参事厅：《司法例规续编》，司法部 1915 年版，第 106—135 页。

② 《征收矿税简章》《财政厅兼理矿务职守规则》，《中华民国工商税收史料选编》第三辑（下），第 3429—3431 页。

③ 《实业厅及兼理矿务财政厅征收矿区税章程》，《政府公报》第 1628 号，1920 年 8 月 26 日。

下。而据农商部已注册的矿区亩数计算，1918 年应征 30 万元，1919 年应征 40 万元，1920 年应征数为约 50 万元，实征只占应征数的 20% 左右，相差悬殊。因此，1920 年 8 月，财政部与农商部会同修改《征收矿税简章》第 7 条，矿区税仍改由农商部直接办理，由各监督署征收后解交农商部查核，转送财政部核收，以期矿区税之增收而杜短漏之弊①。

1919 年 6 月，北京政府财政委员会经过讨论认为："迩年来各大工厂及矿务公司创立日多，徒以所出品物经过关卡留难需索，以致营业未能发达，坐失时机，殊为可惜"，建议采用 1915 年 4 月河南福中公司按年报效政府国币十万元，作为运销煤炭在内地经过各处厘金、常关、杂捐之总额，按季分缴，由财政部发给免税执照之做法，各大工厂及矿务公司均得援案呈请缴纳出产税，"在公司既免沿途稽滞之弊，在国家又得化散为整之款，用意良善"，财政部乃决定依此改办矿统税，由各矿务公司向财政部认缴统税，并呈准颁行了《各矿务公司认缴统税暂行简章》（共十四条）。该简章规定：（1）各矿务公司在认缴统税时，须将近三年产销额及价值、本年预估产销吨数及每吨价值等呈报财政部，经部派员核实查明后，按该公司报运吨数，以每吨市价的 5% 为标准计征，核定应纳统税数额，由财政部发给免纳税捐执照。（2）除《矿业条例》及其关系诸法令所规定的矿区、矿产、铁捐等税，海关出口正税、五十里内常关税及船钞并京师落地税仍应照章缴纳外，矿产运销沿途所有厘金、五十里外常关税、内地及边陆各常关税并杂捐，均一律免征。（3）各矿务公司应纳统税税款分四季缴纳，以每年 2 月、5 月、8 月、11 月为期，由矿业权者预估 3 个月内运销额计税缴部核收，即于请领执照时须先缴纳全部税额的四分之一。如款未清缴或到期迟延不缴，即将执照暂扣缓发。（4）各矿务公司认缴统税的定额，每年由财政部更定一次，有溢出者须如数加

① 《财政农商部呈大总统为会同修改征收矿税简章第七条请鉴核备案文》，《政府公报》第 1633 号，1920 年 8 月 31 日。

缴税款，倘有隐匿情事，一经查出，按应缴税款额三倍惩处。
（5）矿统税由财政部直接征缴入库①。

由于政局动荡，中央政府统治乏力，三税征收的具体数额基本不
具体，虽然矿区税、矿统税尚能按规定办理，但能上解中央者亦为数
寥寥，更与中央的期许相去甚远。矿产税因归省征管，侵挪截留之事
层出不穷，加之省自为政，极为紊乱，同一矿质，不仅省与省之间的
税率皆不相同，即或一省之内也亦高低悬殊，矿税至为纷歧杂乱，其
整理亦徒具形式而鲜见成效（如表3-9所示）。

表3-9　　　　　　　　　矿税收入统计表　　　　　　　单位：万元

年份	矿区税	矿产税	其他收入	总计
1912	6	38	1	45
1913	9	76	3	88
1914	5	157	2	164
1915	8	107	83	243
1916	8	211	155	374
1917	18	157	57	233
1918	13	186	12	211

资料来源：阮湘：《中国年鉴》，商务印书馆1924年版，第1407页。

表3-9所列仅为部分年份的矿税收入，从中不难看出，属于中
央收入的矿区税虽然也呈逐年增长之势，但其增速远不及可以由地方
插手分享的矿产税那么快，其中很可能存在着混同、挪用和变相截留
问题，不然，矿区税不应每年仅10万元左右，而矿产税7年间竟增
长5倍，怎么说都不可解，而地方政府在这方面有很多实践经验。

---

① 《财政总长龚心湛呈大总统厘订各矿务公司认缴统税暂行章程文》，《政府公报》第
1207号，1919年6月15日；河南省税务局《河南省税务志》，中州古籍出版社1995年版，
第108页。

2. 所得税处及所得税征收

所得税系晚清时期引自西方之税种。清末因财政困窘而筹议开征所得税，并拟定《所得税章程草案》三十条，拟就课税对象分为三种：一是公司所得、国家债票及公司债票的利息所得，二是工薪所得，包括俸廉公费、各局所、学堂的薪水及从事行政衙门与公共机关者的收入，三是不属于前两种之所得。第一种采用比例税制，税率定为 2%，后两种采用累进税率，起征点定为 500 元，超过者按其额度大小，实行八级全额累进税率，税率为 1%—6%，同时规定了 8 种免征优惠措施和相应的征管办法。但此草案交资政院审议后，未及实行，清政府即宣告垮台。

北京政府成立后，财政部即着手对税制进行整理，重修所得税，虽屡议及而屡遭顿挫。1914 年财政部提出开征所得税的理由有四点：（1）各种税赋均用比例法征收，致使贫富负担不均，富者负担反轻于贫者，益增贫富之差，所得税使用累进税率，以增富者之义务，以补正诸税之缺点。（2）各税仅限于局部，不能普及，田赋不过课于地主，房屋税课于居住者，牙当税课于牙当两商。所得税则按国民所得金额的大小，皆负有纳税的义务，故可普及于一般国民。（3）纳所得税者，皆中流社会以上之人，衣食既足，自知礼仪，太平时，轻其税率以增进其富力，一旦有事，增高税率较为容易，是一个具有伸缩力之善良赋税。（4）所得税普及于全体，且用累进税法，收入较他税为多[1]。北京政府创立所得税即看重了该税具有公平、普及、伸缩、确实之优点，即所得税可以普及于一般人民，税收确实且富有弹性，其根本目的乃在于解决财政困难，增加税收收入，实现财政目的。纵观历史上任何税收的开征，其理由大都美妙充分，无可反驳，但骨子里无一不是在盘算着如何向纳税人多要点钱。所得税的开征能否实现调节分配、使富人多缴税这一目

---

① 吴兆莘：《中国税制史》（下），商务印书馆 1937 年版，第 219 页。

的很难讲，但全民纳税倒有可能，其后再以所得税将用于"振兴教育、发展实业"为由督促实行，但其收入是否用于发展教育、振兴实业也不可知，这是税收的社会功能被夸大的常用之法。令人欣喜的是，到1921年4月，财政部颁布的《金库经理所得税款章程》第八条明确规定："所得税项下教育经费与保息基金之支付命令，应由财政部长官用印后，分别送交教育部或农商部，由各该部长官加盖印章，以凭支付"①，算是对所得税作为教育经费专款专用的一种保障性规定。

鉴于上述理由，1914年1月，财政部制定的《所得税条例》（共二十七条）获准颁行。该条例以清末拟定的《所得税条例草案》为蓝本，参酌日本税法修改而成。条例规定：（1）纳税人：在国内有住所或居住一年以上者，负完纳所得税之义务；在国内无住所或居住不足一年以上但有财产或营业或公债、社债之利息等所得者，仅就其所得负纳税之义务。（2）课税对象及税率：征税对象为法人所得和个人所得，税率分为两种：第一种包括法人之所得（采用2%的定额税率）和除国债外的公债及社债利息（采用1.5%的定额税率）两部分。第二种为不属于第一种之各种所得，采用超额累进制，起征点为500元，超过500元以上者，以0.5%—5%的税率分10级征税，50万元以上者，每超过10万元，税率递增0.5%。（3）所得额计算方法：第一种第一项之所得，须由各事业年度总收入金额内减除本年度之支出金、前年度之盈余金、各种公课及保险金、责任预备金，以其余额为所得额；第二项之所得，以其利息之全数为所得额。第二种之所得，须于一切收入之总额内减除由已课所得之法人分配之利益。第一种第二项之利息及经营各种事业所需之经费，并各种公课等，以其余额为所得额。议员岁费、官公吏之俸给、公费、年金及其他给予金，从事各业者之薪给，放

---

① 王丕烈：《中国所得税立法史料》，《直接税月报》1930年第1卷第4期。

款或存款之利息及由不课所得税之法人分配之利益，以其收入之全额为所得额。田地池沼之所得，依前三年间所得之平均额估计之。（4）税收免税事项（7 项）：500 元以下之所得；军官在从军中所得之俸给；美术或著作之所得；教员之薪给；旅费、学费及法定养赡费；不以营利为目的之法人所得；不属于营利事业之一时所得。（5）纳税方法及时限：采自行申报及付息单位代为申报，并设立调查所得委员会承办调查工作。第一种法人所得，以各法人每事业年度终了后两个月以内为纳税之期；债权利息所得，由发行公债之地方团体，或发行社债之公司于给付利息之时，以率扣除，汇缴主管官署。第二种之所得税，每年分两期完纳：第一期 7 月 1 日至 31 日，第二期翌年 1 月 1 日至 31 日。（6）税务监督稽查：税务主管官署专设调查所得委员会，委员由主管征收官选派之，以四年为任期，负责调查辖区内所得税纳税人的义务履行情况，并将调查结果报告于主管官署①。该"条例"并无税收罚则之规定，显为缺漏。

　　该"条例"课税范围几乎包括了国民的各项所得，范围至广，手续至繁，全国同时实行，很难短时实现，非俟征收调查机关成立不可。因此"条例"公布年余而其细则仍未拟定。1915 年 8 月财政部公布了《所得税第一期施行细则》（共十六条），以图分期逐渐推广，由于"官吏有提倡国民之责，大商业等收益较丰而其盈利数目调查亦较易"，拟先从官吏及大商业等项入手，渐次推广，即先征收官吏及大商业所得税，以做表率。这种做法，很可能来自于福建试办官俸所得税的启发：该省巡按使许世英 1914 年 11 月呈请政事堂、财政部，以"理财要义，巨细维均，租赋常经，官民无别。我国财政困难已达极点，枯鱼涸鲋，待润方殷。第向来整理财政者，但知取之于民，径未议及官吏。当国家存亡危急之秋，正官吏毁家纾难之日"为由，提出将《所得税条例》内关于官吏纳税部分先行试办，自 1915 年 1 月

① 《所得税条例》，《中华民国史档案资料汇编》第三辑，财政，第 1527 页。

1 日在福建省一律实行，以为民之表率，欲为新税实行之生道，并呈送《福建省官吏所得税暂行章程》备核，该案于当年 12 月获大总统批准实行①。虽未见后续报道，但可以肯定，这一做法对财政部极具诱惑力，于是便有了"第一期施行细则"的颁行，先易后难地进行试点运行未尝不是一种捷径。

该"细则"将第一种法人所得缩小至当商、银钱商、盐商及由国家特许注册的公司、行栈等范围内，将第二种所得限制在议员岁费、官公吏俸给、年金、给予金及从事各业者薪给（专指律师酬资、工程师薪金、医师药剂师之酬薪、公司大商号经纪人之薪资等）范围之内，先行自 1916 年起开征，然后推广及其余。税款征收，各省以财政厅为主管官署，在京各机关人员，以财政部为征收总枢，所以明财权之统一，图行政之敏活。对议员、官公吏之俸给、公费之所得税定为按月缴纳，虽与原条例稍有出入，然于征收实多利便，不致窒碍难行②。但终因时局关系，终不能行，加上全国商会的反对，故于 1916 年年初，通令暂缓举办。

上述有两点想想都令人激动：一是免税事项中，文艺工作者的作品收入和教师的薪金所得免税，旅费、学费及法定养赡费免税，这是首次对文教事业者在法律上的税收安慰！二是先行对议员、官公吏之俸给、公费征收所得税，也是史无前例，税收征之于官，前所未闻，民众无不拍手称快，或许，痛快的背后是仇官情结的意见表达。

1920 年 5 月，财政部为加强对所得税的征管，于是决定在财政部内筹设所得税处，专司所得税征管事宜，7 月 5 日，所得税筹备处正式成立开张，项骧为所得税筹备处主任，姚诒庆、孔祥榕为副主任（9 月开始任处长、总办），并于是年底先行在北京设所得税处，以为

---

① 江苏省中华民国工商税收史编写组、中国第二历史档案馆：《中华民国工商税收史料选编》第四辑（上），南京大学出版社 1994 年版，第 350—353 页。

② 《所得税第一期施行细则》，《中华民国工商税收史料选编》第四辑（上），第 82—83 页。

先导，俾策进行。然好景不长，仅维持一年有余而遭裁并，全国所得税处应办事务归并操作部税务司办理。

1920 年 9 月，大总统徐世昌再发明令，称"经国之谟，制用为要；利民之政，保育为先。现在民治日益发展，支出遂见繁多，而振兴教育、提倡实业，需款尤亟。自应启发税源，藉以孳培邦本"，重谋所得税的开征，并承诺所得税"取之于民，用之于民。一俟收有成数，尽先拨作振兴教育，提倡实业之用"①，宣布自 1921 年起施行前拟之《所得税条例》，同时废止《所得税第一期施行细则》，另定《所得税分别先后征收税目》，以督促实行。财政部也不遗余力地进行劝导，亦可谓苦口婆心，"现在国家教育亟待振兴、实业亟待提倡。惟每年预算，两项经费，为数所短尚多，非另筹的款，不足以资应用。今奉明令，将此项收入尽先拨为教育、实业之用，将来教育、实业之发展所赖实多。谁无子女，而所得税即为其培养子弟之资；谁不治生，而所得税即为其奖助生产之用。国家取于民者，既若此其轻，而为民谋利益者，又若此其至。裕国便民，莫此为甚。本部现已严定章程，此项税入专款存储，并将教育、实业应拨成数划清，以杜挪用"②。

1921 年 1 月，财政部呈准大总统集中颁行了一系列的法令，对所得税进行重新整顿，计有：《所得税条例施行细则》（1 月 6 日，共十六条），《所得税征收规则》（1 月 6 日，共二十八条），《所得税分别先后征收税目》（1 月 6 日），《所得税调查及审查委员会议事规程》（1 月 6 日，共十二条），《所得税款储拨章程》（1 月 6 日，共八条），《征收所得税考成条例》（1 月 19 日，共二十四条）等，意在切实推行，以期实效。

① 《大总统关于切实推行所得税施行税则令》，《中华民国史档案资料汇编》第三辑，财政，第 1535 页。
② 《财政部开征所得税通告》，《中华民国史档案资料汇编》第三辑，财政，第 1537 页。

1921 年 1 月 6 日，财政部经呈准颁行《所得税分别先后征收税目》，令自 1921 年 1 月起开征。税目清单规定先后开征次序分为三种①。

一是先实行课税者（五类）：（1）凡官公吏之俸给、公费、年金及其他受公家给予金之所得，先于 1921 年 1 月起，按其全年所得额依率算税后，仍分别于其支领时扣收之；（2）凡依律注册之公司、银行、工厂，概照其在 1920 年营业之损益计算书，于 1921 年开征；（3）由官特许之商号、行栈，其在 1920 年营业之所得，应由主管官署查定后，照前条办理；（4）银号、钱庄、金店、银楼无论资本多少，其在 1920 年营业之所得，概令确实认报，由主管官署核定后，照前条办理；（5）普通商店资本约在二万元以上者，其在 1920 年营业所得，概令自行认报约数。即依法人税率及期限，于 1921 年开征，暂免查账。

二是暂延期课税者（四类）：（1）公债、社债之利息；（2）从事各业者之薪给；（3）存款、放款之利息；（4）由不课所得税之法人分配之利益（已课所得税之公司股利，当然免其重征）。

三是延期课税者（两类）：（1）田地、池沼之所得；（2）个人一般之所得。

财政部为督促所得税的征收，专门制定颁布了《征收所得税考成条例》二十四条②，对所得税督征经征各官员（含扣缴义务人）按国家岁入预算所列各该省区应征之所得额做比较额，每届三月（或一个年度）进行税收征管成效考核，以定奖惩：（1）督征官之考成：各省区财政厅厅长（或所得税处处长）、警察厅厅长、道尹，均为所得税之督征官。督征所得税经年满考核总数增收者，由财政部查明，分别呈请奖励。短收者，一成罚俸，二成降等，三成休职或休职留办，四成以上免职。对所属经征官有侵吞徇隐浮收等弊失察，经财政部查

---

① 《所得税先后征收税目》，《中华民国史档案资料汇编》第三辑，财政，第 1540 页。

② 《征收所得税考成条例》，《中华民国史档案资料汇编》第三辑，财政，第 1532—1535 页。

知或经告发者，由财政总长呈请惩处。（2）经征官之考成：考核期内依比额增收者，以增收之成数为记功之次数，由该管督征官核明汇呈财政部备案，增收成数尤多者，特给奖励。按年比较额增收者，可在所增额中提出二成津贴奖励出力人员（警察厅、县知事可提一成补助其征收费）。短收者，短收未及一成者，记过一次，短收一成以上者，递加记过次数，或记大过；按年考核者，短收未及一成，记大过一次，短收一成罚俸，短收二成降等，短收三成休职或休职留办，短收四成以上者撤退；各经征官所得功过次数，允许相互抵消，如记功或记过三次者，准抵大过或大功一次，以此类推。各经征官如有侵吞隐匿情弊查有实据者，或如率之外浮收病民，或与商民串通舞弊减收查有实据者，褫革官职，依法追缴。承办扣缴所得税之各公署会计员，由该管最高官署分别奖惩。该"考成条例"近乎严苛，奖励力度不大，但处罚相当严厉，特别是在那个动荡的年份，无论是对督征还是经征人员来讲，都有可能因考成而受罚甚至丢官，许多官员对此颇有怨言，好在，该制度本身就没有真正实行的机会。

财政部一股脑地整出一堆法规文件，可以预见其推行效果。当财政部"开征所得税通告"（1920年9月30日）发出不久，即遭到各地商会的反对，上海总商会就接到了来自兴化、苏州、常州、无锡等地商会的公函，均表示坚决反对政府开征所得税，同时还连带地反对印花税，多以"南北纷扰，尚未统一"，所得税不能推行全国，以及"百物腾贵，生计日蹙"等各种理由哭穷，认为断不可行，要求政府收回成命，江西、江苏、奉天等省总商会也不断发电要求取消所得税①。声势较大者当属吉林省议会、总商会、省农会、省工会、省教育会等14个团体两次联合电请中央"盱衡时局，轸念民艰"，要求财政部收回成命，勿失民心，并函致22省、该省39县各团体，呼吁各

---

① 《兴化商会函告反对所得税》，《申报》1920年10月24日；《内地商会否认所得税》，《申报》1920年10月26日；《总商会所接否认所得税函》，《申报》1920年10月30日；《专电》，《申报》1920年12月18日。

界合力电争，务达到收回成命目的为止，并且声明："事关加重人民负担，且未经合法国会通过，万难承认。"① 似此函电一直在持续，俨然形成一个庞大的舆论场。事实上，亦如时人评论，众人反对所得税印花税，其根本原因还在于政府为搜刮而失信誉所致，"政府向来不以诚信待民"，征税向以为民谋利益、为地方谋发展为辞，"结果则用于何途，我民绝不知之"，创兴所得税，言必称"为民兴教育，为民兴实业"，其实只是"借教育实业四字以为取民之招牌"，政府先失信于民，而"望民之信仰于政府"，人民反对势所必然②。此论尚属中肯，其后商民抗议亦持此说。

1921 年 4 月，学生联合会总会再为反对开征所得税致函各地商会，列举了 8 项不应纳税的理由，呼吁各界共同抵制，言语恳切，态度坚决，极具影响力③。而最具代表性意见者当属为全国商会联合会经过会议议决，呈请财政部收回成命，准予缓办，并提出了实施所得税的 8 项条件④：（1）所得税本身不公正之点，须切实改正；（2）于废除一切恶税并实行保护工商政策后，施行所得税；（3）对于所得税之用途，予人民以监察之权；（4）待登录税完备、警察制度改良、社会有精密统计后，施行所得税；（5）不得以所得税抵借外债；（6）政府举行之新税应列入合法之预算案；（7）政府未实行裁兵及节省各项靡费以前，人民不能承认此新税，以供无谓之浪费；（8）所得税由合法国会通过，则人民有纳税义务，自无反对之余地，否则我商民为自救计，万难奉命。这 8 项条件不易实现，政府乃设所得税委员会，以督促该税之进行。但在社会各界的不断抗议下，所得税终未普及。

1920 年 12 月财政部成立北京所得税处，拟先自京始，先行对官

---

① 《吉林各团体函告反对所得税》，《申报》1920 年 12 月 18 日。

② 纳：《杂评·反对所得税》，《申报》1920 年 11 月 20 日。

③ 《学生总会反对所得税函》，《申报》1921 年 4 月 13 日。

④ 吴兆莘：《中国税制史》（下），商务印书馆 1937 年版，第 219 页；《商联合会否认所得税之呈文》，《申报》1921 年 11 月 11 日。

俸所得征税，以为全国之先导。依据财政部所颁《官俸所得税征收程序》的规定：（1）在京各机关职员之所得税，应由各该机关会计人员，按照各职员全年薪俸额数，分别依率算出其全年应纳之税额，再以12个月平均，即为每月应缴之税，逐月编造专表，送由北京所得税处查核。（2）所得税处按照前送专表，复核相符，即用公函通知照数征收，并印发收税四联单、解款五联单，送由各机关会计人员，收存备用。（3）机关官俸搭发国库券时，应由主管会计员于造表时，在搭国库券栏内写明。其所得税，应将所得俸给除去所搭国库券成数，照所领现金扣缴，至所搭国库券兑现时，再行依率补缴。（4）官俸所得税自1921年1月起征，在发放俸给3日以内，将税款解缴金库。（5）税率分为65级，自月收入42元起征，至月收入1500元止，依率计征，按月扣缴。该办法实行后，效果甚微，1921年全年实收税款仅10311.67元，且多为京官薪俸所出，怨言颇多。其后财政日见困难，京内外员工薪金积欠日多，薪金既发不出，税自无着，加之此后军阀混战迭起，财政部遂下令裁撤了全国所得税处，所得税试办乃告中辍[①]。

综上所述，北京政府时期中央财政机构主要有财政部、税务处、盐务署、烟酒事务署、矿务监督署以及财政部所属机构如印花税处、所得税处等机构，分别负责所属税种的税收征管事宜，其他税种征管机构兹不赘言。机构极为复杂，法制变动不居，与多变的政坛一样令人眼花缭乱。由于上述机构多采用垂直管理，其与地方上相应的税收征管机构具有直接隶属关系，易达指臂之效，能够有效地保证中央税款的征收与上解。对于早已失信于民的中央政府而言，这种管理模式无疑是保证其得以开门办公的坚强后盾，此为进步之处。但也不难发现，以税种为单位设置税收征管机构，必然导致衙门林立、政出多门之弊，紧接着就是难以说清的税收腐败，既增加国家的税收成本，又

---

① 国家税务总局：《中华民国工商税收史——直接税卷》，中国财政经济出版社1996年版，第12页。

加重人民的税收负担，既属劳民伤财，更是得不偿失，撤并减征便成为新一轮的税改方向。

从上述的各项税收制度来看，要么制度本身设置有缺陷，要么税制推行太超前，与民力不符，如众多乡民根本不了解何为印花税，难保不出现闹剧；官吏工资尚不能按时足额发放，个人所得税的征收也就成了无本之木；当人们普遍挣扎于生存的边缘之时，征收所得税就是置民生于不顾的冷血行为，征收遗产税更属痴人说梦。此外，税收征管技术是执行税制的保证，无力实现法制确定的征管目标，必将使税制体系自我溃败，如盐务缉私的技术手段有限，根本不能保证法律规定真正得到落实，最终成为一种摆设；再如税务稽查，全凭人力目测，很难保证其公正性，矿产税、印花税等的检查基本流于形式或成利益渊薮，腐败龌龊，无以言表。

袁世凯时代，中央权威尚在，税收尚能依法征解，其后便春光不再，在很长一段时间内，中央政府统治乏术，各地军阀势力日增，当他们敢于和中央相抗衡时，不仅只是对中央的命令置若罔闻，更多地表现在对中央财政的觊觎，有公开反对和抗拒税法者，有暗自变通税法、挪用税款者，更有明目张胆地截留中央税款者，藐视、对抗中央之行为层出不穷。对下，军头们在辖区内温柔者不多，掘地三尺者亦有，他们任意立法征税，老百姓苦不堪言且无逃遁之所，野蛮的军阀与匪帮无异，"各省军阀，竭地方之财以养兵，即挟所养之兵以敛饷，一切财源均在囊括之中，此时已无所谓财政上之划分了"①。

最为痛心者当属涉外税务的严重不公，在不平等条约的保护下，外国商民、甚至租界内华人享有诸多税收优惠政策，而本国普通商民却饱受纳税痛苦的煎熬。即使在这种情况下，列强仍不满足，北京政府每一项税收政策的推行，无一例外地均遭到列强的野蛮干涉和无理

---

① 刘巍：《北洋政府时期的财政分权与集权》，《求索》2017年第6期。

拒绝。尽管北京政府外交部拥有一批谙熟国际法及各种外交理论的杰出人才，从容应对于国际外交舞台，但在中央权威丧失、政府更迭、政权不稳的情况下，在靠实力说话的国际环境中，外交上的努力显得过于单薄乏力，税收公平原则难以实现。

二　地方财税机构

地方财政管理机构主要是指省、县级机构。民初，筹议分税制之时，讨论较多的一个话题即为地方团体级数的设置，亦如前章所述，地方团体级数少则人民负担重数少，反之亦然。民初的国地税划分仅为中央税和省税两项，省以下并不在其制度框架，由省自为之。此种安排不能不说是制度缺陷，税收的具体经征必然下沉至县、市、乡，如此悬空，终非常理，并且由此等于给各省以中央难以控制的权限，最终导致地方势力的恶性膨胀。

按民初之制，全国以财政部为总辖全国租税上级机关，以财政厅为中级机关，各征收局及兼管征收田赋之县知事为初级机关，从而形成了掌管全国赋税收支的完整系统，但由于统系不一，仍存在政出多门的弊端，难收指臂之效。

（一）省财政厅

已如前述，虽然财政部为总辖全国租税之总汇，政策的落实和税款的征收仍需地方机关具体经办，经征机构至关重要。同时，因我国幅员辽阔，监察有所难周，自应设中级机关，分区管理，省级财政厅作为中级机关自在情理之中。

1912年年初，熊希龄进京掌财，为加强中央财政集权，拟于各省设立国税司，专司中央政府国家税的征管事宜，地方则在省长公署下设财政司，办理全省财政收支，征收管理地方的正杂各税。不久，各省国税司又改名为国税厅，直隶财政部，仍负责中央税款的征收管理和国家经费支出，以切实推进国家税地方税划分之步伐。

1912 年 6 月，财政部提出：各省税政，自军兴以来，未及整理，"应解各项京饷，多因截留，致亏部库"，当务之急在整理税政，统一税务，划分税项，分别征管，"俾清界限，方便遵循"，因此在着手划分税项和政费的同时，拟定《各省国税厅官制草案》十五条，呈准实行。依据"官制草案"规定：（1）各省设国税厅直隶财政部，各省国税厅厅长承财政总长之指导、监督，于其管辖内掌监督及执行关于国税事务。（2）各省国税厅厅长若有与地方行政相关系之事项，应会同地方长官行之；关于主管事务，对于地方下级官吏有指挥监督之权。（3）各省国税厅厅长可酌量地方情形，设置分厅管理征收事宜，或委托地方行政官，或自治团体代为征收，但须经财政总长许可。（4）在国地税未划分以前，除关盐税设有专员外，所有正杂税及新行各税，并从前收解京饷、赔款、洋款等项，均归国税厅征解①。这一"官制草案"旨在通过机构重设，将各地中央税的征管事宜直接控制在财政部之手，国税厅作为财政部之派出机构，对财政部直接负责，以杜绝地方势力的干扰和对中央税款的侵蚀与截留，从人事管理上完成国了地税的机构分设。

紧接着，财政部于 1912 年 10 月公布《国家税地方税法（草案）》《国家费用地方费用标准》等文件，同时决定在国税厅成立之前，先于各省设立国税厅筹备处。1913 年 1 月 10 日，袁世凯任命了全国 22 个省的国税厅筹备处处长，分赴各省筹备建立国税厅的相关事宜，并按照《国家税地方税法（草案）》中各税种划分的相关规定，接管各省国家税的征收管理事宜。财政部也随即发布整理财政的通令，要求各省国税厅筹备处处长依据中央政府的既定方针，参考地方情形，妥筹办法，以与各省财政司划清国家税与地方税的界限②。

---

① 《各省国税厅官制草案》，《中华民国史档案资料汇编》第三辑，财政，第 1213—1215 页。

② 国家税务总局主编：《中华民国工商税收史纲》，中国财政经济出版社 2001 年版，第 54 页。

由于各地主政者实力强弱不同，与中央关系疏密有别，筹备处的开办时间先后不一，强势者踟蹰观望，筹备缓慢；亲密者积极响应，接收相对容易，很快即接办了相关事宜，如治理湖南山东山西这些京畿周边省份的筹备处很快即筹办起来，而有些省份却迟迟不见行动，甚至还在和中央讨价还价，争论不休（见表3－10）。

表3－10　　　　　　　　各省国税筹备处办理情形

省份 （开办时间）	组织机构	国税划分	接办情形
直隶 （2月25日）	两科，15人。处长：曹葆珣、汪士元、高凌霨	田赋、盐课、海关税、常关税、统税、厘金、印花税、矿契牙当烟酒茶糖渔湖木各税、牙当各捐及紫荆等关杂税官业司法收入	5月1日将筹款厘货捐各局及通州税局一律接收。其余田赋等项，民政长咨请展缓，迄今尚无头绪
奉天 （3月1日）	处长：巢凤冈	田赋、盐课、关税、常关、统捐、矿契牙当烟酒碱参船渔业牲畜房号各税	3月17日接收契税仓务两处，其余均于4月1日完全接收
吉林 （4月5日）	处长：甘鹏云	田赋、矿税、关税、国产、森林、印纸、交涉、营业各税及土地官业司法官息等	7月1日完全接收
黑龙江 （3月12日）	处长：袁毓麟、陈同纪	田赋、统捐、矿契烟酒当渔业山木牲畜各税、洋税、斗秤税、票照税、房地租	除田赋内之晌捐尚未解决外，其余于4月1日完全接收
山东 （3月1日）	三科，14人。处长：曲卓新	临清关税、厘金、矿税、直东津浦铁路货税、烟酒牙糖契各税及田赋	除田赋外均已陆续接收。田赋待下忙7月1日接收
山西 （3月22日）	三股，19人。处长：陈际唐、唐瑞铜、徐致善、袁永廉	田赋、地租、盐课、关税、厘金、契牙当烟酒各税、房租及各项规费、财政司自收之房租	原定7月1日接收，但因案卷关连纷错，尚未一律移交清楚，已催令赶办

省份 （开办时间）	组织机构	国税划分	接办情形
河南 （2月27日）	处长：邵羲、汪士元、俞泰初	按照财政部草案划分两税	该省坚持以田赋划归地方。故迁延至七月中旬，方协商就绪
湖北 （5月1日）	处长：李启琛、黎澍	按照财政部草案划分两税	5月1日开办，7月1日一律接收
湖南 （4月12日）	处长：夏同龢、陈炳焕、刘棣芬	按照财政部草案划分两税	5月1日全部移交。二次革命后，国税厅被取消
安徽 （3月13日）	处长：张茂烱、熊正琦、王荃本	按照财政部草案划分两税	7月1日接收，但实权仍掌握在民政长范围。二次革命，国税厅取消
江西 （1月27日）	两科，14人。处长：陆长佑、李盛衍、徐士瀛、王纯	按照财政部草案划分两税	6月接收案卷，二次革命后，取消国税厅名目
江苏 （1月1日）	处长：金鼎、单镇、张寿龄	按财政部草案划分两税，田赋除外	1月13日，除田赋外其余货税、厘金、关盐契当牙各税已分别接收
浙江 （4月）	两科，16人。处长：方兆鳌、刘颂虞、胡翔林、胡文藻	按照财政部草案划分两税	捐税、牙帖5月10日接收，田赋7月1日接收
福建 （4月10日）	处长：刘鸿寿	按照财政部草案划分两税	4月底接收田赋，5月1日接收商捐税契酒捐等项
广东 （7月1日）	处长：严家炽、廖仲恺、宋寿征等	按照财政部草案划分两税	7月1日接收，财政司长兼处长，实权仍握于民政长

续表

省份 （开办时间）	组织机构	国税划分	接办情形
广西 （5月15日）	两科，19人。处长：沈式荀、周平珍	按照财政部草案划分两税。惟饷押捐厂税、濛江饷捐、盐课被财政司划归地方	7月1日接收案卷
四川 （2月1日）	处长：蔡镇潘、刘冕、刘莹泽	按照财政部草案划分两税	田赋契税烟酒茶糖牙当矿税5月1日接收。常关、统捐6月1日接收
云南 （4月4日）	处长：熊范舆、袁家普、何国钧	按照财政部草案划分两税	7月1日全部接收
贵州 （2月3日）	处长：张协陆	按照财政部草案划分两税	6月1日接收，唯盐税因缉私经费非尚未磋商就绪，故未接收
陕西 （1月16日）	两科，12人。处长：刘瞻汉、薛登道	田赋、盐课、关税、常关、统捐、厘金、矿契牙当烟酒茶糖渔业各税、牙当各捐	除田赋内之本色粮草尚未解决外，其余均于5月1日完全接收
甘肃 （1月1日）	两科，10人。处长：田骏丰、栾守纲	田赋、盐课、关税、统捐、矿契牙当烟糖各税、牙当酒官膏各捐、茶厘	2月20日已完全接收
新疆伊犁 （4月1日）	两科，10人。处长：王云骥、潘震	按照财政部草案划分两税	4月1日已完全接收
热河分处 （开办最迟）	两科，14人。处长：罗振方、赵廷扬	无纪可述	

资料来源：《各省国税筹备处办理情形》，《税务月刊》1914年第1期，第97—103页；《杂录·各省国税厅筹备处职员名单》，《税务月刊》1914年第2期，第1—13页。

由表 3 - 10 可知，尽管各省多依照草案对具体税项进行了划分，但实际接收过程却极为艰难，主要表现在很多税项的归属仍悬而未决。如田赋一直是各省争持的焦点，"草案"将其划归中央，必然引起各地的反对，拖延观望在所难免。直隶虽照"草案"对本省税项进行了划分，却久久没有将田赋各项移交国税厅筹备处。黑龙江将田赋内之晌捐把持手中不移交，奉天坚持田赋中之亩捐应留为地方税，甚至拟以地税作抵借外债，被北京政府阻止[①]。河南亦坚持以田赋划归地方，也在拖延，山西在移交时因田赋问题迁延推迟。即使如国税厅筹办较好的山东亦迭次拖延田赋的移交，直到财部再三催促，才最终由国税厅筹备处接收。湖北赞成设立国税厅本在各省之先，后因波折迟滞多日。广西按照财政部草案划分两税，唯饷押、捐厂税、濛江饷捐、盐课被财政司划归地方，但中央认为以上四项应归国税，未获批准。福建省议会将省粮价划一，收入减少 50 万元，遭北京政府谴责，后被财政部电令取消。

时人对此评论说：筹备处已届一年，据各省处长报告，有已全部接收者，有仅交一部分者，所以纠缠不清的根本原因，乃在于地方税与国家税问题划分不清。全部移交最早的省份有山东、浙江、福建，其次是河南、湖南、甘肃、新疆、四川、奉天、吉林等省，"是因其地方长官能融洽意见之故"，其余如湖北，则请将米捐船捐竹木捐及各县烟酒糖当等税列为地方税，因此问题未能接收齐全。直隶、山西、江苏、安徽、江西、广西、陕西、云南、贵州等省对于两税之分，均有争请，致亦未接收齐全。财政部要求："若再行延缓，必有相当之处分。"[②] 但这种状况并未因"必有相当之处分"的严令而改善，直至最后，也未妥善解决，理由各异，但结果相同，目的就一个：为地方争取更多的税源。有钱就有实力，有实力就有钱，军阀们都懂。

---

① 《大总统阻止各省自由借款》，《大公报》1913 年 7 月 3 日。
② 《新年后之财政进行谈·国税厅成绩》，《申报》1914 年 1 月 13 日。

然而，从财政部颁布《国家税地方税法（草案）》《国家费用地方费用标准》《国税厅筹备处暂行章程》等文件及袁世凯任命各省国税厅筹备处处长以来，虽然各省相继开办筹备处，但国地税划分运行一年有余而未见成效，财政部提出取消国地税名目，"凡现在此两类收入均应解交各省主管财政官署，审度缓急，酌量支配"，以便支配，而利进行，"总以财政可裕，国基可固为主"。此呈即或大总统批准，于1914年5月23日以大总统令颁发全国，通令各省国税厅筹备处及各省财政司即行裁撤，"所有该厅司原管职务均着归财政厅接办，该处长等应均俟财政厅成立之日再行交卸"①，国税厅筹备处随即关门歇业。一纸呈文便将争论数年之国地税划分计划打乱而终止。

时人记之谓：北京政府为统一政策起见，划分国地税名目，以期收效敏速，且可以是杜地方滥费之弊，按当时的权限划分，属于国税者由国税厅管辖，直接隶属于中央，属于地方税者，由各省财政司管辖，则直接隶属于省长，"现在各省特设财政厅，国税地方税已无区分之必要"②。代各省国税厅、财政司而掌管其事者为各省财政厅，自此，省财政厅即负责综理全省的财政收支及赋税工作，这种更制至少在名称上趋于规范和统一，并一直沿用。

1914年6月，财政部颁布《财政厅办事权限条例》九条，对新组建的各省财政厅职掌进行了规定：（1）财政厅厅长奉大总统之任命，管辖全省财政征收官吏及考核兼管征收之县知事，综理赋税出纳、执行各种税法、催提各属款项、筹济中央要需、支配全省经费、办理预算决算及其他关于财政事务。（2）财政厅直隶于财政部，凡支配款项及关于一切财政事务均受财政部之指挥。遇有重要事件得径呈大总统。（3）财政厅厅长奉特别命令受巡按使之监督。凡关于筹

---

① 《命令》，《申报》1914年5月26日；《取消国税地方税名目之呈准》，《申报》1914年6月9日；《财政部奉准取消国地税名目咨》，《中华民国史档案资料汇编》第三辑，财政，第1235页。

② 《国税名称之取消》，《申报》1914年6月6日。

办财政事务，除奉大总统特令暨部饬外，均秉承巡按使办理并受其考察。所有本省经费支配，凡在主管部核定范围以内及地方自行筹集之款得受巡按使之指挥。（4）财政厅凡关于收纳赋税、支付本省经费及一切收入支出各款，均按月造具表册详明巡按使并报告财政部。（5）财政厅所收税赋，应悉数交存金库。凡奉大总统命令拨解及财政部核定之款得随时支放，此外不得擅支，违则惩戒①。上述规定，从管理体制上看，财政厅与前清藩司并无二致，属于中央派出机构，直隶财政部，"受财政总长之指挥监督"，同时又兼负全省财政收支之责，"奉特别命令受巡按使之监督"，具有事实上受财政部和省政府双重领导的性质。这种制度安排，如果在中央权威盛隆之时，当无足虑，若中央控制乏力，很可能成为中央财政的灾难。民初历史也证明了这一点，南北分裂后，各省财政厅的职掌亦因之纷歧不一，有些省份的财政厅成了该省的内置机构，省长任命各自的财政厅厅长，常置中央命令于不顾，而中央却无可奈何，只能听之任之。

1914 年 9 月，袁世凯以教令第 127 号命令，颁行《财政厅官制》十条，重申了"财政厅直隶于财政部，管理全省财政，监督所属职员暨兼管征收的各县知事"这一核心设置，并要求各省财政厅厅长于所管事务，应遵照《财政厅办事权限条例》执行②。但袁世凯之后，这种规定似乎已属多余，各省各自为政的情况愈演愈烈，已成事实上的割据态势，中央政府相从地方财政厅取得税款，既要靠人际关系的协调和苦口婆心的劝说，更要依靠枪炮的威力。

1915 年 5 月，袁世凯政府又制颁了《检查征收机关委员会简章》，规定在财政部内设立检查征收机关委员会，委员长由财政总长兼任，委员由财政部及其他部、院选派熟悉征收业务之人员组成，以检查全国征收机关、洞悉税收真确情形为职务。财政部随时委派各委员分赴各征收机关进行实地检查，如发现征收官吏有营私舞弊情事，

---

① 《财政厅办事权限条例》，《东方杂志》第 11 卷第 1 号，1914 年 7 月 1 日。
② 《财政厅官制》，《东方杂志》第 11 卷第 4 号，1914 年 10 月 1 日。

即行报告委员长以分别惩戒，若事情重大者，由委员长呈报大总统核夺。如此设计，系财政部针对各省征税情形的复杂性和所有征收人员能否廉洁而专设，也是鉴于过去做法不甚严密而进行的重要调整：从前察吏方法，多在于各员牟利侵渔被人举发以后始行派员彻查，故贪墨未必尽惩，而税入先已受损。与其补救于事后，不若防范于事前①。检查委员的事前监督具有一定的震慑作用，可使各征收官吏"群知戒惧"，对于税收前途大有裨益。但随着时事变迁和政权更迭，上述制度都难贯彻如一，甚至成为一种摆设，真正发挥作用者几乎很少，有之，也多与人事人情关系有染，而非制度的严明。

各省除设财政厅负责综理全省的财政收支外，尚存许多其他征税机关，大多是专项国税征管机构（或演变而来），以与中央特设机构对应，以为统属，前已述及，这里再作简述：（1）关税，各省设常关监督署，直隶财政部，分管 50 里外常关征税事项。另设有海关监督，负责监督海关及 50 里内常关征收各事项。（2）盐税，全国各盐区设盐运使署，产盐较多内盐区还设运副署，以辅助盐运使掌管盐务；销盐或产盐不多的盐区设榷运局；在各盐区设盐务稽核分所或稽核处，负责盐税的征解事宜。（3）厘金，各省设有厘金或统捐总局掌管全省厘金、统捐事务。（4）烟酒税，各省设有烟酒公卖局（烟酒事务局），负责烟酒税及公卖费各项事宜。（5）印花税，各省设印花税分处（后改为某省区印花税处），管理全省印花税征管事务。（6）矿税，分区设置相应机构，负责相关税务事宜。这些省级专设机构，有的分省立，有的划区设立，分别掌理全省或一区内的涉税事务。由此不难发现，省级涉税事宜因管理统系之故，各国税均采用垂直管理的做法，以杜漏卮，但这种自上而下设立各自征管机构，分别办理所辖之事，不同税种之间，征管机构亦互不统属，很难实现信息共享，并因此产生了较多的税收机关，无形之中增加了国家的征税

---

① 《检查征收机关委员会简章》，《中华民国工商税收史料选编》第一辑（下），第 1966 页。

成本和民众的纳税负担，特别是省以下更加具体的税收征管机构，更是多如牛毛。在管理方面更是政令不一，检查频繁，使纳税人常常疲于应付且受多重处罚而不已。

（二）县级税务机构

县级税务机构比较纷繁，在区县内各项税捐的征管机关繁杂不一，名称既不相同，隶属亦互有差异，有县署直接办理的，有专门机构分别经办的，甚至还有招商包征的，例如田赋征收机构为局，印花税征收机构为印花税所，烟酒税征收机构为烟酒分局，盐税征收机构为知事署，税捐征收机构为税务所，税收管理机构的基本特征就是衙门林立。

综合全国多数情况，与前述中央与省级机构相一致，各省常设的国税征收机关主要包括以下几种：（1）常关分关，由各关斟酌交通与商业状况，分别设立，与关务一体，负责办理常关税的征收。（2）场知事署，各产盐省区在盐场设知事或场佐，由盐运使分别荐委，管理场产事宜。不设知事署而设盐场局的，各局设局长，其职掌与场知事同。也有设盐税局者，其性质与榷运局相等。（3）烟酒税分局、分栈或支栈，烟酒公卖大都分区管理，在每一区内设分局，所在地设分栈，各县设支栈，区局长由省局长委任，分支栈多招商承办。（4）印花税所，印花税除少数较大城市外，一般较少设专卖机关，多委托县公署、关税分所、警察局、邮局或商会办理，由各省印花税处分给印花，征收税款，另给予一定的手续费。（5）官产分所，各省办理官产，情形不一，有数县合设一机关的，有不设机关而委托县署办理的，均秉承省处办理，处分官产收价后，给予相应的手续费①。其他如矿税主要是矿区税，由矿务监督署征收，所得税仅在北京所得税处多少有些收入，此不赘述。

就地方税而言，按照当时的征管体制，纳税人接触最多、最为讨厌的是各征收局和县知事署的相关机构与人员，其属员无一例外地为

---

① 贾士毅：《民国财政史》第一编，商务印书馆1934年版，第285页。

人们所痛恨，因为他们掌握着国家的税收政策，具有很大的解释权和执行权，对纳税人具有很强的杀伤力，纳税人往往将其视为洪水猛兽，唯恐避之不及但又不得不面对。

（1）征收局。除了上述征收国税的机构不论，各省县级征管机构为征收局，负责辖区内国家专项收入之外一切租税的征管事宜，故征收局之职权，多以地域为范围。一是各省财政厅管辖之区域内设征收局或税所、公所，负责办理厘金或统税的征收管理。每局所辖之地方，至多不得逾一县，每一征收局不论其租税之性质若何，概归办理，即以其所在地，或管辖地，冠于各局之首为其名称。局、所以下设卡、分卡或分所，也有根据本地生产的大宗产品设专局征收的，如米厘局、麦厘局、木厘局、花捐局等。厘局因收入关系，在晚清级别较高，多辖一县或属县，地位尊崇，如河南省社旗县赊店厘金局（为国内保存较好的厘金局之一），直隶河南巡抚，秩享三品，统辖南阳、方城、唐河、桐柏、泌阳五县厘局7分局18分卡（民元后改为南泌方统税征收局）。而民间盛传"涓滴入公家恤商乃能裕课；丝毫无流弊克己方可正人"与"署一年州县缺，不及当一年厘局差"之说，当属厘金恶政正反两面的真实写照。二是各县（区）征收局长直隶于财政厅厅长，专受财政厅厅长之指挥监督，征收局员由征收局局长指挥监督，不受其他地方行政官之干涉。三是征收局设置之数宜多，每局所管辖之区宜狭，则所需职员，其额数务宜减少，以节縻费。四是征收局负责辖区内相关租税的征管事务，如征收期前之调查，征收到期之公告，对于各纳税人发征收命令及纳税证明书，逾期不纳之征收及强制执行等事，但现金收纳的权限不在此列。征收局发出征收命令后，据金库之收款凭单，而发纳税证明书，据金库报告及其所收受之金库收款凭单，以计算税款之足额与否。五是征收局设局地点，如在一县中之乡村，或在濒于河岸之地方与金库相距较远，为便利纳税，可由金库特派收纳现金员常驻各局收受现款。

（2）县知事署。县知事署隶属于省最高民政长官，但办理各项税收征管事宜，则秉承于各该省财政厅，受上级双重领导。县知事署内设专司征税之科室，一般为第二科或叫财政科，主要负责办理田赋、契税、牙税、当税及其他杂税的征收，在管理上，多由县知事委人办理，担负完全责任。因这种体制很容易受制于地方长官，有人便建议：田赋征收，可永久由县知事征收，但征收官吏应直接受财政厅厅长指挥监督，不在省长监督范围之列①。此建议似乎亦有防止地方侵挪税款之意图，但从历史上看，这一目的很难实现——军阀们其实并不在乎法律。

　　大概因官吏编制的限制，也由于官吏本身对于福利的追求，许多政务往往借公家名义而让渡（临时工的大量聘用），在税收征管方面，"包商承办"之法非常普遍，"捐税多半采用商承制度，即有委派征收人员，实亦为包办之变相"。除包商承办外，每一种税捐即设一征收机构，"重复杂沓，系统纷歧，以致一隅之内征收机构林立、催科频仍，各机构均可检查苛索，随意借口缉私留难，民众淆于视听，官厅遂成怨府"②。无疑，这是一个庞大的设租队伍，这个群体不光彩的形象来自他们对税法的过度解释和任意苛索，最基层的贪污中饱和税外苛敛等恶行最终使纳税人将这个仇恨记到了国家的头上。而在西方人看来，将税收权招商承办的做法本身就是对税法的无视，是破坏税法的根源，整个世界都在包税人的统治下呻吟，有包税人的地方，就没有对法律的尊重，但是政府不能解散他们，政府的财政收入依赖他们，也没有设计出更好的可以替代这种制度的方法③。

　　总之，前述税收征管机构的设立，与北京政府分税制的推行密切

---

① 《法制局关于整理财政各项法规意见书呈》，《中华民国史档案资料汇编》第三辑，财政，第 129 页。

② 国家税务总局：《中华民国工商税收史——税务管理卷》，中国财政经济出版社 1998 年版，第 42 页。

③ ［美］查尔斯·亚当斯：《善与恶：税收在文明进程中的影响》，翟继光译，中国政法大学出版社 2013 年版，第 19 页。

相关，也是旨在解决中央与地方之间财权与事权的矛盾，为使地方听命于中央而采取的必要措施。这种由中央直接操作的垂直管理方式，一方面体现了中央急于回收地方权力的愿望；另一方面则体现着中央与地方之间严重的互不信任关系。分税制尽管没能得以很好实行，但其最初的管理模式和管理机构却相对地确定下来，有的虽然徒具形式，但不能否认其存在的合理性与进步性。

同时，从中央到地方，因征收机构重叠冗杂，尤其是直接负责经征税款的地方机构错综复杂，致使征收成本居高不下，加之所用官吏的素质良莠不齐，税吏乘机营私舞弊，贪污中饱私囊花样百出，屡禁不绝，在中央政府无力解决，地方势力无暇解决的情况下，税制越发混乱不堪。为此，北京政府曾对县级征管机构进行整顿，各县设立财务局总理其事，后改名为财政局，管理全县财政大权。在军阀割据的条件下，地方财政归军阀独揽，财权为政权的基础，更为割据的基本工具，须臾不可或缺，尤其到北京政府后期，割据势力更强，战争烈度更大，波及面更广，需钱更多，苛敛更甚，致使鸡犬不宁，民不聊生，虽然中央政府设法予以调整，但很多措施几乎无效，因此，统一稳定成为国人最大的愿望！

第三节　分税制的税务管理

马寅初称：民国初年的中国财政简直是"乱七八糟、莫名其妙、五花八门、光怪陆离"，事前预算不完善，且大多与事实不符；事中税收则有法难依，中央税收，除关余盐余作抵之内债余数外，唯少数之印花税烟酒税而已，各省解款，不奉行者将近十载，且"经征机关与收税机关同在一处，故弊窦百出，无从究诘。征收税款，往往超过法定税率，而一切手续等费，征收员又可自由增减。其他若各省督军之自设银行，自为出纳，滥用之弊，由此而生"；募债又信用全失；事后监督也因"议员人格每况愈下，对于国家大政从未尽力监察"，虽有审计院之设，亦"不啻为一骈枝机关"，加之预算原本就没有认真执行，决算亦无从谈起①。该论可谓一言中的，北京政府的国地财政划分根本没有做好相应地配套改革准备，虽然也制定颁布了一系列具有现代意义的财税法律制度，但很不完善，且治税理念并没有跟上时代的步伐，看起来热闹非凡的法制化进程，总为时势所羁绊而停滞甚或倒退，税法的落实始终困扰不断，致使税务管理难以规范，税收管理基本靠枪而非制度。

一　税务计政制度

民国肇建，官制初创，多沿袭清制，财政与计政不分，故虽有严刑峻法，而仍不能防止官吏贪污营私。1914年后，官制设置稍有改进，除财政部掌理财务行政以外，又设审计院直隶于大总统，为消极（事后）之财务监督；又于总统府政事堂设立主计局，为积极（事前）之财务监督。于是财政与计政始稍有划分，而以国家元首总其成。按1914年"审计院编制法"规定，审计院审定国家岁入岁出之决算，而同年《审计法》规定，审计院应审定者，为总决算及各种收支计算。主计局的职掌主要包括：筹备关于财政事项，即预算之筹划；稽核关于预算事项，即其执行情况；关于财政文件之拟定及编辑保存事项，即关于财政政策之决定（财政政策固然应为国家元首所当预闻，然元首之下既设财政部，似不应另设机关主管其事）；关于统计事项，即中央统计机关之职掌。不难看出，此种设置，主计局与财政部会计司之职责权限，颇为含混，其后常生争执，对工作推进亦多窒碍，与此关系甚大②。

（一）预算制度

民初先贤多认为国家财政须采取"量出为入"原则，非若个人家

---

① 《马寅初讲中国财政之紊乱》，《申报》1925年9月16日。
② 卫挺生：《民国计政之过去现在与将来》，《东方杂志》第33卷1号，1936年1月1日。

庭之量入为出（有多少钱办多少事），国家建设，计划先行，要依据拟办事务（支出规模）来确定收入规模，所谓"量"即预算，是为财政支持和赋税征收之总依据，税项决定收入的多寡，政费决定支出的规模，税项与政费的划分和确定是国家与地方编制预算的前提和基础，《会计条例》第三条规定："国家之租税及其他收入为岁入，一切经费为岁出，岁入岁出均应编制总预算"，可见预算、会计与决算三者的关系本为一体而非相互独立的单元。

清末新政时期，御史赵炳麟两度奏请划分国地税、编制预算（1906 年、1908 年），希冀以此统一全国财政，以结束我国有财无政的局面，得到了度支部的支持。1910 年，在清查各省财政收支的基础上，清政府决定试办全国财政预算。其预算数据来源基础有三：一是各省汇报之数；二是度支部减核之数；三是资政院修正之数。其法即先由各省预算次年出入款项，汇编全省预算报告册，经督抚核准后上报度支部；在京各衙门亦按照度支部颁定册式编制各自的预算报告。度支部在汇核各省及各部门预算的基础上，编制成了宣统三年岁入、岁出总预算（是为原案），提请资政院审核批准，经资政院审议调整后公布执行（是为修正案），"是为办理预算之始。翌年春，度支部赓续筹办四年预算册，通行京内外各衙门，依式编造。秋间，核编总预算册，甫经编竣，会党武昌首义，未及送院"[1]。详细数据如表 3 - 11 所示。

宣统三年所编之预算，原案所定岁入、岁出相抵，不敷 8000 余万两，经资政院审议修正，岁入增加仅 500 万两（仅田赋一项即提增 150 余万两），而岁出则核减 8000 万两（仅军费即核减 4000 余万两），收支相抵竟略有盈余。这种增收减支的数字调整，显然与预算平衡的技术需要有较大关系，或称为"面子工程"，仅凭理想设定而无确切的调整依据。因此，时人认为，该预算"汇报之数，不尽可凭，复核之数，

---

① 贾士毅：《民国财政史》第五编，商务印书馆 1934 年版，第 11 页。

亦嫌未确，而修正之数，但求适合，终非信案"[1]，专家也对此多有批评，称其"不符合事实的东西太多，而资政院复核时的修正，也缺乏根据"[2]。尽管如此，其开创意义值得肯定。宣统四年所列预算，收支相抵，不敷者558万余元，且以中央解款（收入）和各省协款（支出）为大宗，此仍系从前做法，实难保证各省如数解协。

表 3 – 11　　　　　　　　　　宣统三年、四年预算

年份	岁入		岁出	
	原案	修正案	原案	修正案
宣统三年	296961909（两）	301910294（两）	381357175（两）	298444360（两）
宣统四年	189739101（元）		195323300（元）	

资料来源：贾士毅：《民国财政史》第一编，商务印书馆1934年版，第25—30页。

北京政府成立后，在加紧制定税法的同时，众多议员普遍认为，"必有预算而后政府用款方有标准，不至浮滥"，强调参议院对政府用款的监督作用，同时指出，预算"乃人民监督政府最要之点"，君主国体尚且如此，民国更应详加筹划，因此提议督促国务院"速将预算案交院议决"[3]。但因大局甫定，各地簿据不全，预算迟迟不能草定。财政部仅编制了中央1912年8月至12月和1913年上半年收支的临时预算，先后提交参议院议决。但其预算内容，仅限于在京各衙门。

1912年6月，财政部拟具官制草案，初设会计司、赋税司、财务司三司，11月，颁行《财政部官制》，改设为赋税、会计、泉币、公债、库藏五司。其中，会计司主要负责编制预决算及特别会计之预算决算，编制岁入、岁出统计书，主计簿之登记及各计算书之检查，支付预算，金钱及物品会计之统一，公共团体岁计等事项，其核心职掌

---

① 贾士毅：《民国财政史》第一编，商务印书馆1934年版，第25页。
② 张九洲：《论清末财政制度的改革及其作用》，《河南大学学报》2002年第4期。
③ 《参议院第四次会议速记录》，《政府公报》第14号，1912年5月14日。

以编制预决算为主。1912 年年底，财政部通电各省，于财政司内设立预算决算处，赶编次年（1913 年 7 月 1 日—1914 年 6 月 30 日）之正式预算书，要求于 1913 年 2 月报部。后因官制变更，各省纷请展限，各省财政预算书迟至五六月间才陆续送出，至 7 月下旬，财政部方匆匆将预算案编定，提交国会审核，但所拟岁出岁入均为 64635 万余元，怎么说都有应付之嫌。8 月，经国务会议议决，该预算案被撤回修正，限于 11 月呈送国务院。12 月，各部修正预算书先后告竣，财政部汇总核编成册，提交参议院议决。所拟岁入为 55730 万余元，岁出为 64224 万元，相抵不敷 8520 余万元，与 7 月所拟预算相比较，岁入减少近一万万元。按照财政部的解释，光复后疮痍满目，元气未苏，又加二次革命之兵燹，民力益竭，商务愈凋，致使收入锐减，各省一听说修正预算，便函电交驰，要么请减收入，要么请增支出，于是便有此八千余万元的前后差别。后因政局变化，两院停会，民二预算并未经国会议决，也无法执行。经财政部变通，提出了五种暂行办法：（1）修正预算额小于上半年实支额者，照修正预算额支给；（2）修正预算额大于上半年实支额者，仍照实支额支给；（3）已办之事为此次修正预算所删除者，即日停办；（4）新创之事虽列入修正预算而尚未兴办者，暂行缓办；（5）凡临时紧要事项而为修正预算所无者，在京则由国务会议议决开支，各省则由各该都督、民政长等电请国务总理开支，函请国务会议议决施行①。民二预算纷纷扰扰一年余而以此结束。

1913 年 8 月，北京政府特召开财政会议，令各省选派熟悉财政的代表来京与会，磋商编制民国三年预算办法。财政部因此修订了预算编制方案和程序，但其参考依据与民二预算一样，仍以宣统四年预算案为蓝本，很难与事实吻合。尽管如此，经与会者详细讨论，初具预算端倪，岁入则切实整顿，岁出则力戒浮糜，总计三年度全国岁入、

---

① 贾士毅：《民国财政史》第五编，商务印书馆 1934 年版，第 16—18 页。

岁出除省县地方款项剔出另计外，国家预算共计岁入38250万余元，岁出35702万余元，出入相抵，略有盈余，所有款项，均属核实，收入较多，支出较少，比二年已有进步。三年预算，因以成立，从此各省岁入、岁出始有一定之标准①。

　　1914年3月，北京政府为整顿财政起见，在总统府内设财政会议，以中央及各省有财政学识经验之人员组成，外间多谓为纯系现任之财政人员，除财政总长、次长及国内之财政人员（各省财政司司长、国税厅厅长或财政代表等）外，尚有熊希龄、梁启超、周学熙、李盛铎、周宏业诸人。此项会议原系由袁世凯提议召开，其中心议题在于整顿赋税，统一财政，兼求增加收入。会议讨论最重要者为开辟利源，加征租税，其因在于：我国财政不特库款无存，且最近各案中多系外人到期未偿各款之索债者，并因本年度预算之所亏亦无法弥补②。经过会议讨论，北京政府还修订颁行了一系列税法和财政法规。但舆论认为，此次会议"皆表面文章"，于财政上之整理并无推动意义③。1914年3月12日，袁世凯以教令第36号颁布了《会计条例》，对编制预算事宜作出规定：一切经费均应编入总预算；各年度岁出定额，不得移充他年度之经费；岁入、岁出总预算应于上年度提交国会，除因必不可免之经费及本于法律或契约所必需之经费致生不足外，不得提出追加预算；岁入岁出总预算分经常、临时二门，每门须分款分项；各官署长官不得于预算所定用途之外使用定额，或将各项定额彼此流用；同时对总预算书的格式、内容作出了相应的规定。该条例颁布半年后，旋即正式颁布《会计法》（共9章37条）④。1915年4月，财政部以"现行会计年度以每年七月一日开始，至次年六月

---

　　① 财政部统计科编：《民国财政纪要》，《中华民国史档案资料汇编》第三辑，财政，第138页。
　　② 《财赋问题之筹划观》，《申报》1914年3月13日；《中央各省间之财政观》，《申报》1914年3月15日。
　　③ 默：《杂评二·财政会》，《申报》1914年5月1日。
　　④ 《会计法》，《政府公报》第867号，1914年10月3日。

三十日终止，而实际分配经费均以年份计算，办法参差，治丝益棼，且与立法院开会议决预算之期不能衔接"为由，呈请大总统批准，将《会计法》所定会计年度进行修改，将"七月制"调整为"历年制"，即每年的 1 月 1 日至 12 月 31 日为一会计年度，以与官方法制相衔接①。由于会计年度的变更调整，再加上诸如国地税名目的取消、中央专款的剥离等因素的影响，1915 年度的预算其实仅为半年概算。

1915 年试办五年预算，财政部便根据三年概算和各省部所报四年预算册核编为五年预算，1915 年 11 月编竣。该预算案事出仓促，原本于上半年完成的工作要提前半年，财政部只得电商各省"星夜赶编"，所以有部分省份的册报就是在尚未报送的四年预算册上酌量改编而成，如此匆匆可能与袁世凯筹划帝制经费有关。在登基大典紧锣密鼓地筹备之时，袁世凯还专门咨行参政院，就民五预算进行说明，"欲求得预算之精良，则编制与议定二者均关紧要。若不斟酌其轻重缓急，而惟拘泥于学理或其形势之间，则政治之运用妨害甚多，或至危及国家之成立，诚不可不慎也"，其基调乃在于讲求学理不能不考虑国情，编制预算当以政治为先，"五年度预算之经常岁出各费，陆军部所管为多；临时岁出各费，财政部所管为巨。或关国家治安，或系国家威信，此等支出均系必不得已"，并按照"约法"规定将民五预算案提交参政院，"即希议决见复"，不久该案即审议通过，并以大总统申令公布实行。袁氏尚不忘提醒，自该案实行后，"各该主管官司当共念国家财用胥出人民脂膏，于办事节一分靡费，即为国家厚一分财源，并即为吾民养一分物力。所有预算岁入岁出各项，均须遵照议定数目核实收支，不得稍涉苟滥，以副国家实行宪政、节用爱人之至意"②，这是典型的既要大炮又要面包、既要钱又要命的逻辑思

①　《大总统申令》，《政府公报》第 1060 号，1915 年 4 月 21 日。
②　《政府提出民国五年度预算案咨文》，《申报》1915 年 12 月 7 日；《法令·洪宪元年度预算表》《中国大事记·公布洪宪元年度预算》，《东方杂志》第 13 卷第 2 号，1916 年 2 月 10 日。

维。总之，在袁世凯的明示暗喻下，经过财政部的力加整顿，复将中央直接收入切实厘清，并另行筹办各项新税，连同原列省、地方各项，总计全国岁入、岁出核定同为47194万余元，交参政院代行立法院议决，经参政院修正核定为岁入47212万余元，岁出47152万元，收支相抵，略有盈余，财政部通行各衙署遵照执行，是为中国预算第一次正式成立①。令人遗憾的是，随着帝制的覆灭，该预算案也在战火中灰飞烟灭，民初所谓的预算制度始终徒有虚名。即使其后个别年份也编制了较为完整的预算，但政局尚且不稳，所编预算更难落实遵行。就连"中国预算第一次"的民五预算案其后又加修改调整，会计年度又恢复"七月制"，岁入岁出均核定为47284万元②，此做法无论如何都不是法制化的允许行为，且致许多法规流于形式。

1917年的中国与国际形势相埒，政局混乱，战云密布。北洋集团在袁世凯之后开始分裂，诸多事情一言不合便想动武，府院之争、丁巳复辟交替进行，护国运动、护法运动各有说辞，简直是你方唱罢我登场。政坛波谲云诡，法制焉能存续？1917年年初，财政部召集全国财政会议，各省代表陆续入京，共商财政大计。其时，陈锦涛长财，希望借此机会整顿旧税、推行新税以开源、撙节军费、核减政费以节流。但从会议过程看，不仅代表们不能按期进京，会议不得不展期举行，而且还有会期未完而提前离京者，似非常道。好歹经过半个多月的讨论，在实行预算、整顿税务、清理债款、统一金库等方面形成了较为一致的意见③。但所编之预算多与事实不符，且处于动荡时期，根本无执行之可能，各项支出大体以改编五年度预算案为标准。1919年，财政部提出，由于财政无精确

---

① 财政部统计科编：《民国财政纪要》，《中华民国史档案资料汇编》第三辑，财政，第140页。

② 《北京政府改编1916年度国家总预算概况》，《中华民国工商税收史料选编》第一辑（下），第2759页。

③ 《财政会议会长之演说》，《大公报》1914年3月3日；《财政会议闭会之详情》，《大公报》1917年3月20日；《全国财政会议纪闻》，《大公报》1917年3月4日。

计划，致使"杂糅紊乱，年甚一年，以有限之财源，供无穷之耗费，卒至千疮百孔，罗掘一空，岌岌有不可终日之势"，因此决定编制民八预算，后经参议院审议认为，该预算"岁入所增之款皆确有据可依，并未增国民之负担，岁出所减之款皆兼顾事实，并非迫政府以难行"，经全体议员议决，"所有民国八年国家岁入、岁出预算案及四政（路电邮航）特别会计预算案全部应予成立"[①]。民国八年预算案就此产生，但其是否能够真正执行以及执行的程度如何很难讲，如果我们回顾一下当时的内政外交状况，理应明白该案的成效（民初历年所办预算情况详见表 3 - 12 所示）。

表 3 - 12　　　　　　　北京政府时期历年预算　　　　　单位：万元

年份	收入	支出	盈绌
1912	33912	35636	− 1725
1913	55730	64224	− 8494
1914	38250	35702	2548
1916	47212	47152	61
1917	41340	52587	− 11247
1919	49042	49576	− 534
1925	46164	63436	− 17272

数据来源：贾士毅：《民国财政史》（下），第三编，商务印书馆 1934 年版，第 209 页；贾士毅《民国续财政史》（三），商务印书馆 1933 年版，第 340—341 页。

其后，财政部又相继编制了 1923 年、1925 年预算，但其时南北方俨然两国，即或有预算又当如何？在时人看来，为整顿财政编制预算所召开的财政会议"若茫无具体成案，或有而未必即能实行"，全国财政会议"其名目何等堂皇，其议事何等重要"，而无非是"日作数篇痛哭流涕之文章，而言者谆谆，听者藐藐"，直同儿戏，并无实

① 《参议院审查预算报告书》，《大公报》1919 年 12 月 15 日。

际意义①。从既有预算执行情况看，几乎没有保证按照预算行事、严守财政纪律的社会、政治环境。并且，没有决算的预算只能算是一个半拉子工程。所以，上述预算很多时候只能称为文案而非法案。

没有财政预算和规划，岁出、岁入势必陷于混乱，而动荡的时局又加剧了这一混乱程度，军费的无限制扩张使老百姓不堪重负，迨至 1925 年，收支相抵，不敷之额竟达 17272 万元，其弥补之法只能是举借外债或挖地三尺地搜刮，此时的法律全部失语，《会计法》早已明确的"国家之租税及其他收入，依据法令之规定，征收或收纳之"以及"无法令上确定之该管官吏资格者，不得征收国家之租税，或收纳其他之收入"等规定均成摆设，靠枪杆子抢地盘和抢税款行为已成为日常。财政部曾苦口婆心地劝导各省，"国家岁入之旧税，有可整顿者，竭力整顿之，新税有可扩充者，竭力扩充之。一方顾人民纳税之能力，一方顾国家生活之要需，熟权重轻，俾归适当"②。一方面要扩充税源，另一方面要兼顾人民纳税之能力，这个要求本身即为"拔最多鹅毛、听最少鹅叫"的悖论，尤其是在那段刀光剑影的时代，这一拔毛技术很难掌控其度，这与 1920年 9 月大总统徐世昌一再强调税收要"取之于民，用之于民"的说法完全相同，让人感动得想笑。

再从决算制度的安排看，不难发现，这是民初财政紊乱的致命穴位。中国倡导试办决算制度，始于清末，但议而不果。民初，财政部曾制定《办理临时决算例言》，筹办在京各机关之决算。1913 年春，财政部始通电各省办理 1912 年决算表册，1914 年 10 月，又订《元年、二年两年度决算办法》，电令各省遵照办理。除此而外，《会计法》曾专列决算一章，规定了决算的编订程式及附送书类，至于决算的编送程序及期限，则散见于《审计法施行细则》之中，并无专门

---

① 渊泉：《儿戏之财政会议》，《晨报》1923 年 12 月 11 日。
② 《财政部为财政困难胪陈维持办法》，《中华民国史档案资料汇编》第三辑，财政，第 94 页。

法规，也无专门的办事机构负责其事。是故，北京政府时期，决算制度，并无具体方案，亦始终未实行。

（二）会统制度

1. 税务会计

税务会计的主要任务是：正确核算与及时反映收入情况；贯彻执行税收政策；依法办事，依率计征；监督税款及时足额入库；保证国家税款、票证的安全，核查违反财经纪律和贪污盗窃行为等。其基本要求是：监督税款及时足额入库；精确核算税款的征解提存；控制滞纳欠税，及时清理、监督入库；保证税款安全，防止丢失、积压、挪用、贪污等现象发生。

1914 年 3 月，财政部颁布《会计条例》，其后经参议院议决，改以《会计法》于 1914 年 10 月 2 日颁行。该法分总则、预算、收入、支出、决算、期满解除、工程及买卖贷借、出纳官吏及附则等共 9 章 37 条。但这部会计法颁布后，并未达到预期目的。因该法"条文虽只有三十几条，而内容所包含的有预算，有征收行政，有国库行政，有支出行政，有公债行政，有审计，有决算。总而言之，一切关于含财务行政与财务监督的问题，无一不包容在这三十几条条文里头。因为它的条文如此之少，而所规定的内容如此之多，其结果不得不极端的简略，因为极端简略的结果，对于各项事务之规定，都感觉全无内容，而仅仅有三十几个题目而已"，虽然也历经有年，"与全无会计法毫无二致"[1]。《会计法》只在原则上对预算决算等内容进行了规定，具体操作规程显然无法在该法中进行细化，在会计方面也是如此，如会计报告、会计科目、会计簿籍、会计凭证及会计事务处理程序等均无相应规定，对于税收会计方面的规定则更少，仅有几点相关规定：

（1）财政部会计司掌管全国会计工作（此系财政部官制所定）。

---

① 卫挺生：《会计法草案的特殊各点》，《会计杂志》1935 年第 5 卷第 1 期。

（2）会计年度以每年 7 月 1 日开始，次年 6 月 30 日终止。

（3）每年度岁入岁出之出纳事务，其整理完结之期，不得逾次年 12 月 31 日。

（4）国家之租税及其他收入为岁入，一切经费为岁出，岁入岁出均应编制总预算。岁入岁出总预算，分经常、临时二门，每门须分款分项。各年度岁出定额，不得移充他年度之经费。

（5）国家之租税及其他收入，依法令之规定征收或收纳之。无法令上确定之该管官吏资格者，不得征收国家之租税或收纳其他之收入。

（6）各年度岁计剩余之款，转入次年度岁入；出纳完结年度之收入及缴纳还款与预算外收入，均编入现年度岁入。

（7）每会计年度内，政府应支一切经费之定额，以该年度岁入充之。各官署长官不得于预算所定用途之外使用定额，或将各项定额彼此流用。各官署所管一切岁入，不得于未交国库以前先行使用，法令另有规定者不在此限。

（8）凡应纳于政府之款，经过本年度后五年以内，不经政府通知令其完纳者，得免完纳之义务。政府应发之款，经过本年度后五年以内，未经债权人请领支付命令，或已领支付命令未经请发现款者，免除给发之义务。

（9）出纳官吏，掌现款及物品之出纳，对于现款及物品，应负一切责任；出纳官吏不得兼任支付命令之职务；其所掌收支事务有关系之工作物品，不得包办。

虽然有了《会计法》，但法制的规范程度离现代会计制度的要求还相差较远。按照会计实务的发展阶段论，在《会计法》颁行之前，中国无所谓会计，一切事务仅记载于备忘录，从 1914 年开始，采用单式簿记制度①。即使在《会计法》颁布后，会计核算等具体事务也

---

① 中国会计学会、中国第二历史档案馆：《中国会计史料选编》，江苏古籍出版社 1990 年版，第 670 页。

并未因此而现代化。由于传统会计科目过于笼统，已无法与近代会计核算相衔接，尤其是公务单位的会计簿记管理等规定，更是"内容异常简陋"，并且"缺点自属甚多"，亟待改进。归纳起来，主要表现在①：

（1）实施范围：会计组织不健全，不能适应各种会计事务核算之需要，仅可办理公务岁计及公务出纳之会计事务，而对于公务财物之会计事务，未曾顾及。

（2）簿记方式：记账方法简单，系采用单式记账法，无对应科目之设置，记载不全。

（3）会计凭证：只有原始凭证而无记账凭证，由会计人员根据原始凭证直接记账。

（4）会计簿籍：账簿设置不齐备，仅设现金出纳簿及收支两种分类账簿，简单粗糙，缺乏总账加以统驭。

（5）会计科目：科目设置过简，仅设现金科目，预算科目及应收应付科目，均付阙如。

（6）会计报告：因缺少总账，会计报表不能反映全貌，只设收支对照表，属于一种附表性质，缺少静态的会计报告，同时，因会计报告编制方法的局限，报表编制异常迟缓。

北京政府时期财政部所属税务机关，除关税盐税之外，其余税务机关均适用此项会计制度，但因当时政权并不统一，南北隔阂，政令无法通行于全国，各地军阀不仅中央解款停滞，还虎视眈眈，窥伺中央早已干扁的钱袋子，试想此时的会计制度有多少人会依律执行？是故，各地财政税务机关依然各自为政，在会计核算技术上并无大的改进。

按照现代会计核算的基本要求，首先是健全税收会计记录，无论是会计账簿的设置、会计报表的填报还是会计凭证的审核与保管等，

---

① 胡余暄：《民国以来我国普通公务单位会计制度之比较研究》，《立信会计季刊》1941年第13期。

都必须合法有效、系统完整，符合逻辑，以准确地反映税收收入过程，正确考核税收计划完成情况。其次是制度严密，无论是税款征解、会计程序、报表编制还是票据的开具等，都必须有明确的规章制度进行规范，尤其是税款入库等方面的会计核算时限要求必须严格规定和执行，做到账制健全、报表清晰、及时精确。但在炮火连天的时代，这些文案资料很难详尽准确，此为时代使然。

2. 税务统计

税务统计的基本任务是：根据国家税法和税收管理的需要，及时系统地收集、整理、分析和提供准确的税收、税源、税政统计资料，如实反映客观经济税源发展变化情况、税收政策的实施效果和税收计划的执行情况。其主要作用在于：准确反映税收来源、税源结构、税源分布、税源的增减变化和税收计划的完成进度，为税收政策和税收计划服务。税务统计的税源、税收资料，反映了客观经济税源和税收情况，税务统计既是制定税收政策的重要依据，又是检验税收政策实施过程中政治、经济和财政效果的重要依据。税务统计的基本要求是：资料完整，数字准确，口径一致，报送及时。税务统计的主要内容包括：税收统计（根据税收会计报表税收统计资料，以反映税款的入库情况）；税源统计（根据征收凭证及其汇总资料编制税源分布状态，以反映经济税源变化情况）；税政统计（从管理层面对税收政策、税务内部情况进行统计）。从近代以来的税收统计情况看，许多方面明显滞后甚至空白。

清末新政时期，清政府曾于度支部内设置统计处，以为财税统计机关，编制刊行了"各省财政说明书"，资料甚丰。中华民国成立后，财政部对于税收统计颇为重视，1913 年年初，即颁布财政统计调查办法规则，明确规定了财政统计的内容、格式及上报时限等相关事宜①，当属最早的统计规则。不久，财政部盐务稽核所成立后，逐

---

① 《财政统计调查报告暂行通则》，《大公报》1913 年 1 月 14 日。

年刊布食盐消费量及盐税收入统计，始开国人自办财税统计之端。次年，总统府政事堂设立主计局，办理财政稽核、预算决算及统计事务，但机构并未健全，预决算及统计工作无从贯彻执行。北京政府时期，财政部一直未有专门的统计机构，所有统计工作由其所属各主管业务单位分别办理，最后由财政部会计司负综合之责。1925年7月，广州国民政府成立后，曾一度设置财政部统计处，实为财政部设置独立统计机构、积极办理财政统计之始，然终因人力物力及客观条件之不足，于1927年4月改组时，复归并于会计司[①]。此为民初以西学为参考的财税统计的发展简迹，但揆诸史实，尚有一些定义并不十分准确，中国历史上的财税统计自成体系而非全无章法，不应因与西方财税制度有所不同而厚此薄彼。

按照上述我国现代财税统计方法滞后的说法，至少有两种表现我们无法否认：一是传统的管理手段与理念限制了现代统计技术的改进和发展，"天子不问有无，大臣不问钱谷"的习气难以在短时间内得以纠正，理财专家有，但远不敷用，也没形成相应的专业梯队，会计知识远未普及至一般学子，会计人才严重缺乏。二是会统方法不统一，就连简单的表格式样都难以规范一致，直到1917年财政部还在为统一税收簿据表册办法而训令各省遵照财政部"整顿办法六条"办理，"以期刷新税政"，但由于中央政权的不断变更而无结果[②]。

会统制度的不完善是中国近代财税制度的一大弊端，其结果使财税管理这一根本国政陷于人治深渊，随性而为，正如贾士毅曾言："我国旧时财政之紊乱纠葛，即坐此失，盖其于岁入随官吏之宽严为盈绌，于岁出视人情之厚薄为等差。"[③] 如此严肃的岁计事务往往因人而兴因人而废，此可谓无会计制度之危害。

---

① 财政部：《财政年鉴续编》第三篇，财政部财政年鉴编纂处1945年版，第22页。
② 《训令各省财政分厅长查簿据表册为稽核税收之根据关系至重拟订整顿办法饬属一律遵照办理文》，《财政月刊》1917年第4卷第39期。
③ 贾士毅：《民国财政史》第五编，商务印书馆1934年版，第2页。

已如前述，会统业务本与预决算、审计等作为财税管理的浑然整体，预算是前提基础，会统是管理载体，决算审计是监督补救措施，任何一环节的疏漏或缺失都将为财政管理带来损伤。但民初，北方在搞中央集权，南方在搞地方自治，军人当政弄权，政客煽风点火，党人推波助澜，硝烟到处弥漫，战事随时开炮，在如此乱糟糟的局势中，对于当局而言，只要有军费，其他便可有可无，法律条文只是在需要的时候拿出来念念而已，规范完善会统制度的想法显得极为幼稚，只是委屈了那一批财税专家和学者了。

（三）审计制度

审计在我国源远流长，其意有两层，一为"审"，二为"计"，系对国家岁入、岁出和钱粮收支等情况的审查和监督，是国家审计的最初形式①。自宋代以后，"审计"一词专指对财经活动、岁入岁出、钱粮收支的监督，明清沿袭，并略有拓展，其本职逐步被固定于财政税收领域的经济监督，意在防范各级政府和官员的经济违法违纪活动。随着近代西学东渐的深入，西方经济财政思想逐渐进入我国先进知识分子的视野，制度嫁接成为学术界和政府部门的热门活动，西方财政税收制度的引入使中国的"审计"才与真正意义上的审计概念逐渐趋同，我国的审计事业才作为一项专门的"经济监督"行为在社会经济领域逐渐开展起来，专司经济监察的审计机构逐渐单列独立。清末新政时期拟设审计院，以监督内阁及各部门的财政责任。该计划虽因时局变化而未果，但其意义不容小觑，为其后审计制度的现代化起到了奠基的作用。

北京政府设立审计处，直隶于大总统。陈锦涛任总办，因陈未能到任，由王璟芳署理，于1912年9月28日开始任职，以监督全国财务行政的执行，无论中央与地方各官署，凡预决算以及收支之程序等，均归其监督。1912年11月，袁世凯政府颁布《暂行审计规则》

---

① 蒋大鸣：《关于中国审计起源与早期审计发展历史的探讨》，《南京社会科学》2008年第12期。

（九章 27 条），主要负责审计国家岁入岁出及一切财政事宜。1914 年 5 月审计院成立，6 月颁布《审计院编制法》（15 条），规定审计院直隶大总统，依法审定国家岁入岁出的决算，并就审计院内设机构、人事管理及职责权限等进行了相应规定①。同年 10 月，在"审计规则"的基础上，修改为《审计法》（19 条）颁布施行，12 月 7 日又颁布《审计法施行细则》（教令第 145 号）共 18 条，该法及其"施行细则"系经参议院审核批准，袁世凯颁布的符合现代立法精神和具有现代意义的法律文献，明确规定了审计的职责权限和审计规程，审计院依法负责对全国财政进行监督，审定国家岁入岁出，监督各官署、官员的经济行为等②。

在制度安排上，《审计法》及其"施行细则"明确规定了审计事项及程序，主要包括：

（1）审计范围：除法令规定之大总统、副总统岁费暨政府机密费外的其他应行审计事务，如全国总决算及所有政府官署每月之收支、官有物之收支、由政府拨给补助费或特与保证之收支等事务的审计均包含在内，覆盖面较为广泛。

（2）审计内容：审计院依法令审定各种决算，如总决算及各主管官署决算报告书之金额，与金库出纳之计算金额是否相符；岁入之征收、岁出之支用、官有物之买卖、让与及利用，是否与法令之规定及预算相符；有无超过预算及预算外之支出等。审计完结后须将结果编制成审计报告书，并附法令上或行政上有应行改正事项之意见，呈报大总统。

（3）审计要求：经管征税或他项收入之各官署与其他各官署，每月过后 15 日内应编造上月《收入计算书》及《支出计算书》，连同

---

① 《中国大事记·审计院编制法》，《东方杂志》第 11 卷第 2 号，1914 年 8 月 1 日；《中国大事记·审计院分掌事务规程》，《东方杂志》第 11 卷第 3 号，1914 年 9 月 1 日。

② 《审计法》，《政府公报》第 867 号，1914 年 10 月 3 日；《申报》1914 年 10 月 6 日；《审计法施行细则》，《东方杂志》第 12 卷第 1 号，1915 年 1 月 1 日。

证凭单据送审计院审查。其有该管上级官署者，由该管上级官署核阅，加具按语，转送审计院审查。一官署所管事务有涉及数部主管者，其收入支出应按照性质分别编送计算书。金库应于每月过后 15 日以内，编成金库《收支月计表》连同证据送由财政部或财政厅核定后，转送审计院审查。经管物品官吏，应于年度经过后 2 个月以内，编成全年度物品出纳计算书，送由主管长官核定后转送审计院审查。各官署保存的单据凭证，审计院有权随时检查。审计院审查各官署每月计算书如有疑义，得行文查询，各官署须于一定之期限内答复。

各省各特别区域及蒙藏等处各官署，应于年度经过后 3 个月内，编成岁入、岁出决算报告书送财政厅或财政分厅汇核，于年度经过后 6 个月内，编成全省或全区域岁入岁出决算报告书送财政部并分送主管查核。中央各官署应于年度经过后 3 个月内，编成岁入、岁出决算报告书及特别会计决算报告书，送主管部查核，8 个月以内送财政部查核（云贵甘新川桂六省之决算，得展限一个月，蒙藏等处之决算，得依特定期限另案编送）。财政部应于年度经过后 8 个月内，编造全年度国库《出纳计算书》，于年度经过后 10 个月内，汇核各部及本部决算报告书并国债计算书编成总决算，连同附属书类送审计院审查。

（4）审计文书：审计院依据审计需要，编定关于审计上之各种证明规则及书式。各官署现用簿记，审计院认为不合者，应通知各官署更正之。其故意违背审计院所定各种证明之规则及书式者亦同，审计院得通知该主管长官执行处分。

（5）审计处罚：审计院并没有直接处罚权，审计院议决出纳官吏所管事项有不当行为时，应随时通知该管长官执行处分，并由该管长官随时报告审计院。审计院议决各官署长官有违背法令情事时，应呈请大总统核办。审计院议决为应负赔偿之责者，应通知该主管长官限期追缴。除大总统特免外，该主管长官不得为之减免。赔偿事件重大者，应由审计院呈报大总统行之。审查各官署之《支出计算书》及证明单据议决不正当者，应通知该主管长官执行处分。

（6）其他规定：各官署应将出纳官吏姓名、履历及保证金额录送审计院备查。各官署的会计章程应送审计院备案。其会计章程有与审计法规抵触者，应通知各官署修正之。审计院对于审查完竣事项，自议决之日起五年内发现其中有错误、遗漏、重复等情事者，得为其再审查。若分析诈伪之证据，虽经过五年后亦得为再审查。审计院对于审查事项认为必要时，得行委托审查，受委托之官署须报告其审查情形于审计院。

按照上述法案的规定，民初财政税收的审计理应有所起色。但事实上，由于审计工作与预决算及会计制度的运行密不可分，甚至与监察制度也联系较密，而粗具的配套制度并未认真执行，如《会计法》规定："总决算先经审计处审查后提交国会"，并附送审计处之审查报告，但民初始终没有办成决算，审计便无从说起。虽然袁世凯也曾为各省不能按期如式造送收支计算材料于审计院而通令各部各省各司其职各负其责，"均应协力共筹，俾计政进行日臻完密，此为法治精神所在，毋得仍前玩泄，视为具文，致干咎戾"[1]，但我行我素者依然有之。贾士毅曾称："我国审计制度，系仿列邦成规而定，初行事前审计，旋以有所窒碍，改为事后审计，而其末流，内外官署大率不照审计手续，即遵照矣，亦依式填注，类多虚伪之事。"[2] 此外尚有一些部门根本无法审计，如税务处、盐务署、陆军部、币制局等，即便审计，也多流于形式。

总之，民初财税计政制度，因时局混乱而无实际成就，法治追求整出来了法制建设的花架子，却无民主法治的时代环境，在财政预决算、会计、审计方面，更难走上法制轨道。从上述情况看，民初计政制度的大体特征有如下几点：

---

[1] 《中国大事记·令审计院拟订各官署违审计期限及程式处分则例》，《东方杂志》第12卷第8号，1915年8月10日。

[2] 贾士毅：《民国财政史》（上），第一编，商务印书馆1934年版，第242页。

（1）会计行政未有专管机关，当时政府各机关所用之会计制度及其会计事务之办法，均听各机关自由为之，并无整齐划一之规定。其计算及决算，亦由各机关自由办理，只是最后由财政部汇总为总决算而已。

（2）财政与计政划分为两事，其最高权均由国家元首直接总揽。

（3）计政分消极监督与积极监督，掌消极监督者为直隶于大总统之审计院，其职掌为事后审计。积极监督之计政，为总统府政事堂之主计局所主管，其职掌为：决定预算计划；监督预算之执行（事前审计）；供给国家元首应用之统计；办理关于国家元首决定财政政策之事务。

（4）各机关之会计及计算决算报告，由各机关自由办理，而无总管理之机关。审计院亦无稽查事务组织，更不为就地审计，也无处罚权。

1916年，袁氏帝制失败，主计局随政事堂以撤废。此后，审计院之名虽存，而机关等同虚设。此乃计政与国运共同之不幸，并非计政与财政之分立在学理上与事理上有任何不当。随着中央与地方关系的紧张，北京政府与各省之行政官署为争夺地盘和财源，局势演变成了"只有乱政苛政暴政而无财政，其计政更无论矣"①。该论颇为恰切，但因作者（卫挺生，民国经济学家、历史学家，早年留学日美，学贯中西，时而高官时而教授，参与南京国民政府众多财政税收法律的起草工作）所处时代之故，多予北京政府以批判，若揆诸史实，20世纪30年代至40年代的中国依然好不到哪里去，事实上，财税乱政一直贯穿于民国的始终。

二　税务稽征制度

民初，许多税法的制定与完善使收税征管有法可依，但操作规程

---

① 卫挺生：《民国计政之过去现在与将来》，《东方杂志》第33卷1号，1936年1月1日。

的文本描述并不必然与实际操作相同步，其表现主要有：一是税务机关能否依法征管；二是纳税人能否依法纳税；三是各级政府能否做到依法用税。这里仅从前两点进行说明。

民初税制，沿袭清制者有之，然改进者亦复不少，西洋税种和治税方法的引进使中国税制开始现代化，但事实却是花衣裳又多了一件。税收法律制颁，国地税分设，中央专款设置等前已述及，但地方税捐的征收管理办法由各地政府制定，所行制度、所征税种、所用税率几乎是省与省殊，县与县异，情况异常繁乱。民初税收稽征管理虽有一定改进，但全国始终未制定统一的、专门的稽征管理法规。

（一）税源管理

税源管理是组织收入的前提与基础，受时代与技术等各种条件的制约，税源管理不可能面面俱到，只能抓重点税源和重点环节，其核心是要通过对纳税人的管理，最大限度地缩小征纳双方信息不对称的差距，实现对税源的监控，保证税款应收尽收、及时足额入库。对税源的动态监控，主要包括税务登记、税收调查、票证控制等诸多环节。民初的税源管理较为粗放，税收难以达到应收尽收的理想状态。

1. 税务登记

税务登记是纳税人按照税法规定向税务征管部门办理纳税登记手续，并保证履行纳税义务的一种契约文书，是税务机关监督纳税人依法履行纳税义务的主要依据。民初，不同的税种有不同的登记制度，由于国地税分设，不同税种的主管税务机构不同，需要分别办理。

一是特许权利性质的税务登记。如 1914 年《制盐特许条例》及其"施行细则"就明确规定了应负盐税的纳税人包括制盐人和运销商，均需填具制盐申请书或运销"纲册"于主管盐务官署，并领取特许证券，方准营业，此为税务登记的基本做法。烟酒税也采用纳税人申请并颁发烟酒营业牌照之法，通过税务机关审定许可以完成税务登记。矿税已如前述，分为三种，分属不同机构管理，矿区税按矿区面积登记于农商部，税款由农商部征收；矿产税则由各省财政厅征收上解财政部；矿统税由各矿务公司直接向财政部估量认缴，不论哪种税，均需呈报相关资料并获取产权证照，否则禁止采矿及运销。

二是依册籍审定的税务登记。田赋的征管主要依据明清以来的黄册、鱼鳞册，但由于战乱、环境变化等原因，这些册籍年久失修，田亩及赋额多不真实，民初曾议土地陈报和清丈，以清税源而均赋额，晏才杰曾于1915年（时任财政部佥事）拟具《整理田赋办法大纲十八条》①，以图规范。一些省份如河南、福建、奉天、吉林等，也在此前后呈请办理清丈事宜，但因"各省举办清赋，地方间有因从事丈量，滋生事端"而被叫停，"着内务、财政两部，即将近畿清丈及清查田亩各事宜暂行停止，各省有奉前令举办清丈、清厘田赋者，亦着一律从缓办理"②。很显然，土地多寡与田赋数额仍是一笔糊涂账，田赋只能用"规复旧额"来勉强征收，税务登记亦无从谈起。

三是依申请营业性质的税务登记。如民初的房捐、牙税、屠宰税等税种，各有税法所定，于营业之前向主管机关申请登记，以获取相应资格。

民初，税务机关林立，纳税人如系多种经营，那么就有可能接受多个税务部门的管辖，他所需要进行的税务登记将不止一次，他所面对的管家婆即非一家，是为乱政。

2. 税源监控

这是税务机关日常管理中的一项重要业务。税收是经济发展的晴雨表，税源是否充裕，取决于经济的发展程度，经济发展总量决定了税源总量；征税对象的选择与征收方法的确定，又取决于税源调查的结果，不同行业决定了不同特点的税源。税源调查的目的是

---

① 《整理田赋理由书》，《中华民国史档案资料汇编》第三辑，财政，第1250—1252页。

② 《大总统关于各省暂缓清丈及清查田亩申令》，《中华民国史档案资料汇编》第三辑，财政，第1246页。

使税务机关对税源状况有准确的了解，从而采取相应的征管措施；税收征管应以促进生产，涵养税源为目标，既要遵循"量能原则"，不能杀鸡取卵、竭泽而渔，又要保证税款应收尽收，按照周学熙的说法，整理财政"须以培养税源为第一义，而培养税源须以保护产业为第一义。保护之道，首在恢复，次言发达"①。税源调查的方法有很多，民初时期主要依赖于传统的实地调查、驻场监控等原始途径，并局限于重点行业，很难普及各个税种。民初的盐税、矿税实行分区管理，均设有场知事专司税源调查与监控以及税款的征收事宜，能够及时了解和把握税源的变化动态，其他税种各有特点，方法不同，很难统一。

屠宰税。1915年1月，北京政府公布实施的《屠宰税简章》仅有征收范围、税率与先税后宰等原则性规定，以屠宰牛猪羊三种为限，纳税人须先期赴征收所纳税领照，方准宰杀，税率为宰牛每头税银1元，猪3角，羊2角。1916年2月修正，以屠牛课税妨害农事，将牛税删除，以猪羊两种为限，猪每头4角，羊每头3角。每日清晨由征收人员对宰后牲畜查验盖戳，方准售卖。告发偷漏税者，查实后给予罚金内十分之五的奖赏费。其后，各地又规定一畜一票，当日有效，先税后宰，先验后卖，凭票查验等办法。屠宰税税源零星分散，难于控制，唯有集中宰杀，始能有效控制。各省为确保收入，减少经费支出，多采用包税办法：在调查屠商经营状况，城乡饲养牲畜概数，年有喜庆屠宰概数的基础上，预测全年宰杀概数，招商承包。1923年2月，河南省财政厅拟定《代办屠宰税征收所简章》，要求各县设立屠宰税代办征收所一处，由县知事委任得标的公正殷实绅商充任征收员，投标的最低额应是最近三年屠税的最高收入额再加三分之一，得标者应缴其全年承包额的三分之一作为押金。3月，河南省屠宰税总局成立，直隶于财政厅，下设5区105处征收所。7月，财政厅再次

---

① 《财政部整理财政总计划书》，《中华民国史档案资料汇编》第三辑，财政，第84页。

公布实施《河南屠宰税征收暂行简章》，规定屠宰营业须申报领取牌照，并缴纳牌照费，牌照费根据销场大小定为1元、8角、5角三等①。再如1917年1月《浙江省征收屠宰税细则》规定：对屠宰猪羊业，应由县派员分赴城乡核计该业进出簿册或该处市场销售情形，预估总额，以证各商所认包额是否确实。由于采用包税制，利益的驱使和代表政府的威严宠坏了许多征税人，他们习惯性的蛮横遇到手握利器的屠宰户，征纳矛盾一不留神就可能演变为一场血案，历史上此类事件并不鲜见。

田赋。本为国家收入之大宗，但长期以来，田亩数字错讹，田赋负担错乱，各地均存在正税重、附税繁、册籍不清、税负不均、隐匿税亩、中饱营私等弊端②。如河南省，赋田长期失实，民国年间的赋田竟然与清乾隆年间的赋田不相上下，致使大量豪富黑田脱税③。由于土地买卖频繁而不过户，加之河流改道和水冲沙压，荒、田互变等原因，从而导致了粮地不分、户粮不明，有地无粮、有粮无地等问题，加之田赋征收多赖柜书粮差包办，导致苛征于民，税不入官，民不能知，官不能察等严重积弊④。整理地籍，清丈土地已成为当务之急。1912年11月，财政部即要求各省速筹整顿，以正本探源，"苟地方官吏得人，必可立收大效，况此项税源果已征收如额，不独行政经费可无竭蹶之虞，并可腾出他项收入，凑还赔款债款"⑤。但因土地陈报与清丈本极耗时费巨，并屡遭各地农民及地主的强烈抵制，难期蹴成而作罢，田赋征收只能将错就错而仍规复旧额。直到20世纪30年代抗战前夕，田赋整理工作仍在继续，但抵制也在延续，税务

---

① 河南省税务局：《河南省税务大事记》，中州古籍出版社1996年版，第36页。
② 吴兆莘：《中国税制史》（下），商务印书馆1937年版，第165页。
③ 河南省税务局：《河南省税务志》，中州古籍出版社1995年版，第42页。
④ 河南省南阳市档案馆藏档案，编号：宛临2-1-17。
⑤ 《财政部为速筹整理田赋办法致各省都督等电》，《中华民国史档案资料汇编》第三辑，财政，第1243页。

人员在丈量土地时，甚至发生清丈人员被群众殴毙于现场的恶性事件①。因此，我们看到，税吏扛枪下乡捕捉税源信息的场景，既为吓人，也为自保，此当不难理解。

契税。契税系对不动产交易（房产、土地买卖典当等）所征收的一次性手续费性质的税收，与土地税、印花税有相同的地方。我国契约精神与制度表现最为突出的地方就是不动产交易时所遵循的一系列规则和契据，目前在税收文物藏品中，房契地契最为丰富。

民初契税大致分为两大类，一为契税，二为验契税，前者系契税的本来性质，后者为民初对业主旧有土地房产契据的查验审核费用，二者均属于手续费而非真正意义的税收，"验契费本旨在筹措巨款，其结果在足以确定权利关系"。与长期形成的习惯有关，民间不动产交易常常采用乡邻中人担保形式进行私下交易，官方很难准确掌握这些信息，只能依靠散落在乡间"地方能人"协助进行。"赢利型经纪人"与具体的收税人一道形成了庞大的监督网络，契税、验契税由此得以推行。纳税人完纳契税后，由政府颁发不动产权利证照或在原契据上"另粘验契执照，并于骑缝加盖印信"，其后改为加贴印花税票，由验契处于各印花与纸面骑缝之间加盖验契戳记，以示完税，无论卖契典契、新契旧契，均按照契价征收查验费2%。凡买卖不动产，其旧契未经呈验者，应由买主呈验并须补交查验费。凡不动产向无契据者，应按照申告表式逐一填注，并由邻近不动产之所有者二人以上署名签押，以为保证，送呈验契处，由该处会同公正士民5人以上，调查明确，核定价目，填给证据，并附粘执照②。而依据1914年《契税条例》之规定，契税须依法请领契纸，依率纳税（买契税率为契价的9%，典契税率为契价的6%；1915年改订税率，买契税率降为4%，典契2%；1916年复升为买契税率为6%，典契3%），违者

---

① 陈家鼎：《宜昌实习调查》，成文出版社1977年版，第82007页。
② 《验契法草案理由》，《中华民国史档案资料汇编》第三辑，财政，第1545页。

处 10 倍罚款。缴纳契税时，如有匿价者，将受到 2—16 倍的处罚①。正是在税法和执行者的共同促进下，契税收入在地方小税种里并不为小，从各省的数据看，都要比当时认为办理最好的印花税收入为多。1915 年 6 月 2 日，张鸣岐密电大总统，广西"自开办迄今，收 230 余万元，以边瘠小省，集此巨款，未敢云验尽要，亦所余无多"，而其印花税一项，尽力督办，仅约可收 30 万元②。江苏巡阅使齐耀琳在6 月 3 日给政事堂的电文中称："苏省验契自开办至本年四月止，已收过 250 万元"，而印花税则因"一般人民对于贴用印花尚未发达，宜从劝导入手，未敢骤期速效"③。可见，与印花税相比，契税当属有成效者。民初验契税收入情况如表 3 - 13 所示。

表 3 - 13　　　　　　　　民初历年验契税收数　　　　　　单位：万元

年份（年）	1912	1913	1914	1915	1916	1917	1918	1919	1920	1925
收入（两）	1520	1222	1129	1002	1120	983	905	1080	1149	1479

资料来源：贾士毅：《民国财政史》（下），商务印书馆 1934 年版，附录部分；贾士毅《民国续财政史》（七），商务印书馆 1934 年版，第 90—94 页。

从河南省的税收情况看，按照民初"验契法草案"和《契税条例》的规定，全省一律推行。1915 年 9 月，河南省颁布《契税施行细则》，改订买契税率为 4%，当契税率为 2%，次年分别提高为 6% 和 3%，与中央政府保持一致。由于成效显著，1915 年年初，河南省陕县知事王铭功、杞县知事杨树藩等 32 位县知事因验契征收得力，征解款项均在 1 万元以上而获大总统通令嘉奖，分别获得五等金质单

①《契税条例》，《中华民国工商税收史料选编》第五辑（上），第 236 页。

②《张鸣岐陈报办理桂省验契等税情形电》，《中华民国史档案资料汇编》第三辑，财政，第 1550 页。

③《齐耀琳陈报办理江苏省验契等税情形电》，《中华民国史档案资料汇编》第三辑，财政，第 1551 页。

鹤章，河南省财政厅厅长顾归愚以"督饬经征各员办理验契，征解税款在 220 万元以上"而获四等金质双鹤章①。从税款的征收（而非征解）实际看，河南省与其他省份相差不多，确实比印花税收入要多很多，显然不是一个等级（如表 3 – 14 所示）。

表 3 – 14　　　　　河南省历年契税印花税收数比较　　　　单位：万元

年份	契税	印花税	年份	契税	印花税
1913	166	—	1919	120	21
1914	176	1.6	1920	120	18
1915	—	22	1921	115	19
1916	176	18	1922	—	23
1917	105	21	1923	—	21
1918	133	21	1924	—	23

资料来源：河南省税务局：《河南省税务志》，中州古籍出版社 1995 年版，第 255—256、261 页。

两税收入，相差甚远，此中缘由，按照时人解释，契税为不动产转移税，印花税为动产移转税。契税税率重，施行久，收额甚多，而印花税甫经创设，近于手续费性质，税率甚轻，收额尚微，并由此建议动产转移应酌增税率，以济其平②。此说仅限于税率方面的考虑，此外，尚有以下几点原因：一是与当时的商业凋敝、房地交易频繁有关，民困而卖房卖地，必然使交易量有所升高。二是与农民看家护院的习惯有关，他们常视田地、房产契据如生命，政府一声骇呼，老百姓为保房田，赴官呈验、纳输唯恐迟滞。三是印花税系初办，且民间用途不大，贴无可贴，如果不是强迫，没人愿意购买。直隶、河南各

---

① 河南省税务局：《河南省税务大事记》，中州古籍出版社 1996 年版，第 28 页。
② 《法制局关于整理财政各项法规意见书呈》，《中华民国史档案资料汇编》第三辑，财政，第 115 页。

省有数县乡民不解印花之用途，因被官吏强迫销售，摊派的印花无处贴用，遂将摊购的印花贴在大门上，"以避官吏差役之诛求"①，亦即此因。由此可见，当年国家劳神费力推行的新税远不及旧税来钱快，也算是对"旧税就是好税"的另一种解读罢了。

所得税。所得税的税源管理已如前述，1914 年年初，北京政府设所得税处，颁布《所得税条例》，拟开征所得税。税法就纳税方法和税源管理作出了相应的规定：一是纳税人自行申报，"纳税义务者于每事业年度之末将其所得额，并损益计算书报告于主管官署"，税源发生变动时，"应随时以其预计全年所得额报告于主管官署"；二是税务机关特设调查所得委员会，实行分区管理，分别负责对各辖区内纳税人的申报情况进行核查和调查；三是调查所得委员会调查完竣，确定所得额后，须报告主管官署，由主管官署通知纳税人纳税，并准许纳税人申诉和诉讼，如纳税人隐匿所得额，或为虚伪之报告时，经主管官署调查决定所得额时，不得有异议②。但由于民初所得税制度设置缺陷、征管技术尚不成熟以及其他政治与社会原因，所得税亦徒具虚名而少实效。

印花税。印花税初为中央税，继则为"中央专款"，其征管主要由财政部印花税处派驻各省之印花税分处直接负责，加之印花税以印花税票的售出为指归，由于该税并非纳税人长期连续的应税项目，按次纳税增加了税源监控的难度。为增加税收，也为倡导，1913 年 6 月，北京政府审计处要求，此后"凡在京各部署及所属各机关，于造送决算时，照章所应附送之各项收据，均须查照印花税规则，粘贴印花，方能认定为正式收据"。这一规定效果并不明显，审计处又于同年 8 月再次发文，要求"京外各公署，除互相往来之契约、簿据照章

---

①　《印花税之流弊》，《申报》1918 年 12 月 24 日；《中华民国工商税收史纲》，第63 页。

②　《大总统公布所得税条例令》，《中华民国史档案资料汇编》第三辑，财政，第1527—1532 页。

免贴印花外，其公署与个人、商铺及私立团体或外国人所订之契约、簿据，均应令贴印花，方能收用，否则一应拒绝"。1914 年 1 月财政部和审计处再次重申各官署所有报销凭据，一律要遵章贴足印花，"今后如仍不贴花的，各审计处一律发还该官署贴足印花后，再行审理，否则视为无效"①。1913 年 6 月，财政部颁行的《各公署搭放印花税票办法》规定：凡由部库及各省国库或代理国库机关发放公款，每发放千元，均搭放印花税票二元。北京各衙门直接发放之款，如税务处、交通部及中国银行等，仍照前项成数搭放；各领款机关，凡发放官俸、军饷及购置物品、建筑工程等一切应发现款者，均按照 2‰ 搭发印花税票。官吏和商人得此印花，自可随便贴用，并可省购买之烦，而国家可以聚得巨款，借此以备支付六厘公债利息之用②。根据财政部赋税司 1913 年 10 月的工作报告所述：当年 6 月搭放数额为6285.83 元，7 月为 3331.44 元，8 月为 4344.20 元，9 月为 7.80 元，10 月为 963.63 元，合计 14932.90 元③。这仅是赋税司经管中央机关搭放部分，从搭放的结果看，收入呈逐月减少趋势。这种强制搭放，显然脱离实际，领受者不需贴用，必然要换成现款，导致印花税票流入市场，造成折价兜售情事，各方反映强烈，执行不久即停止搭放。1914 年 8 月，财政部颁行《关于人事证凭贴用印花条例》，为加强源泉控管，对于发给护照、单照、证书或收受愿书的官署或学校，如不收取税款贴用印花，该管官署的长官或学校校长以违背职守义务论，如系私立学校，处该校校长以 20—200 元的罚金④。这一做法既控制了税收，又能促使纳税人完成纳税义务，收效较好。但由于其后政局

---

① 《各公署提倡贴用印花办法》，《中华民国工商税收史料选编》第四辑（下），第2220 页。

② 《各公署搭放印花税票办法》，《中华民国工商税收史料选编》第四辑（下），第2218—2220 页；《财政部规定推广印花税办法》，《申报》1913 年 6 月 24 日。

③ 《财政部赋税司 1913 年 10 月工作报告》，《中华民国史档案资料汇编》第三辑，财政，第 1227 页。

④ 《内务部转知关于人事证凭条例内的罚金应比照〈印花税法罚金执行规则〉办理咨》，《中华民国工商税收史料选编》第四辑（下），第 1904 页。

多变，各地擅自任命印花税处处长、擅自印制印花税票，中央已无力控管了。

3. 票证管理

税收票证是税务征收机关依据税法要求，在税收征管过程中使用的各种票据凭证，属于特制的法律凭证，是税收工作不可缺少的重要工具，其中部分凭证是税收会计和税源统计的原始凭证。在没有填用前，是无价证券，填用后，是纳税人的完税凭证，税务经征机关依税法规定征收赋税，应给予纳税人纳税凭证，以做完税之证明。票证作为税款征收、以票控税的重要依据，其管理有四大重点环节：一是票证印制，必须由专管机构统一规范；二是票证领发，必须严格按时、按计划、按程序发放和领用；三是票证保管，必须做到安全、有序、规范、完整；四是票证缴销，必须严格按报解制度办理票证交销，确保审查无误，数量清楚准确。

民初，印花税使用印花税票进行管控，盐税、矿税及货物税等，因涉及产销关系，纳税人依法纳税后，还须向主管征收机关换领完税票照，或持凭执运，或实贴包件及容器上，以备查验。除此之外，其他如田赋、契税、所得税及地方各税等，均以纳税人向国库或代理国库银行缴纳税款之缴款书收据联作为纳税凭证，这是政府征税后给予纳税人的原始证明文件。民初票证管理主要有以下几种措施。

一是完税凭证的取得。完税凭证的取得必须是"一税一票"，即一份税票只能填写一个税种的应税款项，不能多税种混开。因为民初许多税种所属机构不同，一税一局也要求各机关各自填开，如制盐须经许可、领取特许证券（由财政部印制，缴费领券，应属税务登记），制成起运前依法纳税，方可取得运照，与明清盐引制无异。按照《盐务署稽核总所章程》的规定，所有各区场盐均须先缴全税，纳税地点在各产盐地方，一次收足，无论运至何处，不得再税，即从前出境、入境、通过、附加各税款，一概废止。凡载运盐斤必以分所准单为凭，未领盐务官署运照者，以私盐论，一律扣留，不得装运。

所有公司之账簿及制造方法，凡与使用盐斤有关者，均得由运使及分所或所派之人员随时自由查验。矿税票证管理大致与此相同。民国初年，实行烟酒公卖，所用凭证有三种：（1）凭单，计五联；（2）验单，计六联，均于交纳公卖费后填发，交商收执；（3）印照，实贴于包装容器上。该项印照由各省局印制，分甲、乙、丙、丁四种，分别用红、黄、紫、黑等色印制，100 斤以上用甲种，50 斤以上用乙种，10 斤以上用丙种，1 斤以上用丁种①。亦有以查验印照作为完税凭证者，如卷烟、雪茄烟等贴足印花后另加装大箱报请运销时，经核对相符后，卷烟、雪茄烟于箱面加贴"已贴印花卷烟"，"雪茄烟查验花货证明单"，以证明其为已税货品，省去逐箱逐件拆开查验之繁。就契税票据来看，依据《契税条例》及其施行细则的规定，凡取得不动产所有权者，均应领用契纸（缴纳契纸费 5 角，买卖双方分担由）。各种契纸一律分存根、备案、备查、收执四联，骑缝处编列字号，一联给业主收执，一联缴国税厅核查，一联存征税官署订册备案，一联汇呈财政部备查。契税收据亦分存根、备案、备查、收执四联，须贴用特别印花，并于各骑缝处载明契税税额，收据联应粘贴于本契纸的尾部，接合处加盖征收机关印信，称为红契②。

二是完税凭证的保管使用。所有的完税票证均须妥善保管，以备核查，特别是完税运销凭证，须与货物同行，如熏烟叶类、茶类、棉纱、麦粉、水泥、皮毛、锡箔及迷信用纸、矿产、土酒、土烟等，其纳税凭证亦作为运输凭证。如系货照分离，遇有检查，照私货论处。完税照有效期为一年，逾期只准就地行销。凡货件上贴用印花完税者，印花即为该货品的完税凭证。如卷烟、火柴（散装用完税照）、洋酒、啤酒、饮料品、化妆品等，即以粘贴货物税印花作为完税凭证，旨在使纳税凭证与纳税货品相联系，便于区分已税未税，以控制

---

① 杨昌祜：《货物税纳税凭证之今昔》，《国税半月刊》1948 年第 1 卷第 5 期。

② 江苏省中华民国工商税收史编写组、中国第二历史档案馆：《中华民国工商税收史料选编》第五辑（上），南京大学出版社 1999 年版，第 236—239 页。

税源。但无包装的矿产品，则可免贴印照。

三是印花税票的核销。1913年开办印花税时，财政部委托交通部邮政总局、中国银行、电报总局、海关、各省商会等单位及其分支机构为代销印花税票单位，并订有发行印花税票专则，其具体代销办法前文已做论述。1913年2月19日，财政部制定《印花税票发行总所简章》，发行总所设于财政部，掌理印花税票收发分配，拟定各发行所呈报册式以及稽核各发行所收发数量等事项。发行总所制定"各发行所月份印花税票报告册"，其内容主要是：票别、上届所存票数、本届颁发票数、本届已销票数、本届实存票数、本届已销票价总值、应提成数等栏，以为核销根据。发行总所还订有个人代销办法，规定代售人事前填报代售人姓名履历，并觅具殷实铺户担保，由发行总所发给代售证书。代售人每月填报代售印花报告册，内容为代售人姓名、票别、承领票数及面值、已售票数及金额、实存票数及面值、应提成数等栏目，作为核销依据。袁世凯之后，各省开始各自为政，有的省自印税票，托商人包征，有的省截留税款，核销办法无法贯彻。个人代销，亦由册报核销改为缴款领票，不再册报。至印花税票领用人，须按照印花税"三自"原则（自行购买印花税票，自行计算应纳税额贴用印花，自行划销），在税票贴用之后，必须进行划销，方为纳税义务的完成，对于贴后未划销重新贴用者，予以相应的处罚。

其他种类的票据核销大致相同，但属于税务机关的业务范围而非纳税人可以自行核销，如填错作废、到期停用之票据的核销，均须税务机关经相关领导批准，加盖"作废"戳记并妥善保存，在经历规定的会计时限后或经上级行文销毁时，再按规定办理销毁和账务处理。

至于其他税源管理制度规程，如专管员制度、台账制度、银行专户制度等，尚在萌芽时期，且无像样的成效，兹不论述。

（二）税款报解

此为国家税收管理的核心。民初税制，征收、管理与稽查合而为一，虽然税务机构林立，且也有督征经征分征官制之划分，但其职责并不清晰，税款的征收、保管、解缴由相应的税务征管机构和人员负责完成。由于民初金库制度尚不完善，税款征解存在很多问题，并因此导致中央税款常为地方截留挪用、私人侵吞贪污等严重问题，且屡禁不止，难以根绝。

1. 中央税的解缴

民初，关盐二税，因洋人参与，税款均由指定的专门银行账户代为保管。1913年4月，北京政府与五国银行团签订善后借款合同，许以盐税作担保，合同规定："所有征收之盐税，应存于五国银行或存于银行团认可之存款处，归入中国盐款帐内。"外国银行多设于通商口岸和交通要地，而税收较多的川皖湘赣等省区，并无该五国的银行，其税款则存入银行团认可之中国银行。1914年5月，银行团制定《收解盐税章程》，规定以中国银行及其分行为收款银行，无该行分行的地方，由交通银行为代理收款银行。收款银行应按期将所存盐税净额，解交解款银行团。

其他税种的税款征解，基本上是一税一策，其办法规定散见于各个税种的法规文件之中。如印花税的征解，按照规定，财政部于署内设立印花税票总发行所，下设分发行所、支发行所和代发行所等，负责印花税票的售卖及税款的缴解事宜，各发行所所收票价应于每月终截数，限于次月内报解于原认之发行所，以次转解财政部核收。支发行所如有拖欠票价情事，由原认之分发行所负连带责任。各发行所每年自1月至12月分为四期，每三个月将承领印花及已发行、未发行各数目造册呈报，其呈报期为每年的4月、7月、10月和次年1月。此外，各支发行所承售印花需用经费，得由分发行所按照实售印花票面价额扣提百分之七自行分别开支①。这种收支不分的财务管理制度极其危险，实与金库制度的不完善密切相关，亦为税收乱政之根源。

---

① 《印花税法施行细则》，《中华民国工商税收史料选编》第四辑（下），第1892—1894页。

就中央税款的解缴方式看，袁世凯时期，国家财政依靠各地解协，其后，因实行国地税分设以及"中央专款"制度，中央直接征收国税，税款依法逐级上解。但仍存在不解和解不足额等问题，为此，财政部于1915年7月颁布"各省解款细则"，要求各省财政厅或分厅厅长应解中央款项，应按照核定每月应解之数在本月内扫数解清。解款应就近交分金库汇交京津沪汉四库，或径交京津沪汉四库，并电报财政部。金库收到财政厅或分厅解款，应填具金库正副收据，交原解财政厅或分厅收执，财政厅或分厅应将正收据于报解详文内附送财政部作为交库凭证，将副收据留存备案。如就近未设有分金库，得交由妥实商号汇解京津沪汉四库并取得相应的收据凭证。各省所解中央解款及特别收入，除随时电报详报外，应于每月终造具解款月报册于次月五日内详送财政部核查，不得延逾。详报材料应按照财政部规定的统一格式，将各省每月应解、欠解及实解数额等项分类详明。京津沪汉四库收到各财政厅或分厅解缴及各分金库解缴之中央收入，须于收款之日将收款之确实年月日及某种款项数目若干，逐款分别详晰报告总金库，并于收到之日或次日，将上述事项报告转报财政部，不得鲜错遗漏，以凭查核登记①。财政部将依据收入情况，对各省进行考成奖罚，以加强中央收入之管理。此"细则"仅限于各省向中央解款的规定，起因乃在于管理体制的变化：各省财政厅厅长本直隶财政部，受该部之指挥监督，但又赋予了巡按使监督财政之权，因之财政厅厅长非受巡按使之挟制，即于事务上时生冲突，不独各省解款一再延迟，且将应解中央之款任意挪用，于国家财政之进步大有妨碍。财政总长周学熙因此于觐见总统时，曾面陈各省财政厅厅长应有独立处理该省财务之权，一切事务应直接详报财部等事项，同时通电各省财政厅长，提出上述"细则"各项，并再次强调：一是所有应解中央各款，应于每月初呈报；二是所有应解之款，应于呈报后十五

---

① 《各省解款细则》，《税务月刊》1915年第2卷第21号。

日以内汇解；三如有延解情事，该省财政厅厅长应负责任；四是擅拨未经核准之款，以擅用公款论①。该"细则"对税款汇解起到了一定的作用，但很难长期有效，周自齐掌财时不无尴尬地称，"各省每以自顾不赡，不但解款不能照解，即认定专款，亦皆积欠经年，频催罔应，甚或藉口于地方多故，将向归中央直接收入之款，任意截留，自为风气"②，当属实情。

1917 年 2 月，财政部仍在发类似的训令，强调中央专款报解的时限及相关缴款清册必须符合规制，不得延迟，不得短解，不得混淆，并要求各省财政厅厅长等认真遵行，严禁玩忽③。此言外之意当是汇解迟缓，报册不清，税种混淆之类。其后，依然如故，1919 年，财政部又拟定"维持财政计划"，通令实行，其内容大致如下：（1）凡烟酒印花等税不得停解。（2）临时经费须经中央允许方准核销。（3）关于加征税款须经省议会通过得中央核准后方可施行，但截留之势并未因严令而稍减④。针对各省军阀日益横行霸道，财政部电令各省：凡中央直接收入之专款应当如期解交，以资挹注；经财政部指定用途各款不得转移滥支以免经费无着；关系债约各款非经中央核准者，纵使临时发生特别紧要用途亦不得任意截留挪拨，以免酿生国际上之纠葛⑤。但效果并不明显，各地军阀依旧截留挪拨。1923 年各省解款中央者，晋陕甘三省五项专款均能照解，新疆虽册报俱全，但近亦不向政府索款，专款亦不解。直鲁豫鄂赣皖则久已不解。苏省在冯李时代尚能解款，齐任并未解过。察热绥等收入不多，截留外尚向京领款。浙省自治后亦未解。闽于李厚基任时即已不解，粤滇川黔桂湘更无论。各省目中

---

① 《中央地方间之财政商榷》，《申报》1915 年 7 月 21 日。
② 《周自齐沥陈财政困难拟筹挽救办法呈》，《中华民国史档案资料汇编》第三辑，财政，第 100 页。
③ 《财政部颁发报解中央各税办法的训令》，《财政月刊》1917 年第 4 卷第 39 号。
④ 《京华短简》，《申报》1919 年 1 月 10 日。
⑤ 《财政部新定国税三办法》，《申报》1919 年 10 月 1 日。

有政府者，只陕甘晋新四省而已，"某谓政府颇合迁都长安身分"①。由此可见北京政府威信扫地之一斑，中央财政艰难也可从中窥见。

2. 地方税的解缴

地方税因税源零散，税额较小，所征税款由最基层的征收机构缴解至县财政而至省财政，其复杂程度多与当地的政权结构密切相关，各省都有各自的税款报解程序规定，但严格执行者不多。

如征收税款，有实行招商包税者，有征管机构直接征收者；而纳税人有赴官纳输者，有遇卡缴纳者，有坐等税员上门征收者。税款征收，本应以收现金为主，但有时为体恤商户资金周转困难和地区的特殊情况，以及军需用品的必要照顾，纳税人除以现金缴纳外，可以期票缴纳或使用记账凭证，甚或出现实物抵税情况。由于民初币制不统一，所征税款，银圆并用，有按制钱征收的，有按小洋征收的，稍不留意，有可能累及纳税人，也有可能损及国家税收。再如税款报解，有按日、按旬、按月报解者，有积累到一定数额报解者。在解缴税款时，有武装运送者，有众人共同起送者，也有代办员个人到指定地点缴送者。此外，在税收比额考成任务不太吃紧时，大家尚能相安无事，一旦任务紧急或上级催逼，则可能随意加征以完成任务者，也有为超额完成任务以获取奖励捞取政绩而不惜掘地三尺者，种种做法均为征税者的惯常做法。

3. 税款解缴的弊端

从上述的情况看，除却税收制度设置的缺陷之外，税款解缴的落后之处较多，弊端不少，很难保证税款的安全解缴，其中最为主要者有以下几个方面。

一是因金库制度不完善而产生的收支错乱。民初各县知事及各捐局委员，均不设定额之俸给、公费、薪水，此等官吏之办公费及其私用之开支，并其他补助吏员之薪水，皆取给予其所征收之租税。故税

①《国内专电·北京电》，《申报》1924年1月5日。

金一旦征收，先以一部分供此等用途，然后按期依定额解交上级官署，余者即化为私有。其后各县、各征收局虽分别定有俸额、薪水、公费额，但仍系取资于纳税人，并非从国库支给。故公私款项，卒至混而不分。这种收支不分的管理制度漏洞较多，很难保证税款足额解缴，其弊甚多，极易导致税款截留和挪用。

二是因银行业务不普及而产生税款安全事故。由于县以下征收网点在税款征收后无法及时存入相应的银行专户，税款多暂存于管理人员手中，保管钱袋子者很可能会盘算其分量的轻重以作出是否冒险的决定，当金钱的额度足以偿付其所纳之保证金以及担保人的损失时，携款逃跑的可能性就大为增加。史载：奉天西丰县税局雇员赵森1916年5月伴称回县城税局缴款，临行携去缴验存根票各185张，征存正附税款约计小洋230余元，木质戳记一颗，潜逃无踪。该雇员嗜好甚深，亏欠公款无法弥补，以致躲避，实属胆大妄为，殊堪痛恨。公款票章，均关重要，自应赶紧查缉。西丰县局局长用人不当，平素毫无觉察，致有敢于拐逃情事，颠顶之咎亦无可辞，令其先行如数赔补丢失税款，并饬保人追赔。奉天巡按使因此通饬警署严缉归案重惩①。有意思的是，就在同时邻县东丰县也发生了类似事件，据奉天财政厅详陈，东丰税局雇员陈广庆携款潜逃。1916年6月26日，巡按使公署下令，要求全省警局严缉，"务获解究，毋任漏网"②。数年之后，又有相同记载：延吉税捐局局长韩颖任内，征存1924年7月全月及8月份9天的税款吉钱计728500余吊又大洋434.15元、黄烟税吉钱95万吊，均分文未解，吉林省财政厅当于撤差并电饬延吉县知事就近看管，以防逃脱。然韩已于此前托言赴省解款而离职他往，并将经收税款悉数携去。案发后，奉天省省长公署通令全省各警察厅局、各县知事协缉韩颖，以重公款而昭炯戒，并要求向其保人勒限严

① 《奉天巡按使公署饬》第95号，《奉天公报》1916年6月18日。
② 《奉天巡按使公署饬》第130号，《奉天公报》1916年6月27日。

追所欠税款①。浙江、察哈尔、河南等省均有这种故事上演。如 1925年 3 月，河南省卷烟特税第六区分局局长张向阳携款潜逃，河南省省长向全国各省发出协拿解办咨文，以昭慎重，江苏省当即通令全省警务处长、各道道尹、各县知事等通力协办②。这类事情发生的主要原因在于税款征管解制度的缺陷，也是征管技术落后的具体体现，没有足以保证税款安全的存放之所不能不说是管理上的原始，想杜绝卷款潜逃都难，即使在今天也无法根绝。如果各地设立有足够的金库网点或其他规范性的税款存放之处，并严格按照税款征解规定随时入库存放，此类事件当不至于如此频繁发生。

三是征管查权限不清职责不分易致贪污中饱。税款征、收、查应分属不同岗位，此为现代税收征管之常识，无须多言。民初，税收征收制度，虽各税不同，但以官吏包收制度用之最广，如厘金、常关及统税、统捐皆是。一般做法为国家预定税额，责成官吏依额征缴，官吏则设法勒索，或额外加征，以为自利之计。因是人民负担较应纳之额为重，而国家收入，并不因是而增。又或为收税考成之故，增收则奖励有加，减收则谴责备随至，于是官吏，务为贪索，以邀懋赏③，此种做法成为普遍现象。虽然财政部也制定了相当多的"征收官任用条例""征收官交代条例""考成条例"甚至"刑法"加以约束，如"刑法草案"规定，"征收租税及各项入款之官员，图利国库或他人，而于正数以外，浮收金谷、物件者，处三等至五等有期徒刑。系图利自己者，处二等或三等有期徒刑，并科与浮收同额之罚金"④，但很难有效杜绝征收管理之贪腐行为。

更为重要的是，税收征管应由征税官署掌理；税款收纳事务，应由金库掌理。二者必须分离或分设机构，以利进行，任何时候都不能

① 《奉天省长公署训令》第 472 号，《奉天公报》1924 年 11 月 14 日。
② 《江苏省长公署训令》第 1549 号，《江苏省公报》1925 年 3 月。
③ 《法制局关于整理财政各项法规意见书呈》，《中华民国史档案资料汇编》第三辑，财政，第 115 页。
④ 《刑法草案》，《中华民国史档案资料汇编》第三辑，政治，第 90 页。

既是裁判员还是运动员。征税官署执行征税事务，须就其所主管之租税编制清册，载明纳税总额、税率，或税额、收税时期、纳税义务人之姓名、住址，然后依册，按照纳税时期，以征收命令发交纳税者本人，或其代理人。纳税人接到征收命令后，应依该命令所定时期筹备现金，连同征收命令送交指定之金库。金库接收税金与征收命令对照，认为无误，即将现金保存，发收税单据，交付于纳税人。纳税人持前款单据，至征收命令官署换取租税完纳证书。如此管理，则征收官吏不经手税款现金，事务较为简易专一，且会计亦可因此而统一。但由于其时的金库制度尚未完善，只能采取变通之法，如有代收局卡距金库较远，必须由收税人员暂时保管现金，如厘税、常关之例，即须设置特别规程加以限制防范，并须不定期进行监督检查，以昭慎重以维税法。

（三）税务稽查

逃税漏税是工商企业普遍存在的问题。为防杜逃漏，各类税法在稽征环节均定有监控措施，除税务登记、税源调查以及运用票证进行税前控制外，还要对税收征纳情况进行税后监控。税务稽查是税收征收管理工作的重要步骤和环节，是税务机关依法对涉税事宜进行检查监督的一种形式，以保障税收收入，维护税收秩序，促进依法纳税，保证税法实施。税务稽查的依据是各种税收法律法规，其方式包括日常稽查、专项稽查和专案稽查。因税种不同，税法规定不一，税务稽查的具体方法亦不完全相同，有检查账目、检查凭据、检查实物等区别。狭义的税务稽查专指对纳税人依法纳税情况的检查，主要是对偷逃抗骗税及滞纳情况的调查。

纳税为国民义务，载在宪法，但实际是，"逃税或许是世界上最古老的职业，没有哪个文明是不征税的，也没有哪个税收没有被逃避过"[1]。纳税人对于国家税收，总是设法抗避，轻者求缓求减，重者

---

① ［美］查尔斯·亚当斯：《善与恶：税收在文明进程中的影响》，翟继光译，中国政法大学出版社 2013 年版，第 403 页。

思避思逃，黠者以戮法为能，豪者以抗法为尚。并且，人们总是将不纳税看作是一种能耐而羡慕不已，是故，逃税具有一种极强的感染力。特别是在税负严重不公平的北京政府时期，同为纳税人，仅有一路之隔，一边纳税，一边不纳税，缴税者自感吃亏，逃税心理自然产生。由此可见，"向逃税开战"已成为税务稽查的重中之重①。

国家课征一税之时，须先假定其将有乘隙以图逃脱者而预为之防，务使所定行政上之计划，既不至累及诚实无欺之善良，且可使欺诈脱税者望而却步，即间有之，亦易诘查，始可为善法②。所以，制定"善法"以杜绝偷逃成为税法设置的重要内容。民初，税务稽查的原则、程序和处罚决定、行政复议等规定散见于各种税法之中而无专项法律进行明确设定。

1. 盐务缉私

1912 年 11 月，财政部公布"盐务署官制草案"和"盐务司官制草案"，规定盐务司隶属于盐务署，专司所属区域内产运销和缉私一切事务。盐务缉私作为税务稽查的一项重要内容而载入法文。1913 年 10 月颁行《盐税法草案》，后屡有修正，但分区管理之法未变，盐务稽查的职责主体和范围未变。依据当时的规定，所有制盐、运盐、贮盐、销盐等行为均须相应的许可，违者即以私盐论，要处以重罚。1914 年 12 月，财政部颁行了极为严厉的《私盐治罪法》和《缉私条例》两部法律。其中，《私盐治罪法》规定：凡未经盐务署之特许而制造、贩运、售卖，或意图贩运而收藏者为私盐。犯私盐罪者依据所制贩数量处以五等有期徒刑或拘役至二等或三等有期徒刑不等。携有枪械意图拒捕者，加本刑一等。系 10 人以上团伙作案且有拒捕、杀人、伤害人致死及笃疾或废疾者，判处死刑，褫夺公民权利，执行枪决，伤害人未致死及笃疾者，处无期徒刑或一等有期徒刑，褫夺公民

---

① 魏文享：《"对逃税作战"：近代直接税征收中关于逃税问题的论述》，《兰州学刊》2016 年第 2 期。

② 何廉、李锐：《财政学》，商务印书馆 1935 年版，第 174 页。

权利；系 10 人以下团伙伤人致死及笃疾或废疾者，判处死刑或无期徒刑，褫夺公民权利，执行枪决，伤害人未致死及笃疾者，处二等以上有期徒刑，褫夺公民权利。盐务官员、缉私场警、兵役自犯私盐罪或与犯人同谋者，罪加一等①。《缉私条例》规定：缉私营队查缉时，地方官应予以协助；缉捕人犯时，须人盐同获，获盐不获人者，仅就现获之盐没收之。缉私营队于执行职务时，遇有结伙执持枪械拒捕者，得格杀之。缉私营队缉获人犯，应移送该管司法官署或兼理司法事务之县知事审理，缉获之私盐，应解交就近盐务官署或解由司法官署及县知事转解盐务官署②。同时，为了调动缉私营队和地方官的积极性，财政部还制定了一系列的"奖励惩戒条例"，对于盐税的征收和缉私起到了一定的作用，盐税收入一直居民初税收的榜眼位置，既是中央依靠的经济来源，必然会得到更多权力的关照，也与洋人参与其中有直接关系。

2. 印花税稽查

印花税的稽查，重点在于应税契据凭折是否足额贴花，是否按规定划销等，不涉及财务会计制度等问题。但纳税人是否遵照办理，只有进行检查才能核实。

（1）税务检查

1915 年 1 月，财政部颁行《印花税法罚金执行规则》，该规则规定，应贴印花之契约簿据，每届 6 个月，即每年 6 月及 12 月，由警察官厅检查一次。但初次检查时，应提前 3 个月出示晓谕，由地方警员定期检查；所处罚金警察机关提留四成作奖金，其余六成解缴财政部；审检厅及兼理司法的县知事，在诉讼中发现的违反印花税法案件，应由审检厅及兼理司法的县知事依法处罚，以辅助警察检查之所不及；所处罚金，系司法收入范围，由司法部门处理。

该"执行规则"公布后，各地警察官厅随即饬属遵办，开征税

---

① 《私盐治罪法》，《中华民国工商税收史料选编》第二辑（下），第 1444 页。
② 《缉私条例》，《中华民国工商税收史料选编》第二辑（下），第 1445 页。

务稽查。上海淞沪警察厅会同上海、宝山两县知事出示布告，原定6月开始检查，为使商户先行自查，决定延至9月起进行，并登报声明，广为宣传。"如有漏贴印花之契约簿据及香类药品者，务望从速依法补贴，倘或意存尝试，明知故违，一经检查发觉，定即按法定罚金数目，分别执行"①。而据京师警察厅总监吴炳湘在给内务部的报告中称，自奉令检查以来，即饬所属，一面剀切劝导，一面认真检查在案，"数月以来，推行渐广，一般商民靡不乐从。间有违章漏贴者，一经检查或举发莫不照章处罚，借示惩儆"，仅1915年2—6月间，就已查处漏税案件31件，除照章分别充赏外，所余罚金已于7月初如数咨陈财政部核收，并向财政部声明，嗣后将按月解送此项罚金收入②。由于各地开展检查，当年全国印花税实收数增至360余万元，较上年增加8倍多③。可见，税务稽查的震慑作用极大。

1916年11月，财政部印花税处及各省印花税分处相继成立，财政部决定在各省印花税处内增设巡回调查员，执行各该省的督促检查任务。各省市的印花税检查工作，仍照原规定执行。但原定的执行检查时间为每年6月及12月由警察官厅执行检查一则，各省市印花税分处纷纷请求财政部予以变通。因12月已近商民结账期，此时检查，社会习惯颇感不便。财政部经过研究认为：印花税之督促进行，全赖有检查之举，严绳其后，方足以唤醒商民之注意，但由于"迩来政变纷纭，大局不清，各省对于检查一节，未能十分认真"，同意将"印花税检查时期，一律更定于每年5月及11月两月举行，庶于事实、习惯，均无阻碍"，自1920年9月统一执行。山西印花税处鉴于省会印花税稽查工作的重要，专门制定了《省会常川稽查规则》，规定由

---

① 《宣示检查印花税之实行期》，《申报》1915年8月26日。

② 《京师警察厅陈述纠察漏贴印花案件办理情形致内务部详》，《中华民国工商税收史料选编》第四辑（下），南京大学出版社1994年版，第2431页。

③ 国家税务总局主编：《中华民国工商税收史——直接税卷》，中国财政经济出版社1996年版，第294页。

省印花税处派定稽查员若干人，专司省会印花税稽查事宜，每月划地区检查，逐区检查，当月检查完毕，每月轮换一次。印花税检查自此由定期检查改为经常性检查，以促使商民及时购贴印花，养成自觉纳税习惯。检查时会同警察进行。这种税务稽查与警察检查相结合的做法，推进了印花税检查工作①。

印花税检查制度的建立，对印花税的征收起到了积极推动的作用，但由于检查人员良莠不齐，苛扰滥罚现象时有发生，商民反映强烈。1915年12月全国商会联合会在上海召开临时大会，其中一项议题即为印花税检查问题，会议认为印花税非立法不良，实乃执行不善，警察检查印花，不依法令，任意乱翻，拦路检查；农副产品入市，本未规定立据贴花，也要强迫补立凭证购贴，激起群众反对，有的地区甚至罢市反抗，良税已成怨府，苛扰之事层出不穷且屡禁不止。如报载：检查印花者，鳞次栉比，苛猛于虎，少则曰漏税，多则曰违章，即轻量货物，辄罚洋数元或数十元不等。还有不少地区利用检查摊销印花税票，凡认购摊销印花税票的行业或商号，就不检查，违抗或拒绝认购摊销的，即进行严格检查，查出的违章案件，动辄重罚，完全背离了立法原意，无怪商人视检查为猛虎，视印花为苛扰②。事实上也不奇怪，20世纪20年代的民国本就是那么个样子。

（2）印花税督查

1915年，财政部制定《督查印花税规则》（共10条），随即派督查员分赴直隶、河南、山东、江苏、浙江、安徽、江西、湖北、湖南等省，会同警察官厅先从省会着手督查，次第推及各县。督查要点包括：一是督查员所到各地，应与当地政府联系，邀同商会召集商民开会，详细演说印花税办法，并散发财政部制定的白话通告，以便人民传观。二是督查委员到省，应即会同财政厅咨行巡警官厅，并通令各

---

① 国家税务总局主编：《中华民国工商税收史——直接税卷》，中国财政经济出版社1996年版，第297—298页。

② 《湖南船商苦于苛税之呼吁》，《京报》1923年9月8日。

县知事，先将印花税办法出示晓谕商民，咸使周知。三是督查委员于指定督查省份，会同该处巡警官厅指挥巡警，检查商民单票簿据，或由督查委员自行密查，查出的违章案件，通知主管机关依法处理。所处罚金全数给警充赏，并由地方官登报公布。四是督查委员应先到省会、商埠或各县邑及各乡镇榷查时，如其地面未开办，警察得接洽绅董团首办理。各地方商民如有不服检查者，督查委员应先劝导之，再不服，得会同县知事或巡警官厅强制行之。五是督查委员查有县知事推行印花税不力者，得商由该省财政厅厅长呈请省长、都统，予以处分，一面报部核办。其地方绅商如有对于印花税暗中阻挠或擅行干预者，得由督查委员查明事实，密告该地主管官厅，酌情惩罚。此法其后仅作较小的文字更动而沿用较久，似乎效果尚可①。1916 年 11 月 20 日财政部再次训令各省财政调查员，随时前赴所属就便巡视督查，认真办理②。印花税的督查制度，亦随之建立。

1920 年 9 月，财政部针对各省印花税分处派赴各县检查人员，权责轻微，成效鲜著等问题，重申《督查印花税规则》，并以各省印花税分处会办或坐办作为部派印花税督察员，随带处员二三人，前赴各属认真考查，并会同地方官厅，就所辖城镇乡各区依次检查③。财政部一再强调印花税的检查与督察，目的是强化对印花税的征收管理，以利推广。但制度越是严密，疏漏似乎更多，在检查和督察过程中，各种违法案例非常多，使得印花税制显得更为凌乱。

其时，中央政府已如累卵，惶惶不可终日，各地军阀则似虎狼，到处横征暴敛，截留税款、私印印花税票等问题层出不穷，更有甚者，中央派赴各地的检查员、督查员在地方势力的干预和威逼利诱下，甚至上下其手，通同作弊，反而成为他们敛财的附庸，检查、督

---

① 《部员督查印花税》，《申报》1915 年 11 月 4 日；《督查印花之布告》，《大公报》1917 年 2 月 10 日。

② 《公牍·赋税·训令》，《财政月刊》1916 年第 3 卷第 36 期。

③ 《督查印花税规则》，《财政月刊》1920 年第 7 卷第 82 期。

查只是一种名称而已。

其他税种的税务稽查，大致与盐税、印花税的稽查相差无几，起初可能奏效，但过不了多久便成为摆设而徒具虚名，制度败坏成为一种必然。

3. 违章处罚

违章处罚，是对纳税人和征税人不遵守国家税收法令偷税漏税以及违反税收管理规定而采取的处罚措施。民初各税章则均有罚则规定，并在稽征管理上也采取了必要措施。对纳税义务人违反税法行为，一经查获，征收机关即按法定程序，照章处罚，轻则给予罚款处理，重则移送法院给予罚金、拘役或有期徒刑等处分，目的除纠正之外，还在于惩前毖后，引导纳税人认真履行纳税之义务。很多时候，纳税人因对于国法毕竟尚存敬畏，并不敢明目张胆地与税法、税吏抗衡，相反，他们更多地喜欢与征税人合作，以图寻租，有目的地接近达官、结交权贵不完全是文学作品中宵小之徒的喜爱，也是现实中大多数人的朴素愿望，在自利的天平上，税法的分量总是轻于自家的荷包，于是，征纳双方便有了利用税法获取好处的高度一致的趋利倾向，税务人员与纳税人勾结，设租寻租，贪污中饱，十分常见。

在税务管理方面，税务人员设租之事很难杜绝，他们也是税制败坏的最主要贡献者，古今中外历史上的任何一种税法，几乎都有关于对税吏廉政的具体要求，但并不都有效。"税吏"的形象一直丑陋不堪，以至于"税务人员习为社会所鄙视，自视高尚者，均以参加办税为可耻"[1]，此论一言中的，毫不夸张，但似乎少说了一点，那就是税务人员代表国家征税，是一种令人极其羡慕的富有权利的职业，有许多人争之唯恐不及，引以为荣者大有人在。虽然奉公守法者居多，但营私舞弊者亦复不少，对此的治理无外乎严刑峻法和品德教化。

---

[1]　文泽宏：《我国直接税负担失平之原因》，《经济评论》1947 年第 1 卷第 19 期。

　　1915 年 5 月，财政部颁布《检查征收机关委员会简章》，成立"检查征收机关委员会"，以期对税务管理者进行督察，"所有征收人员，其能洁己奉公者，固不乏人，而营私舞弊者，亦时所难免。从前察吏办法，多在于各员牟利侵渔，被人举发以后，始行派员彻查。故贪墨未必尽惩，而税入先已受损，与其补救于事后，不若防范于事前。惟现在税法纷歧，各项员役，依其习惯，因缘为奸。弊之所在，情状万殊，非实有经验之员，不能穷其底蕴"，检查征收机关委员会由熟谙税务业务人员组成，随时分赴各征收机关实地检查。庶几风声所树，各征收官吏耳目一新，群知戒惧。其有贪庸不职之员，即可依查出之实据，严加惩治，以儆效尤①。法虽良善，但执行起来往往因盘根错节之关系而难收实效，加之官官相护的传统，在税收上产生一些腐败行为似乎为官场所接受，很难受到法律所定之严惩。如 1919 年 9 月，国务院在致参议院、陆军部等部的公函中所称："如查有官吏滥用公款，无论其是否侵吞，得经大总统之允准，请予惩处。如此办法，在理当可防止一切弊病，然实际上绝少援用之者。盖往往有所顾忌，而不敢发也"②。不难看出，对于税务贪腐者的查处将是一件极为艰难的事情。

　　然而，也不是政府一直默认下去，被查处者亦大有人在，虽然有时候属于装装样子。若从查处级别看，众多"老虎"和带枪者则几乎不敢打，被打的多属于"小虾米"而已，如 1922 年河南省财政厅惩办了一批贪污人员，以县知事为主体，多以欠缴税（公）款之罪而"撤惩押回追缴"，这还仅是南阳地区 10 余县的情况，全省全国又该是什么程度当不难想见（如表 3 - 15 所示）。

　　表 3 - 15 所列受惩人员共 21 人（仅列南阳地区 13 县），总计欠

---

　　① 《财政部拟订检查征收机关委员会简章呈暨大总统批令》，《中华民国史档案资料汇编》第三辑，财政，第 26 页。

　　② 《国务院检送整理财政计划说帖致参陆办公处函》，《中华民国史档案资料汇编》第三辑，财政，第 195—202 页。

公款洋 17119.941 元，银 12330.811 元。所列职务均为撤差前所任职务，因系集中发文，各所欠公款并非同时发生，且不一定都属于贪污所得，有些可能是已征未缴的税款或未完成比额之税收任务数。一个突出现象就是各县都存在欠缴公款情况，当时南阳地区所辖 13 个县，涉事者竟有 10 个县，受惩处者达 22 人次，且非一任所为和一地任期内事件，具有相当的普遍性和连续性，贪污程度极其严重。如果全部定性为贪腐，则可称之为"前腐后继"，如查处的南阳县知事 4 任，南召县知事 3 任，新野、淅川、邓县、叶县、桐柏、舞阳等县知事 2 任，其中还有一人先后担任南阳县、许昌县知事，当属"带病"转任。

表 3 - 15　　　　　　1922 年河南省财政厅惩办贪污人员

姓名	职务	欠公款数额	姓名	职务	欠公款数额
王松寿	内乡县知事	洋 2066.236 元	韩邦系	舞阳县知事	洋 268.500 元
郭世名	南召县知事	洋 723.215 元	李廷芳	南召县知事	银 24.684 两
张世铺	淅川县知事	银 1014.075 两	邓子恺	叶县知事	2708.986 两
王燮	桐柏县知事	银 36.093 两	洪维霖	邓县知事	银 2357.074 两
陈舒翼	叶县知事	银 81.062 两	曹幕时	南阳县知事	银 60.024 两
林殿香	新野县知事	银 775.483 两		许昌县知事	洋 2405.390 元
吴凌云	淅川县知事	银 459.753 两	沈家新	南阳县知事	洋 2689.58 元
王元瑞	舞阳县知事	银 4794.051 两	王嗣旦	南阳县知事	洋 419.43 元
邓日常	邓县知事	银 19.526 两	高廷章	南阳县知事	洋 39 元
张丙	新野县知事	洋 1690.000 元	杜子报	泌阳县知事	洋 4668.30 元
丁日忠	桐柏县知事	洋 1676.37 元	刘子荣	南召县知事	70.92 元

资料来源：李青恚：《南阳地区财政志》，中州古籍出版社 1995 年版，第 202—203 页。

县知事及其属员为国家治理的基层管理者，代表着国家权威，与普通民众交往最为频繁，纳税人痛恨的往往是这些人。因此说，基层管理者的形象关乎国家治理前途，"小虾米"为害乡里，败坏风气，扰乱秩序，不惜自取污名，恶化政治生态。而高层中枢与民众关系较远，在民众的朴素意识里，清官似乎都在上峰，国法都是好的，好经都是被歪嘴和尚念坏的，他们根本不可能知道，国家上下本为一体，基层的贪腐多来自对古训"上行下效"的琢磨，金字塔形腐败的最顶端才是最可怕的腐败根源。

有人总结民国初年贪腐成风的原因：民初的政治人物大多出身贫贱，总统代理总统临时执政十余人及其背后为数较多的督军将军等，出身社会底层的贫家子弟占比不小，比如冯国璋、段祺瑞、曹锟、张作霖、冯玉祥、王占元、张宗昌、孙传芳等。他们混迹于江湖行伍之中，崛起于乱世变革之时，理论与学识不足，雄心与魄力冲天，他们一旦得势，幼年贫贱惨痛的记忆往往能激发他们攫取财富的无穷热情，贪婪揽钱成为本性，如狗肉将军张宗昌主政山东时堪称掘地三尺，王占元督鄂时，守着九省通衢的繁华武汉和全国最大的兵工厂汉阳兵工厂仍不满足，倾心敛财，甚至连部下的军饷也克扣，被逐下野后便拿着搜刮的钱财在天津广置田产，整日拿着成串的钥匙沿街收取铺面房租，做起了名副其实的天津各大马路巡阅使[1]。在内忧外患的乱世中，他们置民族大义于不顾，心心念念的是个人财富与权势的集聚膨胀，此等丑陋行为反过来进一步加重了国家治理的难度。

大老虎动摇国家根基，小虾米破坏社会秩序。

三 税收宣传制度

税收宣传是指税务机关为方便纳税人办税、提高纳税人对税收法规的知晓度和遵从度，对涉税业务流程、税收政策、纳税人的权利义务等开展的宣传告知活动，从本质上讲，税收宣传是为税款征收服务的一种手段。但受时代与技术的限制，税收宣传的方法途径有一个从简单原始到复杂现代的变化过程。古代的税收宣

---

① 张程：《总统们：民国总统的另一面》，国家行政学院出版社 2011 年版，第 211—213 页。

传一般采用鸣锣喊话的口头说教和在百姓集聚区或城门口张贴布告形式进行，也有以碑刻勒石的方法以示警诫。近代以来，随着媒体的兴起，报刊成为税收宣传的主要阵地。从内容上来看，历史上的税收总要找到一个合情合法的由头，无不以"为国为民"相标榜，以让民众知道税收确实是"取之于民，用之于民"而非官府的任意挥霍，并因此实现纳税人"踊跃纳输"之目的。

民国初年是中国现代税制体系形成的奠基时代，各种税法的制定和推行，必然涉及税收宣传问题，如何让公众（纳税人）了解税收并依法纳税是当时税收宣传的核心。在具体的宣传管理上，采用科层管理体制，即财政部以国家名义通令各省以及各种商民组织进行具体落实，税收宣传的内容主要是法律条文、纳税程序、惩戒措施等的解释。这里以印花税法的宣传为重点做以分析。

（一）税宣机制

民初，财政部负责制定税法，并将所有的税法下发各省，附配相关的宣传资料，供地方政府宣传使用，各地则按照规定逐级落实。如1912年年底，中华民国《印花税法》和《印花税施行细则》颁布后，财政部为使税法顺利实行，除督促各地方政府"迅速出示晓谕，一体遵照"外，还将印花税法律条文逐句翻译成语体文，印发全国，广为张贴，对开征印花税的目的、意义、税率、贴用方法等进行详细的解释。此后，财政部还代各省拟定了许多劝导商户、铺户、住户依法贴用印花的通告、注意事项等宣传资料，针对不同的对象群体，进行讲解宣传，文字浅显易懂，比较容易为群众所接受[1]。其他如契税、所得税、烟酒税、宅地税等税法的公布与宣传基本如此[2]，自上而下，逐级推行。

按照财政部的要求，地方税宣由各省国税厅（财政厅）组织实施。其做法也是将税法广为印刷，在所辖区域内"出示晓谕"，并在

---

① 《民国初年实行印花税的几件史料》，《历史档案》1990年第1期。
② 《推行所得税训令》，《益世报》1920年10月19日。

各省内的报刊上刊登广告，"俾得周知，以便推行无碍"①。各州县亦秉承上级指令，开展相应的税法讲解活动。地方政府的税收宣传多是对上级文件的转述，并且多含威慑之意，这是由于基层工作的核心是征收税款，其宣传的目标必然以税款征收入库为重点，所以在要求民众依法纳税的同时，往往侧重于强调违法的代价，"倘有故意违抗，有心破坏者，一经查出，定即照章惩罚不贷，勿谓言之不预也"②，以形成威压之势。

民间组织的税收宣传主要是指各地商会等组织协助地方政府进行纳税劝导。从法律的角度看，民间组织并没有征税的权限和税宣的任务。但在当年民间力量参政议政欲望强烈的年代，很多民间组织都参与其中，如各地商会、教育会等组织都对各自的会员提出了依法纳税的要求，如天津商会、苏州商会等，不断通过发布公告、开展印花税票的促销活动等形式，劝导商民积极依法贴用③。商会等组织因与其会员的关系较为密切，其宣传倡导更易为商民所接受。同时，商会的商董、代表本身就是纳税人，他们对税收的反感比一般商户更强烈，而他们出面进行宣传劝导，更易产生示范效应，更易取得较为理想的效果。此外，民间组织参与税收宣传，既可能有来自官方的压力，也可能是出于和地方政府搞好关系的目的，否则他们不会如此积极。我们也看到许多来自于商会对税收政策的公开抵制活动。

前文已经述及，1915 年，财政部派员督查各省印花税时，要求督查委员于所至各地，会商官厅邀同商会召集商民，详细演说印花税办法，并散发给白话通告，以便人民传观。督查委员到省，应即会同主管官厅咨行巡警官厅，并通令各县知事，先将部员督

---

①　中国第二历史档案馆：《中华民国史档案资料汇编》第三辑，财政，江苏古籍出版社 1991 年版，第 1500 页。

②　马敏、祖苏主编：《苏州商会档案丛编》第二辑（1912—1919 年），华中师范大学出版社 2004 年版，第 497 页。

③　同上书，第 522—523 页。

查印花税办法出示晓谕商民，咸使周知①。此可视作印花税法的专项宣传。

（二）媒介宣传

随着近代报刊业的发展，税收宣传已不仅是街头巷尾的喊话，口头传播逐渐改为文字说理，报纸上的宣传报道更加便捷有效，如《申报》《大公报》《盛京时报》《益世报》《京报》《东方杂志》以及各种专业学术期刊等，经常有关于各种税收法律文件、征收管理、税务检查、涉税违法案件之类的宣传报道和理论探讨。就其内容来看，大致可分为如下几个方面。

1. 税法内容宣讲

许多报刊在进行税收宣传时，普遍对税法及其实施细则等比较关注，这类报道最为常见，如1913年年初，《盛京时报》就国地税分设问题的意义及国地税税法草案内容、国地税权限划分等进行了连续报道，对印花税税法的基本内容及其实施细则、印花税票发行细则等做过很多的报道，尤其是对印花税法的解释，连续数期进行刊登讲解，内容极为详尽，宣传及时到位，为印花税的开征起到了一定的推动作用②。其他报刊如《申报》《益世报》《大公报》等也做了大量这样的宣讲。

2. 税收管理报道

各级地方政府经常通过媒体以通告等形式，对税收征管的相关规定予以宣传解释，如税率的调整、税款的征收时限与标准、违章处罚等。为了让民众易于理解，读起来更顺口，许多宣传文章常用浅显易懂的六言、七言文体甚至白话文进行说明，如《益世报》《大公报》等关于直隶印花税处的六言公告："推行印花税事，首先注重劝导。此等良好税法，利国裕民无扰。纳税皆属无多，获益实

---

① 《督查印花之布告》，《大公报》1917年2月10日。
② 《修正厘定国家税地方税法草案》，《盛京时报》1913年4月2日；《印花税解释》，《盛京时报》1913年4月6日。

在不少。稍能照章贴用，法律可做证保。如果有意违背，却是自寻烦恼。待至查处罚办，追悔已经迟了。本处成立伊始，不惮家喻户晓。凡属商民人等，各宜懔法毋蹈。"① 这种宣传语言简洁，朗朗上口，被其后的税宣广为采用。如长沙《大公报》1919 年 3 月 30 日载，宝庆印花税处在劝导商民销行印税时，就使用了两则六言韵诗，以为布告②：

布告一：

照得印花税票，关系国款非轻。颁发各省销售，细章订立严明。现值大局平定，商买逐渐加增。特派专员来宝，局所设立本城。凡尔绅商人等，须知该税认真。无论簿据私约，均宜粘贴遵行。倘有阻挠隐漏，查确立予严惩。为此出示晓谕，仰各一体凛遵。

布告二：

照得印花税票，关系国课匪轻。各省设立局所，售发县镇销行。宝邑商贾渐盛，久有专员来城。凡属应贴簿据，细则妥定详明。专员赴乡劝导，各团保护认真。仰尔商民人等，毋得故违章程。为此重申告诫，其各一体凛遵。

上述两则报道，尤其是将印花税贴用规则等有关事项以韵体形式表述出来，符合人们的记忆习惯，较之其他形式，效果更好。

3. 税收检查通告

这类报道在各报刊中占的比例很大。因民初的税款靠税吏定期或

---

① 《印花税处之六言布告》，《益世报》1917 年 3 月 18 日；《印花税处之布告》，《大公报》1917 年 3 月 18 日。
② 《宝庆推行印花税》，《大公报》1919 年 3 月 30 日。

不定期地上门征收，税务检查每半年进行一次，对商民的纳税情况进行督促检查，故征税之前的公告对于催缴税款就显得较为重要。各报刊也许是按照地方政府的要求，届期都会做出相应的报道。如"整顿税务""检查印花""派员检查印花""催缴税款""催解税款"等消息不时见诸报端，仅《盛京时报》1924 年 5 月就有数十条这类报道。税务检查本身就具有强制意义和挑刺倾向，对于纳税人来讲，检查人员的到来有时堪称灾难，因此，这类报道不断提醒着纳税人及时纳税，补缴欠款，以减少纳税人潜在的税务损失，很受广大读者的关注和欢迎，即在此意。

按照民初的税法规定，税务检查应提前告知纳税人先行自查，以免重罚，也算是一种友情提示。如长沙县杂税局布告，从阳历 1923 年 12 月 1 日起进行印花税检查，所有包裹及商店所卖出货物均须粘贴印花。布告内容如下①：

> 照得印花一项，政府收入大宗；清单已经粘贴，包裹贴用相同；奉行务宜切实，严令颁自上峰，自十二月一日，开始查验不松；倘若故意违犯，处罚决不宽容；谕尔商民人等，其各凛慎遵从。

这种宣传具有一定的时效性，对征纳双方而言，都具有实用性，报刊登载也较多。但为了突出税务稽查的严肃性和强制性，各地方在宣传时，都不忘加上"倘若故意违犯，处罚决不宽容"等吓人的语言，以增加其宣传效果。

4. 违法案例揭露

税收违法案件是报刊较为乐意刊发的信息，往往能刺激报刊的发行量。税收违法包括征纳双方的违法行为以及来自官方的非法作为。

---

① 《定期检查印花税票》，《大公报》1923 年 11 月 28 日。

比如来自税吏的苛扰病民问题、徇私舞弊问题、违规征收与摊派问题、税吏卷逃等①，来自纳税人的偷税漏税问题、暴力抗税问题、假冒伪劣问题、伪造印花税票问题等均多有发生和报道。

5. 抗税斗争报道

税收从某种意义上讲是对纳税人利益的直接剥夺，再加上来自官方和征税人的种种劣迹，必然会引起纳税人的反感和抵制。在清末民初社会力量渐趋发达的时代，对国家税收的拒斥行为颇多出现，尤其是在各地商会这种半官方性机构的呼风唤雨下，任何一个税种的开征都曾遭到他们的抵制。媒体的热衷和商会的操作使得这类报道极具吸引力，"商会反对苛税""商会反对加贴印花""查印花激成罢市""反对增加新税""全国商会反对新税"②等报道几乎随时出现，蔚为壮观，但确实给政府带来了极大的征税困扰。

上述内容是各报刊宣传税收时的常见议题，有媒体发掘新闻线索自行报道者，也有政府出于税收宣传需要而委托媒体报道者，从中也可以看出媒体宣传的两种倾向：一是在各级政府的倡导下，税收宣传的正能量得以传播，媒体成为公众了解税收政策的一个重要途径；二是由于媒介的媚俗本性，追求新奇、制造事件效应的惯常做法使得媒体更乐意揭露阴暗面，报道负面信息，因此，在媒体的"议程设置"里，大量税收违法案件、各种抵制税收事件以及众多官员贪腐案件不断地被加以渲染传播，此法极易激发公众的盲从行为，无形中加重了政府税收征管的难度。两种倾向似成悖论，但却一直存在。

（三）人事宣传

税务机关的人事变动本不属于税收宣传的范畴，但较多的税局局长换人类的报道好像是过去送万民伞的那种做法，不能不说是一种奇怪现象。这里以《盛京时报》为例做以分析。

---

① 《检查印花商民苦》，《益世报》1918 年 7 月 6 日；《印花委员之纵差扰民》，《益世报》1923 年 11 月 4 日；《新娘身上贴印花的奇闻》，《大公报》1922 年 2 月 27 日。

② 《全国商会反对新税之京讯》，《益世报》1921 年 10 月 16 日。

在《盛京时报》的报道中，经常可以看到"局长得人""收税得人""税捐得人"之类的报道，其内容基本一致，即对某税捐局局长、委员表示赞扬或认可。如夏家堡子税捐征收局局长赵星樵"自到差以来，整理一切不遗余力，每月所收款项，按照比较，有增无减，对于本局人员颇形联合，对于商民尤为和平，因此，各界无不欢迎若赵君者，可谓税务中之佼佼（佼佼）也"①。又如以怀德商会正副会长及10余位会董名义刊发的"税捐得人"称，"范家屯税捐分局委员李君兆元为人朴诚，丝毫不苟，整顿捐税，任劳任怨……对于一般纳税者均晓以大义，力为开导"，使所征税款比往年增加数万，成绩突出，"特登报端，以彰其善"②。再如伊通靠山镇税捐分局委员郭玉琛，"到差以来，力加整顿，从前恶习一概剔除"，八月盛夏冒酷暑前往集市向商民讲解税法要义，经过他的努力，"税款照章征收，毫无私勒，较之常年，收项增加一倍"③。再如双阳征收局局长王逵"任职半载，对于税务，竭力整顿，谕民劝商，不辞劳瘁，秉公办理，毫无勒索情事，是以商民均皆乐输"④。

这类报道有很多，从1920年以后几乎没间断过，数十位局长、税务委员被宣传表扬，大体是一个套路，该局长、委员如何正直清廉，如何勤政守法，最后使商民"均皆乐输"，这的确是一个很怪的现象，不能不让人生疑，此类人事报道多局限于东北本地小县城里或更小的镇上，耐人寻味。如怀德商会称：敝处僻处边塞，"乡民对于纳税多不知为国民应负之义务，捐税难办已达极点"，但其税款如何在"乡民不知纳税为国民应负之义务"的情况下，李兆元委员是如何管理而使税收短期即增加数万？"力为开导"显然不足以说明该委员的政绩来路，这里不能排除的是：首先，这类报道多在岁尾年初，

① 《税捐得人》，《盛京时报》1921年2月17日。
② 《税捐得人》，《盛京时报》1921年1月26日。
③ 《税局得人》，《盛京时报》1921年12月13日。
④ 《局长得人》，《盛京时报》1924年1月12日。

极有可能与官员们的工作变动和升迁有关；其次，极可能与民初报刊职业道德失范有关①，或为钱所困，或为权所迫，才有如此滑稽的煽情舆论。我们可以理解牛羊为屠夫唱赞歌的悲凉，但从公众的角度看，"税吏舞弊""税局苛罚""税局暴敛""苛税病民"的消息远比"局长得人"的报道真实可信。

（四）税宣简评

北京政府财政部、地方政府及民间组织所做的税收宣传值得肯定，各种报刊的宣传报道对税法的普及起到了一定的推动作用，但其成效如何，很难做出量化评判。但有两点可以看出问题：其一，民初报刊的发行量以及当时的读报者的数量并不高，受众群体相对较小，必然制约其宣传效果；其二，民国初年实际上是在混乱中度过的，尤其是军阀混战时期，国家税收似乎已不完全依靠法律和宣传来实现，主要的还是实力。

民初的税收宣传主要强调的是纳税人的义务，很少谈纳税人应有的权利，权利义务的不对等是对民生的严重侵害。当然也有关于税收与民生的思考，如《益世报》的评论认为，各类学校的毕业证书是学生们数年的学费和心力购换所得，贴用印花"实不可解"②；中国税负远比西方国家较轻，但"彼国税法虽苛，然每年由政府出资振兴实业，为商民增进利益者，亦什百于所收之税"③，这是对我国税收不顾民生问题的变相指责。的确，直到今天，税收宣传依然是以"依法诚信纳税"为追求，从未听说过依法诚信征税和用税的宣传口号，依法治税的道路依然漫长。

税收宣传依赖于媒体的发达。而对于媒体而言，有时受银子和权力所限，为金钱和暴力说话也是一种选择，在税收宣传上必然会做出违心的表述。此外，媚俗倾向和引起关注心态决定着虚假信息存在的

---

① 李统兴：《清末民初报刊职业道德失范的原因》，《当代传播》2007 年第 6 期。
② 《时评二》，《益世报》1915 年 12 月 11 日。
③ 《时评二》，《益世报》1917 年 4 月 8 日。

可能性和对热点炒作及丑闻揭露的偏好，所以，媒体的宣传很可能不自觉地就"遮蔽了人们了解真实世界的视野"，其所报道的内容并不一定全是历史真相①。

税收为治国之根本，税收之善在于利国利民，但税收之恶也无处不在。1920 年 9 月，大总统徐世昌发令拟征所得税，其动人的宣传口径是"取之于民，用之于民"，但其背后的潜台词却是国家缺钱，"非另筹的款，不足以资应用"②，筹款是第一位的，"为民谋利益"可能是以后的事情。从近代中国财政体制的诸多变革看，税收职能基本以国家汲取资源的意志为导向，无一例外地将手伸到了本已极度贫弱的下层民众，这种强力聚财的办法往往是以放弃税收的社会原则为代价，税收政策的制定者也很少考虑为"民生多艰"寻求改善的出路，其征税意愿总以更多美妙的借口进行描绘和动员。如各地厘金局一开始就打着"替天护税""奉旨抽厘"的旗号征税，并以胡林翼"天子何忍伤民财，因小丑猖狂扰兹守土；地丁不足济军饷，愿大家慷慨输此厘金"的倡导相标榜，旨在说明政府征税的无奈，而非巧取豪夺，任性征敛，而"涓滴入公家恤商乃能裕课；丝毫无流弊克己方可正人""百货流通裕课恤商期两愿，一官暂寄理财禁暴合兼筹"③ 的判断似乎亦成为和谐征税的象征，孰不知晚清以来官场还有"署一年州县缺，不及当一年厘局差"之说，这既是厘金恶政的真实写照，也是国家控制力弱化的必然结果。为了平息民愤，有时政府必须对混乱的厘局进行整顿敲打，对尤为过分的官员和局差撤职查办或撤并一二个局卡，以慰民心，这种做法在各地均有记载。

---

① 陈力丹：《传媒职业精神与工作规范缺失的 14 种表现》，《中国新闻出版报》2004 年 2 月 17 日。

② 中国第二历史档案馆编：《中华民国史档案资料汇编》第三辑，财政，江苏古籍出版社 1991 年版，第 1535 页。

③ 这些匾额和对联在当时各地厘金局均为标配，如在保存完好河南赊旗店厘金局、湖南洪江厘金局等地均有实物展现。

虽然清末民初政府还试图从小学生开始进行税收教育和宣传,其教材中《租税》《赋税》等文章明理透彻,朗朗上口,但税收的实现主要依靠的不是税收宣传和纳税人的理解与支持,而是征税背后的暴力和枪。税收宣传总是很动人,税收现实总是很痛苦。

四 人事管理制度

民初税务人事管理,因各税种开征时间先后有别,征收方法不同,征税技术不一,人事管理制度存在较大差异。差别最大者当属关盐二税,因这两个税种受洋人控制,虽然中央设立有税务处,各地也派驻有关监督,但仅此而已;盐税的人事管理虽为特殊,但好歹尚有管理权,从盐税征收、报解等情况看,盐务署的作用还比较大,因此,在人事管理方面还有相对的自主权。其他税种大多在各自的税法中作出了相应的规定,只不过有的规定较为详细,有的较为简略。

(一)官吏选任制度

1913 年 12 月,周学熙以民国财政部的名义颁布了《征收命令官征收官吏任用章程》(16 条),对负有税收征管之责的人员资格、任用程序等进行了初步限定,征收命令官的规定主要包括:各省国税厅筹备处处长由财政总长按照相当资格遴员呈请大总统任命,其改调派署亦由财政总长呈请办理;筹备处总、会办由财政总长遴员派充;筹备处坐办由财政总长按照相当资格以部令派充;筹备处筹议员须是财政专门毕业者或有地方财政经验者,由财政总长点派充任;筹备处办事员以谙练公事、熟悉财政者,由财政总长点派充任;书记员以工于缮写、核算者,由总会办雇佣。各省筹备处科长科员,由该处处长按照相当资格遴员派令试署,将履历、成绩报部核准后,再行由部加委。征收官吏的规定主要包括:各省税捐、厘金各局及不归海关兼办之常关,一律改称"某某征收局",其局长由筹备处处长按相当资格密保二员以上,将简明履历报部,由财政总长遴选一员开单荐任。征收局局长遇有缺出，得由筹备处处长暂行派员署理。筹备处处长对于委托收税地方官之成绩，可随时报告民政长，以定考成。收税官吏应由征收局局长及委托收税地方官按照相当资格派充，报明筹备处处长查核。其办公经费及奖励惩罚，均由筹备处处长决定①。该"章程"主要是对省以下税收征收管理人员的资格和选用方法进行的原则性规定，并突出了"财政专门毕业、有地方财政经验"或"谙练公事、熟悉财政"或"工于缮写核算"等财政税收业务的技能要求，较之以往，进步甚巨，初步形成了民初许多系统、行业专业化、知识化的取向特征。

1914年3月，《会计法》颁布实施，其中第十一条规定：国家之租税及其他收入，依据法令之规定，征收或收纳之。无法令上确定之该管官吏资格者，不得征收国家之租税，或收纳其他之收入。这项规定在法律层面上第一次明确了税收征收管理人员的执法主体资格，按理，自此，税收征管者须有相应资格，此为前提，但从史实看，基层税收征管者很难达标。

1919年9月，财政部制定了《征收官任用条例草案》（5条），对督征官（各省区财政厅厅长，各海、常关监督，津浦全路商货统捐局总会办，各省区印花税分处处长）、经征官（各省区税厘各局局长，各海、常关所辖各分关关长及津浦铁路商货统捐分局局长）、分征官（各省区税厘各分局局长，或分卡卡长，各海、常关所辖各分局局长或各分卡卡长及津浦铁路商货统捐局所辖之稽征所所长）三种征收官吏的选拔任用条件及程序、办法等事项进行了简略规定②。因系草案，且极简单，到次年4月，该"条例"经过修改补充后，经大总统批准实行，新颁行的《征收官任用条例》共五章21条，主要是细

---

① 《征收命令官征收官吏任用章程》，《政府公报》第265号，1913年1月31日。
② 《财政部征收官任用条例草案》，《中华民国史档案资料汇编》第三辑，财政，第55—57页。

化了之前的相关规定①：一是对三种征收官的界定，与草案基本相同；二是对征收官资格的规定，如各省区财政厅厅长，各海、常关监督三种督征官，除了要符合《文职任用令》的相关要求外，还须是现任或曾任财政部暨财政部附属机关简任官及简任职升用者；或曾任督征官一年以上者；或曾在内外国大学暨高等专门学校之经济科、政治经济科、商科或特设财政专门学校毕业，办理财政事务三年以上者。津浦全路商货统捐局总会办，各省区印花税分处处长两种督征官，除了要符合《文职任用令》的相关要求外，还须是现任或曾任财政部暨财政部附属机关之简任官、荐任官或继续办理财政事务三年以上者；或曾在内外国大学暨高等专门学校之经济科、政治经济科、商科毕业或特设财政专门学校毕业者。经征官、分征官也有不同的资格要求。三是对征收官任用程序的规定，如各省区财政厅厅长，各海、常关监督由财政总长呈请大总统简任，津浦全路商货统捐局总会办、各省区印花税分处处长由财政总长荐任或派充，经征官由财政部委任等。四是征收官任期任免的规定，如督征官任期三年，经征分征官任期一年。在任期未满前，不得无故免职。任期届满成绩卓著者，应归入考成案内核明，仍得继续留任。如督征官对于经征官认为人地不宜或办理不得力者，须将理由呈报财政部核办，如经征官对于分征官认为人地不宜或办理不得力者，须将理由呈报督征官核办，并由督征官呈报财政部查核备案等。该"条例"是对于中上层征收官选任的规定，县级以下更为具体的征收官吏的管理规定则由地方政府或不同税种的主管机构拟定。

1914 年 12 月，袁世凯政府颁行了《场知事任用暂行条例》②，该条例对于场知事的选任作出了严格的规定，首先，由盐运使出具保荐书送盐务署考询，但至多不得过十六人，其条件是：①在本国或外国

---

① 《征收官任用条例》，《东方杂志》第 17 卷第 9 号，1920 年 5 月 10 日。
② 《场知事任用暂行条例》，《中华民国史档案资料汇编》第三辑，财政，第 1389—1390 页。

大学，或专门学校修法律、政治、经济之学三年以上，得有文凭，并确有盐务学识或经验者；②在本国或外国专门以上各学校，或本国讲习所修法律、政治、经济之学一年半以上，得有证明书，并曾办盐务行政满三年以上者；③曾任盐大使以上官职，或州县以上官职满三年以上，办理盐务有成绩者；④曾有盐大使，或州县以上官职相当之资格，历办盐务行政满三年以上，确有成绩者；⑤现任场长，或其他办理盐务行政人员，经盐运使认为有盐务学识或经验者。符合保荐条件者，除文内开明履历加具切实考语外，其中，符合①②两条资格者，应检送其文凭证书，或著述，或成绩；符合③④两条资格者，须列其成绩；符合⑤资格者应检送其著述，或列举其成绩。条例还明确规定了不得保荐的人员：曾受褫夺公权处分尚未复权，或褫职处分未满二年者；品行不端，曾受商民控诉查明属实者；亏欠公款尚未缴清者；侵蚀公款者；年未满30岁以上者；年力衰弱不堪任事者。上述是对被保荐人资格的限定。其次是对保荐程序的规定：盐运使所保荐人员经盐务署考询及格后，将履历事实审查书汇造清册呈请大总统核准公布后，开单送甄呈请分发作为候补场知事，遇有缺出，由各该盐运使详请盐务署呈请大总统任命。最后是对任用的规定：考询及格之员比照县知事任用条例分发使用，试验及格，或保荐核准分发之候补县知，如有谙习场务者，得由盐运使于场知事缺出时，遴选借补，详请盐务署行查，铨叙局核准后，分别呈荐。但借补之员，以其分发省份在该盐运使所辖产盐区域者为限。该"条例"进一步强调了对场知事这一职务"知识化"和"专业化"的要求，其任用程序的复杂程度也体现了该职务的重要性。

其他税种大多有内容详略不等的任用规定，如印花税的人事管理有专则规定，1916年11月于财政部内设印花税处。《印花税处章程》规定：印花税处办理全国印花税事宜，印花税处设总办、会办各一人，总办由财政总长派充，呈报大总统备案，印花税处内设三科，分别办理解释法令，拟定章程，稽核税票税款，印制税票暨保管发行等事务，所有各员除总办外，均由财政总长派充。各省印花税分处设处长一人，由财政总长派充，分处内人员"视税项发达之程度，由处长酌拟应设员额，呈部核定"。同年 11 月，财政部将印花税票总发行所并归印花税处，"所有职员档案，均由该处接收组织，以利推行"①。这是因税种不同、征收方法不同以及主管机关不同所形成的特殊管理办法，种类繁多庞杂，毫无系统可言。

上述情况，显然是税务征管人员中"官"的产生情况，尚未涉及下层的吏。而地方上的基层税收管理并没有相应的人事管理规范，即或是有一些法文限定，也很难落实到位，如散落在乡村各个角落的包税商，很难以制度约束。1916 年年底，参议院议员刘星楠就质问财政部赋税司，"征收为财务行政之一部，须有一定学识，一定资格者，方可为之。乃查各省征收局所率为财政厅，位置私人之地。否则，督军省长之亲戚故旧税驾之所，其间纨绔、驵侩、营卒、里胥，色色皆有，甚或挂名食俸，并不到差，一岁之中，其人数易，履历半系伪造，来去可以自由，以致弊混积欠，携款潜逃之事，层见叠出。本省长官既弥缝而不以上闻，中央政府亦虚与委蛇而不加深考"②。此言并非虚夸，税吏的来源既不纯洁，其丑行自然不断。例如，印花税开征后，省会和县城繁盛之区，推行较为顺利，但乡镇多未贴用，财政部于 1917 年 2 月发出通知，要求各地由县知事于各乡镇绅耆中择其品行端正，素孚人望者作为印花劝导委员，以策进化而免阻碍③。但在很多地方，印花委员成了一种赢利职业，如湖南泸溪等地，"近有多人纷向县知事公署运动充当印花检查员者，一得委状，便带跟丁数人，全着号褂，跟轿下乡，挨户检查，遇有咸同时之借券、光宣时之田契，不按价一串抽罚当十铜圆一枚，该邑乡民不惟不敢违抗，而日

---

① 财政部编纂处：《财政法规》，财政部印刷局 1923 年版，第 52—53 页。
② 中国第二历史档案馆编：《中华民国史档案资料汇编》第三辑，财政，江苏古籍出版社 1991 年版，第 174—175 页。
③ 《财政部酌设印花税委员办法》，《大公报》1917 年 2 月 14 日。

宰鸡杀鸭优为招待，以免得罪委员。是以近年该县印花检查员竟有二三十人之多，然而对方受其滋扰已不堪闻问"。而在永绥，乡村痞徒派充委员者也极为普遍，他们"假检查印花为由，往往择肥讹诈，当检查时，对于清时所立之典当标拨文契借字，亦如泸溪办法，按价一串照罚当十铜元一枚，百串则罚百枚，罚后有可不贴花，所以近年该县之印花劝销员因查花所得罚款已不下四千多封铜元"①。当然，此类事件之所以成为新闻，只能说贪渎之徒总归是少数人，毕竟还有很多廉吏在支撑着税务门面。按照当时官方的说法是，征收人员"能洁己奉公者固不乏其人，而营私舞弊者亦在所难免"，舞弊者，少数而已。

有一种说法是：官分二种，一是管官之官，不直接与普通民众打交道，只管官员，以牧官为业，官场有潜规则、有陋规，他们完全可以靠这些上不了台面的规则而活出精彩；二是管民之官，以牧民为业，其生存与赢利之道多赖民众，官场陋规也逼迫下级官员于法外寻找活路，于是便发生了数不清的欺压民众、苛索浮收等现象。经手钱粮，必有揩油，虽非全部，却亘古未绝，没有性质上的不同，只有敲竹杠次数多寡的区别。

民国财税管理的好奇之处在于：上层多科班，地方多税棍。回看历史，此言不虚，其他行业，大抵如此。

（二）保证金制度

1914 年 6 月，财政部制定了《掌司公款人员征缴保证金条例》，该"条例"规定：一是凡官吏掌司官款之征收、保管、支应者，或管理官营事业局、所人员及其司出纳者，均应缴存全年俸薪十二分之一以上、十二分之四以下之保证金。各个职位需要缴纳保证金的数额由财政部或各该主管部决定。二是保证金应于就职前缴纳，凡保证金得用民国六厘公债券为代，其债息仍由本人按期支领。保证金或其代

---

① 《湘西各县劝销印花之滋扰》，《大公报》1919 年 1 月 20 日。

用之公债券，由各该主管长官征收后，缴纳附近掌理国库之银行保管。三是保证金或其代用之公债券，在官员免职、停职或转职时，若无亏蚀或欠误等，应行发还。其有亏蚀或欠误情事应限期责令赔偿者，逾限后得以其所缴纳之保证金为抵偿①。1914年10月，财政部依据该"条例"的规定，制定了《掌司公款人员征缴保证金条例施行细则》（24条），对掌司官款之征收、保管、支应人员应缴纳的保证金额及缴纳与返还程序、违规处理、《保证金缴纳陈请书》的填报说明等相关要求进行了详细规定，同时规定，各该主管长官每年度分为四期，将主管保证金额及缴纳人员数，按照规定的格式于次期15日以内填写相关报表上报财政部，财政部对于国库保管之保证金认为必须检查时，得随时指定检查员进行检查②。

　　上述规定是对各级各类掌司官款征收、保管、支应人员廉洁从政的根本要求，是对涉及公款管理人员在经济上的限制措施，意在让这部分人因经济上的牵挂而少犯错误，其中很大一部分应属税收征管性质的人员。但如果从阶层的划分看，这类人员似乎依然是国家视野内的"上层人员"，缴纳较大金额的保证金并非普通人能够做到，此类人虽然不能称为非富即贵，但至少是"有钱人"，一旦犯罪，成本高昂。此外，保证金制度也是国家可以直接进行经济处分的控制手段，因此，征缴保证金的做法具有一定的约束意义，这些"有钱人"自然会算计一下违法的经济成本。

　　为了防止基层税务人员的腐败行为，增加他们的税收腐败成本，不同税种、不同税法也作出了相应的法律规定，除了缴纳保证金增强经济约束力之外，担保人制度便是对基层税务管理人员的另一种控制方法，使他们碍于面子和成本而不敢胡作非为。如1913年印花税票总发行所成立后，即拟定了各发行所工作规程，同时对于个人代销印

---

① 《掌司公款人员征缴保证金条例》，《税务月刊》1914年第1卷第7号。
② 《掌司公款人员征缴保证金条例施行细则》，《中华民国工商税收史料选编》第一辑（下），第2476—2479页。

花税票办法作出规定：代售人事前填报代售人姓名履历，并觅具殷实铺户作保，由发行总所发给代售证书①。倘有违规行为，担保人负有连带责任，殷实铺户是否愿意作保对于求保之人而言至关重要，既已作保，作保者无形之中不得不承担一定的监督之责，稍不留意便会引火烧身，如前述奉天等地通报的卷款潜逃案件中，均有"饬保人追赔"等明令要求。这种制度安排的好处即在于：一是担保人的存在能够减少违法犯罪之后的国家损失（向担保人追赔）。二是极大地提高了从业者的犯罪成本，除了经济损失之外，还有无法计量的名誉损失，要知道，名誉不佳之人很难在乡镇继续生存。三是担保风险的存在使担保人不能不为自身考虑而对求保人进行综合考量，这就形成了事实上的担保人监督机制，即国家将本属国家对税务管理人员的监督考核权力部分地让渡于担保人，在治理上更加便捷有效。依此观之，理论上，保人将会稀缺，并由此提高保人身价，致成本攀升，贪腐犯罪的可能性将会因此而降低，这仅仅是理论上的设计。

但是，巨额保证金和保人费用的成本付出如何收回自然成为一个绕不过去的话题，只有付出没有回报的事情没人会去做，"无利不起早"促使基层征管从业者为尽快收回成本而不惜利用手中权力恶意贪腐。付出成本的初心就是为了赢利，于是，很多人走着走着就共同地奔向了贪腐之路而难以回头。

（三）税务培训制度

为了教育从税人员能够廉洁从税和依法征管，在思想上的品德教育与在业务上的技能培训一直是财税管理的重要工作，通过严格有效的教育培训，提升他们的税收征管技能，提高他们的法治意识和道德品质，以更好地服务国家财税事业，已经成为各级税务部门的共识。

早在1906年，晚清政府设立税务处，希图借此挽回关税主权，1908年在北京创设税务学堂，专授海关内外勤业务课程，以待时机，

① 国家税务总局：《中华民国工商税收史——税务管理卷》，中国财政经济出版社1998年版，第228页。

收回主权。1913 年，税务学堂更名为税务专门学校，我国海关办理较为完善，多赖此校。该校曾谱写"税专校歌"，其歌词略谓："溯海禁之大开，撤我篱藩；破关税之壁垒，竭我源泉。创吾校而奋斗，同挽狂澜；荟英才而教育，还我关权"，其中蕴含着对中国关税悲怆历史的伤感和对学子们发奋图强的期待，同时体现出振兴中华、海关自主的办学宗旨。在教学内容方面，除了海关所需的知识之外，清正廉洁作为学生思想品德教育的第一要律而不断强化，每个学生从入校的第一天起，就必须"注重操守，珍惜名誉"，校方也定期对同学们进行人伦道德训话。据经历者回忆，经过四年的学习，大家爱国心切，操守良好，校友中偶发贪污渎职行为，均为大家不齿。如 1921 年，江海关会计课有一税专毕业生，亏空公款 2 万余元，离职出逃。校友闻说，视为奇耻大辱，纷纷主动捐款，以补偿损失①。

此外还有盐务专门学校，起初着力培养盐务稽核行政人员，继设缉私士兵训练所、税警官佐训练所，授以盐政大略，教授内容比照普通大学商科或经济科课程而加以有关盐务行政之类的功课，该校亦颇有成效，毕业生多分发盐务机关服务②。其他短期培训机构自民初开始也逐渐增多，成为税务人员提高自身业务技能的一种必要途径。

1915 年，财政部以各省办理厘税各差人员，不谙通商条约，办理未甚得宜，利权诸多丧失；各省办理财政人员具有新知识者甚少，推行新税诸多窒碍等因，决定特设财政讲习所，以培养税收应用人才。讲习所所长由审计处总办王璟芳充任，财政总长周学熙还专门致函邀请审计院顾问法国博士宝道、俄国博士葛诺发、财政部法国顾问马肃以及日本前税务监督署署长河田常吉等担任各科目教习，其余教员均系财政专家。学员学成结业后，即由财政部分交各省财政厅派充重要税厘差事，至将

---

① 周熊：《税务专门学校的创立和发展及办学传统初探》，《上海海关高等专科学校学报》2000 年第 2 期。

② 丘东旭：《我国租税政策之研究与批判》，福建合作印刷工厂1945 年版，第283 页。

来举办营业税、所得税时，亦专就此项人才派令承办①。

曾留学德国、长期活跃于民国财税一线的关吉玉，以其对西方财税制度的深切感悟，始终强调税务管理人员教育培训的极端重要性，依其所言："良好的税制，赖乎健全之机构；健全之机构，赖乎廉能之人员。三者具备，良法美意，始能著其功效。"② 换言之，税制不良，征收不善，则岁计永无足用之日，"廉能之人员"当属良法美意之基础和根本。直到抗战前，在他主持的《财政部四川区税务局学报》的创刊号上，还于扉页专门就税务人员"八德训练"题词勉励：

消极持身条件：廉洁、节俭、谨和、忠诚。

积极服务条件：适法、负责、进取、爱国。

缺一于此不足为税务人员。与之相对的：贪污、奢侈、怠傲、虚伪、放荡、敷衍、苟安、自私，有一于此不足为税务人员③。

但即便如此言之谆谆，而视之藐藐者仍不在少数，"贪奢"之风并未削减。而整个民国38年的税收历史，在人们普遍的记忆里，形象并不光彩照人，税多税乱的印象并非是先入为主的错觉，其根源当与税收征管人员的自毁长城关系甚大，尤其是下层征管者和各种包税商，无论法律如何严密，他们总能找到利益最大化的途径以自肥。西方人称：整个世界都在包税人的统治下呻吟，有包税人的地方，就没有对公共法律的尊重，就没有各省的自由，但是政府不能取消他们，政府的财政收入必须依赖他们，并且没有更好的可以替代这种制度的方法④。诚哉斯言！

上述事例说明，民初在对财税人才的培养方面，还是具有一定规模和成效的，但遗憾的是，这种教育培训的规模相对于偌大的中国而言极其微小，受益群体根本不敷国用。正是由于税收征管人才的奇缺，这些

---

① 《财政讲习所与经界讲习所》，《申报》1915年10月10日。
② 关吉玉：《中国税制》，经济研究社1945年版，第249页。
③ 《税务人员八德》，《财政部四川区税务局学报》1937年第1期创刊号。
④ ［美］查尔斯·亚当斯：《善与恶：税收在文明进程中的影响》，翟继光译，中国政法大学出版社2013年版，第19页。

事例最终又陷入前已提及的"上层化"旋涡，财政部、各省市级的财税高管，大多具有良好的学院背景，专业化程度较高，个人品德操守也相对较高，他们可能洁身自好，但如何管理好"牧民之官"，他们似乎很难搞出一整套有效措施进行规范。而基层征管人员几乎没有任何有效的职业道德教育培训，他们的职业操守仅仅依靠熟人和面子作为约束，至多是在被发现后的撤差和罚款而已，但被发现者又极寥寥，违法成本极低，再加上很多基层征管人员常存"捞一把就走"的念头，所以他们必视贪赃枉法为惯常。若欲求弊绝风清，焉有可能？于是，任意苛敛、贪污中饱成风而难以根除。真正将税务人员严加考训和选任作为一种制度而推行则是在抗战期间，期间的税政改革倡导"税务要好人来办，好人要来办税务"，并强调"从学问上下功夫"以规范直接税征管，似乎还出现了一定的"新人新精神"[1]。

至于其他人事管理制度，如各种考成制度和监督审计制度，前文已在不同章节分述了民初众多税法对于税收征管业绩的考核奖惩规则和监督审计措施，这里从略。尽管中枢绞尽脑汁设计出来的法规制度严格严密，但落实起来难度很大，有些法律最终沦为摆设，当然也有很多手脚不干净者依法受到严惩，也有一部分人因业绩突出而获得相应的褒奖。

此外，尚有税收征管人员的福利待遇制度。由于各税种征管机构不统一，其待遇也相差甚巨，如关盐二税之从业者的福利待遇要优于其他税种的从业者；同样，负责国家税或中央专款之征管者要优于地方税的征管者，小税种征管人员的福利待遇自然无法与重要税种的管理者相比。但即使同一税种，其征管者的待遇仍有差别，一方面属于身份因素所致，如海关管理人员中，洋人的福利待遇远比中国人的待遇高，盐务人员也是如此，同时，因其内部分属盐务行政、稽核、缉私不同系统的人员，其福利待遇也不尽相同，盐务行政人员系比照

---

[1]　魏文享：《新税、新人、新精神：抗战时期的直接税人员考训制度》，《近代史研究》2019 年第 3 期。

"文官俸给表"叙支；盐务稽核人员比照邮务人员薪级订定[①]。另一方面属于区位因素所致，历来官缺，皆有肥瘠之别，带来的个人收益自然多寡不一。但如何使人减少心理不平，并让他们在职时有所养、退休后有所终，想来应该不是什么主要问题，放眼丈量，从古至今，税务工作似乎一直都是人们渴望的职业，此种含义不言而喻。

"墨菲定律"告诉我们：任何事都没有表面看起来那么简单，越是担心某种情况发生，那么它就更有可能发生，即所谓的怕什么来什么。我们担心税制有可能变坏，担心税款被截留或滥用，担心税负增加，担心税务管理人员贪污腐败浮收苛索，担心逃税抗税骗税……担心的事情都会出现，各色败坏税制之行为有法难绝。

五　税收征管实效

税收征管的终极目标是将纳税人的钱变成政府的钱，供政府使用。而在使用的顺序上，又有中央政府如何将地方政府的钱收归己用的程序设定。良性的关系是依法征解，依法用税，但自古至今，税款征解靠政治权力和众多约束规则即可实现，依法用税则十分模糊，即如民初那些真假莫辨的预算设计，也很难说是合理用税，更何况其收入也无法依预算而进行。

正义的和符合道德的税收应包括两方面：一是制定一个公正合理的税收制度是所有政府的首要义务，税收征收方式是公正的，税款管理和开支是合理的；二是为服务和保护自己的政府缴纳自己应当承担的一份合理的公共经费是每个人应尽的义务[②]。这两项却也是民初税收所无法企及的奢望，税收征管几乎是有法不依，老百姓根本无法理解日益沉重的苛捐杂税的来由，征纳双方时常处于敌对状态，很难想象这样一种征纳关系。

---

① 财政部财政年鉴编纂处：《财政年鉴》（上），商务印书馆1935年版，第74页。

② ［美］查尔斯·亚当斯：《善与恶：税收在文明进程中的影响》，翟继光译，中国政法大学出版社2013年版，第456页。

（一）强权征管

税收之善在于征之有度，满足国用，国家形成力量以进行宏观建设，促进经济社会发展；税收之恶在于征之无度，漫无边界，无处不在，扰民累商。民初税收征管总以前者为标榜，却以后者为实际，为达此目的，只能依靠强权而非法律。

袁世凯时期，税收征管尚能依靠北洋系的面子支撑，无论刚开始的沿袭旧制还是其后的国地税分设、中央专款制度的推行，税款上解虽不能做到如数办理，但至少说还可以勉强维持。袁氏之后，群龙无首，北洋内讧和南方威胁，税款报解似乎只是一个数字而已，究其原因，无外乎地盘实力和枪炮。而按照时人的论说：民国初年，政治骚动，战乱不已，形态上，存在着明显的"中央集权"与"地方分权"之争。中央集权表现为武力统一，地方分权表现为群雄割据。中央以统一为名，东讨西伐；地方借自治之口，拥兵相抗，合纵连横，究其实，不过大小军阀之祸国殃民耳，"反映此种封建政治性格于财政问题上者，以国地收支系统划分问题，最为露骨。中央不惜以补助金等办法，拉拢地方，而竭力限制地方财源，借以防止地方政权与势力之膨胀。地方为挟制中央政权，自亦坚执其固有财源，毫不放松，甚至截留国税，擅发纸币，无所不为。盖所谓财政，早已变成大小军阀穷兵黩武之经济基础"①。这种情况一直在持续，有人曾对20世纪20年代初中国财政困窘情况进行这样描述：中央各机关及内外债权者之索欠，既以应付俱穷，绝无活动之余地；各省区又以政变迭出，军费日增，截留应解之款，而以为未足，复日仰给于中央。应之则库空如洗，罗掘无由，不应则函电交驰，追索益急。日处此扰攘纠纷之中，中央与各省区遂交受其困而无可振拔②。这些情况应该是民初财政上的真实写照。

---

① 张一凡：《民元来我国之地方财政》，朱斯煌编《民国经济史》，《近代中国史料丛刊三编》第47辑，第175页。
② 《中国财政全部之内容》，《东方杂志》第19卷第23号，1922年12月10日。

本来，分税制财政体制就是为确保中央收入不为地方截留而实行的应对之策，理论上的设想和法律的构建往往与事实不全相符，在中央需款甚急的情况下，从中央到地方要想设立一系列的中央税款的征管机构并非一朝一夕的事情，所以，袁世凯时期，国地税分设尚未完成相应的准备就被叫停，代之而兴的是中央专款制度，并延续了好多年。但事实上，中央专款制度也没为中央政府提供足够的财力支持，财政部向各省催款，常常"屡催罔应"，湖南、江西、广东等省较为典型，"财政部催南方解款，湘鄂回复：税收减，军费大，难以应命"①。各地对于中央税款的截留，其势头不但并未削减，反而变本加厉，原因无他，地方枪杆子更需要钱，军阀政治开始出现。

当参议院议员赵炳麟建议"武人不得干涉政治"的议案刚一提出，即受到了各地军头的强烈反对，张勋、张作霖、孟恩远、王占元、张怀芝、曹锟、李厚基、赵倜、倪嗣冲、李纯、阎锡山、田中玉、湖南省议会等纷纷致电声讨，要求自行打消撤回该案，甚至声称要以宪法会议不适于国情为由，通电各省督军、省长及各师旅，"一致主张解散两院"②。可见其气焰之嚣张绝非文人所能抵制，而从实际看，民初已非武人干政，而是绝对的武人当政，其后果不堪设想。在税收征管上，法律仅是招牌，枪杆子里出税款才是事实，持枪征税者比比皆是。如盐税征管有缉私营，印花税征管有各省督军、兵站司令撑腰，直接自己委派印花税处处长、自印印花税票，各税种检查常常由警察、卫兵携枪前往，甚至税务督察员也经常是着号衣下乡，翻箱倒柜，无所不用其极。这种事情尤以浙江、湖南、广东、四川和云南等为最，其背后无一例外地是军人操纵。

即如北方也非全然听命于中央，收税也要靠枪杆子，"当曹吴势盛时代，视直省如个人之账房。凡有所需，长官必竭力供奉。虽已怨

① 《国内专电》，《时报》1916年5月1日。
② 中国第二历史档案馆编：《中华民国史档案资料汇编》第三辑，政治，江苏古籍出版社1991年版，第1252—1254页。

声载道，但亦无人敢与曹吴算账者。故实亏若干，从无人能知其底蕴。……迨至直奉再起战端，吴佩孚派员来津，坐索军费"[1]。这种收税方式与军阀间的连年混战密切相关，并且导致了军费支出的不断上扬和国家税款的恶性滥用，毫无正义可言。巨额军费开支成了民国难以承受之重（如表3-16所示）。

表3-16　　　　　　民初岁出预算与军费支出比较　　　　　单位：万元

年份	岁出总额	军费支出	占比（%）	年份	岁出总额	军费支出	占比（%）
1912	35636	12069	33.87	1916	47152	14946	33.81
1913	64224	17275	26.89	1919	64769	26910	41.68
1914	35702	13597	38.08	1925	63436	29771	46.93

资料来源：徐沧水：《岁出预算上之军费限制论》，《东方杂志》第21卷第1号，1924年1月10日；千家驹《最近三十年的中国财政》，《东方杂志》第31卷第1号，1934年1月1日。

表3-16所列军费支出，因年景不同而有所变化，1913年的二次革命使军费较1912年增加了5000多万元，但因当年收入的增加而在岁出中比例有所降低，1914年军费支出有所回落，仍比1912年增加了1000多万元，其后的绝对额一直在攀升，占比也在不断提高，最高年份甚至到达了将近一半的程度。有人将其定义为"匪帮理论"：各省军阀拥兵自重，形成了大大小小的独立王国，为了维持统治和扩张地盘，大量的财政经费被投入军事领域。从各省军费的开支看，1922年四川省军费支出占该省财政支出的88%，1923年河南省军费支出占全省财政支出的84%，山西省为80%，湖北省更是高达94%，江苏省1914—1920年，军费开支增长了一倍，而湖南省1922年以后，全部收入还不够军费开销之用。军费开支庞大除了因为扩充军队和应对战争之外，各级军官中饱私囊行为比比皆是，1925年江西省

---

[1]　《天津通信·直省财政之损失》，《申报》1924年12月23日。

支出军费 1176 万元，仅有 480 万元用于军事开支，其余皆流入军阀口袋。湖北督军 "各大马路巡阅使" 王占元、"三不知将军" 张宗昌等最具代表性。即使一些军阀确实也做了一些有利于发展地方事业的 "善事"，如张氏父子在东北兴办教育，阎锡山在山西以及其后的韩复榘在山东分别进行乡村建设和发展教育事业等，均有一定的成效，但也只不过是由用税收代替了抢劫，由 "流动匪帮" 转换为 "常驻匪帮" 的区别罢了①。

因此，有学者评价：民国初期风云人物并非一无是处、全是邋遢龌龊的匪霸小人，有的军阀还相当有建树，不是务实开拓，就是乱世干臣，他们也并非个个存心做坏事，并且，那些北洋大军阀和政客，可能在言行上有很多欠缺，但他们的民族气节是值得肯定的②。

但是，在中央政府权势衰微的情况下，"各省军阀，竭地方之财以养兵，即挟所养之兵以敛饷，一切财源均在囊括之中，此时已无所谓财政上之划分了"③，却是无法回避的事实。这些军阀专注于眼前利益，尽可能地扩充兵饷和横征暴敛，主要还是与政局不稳、随时可能下台有关，根本无暇顾及民生问题，捞一把最实惠，哪管它此后的洪水滔天。从全国教育与实业的投资情况看，1919 年的教育经费仅为 620 万余元，约占岁出的 9‰，每年人均经费少到一分五厘的悲惨境地；实业经费更少，仅有 337 万余元，约占岁出的 5‰④。各地军阀拼命进行的利益争夺严重危害着社会经济的发展，穷兵黩武的时代留给人们的绝不是什么 "民国范儿"，战争不仅需要巨额军费，更需要很多青壮年人的血肉之躯，生灵涂炭的画面怎么说都不美丽。

专家对 1916—1928 年民国军阀扬威耀武与臃肿蹒跚的双重属性描绘得很是经典，认为他们的存在所能代表只有以下三点："第一，

---

① 刘巍：《北洋政府时期的财政分权与集权》，《求索》2017 年第 6 期。
② 张程：《总统们：民国总统的另一面》，国家行政学院出版社 2011 年版，第 8 页。
③ 安徽省财政厅：《安徽财政史料选编》第 4 卷，内部资料，1992 年，第 97 页。
④ 徐沧水：《岁出预算上之军费限制论》，《东方杂志》第 21 卷第 1 号，1924 年 1 月 10 日。

现代武器的优越性，造成了一个人口过剩国家的黩武主义，在这个国家中武备的扩展超越了公众意识形态的发展。第二，老的绅士、商人、官吏统治阶级没有能力在一个全国范围的新的政治组织基础上团结起来。第三，正当民族主义似乎取得胜利的时候，全国的振奋能力却处于低潮。"① 是这些军头们对国家治理失望无助才视钱财重于政治吗？很难讲，但横征暴敛的短视行径确实常态化了。

（二）税收负担

民初税收的征管手段有限，为确保征税的需要，除了依靠枪炮以及法律规定的严厉处罚的威胁之外，还要依靠各种各样的激励措施以督促税款的征解，这其中还包括隐藏于各税种法文中告密制度。如《印花税法罚金执行规则》第二条规定，不依法贴用印花之契约、簿据，于警察官厅检查时发觉及巡官长警平时纠发或人民告发，将依法处罚，第五条规定，由民人告发者，以所处罚金的五成奖给告发人。又如盐务缉私，官方主张要广开举发各队运私放私情弊，以增税收②。再如办理验契税，允许原主告发，并给予奖励。其他税种也有类似的专条规定，借以扩大税务稽查的视野，这种激励措施在一定程度上促使征税人员依法征税，纳税人依法纳税，并且一直沿用③。

由此可以说，税务机关对于纳税人的防范已深入骨髓。奖励告密是"把人看成贼，不惜明查暗访，钩心斗角以揭发之，追侦愈严，趋避愈巧，岂无所获"④。告密者的隐身存在让人生畏，熟人检举，防不胜防，举报者为奖励或泄私愤而底线全无，被举者则互相猜忌、人人自危，整日提心吊胆，人伦关系环境极度恶化，严重影响社会和谐，再加上那吓人的税警和枪，老百姓何其忧虑，想逃税都有点后

① 费正清：《伟大的中国革命（1800—1985）》，刘尊棋译，国际文化出版公司1989年版，第168页。
② 《张天骥条陈整顿淮北盐务缉私办法与盐务署来往文件》，《中华民国史档案资料汇编》第三辑，财政，第1416页。
③ 柯伟明：《民国时期税收征管激励机制研究》，《兰州学刊》2017年第6期。
④ 崔敬伯：《财税存稿选》，中国财政经济出版社1987年版，第126—127页。

怕。正是在这种情况下，税收收入总是随着武力的增强而有所增长，当然也与经济的缓慢发展有关，毕竟，这一时段在西方研究者看来，还是中国资产阶级发展的"黄金时代"。具体税收收入情况如表3-17所示。

表3-17　　　　　　　　　　民初税收收入统计　　　　　　　　　单位：万元

年份	岁入总计	税收收入	占比（%）	年份	岁入总计	税收收入	占比（%）
1913	55730（预）	30271（预）	54	1921		21070（实）	
1914	38250（预）	34026（预）	89	1922		22470（实）	
1915	46450（实）	30724（实）	66	1923		21015（实）	
1916	47284（预）	39184（预）	83	1924	35177（预）	32967（预） 20252（实）	94 58
1917		16921（实）		1925	46164 （预京） 8420 （实粤）	43656 （预京） 5481 （实粤）	95 65
1918		17541（实）		1926	12251 （实汉）	1909 （实汉）	16
1919	49042（预）	40708（预） 20241（实）	83 41	1927	17607 （实宁）	6316 （实宁）	36
1920		19816（实）		1928	43275 （实）	33248 （实）	77

资料来源：国家税务总局：《中华民国工商税收史——税务管理卷》，中国财政经济出版社1993年版，第562—564页。

袁世凯时期，中央预算岁入多在四亿元以上，其税收规模一直维持在三亿元以上，1913年推行分税制的当年，全国财政收入达55730万元，超过历史上任何一年，也超过清代最高岁入年份（宣统三年）的30%以上，创造了民初税收的辉煌。帝制崩溃后，军阀开始混战，各省形成割据局面，截留国税，横征暴敛，破坏了这一财政体制。财政收入忽高忽低，税收收入有所下降，但大多在两亿元左右徘徊。若从税收在财政收入中所占比重看，无论是预算收入还是实收，在数字上的表现是，国家财政对税收的依赖程度相对较高，大多维持在50%以上，高的年份竟达95%，可以说是靠税收活着。国家要想满足其财政需要，一方面需要依赖大量的内外解款，同时必然地要扩大征税面，甚至不惜掘地三尺，所以我们也看到，民国税收的另一乱象就是苛捐杂税多如牛毛。

民初，大大小小的军阀各自为政，视税法为儿戏，法外苛敛，毫无规矩，苛捐杂税难以计数，如鸡鸭捐、猪羊牛捐、房捐、车捐、船捐、米粮捐、码头捐、商捐、货捐、戏捐、花捐、道士捐、和尚捐等上百种，几乎无物不捐[1]。同样如周谷城对全国的调查，各省捐税常常是正税正捐之外附加了数不清的杂捐杂税，全国仅有热河、绥远、察哈尔、西康四省因交通不便，运输困难，其杂税杂捐项目较少，收入较他省为少，其他省份的税捐名目多得超出了人们的想象，罗列的税目看起来都令人头疼[2]。更有甚者，家里供的先祖堂要纳祠堂捐或大厅捐，女子出阁要纳出阁捐，讨老婆要纳新婚捐，走路要交过路捐，救济难民要纳难民捐，即如倒粪缸也要纳捐，有人曾撰联讥曰："自古未闻粪有税，如今只剩屁无捐"及"尽敲榨假充公用，遍设关税、卡税、田税、屋税、人头税，税到民不聊生将腹税；竭搜罗大饱私囊，勤抽盐捐、米捐、猪捐、柴捐、屎尿捐，捐得人无活计把躯捐"[3]。这两副对联确是"民国万税"的真实写照。据统计，河南南阳的税捐主要有：一是随正税征收的附捐有14种：随粮征收的学费、车马费、警费；亩捐；漕串捐；丁串捐；粮差捐；粮票捐；契捐；契附加税；当契附加税；契尾捐；牙贴捐；附收斗捐；酒斤加价；盐斤加价。二是属于特殊捐者有39种：学租、铺捐、戏捐、会捐、门捐、粮捐、庙捐、行用捐、车骡捐、车票捐、煤车捐、册书捐、粮坊捐、

---

① 陆仰渊、方庆秋：《民国社会经济史》，中国经济出版社1991年版，第94页。
② 周谷城：《中国近代经济史论》，复旦大学出版社1987年版，第143—146页。
③ 陈光焱：《中国赋税发展研究》，中国财政经济出版社1996年版，第146页。

渡口捐、盐店捐、屠宰捐、米车捐、民捐、商捐、产行捐、煤窑捐、花生捐、瓜子捐、柿饼捐、车捐、羊捐、猪捐、石捐、膏捐、油捐、煤油捐、桐油捐、布捐、花布捐、火柴捐、棉花捐、变蛋捐、规费、徭差①。如此，不难想象生活于其中的下层民众该是如何感受，税收负担是否沉重尚且不论，仅从纳税的种类和程序看，也不是每个纳税人都能清楚明白的。

上述各种名目的苛捐杂税，事实上也不完全征收于每一个国民，因捐税都有具体的征税对象和课征标准，不同税捐课征于不同的纳税义务人，没有义务便不需纳税，有些税种税目仅是一个名称而已，不一定能找到对应的纳税人，如从1927年前后河北定县翟城村及附近两个村庄34家的调查看，全年各项杂费支出中，购买印花税票的仅有一家，花费0.45元②，即是一个简单的证明。另一方面，有些税种也并非国家所定或税法要求，甚至是国家明文规定禁止征收的内容，但处于偏远之地的包税上或代征人员不免有借机敲诈糊弄百姓的可能，那些私自整出来的花样，如果不为上级发现，时间久了，也便成了地方性的税收名目。如前文所述的湖南税吏"满贴印花百分于新娘身上"，并声称"国家之印花税法，凡途遇迎亲者，必贴印花百分多"③，但税法从未有此规定，此说不仅滑稽可笑，而且有失税法尊严。当然，所谓的女子出阁要纳"出阁捐"，讨老婆要纳"新婚捐"也只是部分地区上不了台面的私下恶意苛敛罢了，甚至是征税人员恶作剧般的个案，并不具有普遍性。此外，很多地方主政者也会顾忌地方民意和自己的名声，很少能混账到刮地皮的程度，有些时候甚至也会对那些罪大恶极的税官加以严惩，以平息民怨。

从历史上的税收绝对数量分析，民初的税收负担并不完全如想象

---

① 李青恚：《南阳地区财政志》，中州古籍出版社1995年版，第68页。
② 李景汉：《定县社会概况调查》，上海人民出版社2005年版，第310页。
③ 《新娘身上贴印花的奇闻》，《大公报》1922年2月27日。

的那样可怕和沉重，即使如袁世凯时期的税收收入已高达三亿多元，若四亿中国人平均分摊，尚不足一元，其数额怎么说都不能算是巨大，其负担也不能说是十分沉重。从 1916 年的预算情况看（如表3－18 所示），国民所负担的税收以间接税为主，直接税次之，行为税及其微小。间接税主要包括关税（7132 万元）、盐税（8477 万元）及货物税（9178 万元）等，三项合计 24787 万元，占居大宗，约占税收总额的三分之二，其中盐款收入占间接税收入全额约三分之一，杂捐杂税亦占间接税三分之一；直接税主要包括田赋及其附加等项（11887 万元）、房屋税（62 万元）、营业税（1645 万元）、所得税（284 万元）等税种，共计约 13878 万元，可见田赋收入几居其全部，房屋税、所得税及各种特别营业税收入很小，直接税仅及间接税三分之一；行为税主要有契税（1530 万元）、验契税（294 万元）和印花税（567 万元）等，总数不超过 2391 万元，仅占税收总额的 5.8%，仅是间接税的二十分之一。从所有的税项负担数额看，人均负担额仅为一元多一点，税负也非绝对的难以承受。

表 3－18　　　1916 年度税收预算收入、比重及人均负担额统计

税项	预算额（万元）	比重（%）	人均负担额（元）
直接税（田赋、营业、所得）	13878	33.8	0.341
间接税（关、盐、货）	24787	60.4	0.619
行为税（验契、印花等）	2391	5.8	0.050
合　计	41056	100	1.010

资料来源：陈汉杰：《最近中国财政与借款》，华丰印刷局 1918 年版，第 32—36 页。部分数字依据其他资料有所更动。

即使在 20 世纪 30 年代前后，中国的人均税负也不是高得离谱，据李景汉在河北定县的调查，1927 年至 1929 年三年平均每年每人的税收负担数，直接税约为 0.74 元，间接税约为 0.57 元，行为税约为

0.08 元，合计 1.39 元①。从数据上看，与上表所示数据大致一致。但是，一块钱的税负也不轻松，民初老百姓的收入和购买力还极其有限。根据北京的调查，1924 年，每百斤白面价格为 8.27 元，小米面为 5.65 元，猪肉为 19 元，羊肉为 6 元，盐为 4.7 元，洋布每百尺 11.62 元②。相对于那些连盐都买不起的农户而言，一元钱的税款也是个不小的负担。再加上自古以来，中国人民有纳税义务却从未享受过看得见的福利待遇，税收一直是人们痛恨的东西，甚至是一不留神即可能成为改朝换代的根由。

综上所述，税收征管大体上分为三种常用制度：包税制、配赋制和国家机关直接征收制度。

第一种是包税制，该办法简便易行，能够保证国家和地方政府的税收收入，从节约税收成本来讲也是首选，但其弊端甚多，国家将征税权让渡于包税人，对于承包者而言，无疑将其视为赢利事业，极易引起税收腐败，已逐渐被历史所淘汰，但民初有些税种还不得不利用这种方法征税，如印花税票的销售等。

第二种是配赋制，就是中央下达税收任务，由地方政府负责征收上解，即中央委托地方自治团体进行税款征收，其征收之所得，悉数缴纳国库，性质上类似包办，而稍有不同，至其征收费用及报酬，另由国家拨给。此法曾长期使用，与封建制度并存，其弊在于税收征管各自为政，缺乏统一规范，并有拒不上解之隐患。

第三种是由国家设立专门征税官署，直接进行税款征收和报解事宜，其应征税额在预算时已确定，其后依据定额而征之于纳税人，现代国家多采此制，但因各种激励考成制度，定额之外，短收受惩，超收获奖，又有很多弊端无法避免③。

---

① 李景汉：《定县社会概况调查》，上海人民出版社 2005 年版，第 540 页。

② 张静如、刘志强：《北京政府统治时期中国社会之变迁》，中国人民大学 1992 年版，第 282 页。

③ 王首春：《租税》，商务印书馆 1930 年版，第 55—56 页。

若按此划分，民初税收征管应属三者并行，并因税种不同和国地税的划分而形成了众多的税务征管机构，无论是征管效率还是税收成本都居高不下，并不符合税收的经济原则，如前文已述，大量的盐税、印花税、烟酒税等税款为地方截留，1921－1922年，财政部共印发售出印花税票金额达347万余元，而实际解到部数仅72万余元，仅占20%左右①。如此高昂的成本与微薄的收益可以说是近代税收史上最不划算的一桩生意，归根结底还是税收征管与国家治理能力不匹配之故。税收制度是基础，关照民生是根本；国家治理能力是关键，社会稳定是核心，可惜，民初全不具备。

制度的确立和税法的完善是税收征管的基础，但不必然实现税收法定。分税制的几度更张、中央专款的推行与败坏无不是军阀势力侵害所致，税收征管、税款报解、税制执行等诸多常规性制度因枪炮而失去作用，徒留下"民国万税"之笑柄，也使那一批财税专家汗颜无比。民众税收负担也因军阀混战而不断攀升，除了要钱，还要命，全无法制可言，遑论其他。当税收这种关乎民生的国之重器被邪恶势力把持滥用时，反抗极有可能被作为正义事业而为多数人信奉，如此，则离改朝换代将不远矣，历史一直如此，诚不我欺。

在西方专家看来，民初政局混乱和不断的内战导致北京政府控制力极度微弱，常常政令不出都门，各地军阀为了能在北京施行统治而相互厮杀，"小一些的军阀设法盘踞或扩大他们的地盘，由于当时没有一个中央政府能够代表整个中国说话，流行一种说法，认为中国已不是一个国家而只是一个地理名词。久在中国驻节的英国公使朱尔典就说过：'混乱从来未达到过像我们现在所目击的程度。很明显，想要得到任何全国性的统计数字，必然是件绝对办不到的事情。'"② 中央权威的丧失和国家治理能力的弱化必然导致国家税政难以控管，国

---

① 杨汝梅：《民国财政论》，商务印书馆1927年版，第41—42页。
② ［美］阿瑟·恩·杨格：《1927—1937年中国财政经济情况》，陈泽宪、陈霞飞译，中国社会科学出版社1981年版，第2页。

家税收最终成为一笔糊涂账，并成为民众难以承受之重。

有人说，民初很优雅，其实，民初很可怜。

图3－1　中国新服制

图3－2　政府之新脑海

注：选自霍修勇：《内政春秋》，岳麓书社2004年版，第42、62页。近代中国，百废待举，所需资金，既靠内债，又举外债，既征国民捐，又收印花税，苛捐杂税把老百姓折腾得叫苦连天。在政府官员的脑海里盘旋的，依然是巧取豪夺和横征暴敛之法，沉重的负担最终仍然由老百姓默默承受。

第四章 北京政府分税制的梗阻

　　民初，由于西方财税理论在中国的传播较之晚清又上了一个新台阶，各种税收现代化之说日渐昌盛，新一轮的税制改革开始启动，再加上新生政权财政困窘的极度渴求，中国税制改革的步伐进一步加快，一系列税收法律法规相继问世，短短几年便基本完成了税收法律体系的现代化架构。但税收的现代化不仅需要完备的税制体系，从传统税制向现代税制的转变更需要完成人的现代化，无论是纳税人、征税人和用税人均应具有现代税收意识。税收遵从不应只是针对纳税人的基本要求，同样对征税者和用税者适用，即税收征管与税款使用必须依照法律的规定进行，而很多时候，后者对税制的破坏更加严重。

　　正义的税收必须在税收收入和国民财富之间保持一定比例①。但这一比例很难确定，民初的当政者也不可能进行量化规定，他们更倾向于从纳税人口袋里弄到更多的钱，形成了亚当·斯密所说的违反税收经济原则的几种丑陋表现：一是为征收赋税而使用了大批官员，他们消耗了大部分税收作为薪俸；二是阻碍了人民的产业发展，人民不愿意投入事关国计民生的商业活动中；三是拙劣的惩罚制度鼓励逃税；四是税吏的频繁造访以及令人讨厌的税务稽查常常使纳税人面临不必要的麻烦、困恼和压迫②。回顾民初税史，颇为符合，税制初设，

① ［美］查尔斯·亚当斯：《善与恶：税收在文明进程中的影响》，翟继光译，中国政法大学出版社 2013 年版，第 362 页。

② ［英］亚当·斯密：《国富论》，唐日松等译，华夏出版社 2005 年版，第 582、635—637 页。

尚有税收现代化的苗头，及至制度推行才发现，这一张力远没其阻力强劲凶猛。民初税制改革是在各项配套改革还没准备好的情况下的应急行为，虽有制度颁行，但很难落实，治税理念与征管技术存在极大缺陷，终致杂乱无章而引发众怒，抗税斗争持续不断。历史告诉我们，超强度的资源汲取是朝代轮回的根本原因。

第一节　制度流弊泛滥

税收制度本身的缺陷在前面相关税种介绍中已分别做了说明，由税制及其配套措施设置缺陷而导致的流弊泛滥主要表现在税收征管上的严重不公和"人治"倾向等方面，法外治税最终加剧了人们对税收不公的感觉，诱发了公众"纳税痛苦指数"的攀升和对税收的痛恨。

一　税收不公

税收公平是指具有相等纳税能力者应负担相等的税收，不同纳税能力者应负担不同的税收。税收公平原则以分配公平为基础，因此，众多学者对税收不公问题的研究，多着眼于收入分配的公平诉求方面，从而强调税收对于调节收入分配的重要作用，试图从税收法制建设的角度来治理社会分配的不公平。事实上，税收不公的原因除了"税制"因素之外，更多地与"税治"有关，这既是一个历史现象，更是一个亟待解决的现实问题。为了表述方便，这里仅从税收征管的角度对税收不公的表现进行梳理分析，不局限于制度条文的解释。

（一）城乡差别

税收不公的区域差别主要表现在城乡差别和东西部差别两个方面。由于我国东部与中西部经济发展水平的不同，其税收不公的差别化更加严重，国家层面的制度建设已有所体现，兹不赘述，这里主要从历史的角度分析税收不公的城乡差别的表现及其原因。

近代以来，税收不公的城乡差别一直存在，不公平的程度与距离城市的远近成正比关系，即城乡距离愈远，税收不公的程度愈烈。税收法律虽然经常被当作玩偶，但在较为发达的城市，人们对税法条文的熟悉程度远比乡民要高很多，认真起来，税吏总也不敢任性造次，而众多乡民就没那么幸运，骧突叫嚣之事在广袤的乡村多有发生，即所谓的天高皇帝远，老百姓只能逆来顺受。因此，同样的税种税法，在城乡之间不自觉地被撕裂为二元制形态，区域差别由此形成。

随着近代城市化步伐的加快，城里的各种社会团体、组织逐渐兴起，并聚集了相当的活动能量，敢于和能够同政府的权威相抗衡，并极有可能因此改变甚至阻止政府的某种决策。如民初印花税的开征，因各地商会，尤其是上海总商会、天津商会、苏州商会、直隶商会等大都市社会团体有组织地坚决抵制，要求缓行或撤销印花税的呼声一浪高过一浪，函电交驰，聚会游行时有发生，几乎使印花税的开征胎死腹中①。这种现象在清末民初一直不绝，既是出于对自身利益的算计，更是对中央权威的严重挑战，于国于民均非善事，一旦常态化，将直接影响国家治理效果。由此可以清晰地看出，近代税收矛盾运动的主体越来越以利益群体的形式出现，具有利益群体冲突博弈的性质，税收矛盾具有扩散性和偏激性的趋势，其互动方式越来越多地采取诉诸冲突的尖锐方式，很显然，这种解决路径是偏远乡村所不可能出现的，因为那里没有相应的组织系统。

正是由于这种"在野的市政权力网络"的监督和调适，许多税收政策得以改善，那些恶作剧般的征管方式在城市中也相应地减少了很多。其他税种如营业税、遗产税等的开征，都曾遇到过类似的抵制和抗议，虽然最终不影响国家税收政策的推行，但至少对政府决策起到了一定的限制和修正作用。由于这些团体、组织的存在，城里的纳税人才有了自身利益的代言人，才不至于被税吏恶意强加各种法外之

---

① 李金铮、吴志国：《清末官方与民间社会互动之一瞥》，《江海学刊》2006 年第 6 期。

税；正是这种限制和修正作用，城市里的纳税人才得以维护自己的权益。而这恰是乡村社会所缺少的东西，在"保护型经纪人"渐次退出农村社会后，乡村民众的代言人便不复存在。"赢利型经纪人"的上台，一个主要工作目标就是完成甚至是超额完成上级下达的各项任务，尤其是在征税方面。在指标任务、考成比额的驱使下，什么事情都可能发生，摊派便是一种恶政。更令人生厌的是税收执法检查，由于众多乡民对税收概念并不十分清楚，于是闹剧经常上演，在素称首善之区的直隶，印花委员们常常带差下乡，骚扰商民。1923 年九月十日，直隶印花税处派员检查印花，该员即令差沿街搜查，所到之处，气焰逼人，声势汹汹，并不声明所干何事，突入柜房，翻箱倒箧，如搜贼赃，见有多年废纸及往日废账，无足为凭之物，强抓为据，大言恫吓，竟自在乡私罚，至境内被私罚者，约有十余家，罚款在数百元以上。人们哀叹说："吾民遭兵燹匪灾之不足，而又遭委员之灾，实觉无安枕之日。"① 其实，征税者利用的正是乡民们对税法的模糊认识和对公权力的胆怯心理。在乡民朴素的认识里，黄粮国税不能避免，政府人员说的就是法律，不敢违抗。

国家税收无论是以过去的农业税为主还是以现代的工商税为主，农村一直是其主要的依靠对象，在汲取资源、社会动员的过程中，农村的作用举足轻重。在乡村自组织机制缺失和没有一个真正的"保护型经纪人"的情况下，城乡差别将进一步拉大，城乡间税收不公的趋势也仍将继续存在，并可能加剧农村的破败程度。在"革命靠农村、建设靠农村、发展靠农村"的思维模式里，如何善待农村无疑是个极其重要的话题！

（二）群体差别

税收不公的群体差别主要指具体税法在具体的纳税人身上的不公平表现。税收公平的基本要求是：以同等的方式对待同等情况下的同

---

① 《印花委员之纵差扰民》，《益世报》1923 年 11 月 4 日。

等的人，但事实是，在很多情况下，税法并没有如此的铁面无私，执法过程也并非如此的公正严明，在面对不同的纳税人时，征税常常是"柿子拣软的捏"，既要拔最多的鹅毛，又要听最少的鹅叫，那就只能对容易欺负的人下手了。这里的群体，可大致划分为企业（或组织）和人两大类。

就企业而言，国有企业与民营企业的身份待遇根本不在一个起跑线上。自晚清工业化起步开始，"国有企业"就依靠国家权威，垄断着更多的资源，一旦企业成立，方圆几十里几百里不得创办同类企业，这种规定多载于各个企业的章程中，排他性地压制着民营资本的发展。同时，国企还隐藏着其"全民"的特性，企业红利与全民没有半毛钱关系。另外，国企还享受着无与伦比的税收优惠，就连缴纳的税款，其实质也只是从左口袋装入右口袋而已。而近代以来的民营企业，从一开始就是从夹缝中挣扎出来的，虽然处于民族资本发展的"黄金时代"，但资本并不发达，绝无能力与国有企业相抗衡，税收对于它们而言几等于雪上加霜。此外，企业还有大小之分，纳税能力和税收负担也有多少的区别，纳税大户自然受到更多的青睐，受到更多的优待。这种不公平是显而易见的，在强国家、弱社会的环境里，纳税的痛苦只能感觉体会，不能表达，也无力表达。

就人而言，由于传统社会"熟人"规则的存在，无形之中，人就被分为三六九等，一些能人往往通过不同渠道，为其不缴税或少缴税谋取保障，给人的感觉是：有能耐的不缴税或少缴税，没能耐的多缴税。而税收"优惠"更乐于向名流权贵献媚，如前述印花税票的摊派，绝不可能摊派到达官显贵头上，其他税种亦如此，比如所得税、遗产税、营业税等，基本绕开了权贵们，他们有的是机会获得税收减免。民初隐匿虚报所得额营业额、隐匿飞洒赋田的大户人家不在少数，即使到抗战时期亦然如此，1943 年 8 月，国民政府主席林森死后，按规定应课征遗产税，而征管人员"未敢轻举妄动"而请示财政部，答曰："依法固不应免，惟此问题，似可暂缓提出。"此后，林森的继承人也再未提出申报，"固属蔑视国家法律"，而财政当局不依法征管，则是"自弃法律"，无疑助长了有权势者抗税，无权势者拖欠的流弊①。上述情况表明，在某些时候，税收扮演的并不是维护社会正义和调节贫富差距的角色，很多时候似乎是在劫贫济富。

另一种特殊情况是：涉外税收的严重不公。在不平等条约的制约下，近代中国的涉外税务一直处于极度尴尬状态，洋行、洋商享有诸多税收优惠政策，甚至租界内华人也得以免除许多纳税义务，常见的是仅有一路之隔，一边居民有纳税的义务，而另一边居于租界内的华人和外国人，可以不履行纳税义务的奇怪现象②。这是一种被迫的无奈，直到1935年以后，这种情况才有所改观，如1935年实施的《印花税法》才明确规定：我国印花税采用属地原则，不论本国人民或外国侨民，凡在中国境内发生或使用的凭证均应粘贴中国印花税票。此种情况，后文还要述及。

上述情况可以归结为行业、职业、经济属性等方面的差异带来的税收不公，属于"税制"和"税治"共同创造的群体差别。

（三）征管差别

税收不公在很大程度上来自税收征管过程中的不确定性，并在上述两种不公平现象中已有所体现，严重损害了税收的确定原则和税法的严肃性，这里再就具体的税收征管和执法过程中的不公平现象做以简单归类如下。

一是征管技术造成的差别。受税源监控能力和征收手段的制约，税收往往呈现出"欺负弱者"的外在形象。如印花税票的搭放、摊销、《关于人事证凭贴用印花条例》中将结婚证书和各类学生的毕业

---

① 国家税务总局编：《中华民国工商税收史——直接税卷》，中国财政经济出版社1996年版，第251页。

② 国家税务总局编：《中华民国工商税收史纲》，中国财政经济出版社2001年版，第63—64页。

证书纳入征税范围以及田赋附征、所得税征之于官吏等方法即属此类，对易于监控到的对象征税可以有效地降低征税成本。即如我国现行的印花税也同样存在着类似问题，如各种权利许可证照贴用印花等，其他税种也有眷顾弱者的偏好，如个人所得税，基本等同于针对工薪阶层设置的税种，由于对高收入阶层监管不到位等问题的存在，不公平现象更加突出。

另外，受税收考成比额的制约，各级征税机关无不在完成税收任务上挖空心思，税收比额层层下达，逐级加码，导致的问题是该收的税收不上，不该收的税"挖地三尺"，这就造成税收对中低收入者的苛刻管控。同时，由于富人收入越高，越有资源和关系偷逃税款，由此进一步增加其财富集聚的速度。这必然导致富者越富，穷者越穷，属于典型的"逆向调节"。

二是管理理念形成的差别。税收的社会特性是"取之于民，用之于民"，然而事实是，只要我们关注一下民国时期的战争耗费，就可以理解税收不公在人们心中造成的伤痛。我们一直在强调依法纳税，但很少听说依法用税，税收如何"用之于民"似乎一直是个谜。税收可以聚敛，但不能挥霍，把好"用税关"已成为依法治税的关键所在。

国家税收是政府凭借公共权力、按照法定程序和标准、有偿地取得公共产品的价格①，其实质是纳税人为购买公共产品和公共服务而做出的让渡，作为政府，更应该就其所得为公众提供优质服务，但现实是政府的强势使得征纳关系长期处于严重不对等状态。税吏扛枪下乡收税，军阀城外开炮用税，动用武力于整个征税过程，无论如何都不是现代国家所应发生之事。

三是税政执法产生的差别。税收最大的不公来自税收行政执法的不确定性，税务稽查背后的潜台词往往与钓鱼执法相关，并常冠以国

---

① 熊萧：《国家税收》，清华大学出版社 2010 年版，第 14 页。

家的名义，如前引史料，"国家之印花税法，凡途遇迎亲者，必贴印花百分多，收洋一元多，以为国用"。再如，长沙市南门外周姓篾货店专以贩卖刷把筷子为业，营业极小，"昨派销印花员径入该店，勒令销印花五元。该店主以篾货手艺，无贴印花之必要，再三要求豁免，派销员兵减至派销一元，该店主实在拿钱不出，不得已承认，但要求以货作抵，于是检出筷子数十双，刷把十余个，水端马桶刷把等类，共一大堆请带去"①。如此滑稽之事迄今不绝，为了些许税款而不惜枉法行事者比比皆是，这种猫鼠游戏仍将持续。执法者的自由裁量权较大，必然导致税收秩序的紊乱。对于税收行政执法过程的监督显然已成为税收法治化的重要环节，但在税收征管技术较为原始的时代，这一要求也显得过于奢侈，纳税人所能做的只有默默忍受。

（四）税种差别

与前三个问题不同，税收不公的税种差别是税制设置不合理造成的，而非"税治"问题。国地税划分之后，国家税的征收要优先于地方税，中央专款的征解要优先于其他税种，无形之中就有了中央税与地方税地位不对等的事实，无论在征管条件还是在税收法律的保障上，国家总是想方设法地给予中央税以政策倾斜。如税收法律的级次上，国家税总是以法律的面目出现，而地方税最多是条例或规定行之，地方税税法刚性不足，易于产生征纳双方的寻租关系，损害税法的严肃性。中央总是将主要税种、易于征管的税种划为国家税，留给地方税的总是一些零星的小税种和各种杂税杂捐，如此等等。

此外，税收公平原则要求：同一征税主体或不同征税主体对同一种征税对象只能征税一次，重复征税被认为是对税收公平原则和效率原则的一种侵害，不利于经济的发展。然而，民初的税制之中，重复征税的现象较为普遍。如印花税在财产转让领域中，对当事人双方都要课税，类似一种手续费，与契税（验契税）还有类似性质，其他

---

① 《压销印花之趣闻》，《大公报》1923 年 10 月 22 日。

税种如消费税与营业税、营业税与个人所得税之间都存在着重复征税的问题，其根源在于国家主体理论的税收调控观念的偏差①。

国家主体需要理论的解释是：税收是国家为满足社会公共需要，凭借公共权力，按照法律所规定的标准和程序，参与国民收入分配，强制无偿地取得财政收入的一种特定分配方式，同时负有宏观调控之责。而正是出于对宏观调控功能的期望，政府一方面借设立税种不断增加财政收入，另一方面则以调节社会经济为借口，根据自己的需要，堂而皇之地扩税源、增税负，从而加大了税收征管的随意性和行政性，即使重复征税亦在所不惜。

总之，任何税制都可能会导致税收不公，但这种不公平感如果是整个纳税人群体的感觉或者是绝大多数持反感态度，这种税制绝对是不道德的和危险的。"一个使人民感到不公平的税制，必定是恶劣的税制，必定是一个充满抗税、偷税、漏税现象的税制。而优良的税制，总是使人民在相当大的程度上，认为他们付出的税收，总是能在某个时候以某种使自己利益增加的方式返还。"② 这既是对税收历史的总结，更是对税制建设的中肯建议。

上述税收不公的差别化表现，既是历史现象，也是现实问题，归根结底来自两个方面：即人为因素和制度缺陷。税收公平原则作为税收四大原则之首，旨在通过这一杠杆的调节，促进公平竞争，最终实现社会公平，即权利的平等、分配的合理、机会的均等和司法的公正。税收不公现象在城乡之间、地区之间、纳税人之间、税种之间较为突出，高收入者钻了空子，低收入者反倒成了纳税主体，这种不合理的税收调节加剧了社会分配不公，也造成了老百姓的"仇富"心理，同时也对税收调节失去信任，降低了税收遵从度，使税收矛盾日

---

① 陈熹：《我国重复征税现象与根源浅析》，《法制与社会》2012 年第 7 期。
② 杨斌：《治税的效率和公平：宏观税收管理理论与方法的研究》，经济科学出版社1999 年版，第 56—57 页。

趋激化[1]。税收公平对于建设和谐社会意义重大，是和谐社会的基本前提和基本尺度。制度缺陷造成的税收不公可以通过税制改良加以完善，而人为因素造成的税收不公却很难在较短时间内改观。虽然税制本身存在缺陷，但人为因素才是导致"纳税痛苦"的深层根源。

二 人治因素

我们再从税收征管的人为因素进行分析，以探讨近代以来阻碍税收现代化进程的"人与税"的矛盾运动。税收现代化的基本取向就是税收的法治化，而不仅仅是"法制化"。民初，税收的法制化虽已基本完成，但远未走上法治化轨道。从征税者的角度看，长期以来的税收人治阴影仍在，这种"隐性税制"的存在是对依法治税的严重侵蚀和伤害，直接影响到中国税收的现代化进程。这里仅以征税方的人治因素为例进行说明，并将其概括为四种表现形态：即官本思想、管理逻辑、惯性思维、关系主义，可以将其理解为征税人对税收法治化的自毁行为，也是对前述税收不公的进一步解释。

（一）官本思想

官本思想来源于官僚主义的税收征管逻辑，其基本表现在于对税收法制的无视和征税人对政府征税意志的顺从，征纳双方俨然是一种"主仆关系"，征税者以国家主人的姿态出现，其目的在于为国聚财，其表现形式为征管机构林立，衙门之风盛行。同时，因没有任何依法用税的相应规定，滥用公共收入的行为便无节制，实为军阀混战提供了资源便利。

1. 无视税收法制。税收法定原则作为现代税收的基本原则已被世人所接受，但民初税制总是表现为资源汲取而疏于制度的精心安排，《中华民国临时约法》和《中华民国约法》等宪法性文献大多规定有"人民依法律有纳税之义务"的条文，其规定均共同指向纳税

---

① 王磊：《税收社会学》，经济科学出版社 2011 年版，第 149 页。

人义务，却没有相应的权利规定，这种以国家为本位对纳税人义务的片面强调，其实质是将国家与纳税人置于一种不平等甚至对立的境地，凸显出税收征收管理的官本位思维定式。此外，因缺少相应的税收征管程序法的约束，实体法也不尽完善，以"条例""规则"代替上位法的现象较为流行，任意征税现象长期存在，这是税收征管者对税法的漠然。

2. 顺从征税意志。税收是国家存在的经济体现，尤其是军阀混战时期，税收成为各路军阀的敛财工具和开战保障。开征新税，税外加税，根本无须税收法律的界定和税收宣传的说教，税务部门就可以直接按照"上级"的旨意和"国家需要"的名义，不顾一切地捞取资源，其实质既是基层税收征管者对于政治权力的崇拜和顺从，也是对自身权力的滥用和挥霍。并且，基层征管者也没有别的选择。历史上任性加税的做法比比皆是，在"任务导向"的驱使下，税收征管者的要流氓行径屡见不鲜，杜甫笔下的"三吏"想一想都让人不寒而栗。

3. 任性设置机构。整个民国时期，税收征管机构一直处于多部门并存状态，中央有财政部赋税司、盐务署、盐务稽核总所、烟酒事务署、印花税处以及与财政部并立的税务处（专司海关事宜）等部门互不统属。地方则更是机构林立，各种税局遍布城乡，更为人所诟病的是厘金局的遍地横行，"卡若栉比，法若凝脂，一局多卡，一卡多人，只鸡尺布，并计起捐"[1]，这种现象一直延续至民国结束而不衰，最滥之时全国厘金局卡竟达一万余家，而依赖厘金过活的税吏也有十数万人之众，再加上《厘金考成条例》的督促，以奖励促收入必致各地苛征诛求而益甚[2]。

4. 税款使用无度。依法治税理应包含三个层面：依法纳税、依

---

① 刘锦藻：《清朝续文献通考》卷49，征榷21，浙江古籍出版社1988年版，第8037页。

② ［日］高柳松一郎：《中国关税制度论》，《近代中国史料丛刊》第74辑，第198页。

法征税、依法用税。但无论是宪法还是各种税法，对于政府如何用税始终没有做出任何规定，这就使得依法治税的概念不完整。现代税收的本质是"取之于民，用之于民"，公众因纳税而得以享受到国家提供的公共产品和服务，而不是将税款用于战争，把好"征税关"和"用税关"已成为依法治税的关键，而绝不是对纳税人千方百计地防范了。诚如亚当·斯密所说，腐败的政府里通常有令人怀疑的不必要的支出和滥用公共收入等的行为，保障国家收入的法律并没有得到足够的尊重①。国家只有真正地把每一分税款用于公共产品的投入和民生的改善方面，才能真正地算得上是对法律的敬畏和对税收的尊重。

（二）管理逻辑

历史上的征税人常以政府代言人的身份出现，国家主人的官僚作风加上管理偏好使税收征管浓缩为税收管理和税务检查两大端。进而简化为征税和罚款两件事，并在税收任务和牧民心理的驱使下，延伸出对纳税人的普遍猜忌，看谁都像是偷逃税者，恶狠狠的税务稽查随时光临，甚至不惜动用武力，任意苛罚。

1. 税收征管漫无边际。现代税收的基本要求是税收法定和确实，法无规定者不能征税，而规定纳税的就必须做到"应收尽收"。税务机关和税务人员为了多征税以满足军阀的需要，常见的现象是税吏扛枪下乡，既为排场，又甚吓人，任意苛敛，为所欲为，全无法制意识，多为贪污中饱。在征收方式上，由于政府征收管理能力所限，大量采用认捐、包捐、摊派等方式，更加剧了税收舞弊之风的流行，常常使"商民以什输，公家所入三四而已"②，税收成本奇高不下。包税者在完成其规定比额之后，超过之实征数目入公入私，全听该管官吏自便，致使出现"未有不营私舞弊"甚至竞争征税之怪象③。这种

---

① ［英］亚当·斯密：《国富论》，唐日松等译，华夏出版社2005年版，第636页。
② 刘锦藻：《清朝续文献通考》卷49，征榷21，浙江古籍出版社1988年版，第8037页。
③ ［日］高柳松一郎：《中国关税制度论》，《近代中国史料丛刊》第74辑，第204页。

现象不仅是对纳税人的一种掠夺，更是对国家税收的严重侵害。包税制产生的利益集团必然竭力阻碍国家的税制改革，而尚不完善的现代财税体制反过来又进一步巩固了这种丑恶税制，从而陷入恶性循环。再比如税款摊派，摊派者为完成比额以获提成，总是以层层加码为能事，各种浮征勒索、肆意盘剥的手段层出不穷。如印花税的摊销便是如此，不管是否需要，强制各家购买，致使根本无须印花之人闹剧般地将摊购来的印花税票贴在自家大门上"以避官吏差役之诛求"。其他税种如田赋、屠宰税等各有奇事发生。从法理上讲，由于国家行政能力不足而将税收执法权让渡给包税人，就产生了包税人执法主体不合法的问题，而受托人往往以赢利为目的，多征税多得奖励甚或多留私囊等无一不是这些人的原始冲动，贪污中饱自然成风，最终使纳税人的付出要远大于国库收入，即税收徒困于人民而无补于国家收入。

2. 税务稽查任意苛罚。税务稽查是税收监督管理的重要环节，但一直是税收腐败的渊薮。税务稽查人员不仅具有身份地位的优越感和自豪感，而且心头还荡漾着一种激情澎湃的"施罚感"，因此便常借税务检查之名，行贪污中饱之实，如到饭店检查，往往于吃饭时去，害得饭店老板不得不酒菜伺候，邀请上座，酒足饭饱后，抹抹嘴巴走人，根本不提检查之事。有的税员到商店检查，一经发现问题后，便把违章案件放置一边，借机买东西，有的还假装一本正经，说购货一定要付钱，而商店老板哪敢收钱，只能半卖半送甚至收款更少以了事。如果商店老板不理不睬，税员就会丢下所买东西，面孔一板，说声公事公办，拿着违章案件就走，这就叫"税员上门，老板晦气"[①]。而对于缺少税收法制观念的乡民来讲，税吏更可随意稽查，任意苛罚，如1920年的湖南，税务委员借端敲诈，实无异纵千百虎狼以食人民垂尽之脂膏。一税分委员，设局驻县，委员之下，又各委多人，派往四乡，招添巡丁，城乡密布，抵隙穷搜，肆行苛罚，以入

---

① 上海市政协文史资料委员会：《上海文史资料存稿汇编》第四册，上海古籍出版社2001年版，第249页。

私囊，以故视为利薮，欲得差委者每每先行贿赂，因而取偿于罚款①。商民对于这种无章法的苛罚甚为不满，就连张謇也非常愤懑："惟时闻商民以新税之复杂繁苛，奔走诉其哀怨而已……商之于税，重可忍而烦不可忍，官之于民，信可谅而欺不可谅!"② 确实，税负沉重尚可忍，税外苛罚不可谅。民初税务稽查的可怕还在于税吏带枪，痞徒征税借端敲诈之事才屡屡得逞，为害乡里而人莫敢言。

（三）惯性思维

税收征管的惯性思维主要体现在"为敷国用"而采取惯常手法广开财源，其实就是一种路径依赖，其法不外两途：整理旧税和开征新税。整顿旧税即借用老办法、老经验加重旧税，以实现收入的增加。开征新税阻力较大，征税者往往较为谨慎。

1. 整理旧税。整理旧税是一种较为便捷的增收办法，其基本表现是对旧税制进行翻新，革除其弊端，简化其税制，重新颁布的税法大体上对纳税人有利，税负得以暂时降低，但运行不久便回归到"紊乱—调整—紊乱"的周期性轨道，税负加重的趋势再次重现。在旧税体系中，田赋占绝对数量，民初历任财长均把整理田赋作为收入大端，但这种税赋整理往往存在着三种取向：一是田地升科，即对无主地、新生地（如沿江沿海沿河地带的滩涂地、内地新辟的荒坡荒地等）升科征税；二是经过土地清丈对地主瞒报、漏报、少报的新增田地征税；三是就旧有赋额进行附加和预征。尤其是军阀混战时期，令人惶恐的田赋预征从未间断，有些地方甚至预征到民国 100 年后③。其他税种如厘金、盐税、茶糖税、烟酒税、矿税、当税、契税等。在"整理"的名义下，税率不断提高，税基不断扩充，税外又加以各种杂捐和附征，以至于出现了"民国万税、天下太贫"的杂乱景象，

---

① 《裁撤征收机关之咨请》，《大公报》1920 年 11 月 18 日。
② 岑学吕：《三水梁燕孙（士诒）先生年谱》，《近代中国史料丛刊》第 75 辑，第 336 页。
③ 郑庆平：《中国近代农业经济史概论》，中国人民大学出版社 1987 年版，第 207—208 页。

沉重的税收负担正在肆无忌惮地侵害着本已贫弱的国民。

2. 开征新税。中华民国建立后，沿袭晚清税改路径，以引进西洋税制为开拓财路之法，陆续引入的税制包括印花税、营业税、所得税和遗产税等。由于其最初的动机是希图以制度的嫁接来扭转其财政危局，只着眼于财政需要，而根本无暇顾及税制设计理念的税负公平性与转嫁可能性等问题①，所以法理不足，推行困难，加之商贫民困，收效甚微。除印花税的开征尚属迅速外，其他税制的推行均阻力重重，如《所得税条例》于1914年1月颁布，但因征收手续烦琐，商民抵制等因，直到1921年才部分开征，且收数甚微，仅一万余元②，而营业税和遗产税此时也仅仅是有规划而没落实。

此外，无论是整理旧税还是开征新税，令人生厌的是政策的变动不居，以规定替代法律的现象非常普遍，财税部门或地方政府经常用一个文件通告就对税法进行调整，无论是税率还是税目的调整，全由文件说了算。在惯性思维驱使下，财税部门往往不经任何程序，一个通知便决定了纳税人口袋里钱的去向，这种做法非常普遍，并且因其较强的生命力和感染力而一直延续不绝，它所侵害的不仅是纳税人的利益，更为严重的是自毁国家的治理根基。

（四）关系主义

征税人在具体的税收征管过程中，往往依靠公权力和与纳税人的关系远近为判断标准，不征税或少征税，其中首先以地方垄断主义为最，其次是富人保护主义，从而导致税负严重不公。与上节所谈的城乡差别和群体差别有着一定的交叉情形，事实上，人治逻辑下的税收征管从一开始便会在征管人员的圈子内形成某种需要"照顾"的群体，这个群体越大，税收不公程度越严重。

---

① 林美莉：《西洋税制在近代中国的发展》，《"中研院"近代史研究所专刊》（88），2005年版，第25页。

② 国家税务总局编：《中华国工商税收史纲》，中国财政经济出版社2001年版，第116页。

由于民初中央权威的丧失，分税制推行不久又设中央专款，但均是杯水车薪，难救时艰，中央政府不得不靠借债度日。而盘踞各地的大小军阀为求自保，常置国家税法于不顾，截留税款、自行征税已成常态。在征税过程中，地方政府或军阀又往往具有相当的随意性，对本区域的实力集团多加关照，形成事实上的富人保护主义，不断增加的税收负担最终将转嫁到下层贫弱的纳税人头上。

上述情况是征税者在具体的税收征管实践中所表现出来的违法行为，是对依法治税的自掘坟墓式的严重伤害，说到底是税收人治主义的具体体现，是一种典型的"行政病"。从某种意义上讲，税收违法行为很大一部分来自征税者的法外苛敛，税务机关依法征税是税收法制化的根本保证，执法犯法的恶果不仅是法纪的败坏，更重要的是自毁长城。同样，依法用税理应规范在依法治税的框架内，而不是随心所欲、毫无节制地按需征税。

依法治税不仅是一个法制的问题，更是一个税收理念的转变问题；税收现代化不仅是税收法制的现代化，更需要实现人的现代化。但民初现代税收法制的初现远非税收的法治化，我们不能苛求时人在制度、技术和成本上超越历史的发展轨迹，而应在给予"同情的理解"的基础上，对其进行客观分析。事实上，民初的许多税法并非全是恶政，恶政来源于具体的征税人。税收执法的人为因素并不因法制的严峻而消失，"纳税痛苦"并不因社会经济的进步、纳税人纳税意识的提高而减轻，但对依法治税的向往和对税收契约精神的追求必将成为一种时尚。税收现代化的基本前提和保障是民族的独立、国家的富强和社会的稳定以及生活于其中的人的现代化，而这些基本要求在民初的缺失最终成为国家税收法治化的最大障碍。

三　税收法定

依法治税的前提是税收法定。税收法定不仅包括税法体系的建立，也包括税收立法程序、执法程序的法制化，其终极关怀即在于税款的征收管理不仅必须以法律为依据，而且要充分尊重纳税人的各项权利，维护社会公平正义，促进经济与社会的和谐发展。"法律是治国之重器，良法是善治之前提。"税收良法应以税收入宪为遵循，违法即为违宪。税收宪政是国家税权合法性的制度保障，其核心是对纳税人宪法地位的确认，从本质上讲，纳税人才是税法价值的最重要的主体，对纳税人的尊重就是对宪法的尊重。但民初的那几部宪法又何曾顾及过民生？

民初法制化的追求之路可以说是筚路蓝缕，各类经济法规的制颁，在中国经济法制史上奠定了前驱先路的重要历史地位，对于近代经济制度的建构具有开创性意义①。其开创性意义不仅是指法律的制定，还在于对法治精神的追求。从实践看，民初许多法律规范的出台，大多经参议院核议、大总统批准等法定程序后公布实施。如《印花税法》的颁行，即经国务院转呈临时大总统审核后，提交参议院审议，其议决过程极复杂，历经数月讨论了数十次才得以颁行。此后又经过了数次修订和补充，并完善了与之相关的各种实施细则、稽查规则等制度条例，完成了印花税的法律体系建设。其他如所得税、遗产税、营业税等新税法陆续制颁，旧税如田赋、盐税、验契税等的法制建设不断完善，虽然有部分税种并未如愿开征，但也体现出时人对于税法制定的审慎态度，不能否认其进步意义。同样，也不能夸大其法制化的意义，毕竟这是一个无序的时代，法制远没有利益重要，地盘和实力才是第一位的。

税收法定原则不仅包括税收法制的完善，还包括程序法定以及"独立于法律之外的诸如尊重法律权威、税法面前人人平等"观念②。它要求税收的依据必须是法律，一切税收活动必须在法律的框架下进行，任何人不得滥用公权力随意征税，纳税人有权拒绝任何非法征税

---

① 朱英：《研究近代中国制度变迁史应该注意的若干问题》，《社会科学研究》2016年第4期。

② 张晓君：《国家税权的合法性问题研究》，人民出版社2010年版，第89页。

要求，按照现在的话说叫"无代表不纳税"，但这一要求在动荡多难的民国初年简直是一种奢望。但不可否认的是，税收法定原则难以落地生根的原因有很多，它涉及国家治理的诸多方面，有征管技术的限制（能不能的问题，属于客观因素），更有税收理念的制约（愿不愿的问题，属于主观因素），终其民国，税收法定原则都在飘摇之中步履维艰，完全没有实现的可能。从国家建设的亟须状态看，深受财政困扰的民国需要大规模的建设投资，穷且事多的双重压力让最高当局无以为继，财政总长仰屋兴叹成为常态，缺乏税收的强力支持，国内政府部门险些停摆，驻外使领馆险些降旗收摊。因此说，税收作为一种"必要的恶"需要长期存在，从情感上讲，确属无奈，应给予足够的理解和同情。历史告诉我们，历届政府越困难，其暴力倾向就越严重，税收"恶"的程度就越严重，税法被破坏的程度就越严重，这一恶性循环必然导致税收重返野蛮的中古时期，所以我们常能见到税吏扛枪征税的恶劣景象，其吓人程度远比"有吏夜捉人"大得多。因此，我们有理由认为，如果不进行税收征管体制全面彻底的改革，不改变不合理的征管体制以及对于税源的盘剥和过度汲取，和谐税收所追求的目标将遥遥无期。这不仅是一个历史问题，同样也是一个现实问题，民国走过的路必须作为镜鉴，税收法定必将成为一种理性追求①。

既然公平正义与依法治国是现代国家的底线，那么，税收的公平正义和税收法定就应该是依法治税的底线。依法治税是时代发展的基本要求，依法诚信纳税是对每个纳税人应尽义务的基本要求，依法诚信征管则是对税务部门的基本要求，而如何依法诚信用税则是对政府的基本要求，并且也将是一个必须解决的现实问题。

---

① 2017年3月4日上午，在十二届全国人大五次会议首场新闻发布会上，大会新闻发言人傅莹向中外媒体介绍大会有关情况并回答记者提问，其中谈到我国现行的税收制度时，坦然指出税收制度确实需要不断地完善，并称："按照目前的规划，2020年要实现税收法定。"此语表明，税收法定仍在路上。

第二节 央地关系恶化

清王朝的结束，开启了另一种革命模式：墙倒众人推。武昌炮声一响，南方北方许多省份很快都宣布独立，脱离中央，在什么仇什么怨都分不清的情况下仅发数枪，清朝没了，对于多数封疆大吏而言，"君恩深似海矣！臣节重如山乎？"的考问已失去意义。其后，江西、云南、广东的大炮也相继作响了，同样，炮声不吓人，吓人的是蜂拥在大炮后边的群吼，几成分崩离析态势，虽以各种"民主"和"主义"为名，但彰显的却是地方实力派躁动的野心，很难与民族大义联系在一起，更多的是地盘和实力的拼杀，正义全无。

中央与地方的关系恶化由来已久。晚清以来，政令多遭架空，很多政策形同具文，封疆大吏敢于向中央叫板的做派一直延续至民国结束，尤以北京政府为最，中央与地方时常在归顺、谈判、厮杀中不断变换套路，每一招过，中央政府颜面丢尽，威信扫地，在地方竞相效仿的推进下，中央权威彻底沦丧，终致政府南迁。

一 税收伦理

（一）理论上的解释

税收作为一种重要的道德存在，税收理应有善恶之分，在西方学者看来，税收的本质是恶而非善，只不过税收的观念已逐渐从"无处不在的恶"转变为"必要的恶"，但其前提仍是税收之恶。纯粹"税恶论"者认为，既然税收本身是不公正的，我们显然无法将一种"罪恶之税"修正成为"正义之税"，因而税收正义是根本不可能的。必要"税恶论"者则认为，税收既然是一种必要的恶，税收的恶完全可以通过严格的国家制度设计来校正，并不同程度地实现税收的公平与正义[1]。税收的公

---

① 张雪魁：《论税收正义》，《伦理学研究》2009 年第 4 期。

平正义又有相应的历史发展阶段和阶级立场的区别，不能一言概之。笔者更愿意接受必要税恶论的观点，因为作为国家存在的体现，税收自然是必要的和必需的，而同时，税收只能通过强制手段无偿地向纳税人索取，并常常借用夸张的和浪漫的理由强化税收征管，在"取之于民，用之于民"的说教里，似乎并不完全是那么回事儿，无论是"替天护税"还是"奉旨抽厘"，所见仅仅是征税的王道，却总也不知何为天道。

从税收发展的历史看，对税收的善恶认定，并不必然代表税收的真实秩序，关键是纳税人用税款购买的公共福利与其所付出的代价能否形成合适的比例，以及为达到这种合适的比例，政府所承担的征管费用是否也在合适的比例范围。为了这两个比例"合适"，就需要一种共同遵守的道德规范，因此，税收伦理在某种程度上可以理解为社会对税收认知和接纳的内在追求，并且具有确认并强化现行税收秩序符合义理的功能，以克服税收秩序运行中的"搭便车"（征税者不趁火打劫）和逃税行为（纳税人不逃避义务）。人们对税收秩序的认同，包括对其权威系统、概念范畴和制度设置的认同，不论是被迫认同还是自愿接受，同样对税收的实现具有决定意义，至少在降低税收征管成本方面具有明显作用。这就涉及税收遵从的概念。

任何社会都要求它的成员做到税收遵从，因为只有在社会大多数成员能够遵守税法的条件下，税收秩序才能够正常地运行与维持，否则，不仅税收面临着危机，甚至政权的合法性也将面临危机。税收遵从不应仅仅是一种手段，而应成为大多数人的生活方式中的一个重要组成部分，个人的守法行为不再是出于对某种外在因素的考虑，而是出于自己的信念和良知。在他的价值标准中，税收违法行为所能带来的任何好处都无法补偿和平息它所造成的人格上的损失及内心的不安。因此，良性的税收伦理可以使一个纳税人不取不义之财，也可以使一个税务人员不徇私情而公平执法①。

总之，税收伦理应该包括以下几个方面：一是政府为征税须首先确定符合公平、正义、适度、量能等诸多税收原则的法律法规，并在此基础上，管好自己的钱袋子，支出必须合乎道德义理，确保不乱花一分钱。二是税收征管者必须依法征管，法无规定者不征税，同时对于应税项目必须做到应收尽收，并确保税款及时足额入库，即对于纳税人绝不允许"搭便车"任意勒索，对于国家税款更不允许截留挪用和贪污中饱。三是纳税人必须依法履行纳税义务，任何逃避税收的行为都是犯罪，但税法必须保证普通纳税人基本的生活需要（衣食住行）、安全需要（医疗保险）、社会需要（人情友爱）、尊重需要（自尊自主）、自我实现需要（成长学习）等不受侵害。从税收遵从的角度说，因为有税法的约定，社会对国家便有了忠诚守信的义务，纳税人依法纳税是对税法的遵从和对国家的忠诚，各级征税机关和税收征管者依法征解税款，是对法律的服从，不截留私用，足额上解，是对国家的忠诚，是对税法的忠诚。

（二）实践上的无序

但纵观北京政府时期的税收伦理，每一项都不达标。

由于税制庞杂紊乱，在没有税收基本法的情况下，一税一法，一税一局，致使民初的税收总是在整顿的争吵之中变动不居，最终在剪不断理还乱的困窘中，全凭权力暴敛而非依法行事，各种税收征管弊窦难以述记。在税法制定上，袁世凯时期，议会尚存，一系列税法按照程序得以颁行，但基本上是即颁即修，甚至没有超过两年的税法。袁世凯之后的中国甚至连议会都没有，一些税法只能以"条例"或"暂行条例"而通行，法律层次较低，有些税收征管方法甚至是沿袭旧制，各种实体法之间缺乏逻辑上的一致性，在税收执法和司法实践上各自为政，甚至相互矛盾。更为严重的是，民初 16 年间，能够编

---

① 王磊：《税收社会学》，经济科学出版社 2011 年版，第 191 页。

制预算的年份也不多，决算竟无一次，如此税政对于现代国家的财政制度来讲简直不可想象，必然为地方税收征管的乱作为提供借口和便利。

从财政支出情况看，历年来的巨额军费开支已成为民初难以承受之重，而亟须发展的民生事业投入却微乎其微。民国初期风云人物并非全是邋遢龌龊的匪霸小人，也并非个个存心做坏事，但为了个人利益，为了地盘和生存而经常动武。不论其动武的理由如何充分，绝对与民族独立和社会发展的主流趋势不在同一轨道，其战争绝不具有正义性。战争的非正义性直接拖垮了民国政权，而受戕害最深的莫过于稚嫩的民族经济和贫弱的国民。

从税收的征管实际看，尽管有国地税的分设，有中央税款的专征机构，有中央专款制度，但基本形同虚设，中央与地方税权、事权的划分并不具有实际意义，地方势力的急速膨胀和为所欲为常使中央政府政令难行，中国历史上的解协款制度到民初难以为继，地方与中央同样处于财政饥渴状态，地方靠勒征，中央靠借债，勉强支撑十余年。时人谓之："民国初建，事变万端，以言支出，则军政各费愈益扩充；以言收入，则各省解款，悉数停止，政府处于维持困难之中，知非切实整理财政不足以救危"①，如此境遇，史所罕见，那种对中央催解税款的电文置若罔闻甚或直接回复为"此时未便率行"②的生硬态度，显然是对中央权威的藐视，根本没有"国家"观念，遑论科层制之上下级情感关系，对国家对上级忠诚的基本伦理早已荡然无存。

民初的军队并不尽忠于民国，甚至不拥护民国的宪法，而只听命于他们的长官，究其原因乃在于个人的生计和利益，按照蒋廷黻的说法是：老百姓当兵原本只是要解决个人生计问题，而非是要保卫国

---

① 财政部统计科编：《民国财政纪要》，《中华民国史档案资料汇编》第三辑，财政，第138页。

② 《李都督电呈财政规划》，《申报》1912年11月25日。

家，他们并不知道要忠于国家和忠于主义，只知道忠于给他们衣食的官长，忠于他们同乡或同族的领袖。地方实力派便是利用这种朴素的乡族观念，以达到他们的割据企图。而中国的知识分子素以做官为唯一的出路，民国以来，他们中间有不少人唯恐天下不乱，因为小朝廷愈多，他们做官的机会就愈多。所以知识阶级不但不能制止军阀，有时候反助桀为虐①。袁氏之后，北洋分裂，大小军阀为了地盘和利益而不断拼杀，小一点的军阀在思考着寻找靠山而不断变换主子，大一点的军阀完全视中央政府为无物，整日还想着替代中央政府，过上一把总统瘾或皇帝瘾，在"城头变幻大王旗"的时代，社会伦理早已魂不附体，忠诚道义、理想信念变得愈发稀缺，更别说税收遵从以及税款及时足额入库之类的美好设想。

已经形成的共识是：民初是个传统意识形态坠落，新的意识形态又没能建立的年月。原来的道德追求随着王朝的覆灭而七零八落，新的价值观又没在民族国家的痛苦中确立起来，所以，不择手段地弄钱，成为许多军界政界人物最主要的选项，金钱成了他们心里的最后依靠。为了能够尽快尽可能多地弄到钱，他们可以向进城卖柴卖菜甚或挑粪的农民征收自己都弄不清楚是什么名目的捐税，也可以把田赋预征到无法预期的年头，甚至不惜自挖墙脚，把手伸到自己麾下的士兵的口袋里。有了钱，就赶紧存到租界的外国银行，即使这些银行不给利息，反而要收保管费也在所不惜。他们看不到中国的前途，也不想做点什么来为自己的祖国争取一个好一点的未来，所作所为只是在准备后事：一旦国家崩盘，就逃到租界或者外国。

在收税的实际过程中，税收征管者往往以各种"搭便车"的技术，给纳税人增加数不清的额外负担。如田赋征收，由于缺乏最新的土地占有资料，当地士绅和税收官员勾结起来转移税收负担，严重缺少合格、诚实的地方官员和其他工作人员，使这种情况更加恶化。军

---

① 蒋廷黻：《中国近代史》，上海古籍出版社 2014 年版，第 178—179 页。

阀们尽可能让现有的官僚成为收税工具。如果这个官僚不能完成岁收数字，这个军阀就委任税收承包人去干这件事。因为这些税收承包人唯一的动机是获利，所以总是非常专横和腐败。征收到的实际税额往往超过规定，军阀只要得到他规定的数字，收税人就把多余的占为己有①。这是民初税收负担沉重的最主要的技术原因，包税制和军阀混战成为民初财税体制败坏的主要原因。

同样，纳税人也不具有现代性。在我国历史上，纳税人逃避纳税义务不仅不引以为耻，反而是一种荣耀或者是一种地位和身份的象征。税收很多时候充当着劫贫济富的丑陋角色，税收最愿意眷顾的对象往往是那些无权无势之人，权贵阶层可以利用很多资源和途径以避税，而这种行为又具有很强的感染力和传染性，大家争相偷逃税并将其视为一种能耐。近代以来，这种意识更加明显，悄悄地偷逃税、明目张胆地对抗或者以团体名义抵制税收政策的做法所在多有，有些尚可说是正义之举，但并不占比例，归根结底是为了少缴税或不缴税，它损害的不仅是国家税法的尊严，更是纳税人群体意识上的人格扭曲，严重阻碍着中国税收现代化的进程。

二 军阀财政

（一）军阀财政的形成

地方实力派靠枪和抢劫建立起自己的统治王国，但要想持久，就必须有钱，以钱养兵，以兵和枪保护并扩张地盘。因此，军阀们不得不考虑他们自己的财政，军阀财政由此而生。

民初，军阀财政特征在重建现代化国家政权的过程中日益凸显，虽然其间也曾有公共决策机制，首创了中央垂直管理的财税征管体制，但这种现代财政制度的尝试终因政局不稳，中央缺乏足够的驾驭地方的能力而难收实效，而地方势力的日益强大和对财政攫取的肆无

---

① 〔美〕齐锡生：《中国的军阀政治（1916—1928）》，杨云若、萧延中译，中国人民大学出版社1991年版，第143页。

忌惮，最终将自己的小王国连同整个民国都一起葬送。

按照奥尔森的《权力与繁荣》中的说法，匪帮有流动和固定之分，土匪从"流寇"转变为"坐寇"是一种较为理想的选择。"坐寇"成了国主后，也会采取有利于自己利益最大化的长治政策而不会继续烧杀劫掠，基本做法是放水养鱼或称休养生息，以实现统治区域内的共同发展。由此可以比照民初的中央与地方大小军阀的所作所为。

从总体看，北洋政府时期的财政具备上述匪帮特征，并逐渐向军阀财政过渡。当时，统一中国的唯一办法只有靠武力，这个显而易见的论调极易为军阀们普遍接受并厉行实践，但经费的来源却各不相同，掌握中央话语权的大军阀可以靠借债，掌握地方实权的小军阀则只能靠搜刮，无论是借债还是搜刮，最终的负担者仍是苦难的国民。以出卖主权换取外债为主要收入来源的掠夺型财政收入制度达于极致，以军事支出为主的消费型财政支出制度"更具社会破坏性"，军阀各自为政使专权型财政管理制度"更显混乱性"[1]。北京政府建立后，对发展经济方面的制度建设也做出了许多安排，推行了比较宽松的刺激民间经济发展的经济政策，完善了一系列的工商税收法规，推进了工商、交通、金融业等行业的较快发展，创造出资本主义发展的"黄金时代"。但私人聚财，国库空虚并不是最高当局的首选，于是，"坐寇"当国，各种税收政策一齐涌来，北京政府时期，前后进行了三次大规模的税制改革，第一次是在 1912 年年底分税制的提出，将重要税源全部划归中央税，受到地方实力派的坚决抵制，但这一制度的推行具有一定的积极意义，中央直接管理国家税收的做法对于限制地方政府截留税款具有重要作用，遗憾的是该制度并不长命。第二次是在 1914 年年中，主要是修正了上一次的税改方案，明令取消国家税和地方税的划分，租税仍归各省财政厅直接管理，恢复向中央解款

---

[1]　崔潮：《中国财政现代化研究》，中国财政经济出版社 2012 年版，第 322 页。

制度。恢复解款制度后，除外国人管理的关、盐两税外，各税均为地方收入。为防止地方截留和挪用，1915 年又建立"专款制度"，指定若干税种为中央专款，为袁氏帝制谋取资金。第三次是 1923 年曹锟时代，再议分税，该案并未实行，仍沿用中央解款制度。而此时，各地军阀把财政当成私库，自定税制，自设税法，自由征收。一些地方军阀对应解中央税款任意截留，财政制度十分混乱①。税改又转回到了传统老路上，为了各自的利益，中央与地方在税收上的博弈一直没停，"坐寇"与"流寇"不断争吵。

曹锟、吴佩孚等人都在想用武力结束这种不利局面而统一全国，但战争总在持续，统一难见希望。整个北京政府统治时期，战争几乎没有停过，且愈来愈频繁，1912—920 年共发生大大小小的战争 39 次，年均 4.3 次，1921—1927 年为 73 次，年均 10.4 次，且每次的战争规模和范围愈来愈大，如 1916—1924 年，每次战争平均涉及 7 省之多，而 1925 年后平均扩大到 14 省以上②。如此频繁的、大规模的自相残杀，除了拖垮军阀们的财力、势力之外，还严重损伤了生活于水深火热之中的老百姓对国家的认同，北洋军阀的黑暗统治成了后人普遍接受的概念。

战争需要钱，有钱就能装备军队，有了军队就想统一全国，这是凭武力到北京轮流坐庄的各路诸侯较为一致的思路，但他们却没有这种能力和品行，更缺乏一个适合当时中国的主义做引领，因此只能在一片混沌中厮打而不知所终。

在从地方情况看，在有枪便是草头王的岁月，有钱有地盘也并不一定静好，大小军阀要想自保，要想扩张，就必须最大限度地发展自己，打压别人，他们可能通过兼并他人或投奔更大的军阀以实现自己利益的最大化，如一些军阀经常阵前倒戈，寻谋新主，也有如同山东

---

① 赵德馨：《中国近现代经济史（1842—1949）》，河南人民出版社 2003 年版，第 239 页。

② 黄希源：《中国近现代农业经济史》，河南人民出版社 1986 年版，第 100 页。

抱犊崮的孙美瑶希望被招安那样，从而实现由"流寇"向"坐寇"的转变，其中不乏为钱所困者。

前文已多次提到一些地方军阀也确实在其控制区域做了一些"善事"，从其本意来看，也无非是为了巩固自己的势力不被侵害，张作霖父子、阎锡山、陆荣廷等莫不如此，但从另一方面看，他们在自己的小王国里，无一例外地成为当地的土皇帝，拥有生杀予夺的无限特权，在经济上更是为所欲为，予取予求，甚至滥发钞票、印花税票、发行军票等事情屡见不鲜。税收法规成为摆设，经常自立门户，开征各种名目的赋税和附加费，即使个别地方出现过敢于和军头们叫板的地方议会进行抵制，但随着政治的变换，大多偃旗息鼓，甚或成为军阀们苛索的帮凶，有法不依，自定法律，曲解条文，践踏法规，以军事强力横征暴敛攫取民财之现象成为常态。

（二）军阀财政的特征

军阀们的军费不断攀升，但原来的财经系统无法满足迅速增长的需要，他们便在传统的税收之外寻找收入，其罗掘资源财富之手段可谓无所不用其极，各地军阀为攫取财富，轮番使用各种超常规手法，花样不断翻新，收费名目繁多，完全不顾及老百姓的死活，最终形成了彻头彻尾的军阀财政[①]。

一是滥发货币和军票。到 20 世纪 20 年代，几乎每个省都发行自己的货币。造币厂与兵工厂一样被认为是重要的军事目标。各省督军和较小的军阀都争着控制设备印发纸币。1916—1928 年，在不同的时间内至少有 19 所省银行，其中有 17 个印发它们各自的货币，而且并不需要任何的信用保证。如 1927 年，张宗昌的山东银行印发和流通了大约 5500 万元纸币，但只有 150 万银圆作为储备。但是，银行还不是印发货币的唯一机构，在许多情况下，军人可以完全不需要依靠银行，自己发行军用票。如 1927 年，冯玉祥的军队迫切需要钱，

---

① ［美］齐锡生：《中国的军阀政治（1916—1928）》，杨云若、萧延中译，中国人民大学出版社 1991 年版，第 153—159 页。

他就买了 400 银圆的纸，以石印用手工印了价值 100 万元的军用券，发给军队用于购买商品和供给，最终导致货币迅速贬值，信用破产。这些做法直同于"流寇"抢劫，完全是在祸国殃民。

二是依靠罪恶的鸦片种植运销供给军阀们的罪恶消费。20 世纪初，全球禁烟已成为共识，但自袁世凯之后，各路军阀却依赖鸦片而自肥，鸦片竟然成了许多省份的重要收入来源，要知道，近代中国厄运即由此为开端，每个有良知的国人都不应该忘记这个伤痛。他们对鸦片交易采取几种方式：首先是对鸦片生产征税，许多军人强迫农民种植罂粟（20 世纪 20 年代中期，中国可能有 500 多万亩土地被用来种植罂粟），然后以官方禁令为借口没收其产品，加以出卖而获利，或者以税收为掩护，处以罚款。其次是对鸦片贩运征收高额的通行税，大部分鸦片从四川、陕西、贵州经长江运出，湖北就成为它运往下游各省的中心站，于是，鸦片运输成了湖北军阀的专利。同样，云南的鸦片通过广西到达广东、香港以及东南亚，因此，鸦片税就成为广西军阀最重要的收入来源，每年总数超过 1000 万元。最后是向消费者征税，鸦片烟馆要上税，鸦片烟灯要上税，吸食鸦片者也要缴纳月税。除山西外，几乎所有省的军阀都可以依靠鸦片消费税作为经常性的收入，甚至广东国民政府也通过收鸦片税以增加收入。

三是违反社会伦理而征收极不人道的赌博税和娼妓税。对娼妓征税，由来很久，但民初的花界新闻动静极大，动不动花界选美，花界总统、花界总理，名头甚多，这些明星自然成为花捐大户。在赌博比较普遍的地区，征赌税是增加收入的另一重要途径。1915 年广西曾对赌场颁发赌博营业执照，征收赌博税。广东（虽然名义上禁赌）也于 1923 年解除禁令，并从赌场征收税收用作军事费用。对赌博征税是赌博合法化的外在体现，当博彩业成为一个欠发达地区的合法行业时，它所带来的经济效益必将以社会道德的沦丧为代价，其所征收的税款里不仅有罪恶，而且可能充满着妻离子散的血泪。

上述三种做法，可以概括为用没有任何保证的白纸文书和黄赌毒来榨干平民百姓最后一滴血汗，军阀们用极不道德的抢劫方式剥掉了老百姓身上仅有的破衫，留给当地的必然是满目疮痍且难以愈合。此外加上各种拉夫和摊派，什么保护费、欢迎费、驻扎费、开拔费不一而足，无助的小商人和居民在重税盘剥之下痛苦挣扎。从税收的性质而论，一是凶狠无限度，任意盘剥，并不考虑纳税人的负担能力；二是征税无边界，凡能看到的税源都可以任性开征，全然不顾社会伦理道德；三是用税无节制，为了军阀的个人利益，野蛮征税并以此发动非正义的战争，即使生灵涂炭也在所不惜，严重阻碍了社会与经济的发展。

军阀财政是一种典型的短期罗掘行为，由于政局不稳，没有哪一个军阀可以保证自己的地盘不被其他军阀抢走，因此，他们的军队时常处于高度的战备状态，并且可能随时终止他们在该地区的统治权，他们根本没有时间去打理任何一项稍微长期的投资，正是基于对权益不安全的担忧，大多军阀并不愿意在发展经济、改进教育、维持治安等方面倾注过多的心力和财力。而这种矛盾心理和做法最终将陷入恶性循环，打仗花钱和不愿发展经济的矛盾加速了地方军阀政权瓦解的步伐。人无恒产便无恒心，越是缺乏恒心，越是没有恒产，政局也因此而愈加动荡，战争不仅消耗了军阀们的财力，还耗尽了人们的最后财富，更有甚者，也耗尽了人民支持内战的最后能力，造成一种鱼死网破的双输结局。

当秩序混乱的时候，就不得不用混乱来维持秩序，拯救法律了。罗曼·罗兰的这句话很辛酸，但颇有道理。

第三节　民众抗税如潮

纳税人对税收有一种天然的敌视倾向，尤其是当征税者不依法征收，用税者徒增靡费之时，纳税人对逃避纳税义务的行为并不以违法看待，相反地，很多时候被视为英雄壮举，并具有强烈的感染力，形成普遍的抵制意识，抗税活动风起云涌，绵延不断。"合约失灵"的原因来自税收征纳双方的税收不遵从，共同侵蚀脆弱的税法根基，导致税收乱象难以控制，民初如是。

一 税收乱象

税收不遵从的表现最主要的还是来自官方的破坏，其次才是纳税人的违法，前者依靠公权力肆意征税，属于自毁长城之举；后者多为"能人"避税，加剧了税收不公的程度。国家总是想方设法尽可能多地征税，而纳税人总是思考着如何逃避纳税义务，征纳双方都不会因各自极端自私的考虑而具有"道德愧疚感"，并且都认为各自的想法合乎道德。

（一）税收不遵从的官方表现

税收遵从可以校正恶税，税收不遵从则败坏税制，即所谓的"正人行邪法，邪法可归正。邪人行正法，正法悉归邪"[1]。民初税法的设置从构成要件和产生程序上讲，已经初步具备了现代法制的基本特征，但远未实现税收的法制化和现代化，没有法治精神的税收法律只能是一种敛财工具，并且，败坏税法者更主要地来自官方。

1. 税制缺陷

税法必须确定，以使征纳双方能够按照既定的法律程序依法行事。但税收又需要具备一定的弹性，以应对不时之需。所以，在实际税收征管过程中，往往需要用规范性文件等形式对税法进行补充规定，这一特征能够保证国家在紧急时刻筹集资金，应对危机。正因如此，税法又表现出一定的不确定性，政府可以根据自己的需要随时扩张税目，扩充税源，提高税率，增大了税法执行的随意性。历史上的这种做法一直盛行。民初，各地军阀为罗掘经费在法外广开税源，毫

---

① 马鸿谟：《民呼、民吁、民立报选辑》（一），河南人民出版社 1982 年版，第 142 页。

无章法可言，致使各地苛捐杂税多到无以复加的程度①，无疑是税制设置的缺陷和税制败坏的诱因。

从税收体制看，民初分税制仅仅两年便告改制，代之以传统的解款制度和中央专款制度，但其税种、税目及税率不断调整增加，不久之后，地方大员的肆意截留让"中央专款"也名存实亡，北京政府财政改革之路走着走着便彻底沦为借款制与截款制了。多数省份各自为政属于典型的蔑视中央，而中央政府也无法洁身自好，都是军阀，只有势力大小的不同，没有本质的区别，军人当国，武装第一，税法甚至连敛财工具都算不上，能够称得上工具的只有枪杆子。这种情形的变化，是中央政府缺乏威权和治理能力的结果，而对于地方政府而言，则是败坏制度的根源。

从税法运行看，其破坏者首先来自官方的违约。如前文所述，北京政府《盐税条例》公布不久，即引起了众人的批判，"财政部亦不欲居盐斤加价之名，故倡南北同价说，以每百斤征税二元为标准……均价而实加价也"②。财政部以"南北同价"为由修改税法，将每百斤盐税税率定为2.5元，1918年又将税率提高至每百斤3元，但全国税率仍不一致，高低不一，很难说是为了南北同价，只能说是官方的一厢情愿。而"国定关税条例"虽然颁布，但因关税未能自主，几同于一种摆设。同样，《印花税法》公布后，一直在不断地修订增改，前后公布的法律法规竟达18种之多，每一次的修订，不是扩张税目，就是提高税率，降低起征点或取消起征点，或者增加处罚额度，到后来许多省份干脆自己委任印花税处处长，自己印制印花税票，或者领用中央印花税票（以各种名义领用而不缴款），并加盖地方戳记以示专属。较为典型者当属云南、四川、广东、浙江、湖南等省，早已脱离中央监管，几乎没有依法行事，如浙江省1920年以后一直自行印制印花，自行委派省印花税处处长，而云南、广西、广

---

① 周谷城：《中国近代经济史论》，复旦大学出版社1987年版，第143—146页。
② 《盐税条例颁布之由来》，《申报》1913年12月31日。

东、宁夏等省在护国运动之后也开始自行印制印花税票，收入全归各省自己所用①。1921年年初，湖南财政厅因存储印花无多，不便向京粤购用，特呈准省长由财政厅自行印制湘省印花，自1921年2月28日至10月底，共印一分花30余万张，二分花10余万张，发交省内行用②。可见破坏税法者根本不是刀俎之下的纳税人，操纵权柄者既是法律的制定者，也是法律的最大破坏者。所得税的开征则是另一番景象，北京政府计划于1921年开征所得税，但立即遭到了来自多方的抵制，虽然制定的税法一大堆，但民众反对的一个核心理由即未经国会授权而开征所得税，属于非法征税，商民有拒绝纳税之权。其他如田赋、厘金等税的征收更是纷乱如麻，法外有税，难以根绝，归根结底，各地政府和军阀无一例外地将目光狠狠地盯在了老百姓早已干扁的口袋上。这一时期税法的基本特征是变动不居，朝令夕改，根本谈不上税收法定。

2. 征管错位

从税收征管的方式看，征税者的自由裁量权大而无当，毫无边界可言，早已偏离了税收法制化的轨道。由于民初税收征管技术仍传统落后，许多税种尽管在名义上还有国家税或中央专款的划分，但其征管方式又不得不回归传统，采取招商承办的方法，如田赋、厘金、常关及统税、统捐、印花税等均以认捐、包捐、摊派等形式进行代征。国家预定税额，责成受托人依额征缴。而包税商为了从中赢利，总是千方百计地设法勒索，或额外加征，由此造成的恶果是：舞弊之风盛行，纳税成本激增，"因是人民负担较应纳之额为重，而国家收入，并不因是而增"③。军阀们往往依据自己的需要向辖区富户或商会摊派款项，包税人也依靠国家赋予的权力进行法外苛敛，如印花税，一

① 国家税务总局主编：《中华民国工商税收史纲》，中国财政经济出版社2001年版，第64页。

② 《财政厅发行新制印花》，《大公报》1921年4月10日。

③ 中国第二历史档案馆：《中华民国史档案资料汇编》第三辑，财政，第115页。

些省份，在城市按铺户摊销，在农村则按田亩多少进行摊销。虽然财政部于1916年11月发出通知，要求各地纠正摊销，强调"根本之图，第一重在劝贴，不重在勒销；第二须使人民知贴用之法，次第推行"①。但中央根本没有控制地方的能力，各种命令形同具文，摊派之风极难禁绝。这种因制度不良而引起的征收乱象不仅是对纳税人的利益侵夺，更是对国家税收的严重侵害。

最让人头疼的是税外加税，如田赋征税之外的附征和预征，比摊派更恶毒，完全是游离于税法之外的强征，田赋附加额往往大于钱粮正税。民初，凡是地方举办的事情，一般都利用田赋附加筹措抵充。因为这种征税办法，"首为征收方便，附正带征，不必另起炉灶。其次易于估计，因田赋有应征额等数字之存在，一定税率，即可决定征收税额。而最要者则为我国以农立国，除土地外，实无其他主要财产，足资为课税之目的物"，田赋附加之重，种类之繁，超乎想象，江苏多达105种，而浙江全省各县竟达739种，江苏灌云县所课之附加，超过正税31倍；灶田地亩捐及大粮附加，各超过30倍。海门县附加，超过正税26倍②。预征制前文已提及，关键是预征的期限十分不靠谱。可以说，田赋预征以及依附于田赋之上的各种附加和差徭几乎摧毁了农村经济。

尽管上述征管方法早已为世人所痛恨，但北京政府并没有足够的征管能力去改变这种现实，而这种税收体制下的既得利益集团以为自利之计，必然竭力阻碍国家的税制改革，而尚不完善的现代财税体制反过来又进一步巩固了这种制度，形成税收征管体制的固化结构。这就是良好税制成为害民病国的根源。

与此相一致的是税收征管激励措施的不当设置。民初为了激励各级征收官吏尽职尽责完成税收比额任务，颁行了一系列的税收考成条

---

① 国家税务总局主编：《中华民国工商税收史——直接税卷》，中国财政经济出版社1996年版，第290页。

② 陈东原：《中国田赋史》，商务印书馆1936年版，第239页。

例，但其"增收则奖励有加，减收则谴责随至"的实施弊端，却改变了税吏的征收目的，变本加厉，务为贪索，以邀懋赏之风盛行。周自齐长财时，曾公布推行了《征收厘税考成条例》《征收田赋考成条例》等制度，虽然对于税收任务的完成具有一定的推动作用，但也正是因为各级税务管理人员的升迁奖惩无不与此挂钩，对于增收的征收官，依据比较额给予记功和劳绩金奖励，对于短收者，依据短收的成数给予记过、减俸、降等乃至褫革官职、依法追缴等处罚，导致了各征收官员为仕途命运而不择手段地法外苛征税外加税日益成风，这种征收逻辑必然导致两个结果：挖地三尺的竭泽行为和贪污中饱的舞弊行为，每一项都是对纳税人和国家的深切伤害。其他类似的税收监督条例、考成条例基本如此。从另一层面讲，这种法律规定虽有现代法律的形式存在，但绝少税法精神的现代意义，并且使税收现代化的异趋程度更加严重。

此外，为了多征税，就多开分店多设税局，征税机关杂乱无序。由于中央权威的丧失，为确保中央收入，财政部在分税制、专款制的尝试过程中，对税收管理体制进行了多次的调整，致使税收征管机构呈现多部门并存状态，如中央设盐务署、盐务稽核总所、烟酒事务署、印花税处等税务管理部门，地方则更是机构林立，名称既不相同，隶属亦互有差异，组织庞杂，系统紊乱。一税一局的征管体制使税局遍布城乡，再加上散落在各个街道和村落中的包税商，税收劫掠者因此而无处不在，包税商的眼睛在四处窥探，纳税人即使想逃税也无路可逃，如厘金局即是一步一个关卡而遍地横行，而依靠厘金生活的税吏竟达十数万人之众①。

从某种意义上讲，统治者都是自利的，国家的本质是履行统治者意志的组织，其目标是实现统治者的福利最大化，国家能力就是统治者自我福利实现的能力。诺思指出："国家的存在是经济增长的关键，

---

① ［日］高柳松一郎：《中国关税制度论》，《近代中国史料丛刊》第74辑，第198页。

然而国家又是人为经济衰退的根源。"① 在"诺思悖论"里，国家既是税收现代化的最重要的倡导者，又可能是主要的败坏者。国家治理的现代化在税收问题上的最基本体现就是要实现税收的法治化，严守税收程序的正义规则，但这种设想在民初征纳双方因人格缺陷而难以如愿，税制的最大破坏者多为政府和税官。

3. 邪恶稽查

国家为了防范纳税人的税收不遵从，必然会在税法设置上进行监督制约机制的相应安排，于是，税后的检查便成为一种必要手段。但遗憾的是，这种极具震慑意义的制度安排很多时候却成为税收乱象的根源之一。税务检查人员经常借助国家法律的名义对纳税人进行各种名目的检查，并多留难，这种做派使他们既能够在税务检查过程中获得较多的施罚快感，又能提升自己的荣誉感与优越感，进而从中获取更为直接的经济收益，这是民初税务稽查人员的普遍心理，也是税务稽查的最主要特征。

前文已对税务稽征方面存在的问题做了介绍，不同税种有不同的稽查方法和稽查队伍，盐税有缉私武装，印花税有督察员和检查员，到民国后期还有税警团，他们在武力的配合下，通过恫吓手段迫使纳税人额外负担更多税款，城市还相对好一点，乡村的田赋、契税、印花税及各种摊派，大多是在村民无法辨知的情况下成了冤大头。如检查印花税时，成群结队的乡痞充当税务稽查人员，假借检查之名，往往择肥讹诈，而许多乡民根本不知道印花税票为何物，却不得不购买以息事宁人，莫敢违抗②。甚至有检查人员专门诱导纳税人违法而后再施以重罚等现象，也有个别无赖税棍在既无执法证明又无稽查命令的情况下，随便于来往繁忙的道路边，依其好恶任意检查苛罚，危害不小。

---

① ［美］道格拉斯·诺思：《经济史中的结构和变迁》，陈郁等译，上海人民出版社1994年版，第20页。
② 《湘西各县劝销印花之滋扰》，《大公报》1919年1月20日。

1923 年 7 月，东北穆陵的检查员在不经通知的情况下，径直带兵入市检查，并随意苛罚，当地商户在无可奈何的情况下，请求商会协助解决，检查人员竟将该地商会一刘姓坐办殴打致伤，酿成穆陵罢市二日风潮，经军警各界从中说合，该检查员到商会道歉，此事始才了结①。如此小的税种闹出如此大的动静，只能说是税吏太任性，百姓很受伤。

还有"吃白食"者专门在吃饭前到纳税人处进行检查，酒足饭饱后即行离去，成为典型的"吃喝队伍"的代表，形象极其丑陋，对于纳税人而言，无非就是一顿饭钱，既拉拢了情感，也免去了说不清的罚款。但总体上，这些颐指气使翻箱倒柜的税务稽查有时看起来还是比较温和的，至少说还没动枪，要知道抬枪收税的威力远不是装样子的吓唬人和纳税成本的翻倍，军人收税有可能要命。如翻检当时的报纸，我们可以看到，各种税务违法稽查现象几乎每天都有刊载，时人哀叹曰："吾民遭兵燹匪灾之不足，而又遭委员之灾，实觉无安枕之日"②，当属实情，老百姓渴望的轻徭薄赋的日子总是那么遥不可及。

税务稽查历来就是税收腐败的重要根源，轻则做人情买卖，重则以敲诈勒索，不仅败坏税制、损害岁入，而且恶化征纳关系、损伤国家根基。税收不可怕，检查很吓人，负担沉重不可怕，法外苛罚很吓人，生存于长期恐惧状态的纳税人必然有觉醒和振奋之时，这对国家治理而言必将是一场噩梦。此类故事，至今仍讲述不完，好在税收文明越来越近。

（二）税收不遵从的纳税人行为

从纳税人的角度说，纳税就等于个人利益的直接受损，那种理论上的交换学说是看不见摸不到的一种虚无，因此，为了少缴税或不缴税以减少损失，拉拢腐蚀税吏者有之，暴力抗法者有之，偷逃抗骗税

---

① 《查印花激成罢市》，《盛京时报》1923 年 7 月 22 日。
② 《印花委员之纵差扰民》，《益世报》1923 年 11 月 4 日。

行为史不绝书。但历史上的税收违法行为很多时候还能引起公众的同情和支持，这与传统中"民不知有国"的观念相一致，并且，赋税的缴纳并非都能换取生活的安稳，社会的动荡总是引起税收负担的加重，进而促成了公众躲避税收的共识。种种现象表明，公民意识以及在此基础上产生的纳税意识的培养形成仍待时日。税收文明有赖于人的文明，征纳双方必须共同敬畏和遵从税法，从民初的实际看，征税人和用税人的道德与文明亟待修炼，但纳税人的税收道德也高尚不到哪里，同样需要教化培养。

商民的税收违法行为主要表现在以下几个方面。

1. 暴力抗税

以暴力、威胁方法拒不缴纳税款的行为，为抗税。民初抗税事件因税种不同而表现为不同的方式，有的很激烈，有的温和一点，有的损伤较小，有的危害极大，如贩运私盐常常结伙行事，武装贩运，因此盐务缉私也就不得不依靠武力，盐务缉私营队在武装缉私的过程中，征纳双方都有恃无恐，一不留神即可能交火；如屠宰税征收，屠户遇税吏直同于歹徒见恶人，身怀利器，杀心自起，一言不合便操刀上阵，血案由此而生。其他税种如田赋、契税、厘金之类的抗税事件，大多是征纳双方低烈度的肢体冲突或语言羞辱，并无生命之虞，但也有例外，如田赋征收时，可能会发生村民群起围攻税员的群体性事件，如土地清丈时，因涉及随之而来的赋税增加问题而常有辱骂、围殴案件出现，湖北省在进行土地清丈时，就遭到当地农民的强烈反对，有人竟将清丈人员打死，樊城清丈时，妇人裸体将裤加于清丈人员之头上以示侮辱[1]。类似的事例其他地方都有所发生，区别仅在于程度大小以及是否有打死人或打死几个人的问题，施暴者可能来自双方。但抗税之后，官方照例要有一个处理结果，一般是为平息民愤而对操作不当的税吏进行处罚，至多连带其上一级主管领导，撤职处分

---

① 萧铮：《民国二十年代中国大陆土地问题资料》，成文出版社 1977 年版，第82007 页。

了事，而抗税者则可能面临着加倍罚款甚或牢狱之灾的重罚，这就叫代价。因此，暴力抗税并不适合小规模的群体，更不适合纳税人个体的单打独斗。

亚当·斯密在论述税收原则时，专门对税务检查造成税收成本增加的弊端提出批评，他认为，税吏频繁的"造访"和可厌的稽查，使纳税者面临不必要的麻烦、困恼和压迫，最终使人民所付出的远大于国库的收入，即税收徒困于人民而无补于国家收入①。税务检查是征纳矛盾的焦点，因此，双方都极易产生过激行为。笔者曾对印花税这样一个相对比较温和的税种进行了考察，以暴力手段拒不缴纳印花税的现象与其他税种相比要少很多，毕竟印花税比较有文化，充其量是在税务检查时征纳双方的口舌之快，至多也不过是些推推搡搡的抢夺而已，间或也有暴力行为。如长沙《大公报》曾报道："印花调查员童炳干以张宝顺银楼有账簿数本，漏贴印花，拟带案核办，该店主恃强将簿夺回，口出不逊"②，结果不得而知，但可以想见，该银楼不但需要补贴印花，很可能还要因"口出不逊"而遭重罚。再如汉口商人对印花检查员衔恨入骨，常有与印花检查员争夺账簿并发生殴斗情事，有时印花检查员被商人聚众打得头青眼肿。鉴于商人聚众殴打检查员，此后每逢检查，事先必函请警察局会同检查③。如此一来，税务检查和出警合为一事，其场面更为骇人，动用武力征税无论如何都是对纳税人生产经营的严重干扰和对其人格的一种侮辱，征税者也将因此而蒙羞。

暴力抗税与从众心理有关，当众多纳税人集合在一起，面对征税人员或检查人员时，那种单个的积怨就有可能随着激动的情绪而集体爆发，以求一时之快。但暴力抗税事件的最终结果多是动用国家机

---

① ［英］亚当·斯密：《国富论》，唐日松等译，华夏出版社 2005 年版，第 582 页。

② 《究办漏贴印花》，《大公报》1918 年 8 月 27 日。

③ 上海市政协文史资料委员会：《上海文史资料存稿汇编》第四册，上海古籍出版社 2001 年版，第 242 页。

器，普通百姓平时感觉不到国法的存在，此时便会见识到法律的威严，弹压之后，吃亏的必然是以身试法的纳税人。

2. 偷税行为

纳税人伪造、变造、隐匿、擅自销毁账簿、记账凭证，或者在账簿上多列支出或者不列、少列收入，或者经税务机关通知申报而拒不申报或者进行虚假的纳税申报，不缴或者少缴税款的，是偷税。这是当前的税法定义，若放之民初账制不健全的岁月，纳税申报全凭良知，税务检查也仅仅是凭借经验行事，显然不符合现代税制的要求。

偷税在民初属于普遍行为，如盐务缉私营队、税警的出现，既是基于税务检查的需要，也是对偷税严重的一种反应机制，这里无须赘言。如所得税的开征，且不论税收征管部门是否具有该税的征管能力和手段，纳税人能否如实申报就是一个很现实的问题，瞒报收入是每个纳税人的本能选择，根本不可能用道德衡量，即使按照民初先对官员进行征税的设想和做法，以为倡导，但同样缺乏相应的税收监控能力而难以为继，再加上体制内大小官员的抵制而只能作罢。又如田赋，由于长期以来地籍不清，隐匿飞洒等原因，导致了粮地不分、负担不均等诸多弊端①，最终使"赋由田出"这一天经地义的事变得十分荒谬，赋额错讹既有征管手段错位的因素使然，更有地主希图逃税的主观意愿。而田赋一直是"全国直接普及之税源，中央、地方行政悉赖为经常之供给"，但民国建立后，税收常不足额，财政部拟以土地清丈为整理田赋之法，通令全国次第进行，并严立征解期限，以定官吏考成，希冀有所收获。但土地清丈本极复杂，如"办理未尽得宜，适足以扰民敛怨"，河南、福建等省，"每因从事丈量时，致聚众滋事"，因此该工作尚未深入即告缓办，以安人心②。此后，土地

① 陈登原：《中国田赋史》，商务印书馆 1936 年版，第 9—16、235—247 页；吴兆莘《中国税制史》（下），商务印书馆 1937 年版，第 165 页。
② 中国第二历史档案馆编：《中华民国史档案资料汇编》第三辑，财政，江苏古籍出版社 1991 年版，第 1243—1246 页。

清丈一直在时办时停，或因地方官的阳奉阴违，或因地主的坚决抵制而鲜有实效，直至民国结束，地籍整理也没整理出个所以然来，田赋还是一笔糊涂账。

再如印花税，由于工商业者多沿袭传统交易习惯，许多商事活动不须文书凭证，甚至有相当一部分工商业者受文化水平的限制，不能书立凭证。没有账簿、凭证，印花税就无从谈起。即使贴用印花，也存在着大量的少贴印花、贴花而不注销、旧花撕下重贴等情况，"几于无处不有漏贴者，至于贴不足数者，尤无处无之"①。但囿于税务检查能力，不可能及于每个应税的契据凭证，偷逃税现象被发现者仅是其中很小一部分，因此，在一种侥幸心理的驱使下，偷逃税现象大量存在并屡禁不止。此外，伪造印花、销售和贴用假印花的现象也时有发生，并多是在通商大埠及各省会城市出现，如上海、宁波、长沙等地都有伪造和销售印花税票的作案窝点②，有些被查处并被曝光，但漏网者必不在少数。印花税票属于有价证券，任何私印盗印都是对国家税制的严重破坏，甚至影响金融市场的安全稳定，必须进行严厉打击。

其他大大小小的税种，纳税人总能在税法的边缘找到逃税的路子，趋利是人的本性，并不必然与道德相联系，作为税收遵从最重要主体的纳税人，依法诚信纳税本身应为其基本的价值信条，维护税法的尊严是每个成熟公民的应尽职责。但在民初，在征税人尚不能依法行政时，让纳税人依法诚信纳税显然近乎苛求。纳税人总要千方百计地寻找门路以降低自身的纳税负担，于是便有了形形色色的偷逃抗骗税行为。纳税人的税收不遵从无异于不等价交换，并极富感染力和示范效应，极易产生连锁反应，在条件成熟时，极有可能形成大规模的

---

① 《漏贴印花者何多》，《大公报》1917年3月6日。

② 《宁波发现伪印花税票之根究》，《申报》1917年4月17日；《续志宁波发现伪印花税票之根由》，《申报》1917年4月18日；《拿获伪造印花犯》，《大公报》1920年10月10日；《财司令查伪造印花案》，《大公报》1925年9月3日；《财司拿获销售印花犯》，《大公报》1925年9月13日。

抵制风潮。而这种集体抗税行为不仅导致国家税款的大规模流失，而且加重国家治理的成本。

我们既不可能要求民初的征税人具有现代税收意识和良好的职业道德，也不可能要求民初的纳税人成为现代公民，但正是因为他们自身的"非现代性"因素，使得征纳双方的关系极不顺畅，征税人的穷凶极恶与纳税人的小心侍奉在税收征管过程中展现得淋漓尽致。此外，用税人肆无忌惮地进行扩军备战，使税款用途带有更多的血腥味，从这个意义上讲，纳税人似乎更有理由拒绝纳税，并且使得这种决定具有了良好的道德指向。

二　抵制风潮

中国老百姓的暴动大多是针对政府征收的赋税而非私人之间的佃租或高利贷，几乎每年都有抗税、抗徭役、反贪官之类的暴动，其反抗的对象大多是行政机构或地方代表者，而几乎没有针对民间私人的恶性事件[①]。确实，老百姓虽然无力与国家政策抗衡，但对"有吏夜捉人"那种夜半场景的惊悚使他们对税吏更加痛恨，于是便有了《水浒传》中"只反贪官不反皇帝"的命题。因为直接与商民发生冲突的往往是那些穷凶极恶、为虎作伥的税官、委员和巡丁，商民对这帮伥鬼无不恨之入骨，随时可能因捐税问题而发展为大规模的对抗冲突，甚至成为瓦解当局统治的政治力量[②]。但税收制度和税收政策从来都是国家意志的体现，个人意志对税收决策一般不起作用[③]。纳税人个人的力量根本无法与国家税法对抗，而政府强制征税又使每个纳税人的利益受损，于是，众多纳税人便结伴抱团以寻找出路，商会等社会组织便成为大家表达主张的依托对

---

①　马学思：《中西税收文化论纲》，新华出版社 2007 年版，第 124 页。

②　马敏、朱英：《传统与近代的二重变奏——晚清苏州商会个案研究》，巴蜀书社 1993 年版，第 388 页。

③　许建国、蒋晓惠：《西方税收思想》，中国财政经济出版社 1996 年版，第 325 页。

象。这个被称为"在野市政权力网络"的既非官方亦非私人性质的民间自治组织①，是封建政府扶持下的特殊团体，游走于官商之间，利用其"通官商之邮"的便利，通同一气，甚至直接出面组织和领导工商业者以请愿、示威等方式，反对和抵制政府的某些决策，并迫使政府作出一定的让步。

无论是用"国家—社会"模式还是"社会中的国家"模式来解释国家与社会在税收上的矛盾运动，其关键点都是因税收而引发国家与社会的激烈互动，权力制衡的两极分别为国家与社会，双方的结合点是触发矛盾运动的制度，制度既是国家权力扩张的具体体现，又是社会回应国家权力扩张的具体内容，是国家与社会之间互动的竞技场②。在这一"竞技场"中，国家处于制度的供给侧，常常靠创制法律以划定国家权力的边界，社会则处于另一端，只能通过正式、非正式的组织形式而存在，既受国家法律制约，又可能运用手中的优势资源对国家法律产生某种反应，通过斗争、妥协、冲突和联合等途径以维护自身的权益，也可能因此而改变国家政策甚至国家统治权。

（一）有组织的抵制

民初弱国家强社会格局的形成，为国家与社会的互动提供了条件，但双方力量的此消彼长有时却成为国家征税意志的制衡器，当国家权威和能力下降时，社会力量便会对政府任性征税具有一定的制约作用，反之亦然③。著名历史学家章开沅先生指出，作为近代中国社会力量的代表，商会自进入民国后，便极力向社会生活的各个层面渗透，其势力的增长与活动空间的延展不仅冲击到固有的统治秩序，而且对权力与利益的再分配都产生了较大的影响④。民初许多税收政策

---

① 朱英：《论清末民初社会与国家的发展演变》，《理论月刊》2005 年第 4 期。
② 杜丽红：《近代中国国家—社会关系研究新探》，《近代史学刊》2014 年第 2 期。
③ 朱英：《论清末民初社会对国家的回应与制衡》，《开放时代》1999 年第 2 期。
④ 朱英：《转型时期的社会与国家——以近代中国商会为主体的历史透视》，华中师范大学出版社 1997 年版，序一。

的推行，无一例外地遭到了社会力量的抵制，大规模抵制活动多与商会等组织的领导有关，并最终改变了政府的某些决策，而这种现象自晚清延续至民国结束而不衰①。

如前文已提及的所得税开征，1920 年 9 月，税法刚一公布，即遭到了各地商会的群起反对，最终演化成一场声势浩大的抵制所得税运动。各地商会提出了无可辩驳的理由让北京政府十分尴尬：一是税法违宪，未经国会授权而开征所得税属于非法征税。二是政府军费开支居高不下，约占国家每年财政支出的 80%，是造成财政困难的根本原因。政府不裁兵节流，而意图开征新税搜刮民脂供军阀穷兵黩武，商民有权反对开征所得税。三是军阀割据，内战不止，百姓深受荼毒，商业凋敝，商民税收负担沉重，而政府不思保护商民权利，商民有权不纳税。四是国家尚未推行新式记账法、精确调查法，征收规则不够完善，容易造成富人隐匿或瞒报财产，不能公平征税。开征所得税的时机尚未成熟，技术条件尚不具备。五是政府血腥镇压爱国学生，军阀解散学校将教育经费充作军费，"现反"以筹措教育经费之名而开征所得税，商民有权质疑其征税的真正目的。六是政府早已丧失了公信力，民国三年发行的内债早已到还本日期而未能偿还，政府的承诺不可信②。这场博弈使北京政府颜面扫地，所得税的开征最终只能停留于文本而难以实行。对该税的抗争一直持续到国民政府后期而不辍，足见民间力量对表达税权意见的积极性③。

其他税种的开征同样遇到了不同组织领导下的不同程度的抗捐税运动，即使如微小的屠宰税也争执不休，常有屠户、住户与包税商之

---

① 魏文享：《国家税政的民间参与——近代中国所得税开征进程中的官民交涉》，《近代史研究》2015 年第 2 期。

② 梁长来：《合纵连横：1920 年北洋政府开征所得税中的官商博弈》，博士学位论文，中央财经大学，2017 年。

③ 魏文享：《国家税政的民间参与——近代中国所得税开征进程中的官民交涉》，《近代史研究》2015 年第 2 期。

间的激烈冲突，也有屠业公会组织与政府之间的权力博弈①，它们不能拒斥只能迎合，并在承受的同时继续抵制。与此相同的还有反对征收营业税的抵制风潮，整个北洋时期几乎没有停息②。大多抗税运动的基本套路是依靠商会等组织与政府讨价还价，发电、发函、登报、集会、游行、罢市等方式轮番上阵，其中心议题就是请求政府减低税率或延缓征收，总之是今天不愿纳税，明天要看心情。闹得最凶的当属商民对印花税抵制，从晚清以来就一直波折不断。

早在 1909 年 9 月，清政府拟推行印花税，即激起了大规模的请愿活动。天津 1877 家商号联名上书农工商部及直隶总督，以"近年水旱奇灾，各省迭现；流氓强寇，蠢动时闻，啼饥号寒，鸿傲遍野"为由，要求收回成命，从缓开征，以苏困苦而保治安③。此事影响极大，《申报》《大公报》《盛京时报》等各大报刊均予以披露，并不无渲染地说，"众商民哀求无已，至有痛哭者，于此可见印花税之行，商民实有切肤之痛矣"④。不久，津埠各行商又草拟出津地缓行印花税的十二条理由⑤，最终使印花税难以推行，而根据《直隶全省财政说明书》的说法："光绪三十四年设局试办，嗣因商人迭请缓行，迄未开办。"⑥

进入民国后，各地商会对印花税的抵制仍不遗余力，整个北京政府时期，商会好像一直对抵制印花税情有独钟，任何一项政策的出台，它们都能找出反驳的理由，常通过通电、上书、请愿、示威等方式对政府施压，以实现它们停办或缓办印花税的诉求。1912 年年底，

① 陆小丽：《民国时期湖北屠宰税研究（1915—1949）》，硕士学位论文，华中师范大学，2018 年。

② 柯伟明：《营业税与民国时期的税收现代化（1927—1949）》，博士学位论文，复旦大学，2013 年。

③ 天津市档案馆：《天津商会档案汇编（1903—1911）》（下），天津人民出版社 1989 年版，第 1704—1705 页。

④ 《商民求缓办印花税》，《盛京时报》1909 年 10 月 12 日。

⑤ 天津市档案馆：《天津商会档案汇编（1903—1911）》（下），第 1706—1709 页。

⑥ 经济学会编：《直隶全省财政说明书》，第 16 页。

《印花税法》刚刚公布，在北京召开全国临时工商会议的50多位与会代表即联名上书财政部，恳请暂缓印花税。其理由无非是工商凋敝、税收过重、民力不逮、民生多艰等陈词老调①。1913年5月，天津商会又将该呈文几乎没做任何更动地呈递工商部及直隶民政长，请求缓行印花税，其后还不断地召集会议，共同商议抵制之策②。河南商务总会也耐不住寂寞，初则开会集议，继则电致全省分会取决，1913年5月，河南商会甚至召开了一次特别大会，各县代表决议全省反对印花税，并以全省商界罢市相威胁③。其他各地也都有类似举动，但这种执着很难说是为民请命，从中已看不到民智初开、法治初兴的任何影子，"主权在民"的要义绝对不是国民与政府决策相对抗，一系列的抵制活动伤及的不仅是国家权威，更有国人对国家治理的种种误解和偏见。

1915年，财政部对印花税税率、税目进行了调整，对一元以上十元以下的契约簿据征收印花税一分，为这一分钱的印花税，天津商会不辞辛劳地首倡抵制④，接下来便一发不可收拾，各地典当业纷纷上书财政部、农商部，陈述利弊，呼吁减免，甚至公举代表赴京运动，以求减免⑤。1915年9月以后，杭州、宁波、京师、上海、奉天、南昌、山东、安徽、武昌等地商务总会，京师、直隶、奉天、黑龙江、江苏、全浙、全滇、湖南、湖北、河南、江西、安徽、山东、山西、陕西等地典当公会纷纷联名禀请展缓，财政部迫于压力，不得

---

① 江苏省中华民国工商税收史编写组、中国第二历史档案馆：《中华民国工商税收史料选编》第四辑（下），南京大学出版社1994年版，第2563—2564页。

② 天津市档案馆：《天津商会档案汇编（1912—1928）》（四），天津人民出版社1992年版，第3876页；《印税难缓》，《大公报》1913年6月5日；《商会开会纪闻》，《大公报》1913年6月15日；《印税议请从缓》，《大公报》1913年6月18日。

③ 河南省税务局编：《河南省税务大事记》，中州古籍出版社1996年版，第26页；《汴商会反对印花税》，《申报》1913年6月13日。

④ 天津市档案馆：《天津商会档案汇编（1912—1928）》（四），第3881—3882页。

⑤ 《当商求免印花》，《大公报》1915年9月2日；马敏、祖苏《苏州商会档案丛编》第二辑（1912—1919年），华中师范大学出版社2004年版，第534—535页。

不准予变通①。此后有屡经暂缓，直到 1921 年，财政部还在为此事与各地大小商会周旋②。甚至各地商会等组织为了造势，经常相互联络，共同商议对抗政府，如长春商会、保定商会、当业公会、滦县商会、唐山商会、南宁总商会等致函天津商会，吉林省议会、商会、农会、工会、教育会等 14 团体联衔致电天津商会，一致认为：政府既不以民命为重，人民难以政府命令是遵，希望各地能够相互声援，协力抗争③。这种争吵又持续很久，直至北京政府结束依然无果。但从其集中行动的热烈程度判断，抵制税收似乎成了英雄壮举。

税收事务在商会、同业公会专业职能中占有重要分量，它们最为显著的行动就是抗税减税。但是，抗税减税或参与税政并不只是判断政治对抗或合作的依据，商会组织并非营利组织，本身不承担税责，但其会员则均为纳税人，负担着国家的各种捐税，作为纳税人代表的商人组织因税收与政府进行交涉，既是为维护其自身的经济利益，也是为表达它们对国家税政、税权的主张和见解。它们的集体对抗，其直接目的就是减轻税负，间接地对政府违法征税起到了纠偏作用。它们不仅仅是寻求税负本身的数额增减，更是对税收的开征、稽查、使用诸环节及法则提出了不同于传统抗税的要求，比如对税收法定原则的倡导，对履行纳税义务后应享有的权利的呼吁等，这是经过民初民主共和观念洗礼后，众多商民权利意识的重要变化，纳税是国民之义务，但应与权利对等，所以，这些商人组织为了这一权利总是奋起抗争，甚至不惜进行大规模的对抗活动④。但这种对抗活动并不一定总

---

① 《变通当票印花之部饬》，《益世报》1915 年 12 月 22 日。

② 《当商对于印税之陈请》，《益世报》1916 年 6 月 20 日；《典商请免印花税苛章》，《益世报》1916 年 6 月 25 日；《财政部体恤艰难》，《益世报》1916 年 6 月 27 日；《当票贴用印花又展限》，《益世报》1917 年 1 月 6 日。

③ 《长春商会来函》，《益世报》1921 年 1 月 11 日；《反对两税实行之呼吁（保定）》，《益世报》1921 年 1 月 20 日；《关于印花税要讯》，《益世报》1921 年 6 月 24 日；《唐山否认加贴印花》，《益世报》1921 年 7 月 1 日；《反对增加新税响应声（南宁）》，《益世报》1921 年 4 月 7 日；《反对增加新税之来电》，《益世报》1921 年 3 月 17 日。

④ 魏文享：《作为纳税人团体的近代商人组织》，《近代史学刊》2016 年第 1 期。

是正确，有时可能违宪。

依据这一解释，我们不难理解作为纳税人团体的近代商人组织为何长期地从事着抵制税收的活动，国家税政的民间参与体现了民众税收意识的进步。再从上述情况看，如此大规模长时间的请愿抗议，不能不对财政当局形成压力，有组织的税收抵制往往因此而能够取得一些收益，政府不可能对民意置若罔闻。但如从另一方面看，民初商民参政议政的热情很高，但激情昂扬并不一定代表纳税意识的提高，商会等组织及商民往往在急于表达参政理想、行使议政权利时，却忽略了作为纳税人所应尽的义务，主张个人权利必须履行个人义务，否则便陷入邪恶，任何一项抵制活动都需要付出成本，无论是对个人还是对国家而言，抗争即意味着成本激增，国帑靡费对征纳双方来讲都非福音，费用最终仍会转嫁到纳税人头上。

面对较大声势的、文明一点的抗议抵制时，政府可能会忍一忍，要么拖延推诿，要么调适政策，以求平息民怨，但对于势力弱小之区，政府有可能采取强硬手段予以拒绝，有时甚至可能还会动用专政机器。当然，如果遇到暴力抗税的群体性事件时，国家权力的仁慈也有限度，不可能一味迁就放纵，以暴制暴是政府常用的法宝，结果大多以抗税者被"法办"而告结束。

（二）商民的抗争

在广大农村，因民众智识的限制和对历史的有限判断，民初的抗捐税风潮仍遵循传统做法，往往成为带有颠覆倾向的暴力斗争，如1914年年初，北京政府决定设清丈局进行清丈地亩，随即激起了各地农民的反抗斗争，山东、山西、河南、河北、四川、安徽、江苏、浙江、江西、广东、贵州等省都有一县至数县发生"民变"或武装起义。1915年年初，奉天新民县农民数百人，持枪械围攻该乡清丈局。5月，河南洛宁县发生反验税契的斗争。8月，甘肃宁县也发生反验税契的斗争，陇东地区爆发较大规模的抗捐抗税运动；环县群众起义，杀死县知事，占据县城，转攻庆阳，焚烧教堂两座。江西、吉林、山东、河北等省都有农民捣毁或烧毁清丈局的群体性事件①。这些抗捐税斗争无一例外地被镇压，但如此大规模的抗捐税斗争还是发生在中央权威尚存的袁世凯时期，其后政局更加动荡，税政更加混乱，此类抗捐税斗争事件更是有增无减。

1920 年 1 月，豫都赵倜下令各县征收入城税，洛阳人民不堪其扰，罢市抗议。1922 年 3 月，河南当局勒派苛捐，遭到各地人民的反对，开封屠业罢市抗税两周，偃师农民捣毁县署，禹县县城举行罢市，许昌农民六七千人包围税局。一系列的抗税斗争最后在官府的弹压下结束，地方当局为了剔除税收积弊，平息民愤，也会装装样子，张贴布告，要求商民进行监督检举②。可以想象到这种表面文章根本不可能收到什么效果，因此，抗税可能还会延续。再如 1924 年，陕北发生农荒，致使食盐价格猛跌，盐税却有增无减，盐工怨声载道。正在怨气无法排泄时，一农民挑一担红枣到十里盐湾换小盐，在办理税票时，同盐厘局的人发生争吵，被盐吏吊起来痛打一顿。这事本与盐工无关，但却成了他们发泄的一个由头，盐工们手持扁担、铁锹，涌向盐厘局，要求放人。遭到拒绝后，愤怒的盐工们开始打砸盐厘局。盐吏们仓皇逃跑，去榆林向官府报告，要求派兵镇压。后来在地方达人的斡旋下才不了了之③。否则，盐工们很有可能会有牢狱之灾。类似的群体性事件自清末以来便屡有发生，基本属于历史惯性行为，历朝历代的政权易主也多由此类偶然事件促成，只不过民初的这种"毁局殴员"的故事一般只在偏远的市镇发生，城市因控制机制严密而较少出现。

总之，在抵制国家税收的过程中，如果国家的控制力足够强大时，这种做法是极其危险的，基本以专政弹压为结局；如果中央政府处于自身难保之时，社会力量的强大足以与国家抗衡，抵制往往奏效，但其代价是国家政策的无法推行和国家治理能力的进一步削弱，最终是国家与社会都无从受益的双输结局。已如学者所言，民初税收

① 李侃等：《中国近代史》，中华书局 1994 年版，第 425 页。
② 河南省税务局：《河南省税务大事记》，中州古籍出版社 1996 年版，第 35 页。
③ 蔡鹏飞：《民国时期的陕北抗税事件》，《税收征纳》2016 年第 2 期。

现代化的尝试尽管是"不激不随"的渐变型改进，尽管有相应的法律规范，但税收法律的推行总是困难重重，"近代中国的税收现代化过程只走了一小段，更多的历史使命还有待下一阶段的政府去完成"①。从一定意义上讲，从税收法制化向税收法治化的转变，不仅需要法制体系的完备，更需要法治意识的形成，而民初征纳双方的现代化都没有完成，税收现代化的环境还远未出现。

第四节　列强野蛮干预

近代以来，随着中外贸易的日益频繁，税收公平的要求已不再局限于国内，还必然涉及国际税收分配关系中的国际公平问题。税收公平原则已为世界各国所遵行，其基本的规则是：凡居住于某地的居民或在某地从事生产经营、取得收入的单位或个人，均应依法接受当地政府的税收管理，依法履行纳税义务，即属地管理原则。中国公民在外国从事生产经营或取得收入时需向所在地政府纳税，同样，外国商民在中国境内从事生产经营或取得收入时，理应遵照中国的税法向中国政府纳税。但鸦片战争之后的中国，不仅丧失了关税自主权，即使其他税收也无法征及外国在华商民，中国公民有向外国政府纳税的义务，而外国商民则凭借着各种不平等条约的庇护，拒绝向中国政府纳税，从而导致了国际税收关系中的严重不对等性。此外，列强还以种种理由，对租界内的税收管理权进行干预，致使中国税收哪怕实行公民原则（或称属人原则）亦不可得，近代中国涉外税务陷于前所未有的尴尬境地而难以自拔。

一　税权丧失

近代中国最大的匪不是土匪和军阀，而是贪得无厌的西方列

---

① 付志宇：《近代中国税收现代化进程的思想史考察》，西南财经大学出版社 2010 年版，第 123 页。

强，它们凭借着从中国讹诈来的权力肆无忌惮地吮吸着本已贫弱不堪的中国经济与社会仅剩的脂膏，并且通过权力渗透，控制着中国的经济命脉和税收的发言权，造成了中国境内中外商民税收负担的严重不公。

中国涉外税收征管权随着半殖民地程度的加深而逐步沦丧。自《南京条约》之后，各种不平等条约相继涌来，协定关税就成了中国挥之不去的梦魇，值百抽五的超低关税加上异乎寻常的子口半税基本奠定了列强在华税收负担格局。太平天国运动期间，英国人借口战乱，"帮办"了中国关税事务，中国就此又丧失了关税管理权。在李泰国、赫德等人的操纵下，在治外法权无限扩张的情况下，中国政府不仅关税不能自主，其他税种的开征甚至连税目的调整都需要与列强"协定"，并且几乎没有"协定"成功的。

西方列强用坚船利炮叩开了中国的大门，在它们蛮横无理的强制要求下，中国被迫开放通商口岸，任由列强实施商品倾销及资本输出，通商口岸从此成为列强逐利的理想场所和侵略中国的"桥头堡"，各色人等怀着各自的淘金梦蜂拥而至。随着来华商民的日益增多，税收这个体现国家存在的活动逐渐成为中外矛盾的聚焦点，尤其是自甲午战争后，清廷允许外商在华开矿办厂，于是，各国竞相扩张实业，洋人在华群体更趋扩大，且形成了相对完备的市场和职业体系。按照国际税法的惯例，外国人在中国理应依照中国税法向中国政府纳税。但当中国政府向列强提出这种最基本的正当诉求时，几乎无一例外地遭到了它们的反对和抵制，中国税权的"属地原则"也因列强所恃之约定而丧失，严重破坏了税权平等和对等原则。自清末至民国，中国政府与西方各国进行了长期不懈的交涉，但除关税自主略有所成外，其他税类一直拖延未决①。直到新中国成立之后，这种悲惨局面才得以彻底改观。

① 魏文享：《华洋如何同税：近代所得税开征中的外侨纳税问题》，《近代史研究》2017年第5期。

与此相一致的是，租界这个国人的伤心之地，其税收的征管权同样令人尴尬，不仅外国商民拒不向中国政府纳税，即使租界内华人也因列强的干预而不纳税，致使中国税权的"公民原则"也因此而丧失。起初，租界因华洋杂居不易管理为由而设，其后因战乱而快速发展，并且由于租界内行政管理权的"不我属"，租界遂演变成为近代中国境内的"国中之国"，最具代表性的城市是上海，已经成为世界上最大的冒险家乐园，租界内征税权丧失的罪恶源头即在上海。1862 年太平军撤出上海后，上海道吴煦向英、美、法租界当局提出向租界内华人征收捐税，但遭到了列强的断然拒绝。加之当时由于上海官府致力于和英法军队合力围堵和驱赶上海外围地区的太平军余部，向租界华人征收捐税的交涉暂时搁置。此后，虽经多次协商，均无结果，到 1864 年以后，上海地方政府向租界华人征税的权利基本被剥夺干净。列强遂以此为援引，其他城市也相继开辟租界，设立行政司法机构，自行管理，中国政府对租界内华人的征税权也就此丧失。

这种管理恶政并未因民国的建立而结束，相反却是沿袭老路并变本加厉地侵害着中国的税收主权。凡是中国政府提出的任何税收政策，列强总能找到足够的理由拒绝中国税收征及它们的国民，并同样拒绝中国政府在租界内征税。起初，列强拒绝的只是关税、子口税的加增，其后扩展到盐税、印花税、营业税等各个税种，起初只是反对中国政府向它们的国民征税，其后则是漫无边际地阻挠它们认为不该征税的地点，态度只有一个：缔约国不同意！

列强不同意向它们征税的理由来自众多不平等条约的规定，但回顾历史，这些条约的来历很不文明，对中国带来的伤害极其悠远，单从税收管理权限的角度看，两种解释都可谓逻辑混乱：一是如果按照近代国际通行的税收属地管理原则，中国政府的征税对象应包括所有在中国境内从事生产经营、取得收入的中国公民和外国商民，但受各种不平等条约的限制，国家税收不能征及洋人。二是如果按照公民原则，中国政府的征税对象应为所有的中国公民，但列强又以保护租界内华人的权利为借口，强调属地管理原则，致使对租界内华人的征税权也被剥夺。前者可以理解为条约的限制，后者则绝对是蛮横比附的强盗逻辑。

从税收管理的结果看，严重的税收不公显而易见：除了关盐大税种之外，一些小税种也很难得以通行，即使征税，中外商民也难统一，华洋不能同税，国人倍感受伤，更有甚至，华人之间的税负还因所处位置不同而严重不公，同在中国境内，甚至一个城市内，仅有一路之隔，一边居民有纳税义务，而居在租界内的华人和外国人因受租界的庇护则可以不纳税[①]。这种现象简直是中国政府的耻辱，可叹的是，每当中国政府宣布对租界开征某个税种时，不仅有来自列强的坚决抵制，更有来自租界内华人的强烈反对，毫无民族气概可言，其结果是：给列强提供了抵制中国税收的借口，给本国政府增加了治理难度。

税收管理权对于一个主权国家而言，不仅严肃神圣，而且关乎国权。税权的丧失不仅是政权不稳的根源，更是国家和民族的灾难。

二　列强干预

列强对中国税收的干预和抵制，随着它们势力的扩张而日益渗透到税收征管的每个角落。民初更是如此，在中央财政极度衰弱的情况下，靠借债度日的北京政府对洋人只能言听计从，不敢稍违，列强逐渐操纵中国的财政经济命脉，中国政府不得不对列强妥协让步，在税收上尽可能地以"协定"的姿态探寻洋人的意见，并无奈地顺从他们的主张。

如在关税方面，其征收由总税务司控制下的海关负责，税率由洋人说了算，税款也由于历史原因而成了担保品，要按照列强的意思交

---

① 国家税务总局主编：《中华民国工商税收史纲》，中国财政经济出版社 2001 年版，第 64 页。

由他们指定的外国银行保管，抵偿之后的"关余"才归中央财政收入。但这个"关余"在袁世凯时期尚能部分划拨，其后则因各种原因或被转拨地方政府或被扣留不拨，特别是"金佛郎案"后，虽经中央政府的极力磋商，但"关余"和"盐余"还是被总税务司安格联扣留，"在此案未经四国满意以前，不准中国政府提用"，我国关盐两税财权全归外人管理[①]。缺少了如此重要的收入，北京政府的日子更不好过，而为了日子好过，并能够从列强那里借到外债，北京政府甚至部分地方政府不得不向列强低头。盐税也是如此，并已成为北京政府向列强谋取外债的唯一信用物。北洋政府决意将盐税控制权让渡于列强监管，除了债务的原因之外，尚有借外人之力将各省盐税收归中央的意图，实因晚清以来，"盐法虽掌于户部，行政之权，实分于各省盐政"，及至民初，仍"漫无统纪"[②]，中央既存觊觎之心，自不能不做更改，正如周学熙曾言："不将稽核权授诸外人，各省盐税决不能归诸中央"，稽核所权力之扩张，实中央政府有意授予，借以抵制各省，使盐税全数收归中央[③]。列强自知其中之奥妙，往往以此为要挟，迫使中国政府就范。

列强对中国关税的干预始自晚清，主要体现在对税率、税目的控制上，每当中国政府提出加税或扩充税目时，列强都会以"协定""修约"为借口予以拒绝，甚或以裁厘为诱饵，进行旷日持久的裁厘加税的多边会谈，总体是希望裁厘，却绝不希望加税。这种干预尚局限于经济范围，或者说是以财政经济为手段对中国征税主权的侵蚀，损害并不必然及于国家的政治和政局，但对于盐税的控制已经危及中央政府的统治。袁世凯之后，各地军阀纷纷割据一方，截留盐税的现象日益严重，列强有意无意地通过权力渗透，各自扶持一方军阀势力，对于盐税截留事件亦予以默许，如1921年以来，东三省盐税悉

---

① 刘彦：《帝国主义压迫中国史》（下），太平洋书店1932年版，第411页。
② 曾仰丰：《中国盐政史》，商务印书馆1937年版，第124—125页。
③ 本白：《盐务稽核所存废问题》，《盐政丛刊二集》1932年版，第242页。

被张作霖截留，"为数达 5000 余万元，丝毫未解中央，政府固瞠视而莫可如何，债团亦噤口，等于默认"①，而吴佩孚直接电令其所辖川湘鄂皖赣等省，将"盐税净款悉数拨交其本人或其派驻税收地方之专员"②。如此行为，大多与列强的默许有关，甚或是在列强主使下的恶意作为，列强可能通过中央权力以打压不听话的地方势力，或者通过扶持地方势力以与中央抗衡，这也是军阀为什么能够割据一方的主要原因之一。如广州政府拟行加税时，就有阁员对列强的态度比较敏感，甚为担忧，"若政府表示不承认此等加税，而广州征收如故，则列国势必根据中央不承认之明文，将被征部分列为损失，要求政府追偿，或列为债务，向关余上扣除，岂不增加纠纷"③，但若承认加税，则很显然与主权不符。这种干预，伤害的不仅是中国的财政税收，而且恶化中央与地方之间的矛盾，甚至因此而挑起战争，或者导致权力洗牌。

如果说关税对列强在华利益的影响较大，加税引起它们反对尚有情可原的话，盐税税率的提高对它们丝毫没有影响，当不至于反对，但它们总想过问和表态，而其他税种的开征同样绕不开列强的"尊意"。笔者在考察民初印花税开征时，对财政部、外交部为使在华商民依法贴用印花，持续十余年不间断地与列强交涉的"外交远征"深感钦佩，虽然列强始终不同意向它们的国民征税，但外交精英们对法制和税收公平的追求永远激励着国人砥砺前行。按照清末民初时大多数人的观点，华人在境外依照当地的法律缴纳印花税，我国对各国商民仿征此税，洋人断无龃龉之理。但这只是一种想当然的判断，或许是忽略了列强对中国内政进行干预的可能。早在 1902 年中英商约谈判时，中国代表在尚未正式开征印花税时，就曾试探洋人对于我国开征印花税的态度，当即遭到英方代表的断然拒绝。民国成立后，该

① 《陈调元实行截留两淮盐税》，《申报》1925 年 11 月 27 日。
② 《吴佩孚决意截留十二省盐税》，《申报》1925 年 1 月 28 日。
③ 《广州加税京政府难否认》，《申报》1926 年 10 月 16 日。

议题仍是一种假设，加之当时中国政局更迭不断，虽然经过外交部与财政部的通力合作和极力抗争，但一系列的外交斡旋均告失败，致使印花税不仅不能征及外国在华商民，甚至在列强的直接干预下，就连居住于租界内的华人，中国政府也无法对其征税，中国印花税处于极度尴尬境地①。

再如，1926 年，山东省政府设立货物税局开征货物税，侨居青岛之日商随即群起反对，"连日散布传单，联络侨青各国商民，协议抵制"，并召开所谓的"国际市民大会"，到会者约六七百人，演讲内容大抵皆系反对货物税，其会议决议谓货物税"妨碍山东产业贸易之发达"，是削夺当地工商业繁盛之恶税，"大会表决断然反对坚持到底，以促鲁省当局之猛省"。会后还选派 13 名代表分谒各国驻青领事及胶澳商埠局总办，要求取消货物税。各外商还全体休业，"门前大书反对苛税等字样"，以示抵制决心。青岛以及济南等地外商以游行、罢市、演讲以相挟制，迫令政府取消该税②。这一恶劣行为颇令人反感，但一想到"中国军队驻扎何处，赋税多因之加重"的事实以及此时主政山东的是张宗昌，我们倒也释然而不需为此叹息。但也不得不提及一下日本这个极不友好的邻邦，在近代以来侵略中国的众多事件中和抵制中国税收的活动中，总有它极其活跃的影子，幽灵一般盘旋于华夏大地，并最终给我们带来了惨绝人寰的民族灾难，但愿国人能牢记历史，永不忘怀。

耐人寻味的是，列强拒绝中国税收，但它们却不忘向中国人征税。彭南生教授曾对 1919 年上海公共租界工部局增收捐税事件进行过深入研究，认为那场声势浩大的抗捐税运动不仅表达了国人对列强统治的强烈不满，华商以抗捐为手段，以马路组织为斗争团体，广泛发动华商店铺与工部局展开抗争，而且在争取华人参

---

① 见拙文《民国北京政府时期印花税的涉外困境》，《中州学刊》2014 年第 3 期；《抗争的变曲：〈租界内华人实行贴用印花办法〉评析》，《历史教学》2013 年第 5 期。

② 《青岛外商反对加征货物税》，《申报》1926 年 10 月 16 日。

与工部局董事会的目的之外，还体现了上海各马路商界联合会及各路商界总联合会在抗捐风潮中争国权、商权与维护人权意识的进一步提高①。

民初财税、外交和司法精英们依靠自身的魅力和勇气与列强在税收问题上进行的不屈抗争，从根本上讲是治外法权丧失的一种自然结果。近代中国半殖民化过程饱含着浓浓的"耻感情结"，为消弭一系列的羞愧感和羞辱感而进行的外交抗争等民族主义运动，是中国主权意识觉醒的原动力②。近代中国众多仁人志士进行不屈不挠的抗争，从司法领域延伸到财政领域税收领域，无一不体现着他们对国家、民族未来的深深忧虑和对民族复兴的孜孜追求，但这种追求常常因国内政局动荡而折戟，军阀枪炮的射程还无法及于民族大义。

列强对治外法权的无限扩展，可以理解为保护其经济利益。但这一司法领域的侵略工具已经被广泛渗透到民国肌体的每个毛孔，就连列强自己都感到不公平和不好意思，如1914年3月，美国公使芮施恩在给美国政府的报告中说，"把在华外人的治外法权解释为包含了完全豁免主权政府通常对居留其境内的人们所征收的一切捐税，这种倾向当然是既不符合公平原则，也不符合正当政策"，并认为把治外法权解释为包含了绝对的豁免，有碍于发展一个有效率和有能力的政府，但同时也提到，"如果不小心翼翼地保卫外人的权利，外人就会时常受到不合理的和不能忍受的捐税负担"③。这种矛盾的说法正说明列强对中国税收状况极不满意，担心繁重的苛捐杂税无休止地降临到它们的侨民身上。所以，在涉外税务的交涉中，列强始终将裁厘作

---

① 彭南生：《抗捐与争权：市民权运动与上海马路商界联合会的兴起》，《江汉论坛》2009年第5期。

② 张仁善：《论中国司法近代化进程中的耻感情结》，《江苏社会科学》2018年第4期。

③ ［美］威罗贝：《外人在华特权和利益》，王绍坊译，生活·读书·新知三联书店1957年版，第366页。

为谈判条件，或者干脆予以拒绝。这种滥用治外法权侵夺中国税收主权的行径，引起了国内有识之士的反对。列强在税收问题上的傲慢不仅激发中国民族主义的抗议，而且推动了中国商民纳税人意识的觉醒，在租税主权、税负公平、税收权利方面均有具体主张，以商会、同业公会、职业公会为代表的纳税人团体的集体行动也对税务交涉有所推动①。中国商民对国家税收的抵制，主要的原因仍是对税收公平的渴望，商民希望中外平权，华洋同税，其背后也包含有对税收合理化的期待。

综上所述，民初税收已经迈出了现代化的第一步，税收法制的构建至少成为人们有所遵循的外在依托。但民初的税收现代化之路又充满着诸多难题，受阻原因颇多，最要者有以下三个方面：

一是税收公平难以实现。税收公平的首要体现就是平等赋税，纳税人应具有相等的纳税义务，即"对于情况相同的人征收相同的赋税，对于情况不同的人，征收不同的赋税"②。税收不公必然招致各方力量的反对与拒斥，而这种抗争在民初几乎成为常态，中外商民、国内民众的税负严重不一，必然招致抗捐税斗争此起彼伏，无论如何都不能算是税收文明，更无法期待税收现代化的到来。

二是中央与地方关系不断恶化，为了扩大地盘和争夺中央的控制权，各路军阀时常处于敌对和战争状态，无论是解款制还是分税制、专款制等，都难以解决战争所带来的创伤和财政亏空，由此形成的军阀财政不仅动摇他们自身的统治基础，而且也给中国经济社会史的发展戴上了沉重的枷锁。

三是列强对中国税收的蛮横干预，那些热衷于"闹事"的外国使节们不断抗议，坚决不同意任何中国税法实行于他们的国民，民初涉

---

① 魏文享：《华洋如何同税：近代所得税开征中的外侨纳税问题》，《近代史研究》2017年第5期。
② 萨缪尔森：《经济学》（上册），高鸿业译，商务印书馆1979年版，第205页。

外税务因此而陷于困顿，一系列的艰难抗争，诉说着强权语境下弱国的无奈和苍凉。

图 4-1　鞭策　　　　　　　　图 4-2　政局之现像

　　注：图 4-1 选自霍修勇的《内政春秋》（岳麓书社 2004 年版，第 44 页），图 4-2 选自《申报》1922 年 8 月 22 日。近代中国，封建专制束缚下的国民在苛捐杂税的重压下艰难前行，还要忍受来自官方的鞭策和敲诈。而政局在军阀混战和财政困顿的双重折磨下，犹如人之伤腿残臂，难以直立，人将非人，国将不国。

第五章 北京政府分税制的回望

北京政府时期的分税制仅仅是蜻蜓点水式的短期试行，并未给枯涸的民初财政带来根本性的改善，财政税收一如晚清时期那样困顿不堪。但这种制度的引入与尝试，客观上促进了中国税制向现代化迈出了一小步，只是，税收现代化的大门只开启了一道缝，一道亮光刚一掠过，大门又悄悄闭上，人们只能在黑暗中回味那一道光亮的斑斓和意蕴。

民初税收制度的发展充满了诸多羁绊，其主要表现有三：一是受列强控制而半殖民地性质日益加深，军阀混战不断，中央与地方争相出卖国家主权，以换取列强的支持。列强通过资本输出等形式控制了中国的税收大权，继而控制了中国的财政经济命脉。二是大小军阀各自为政，地方军阀控制田赋、货物税，任意加派各种捐税，对中央税收任意截留，包括盐余、关余等，并且，各地税收机构多被军阀控制，税制难以规范划一。三是苛捐杂税繁多，人民负担沉重。所有这些，使中国的内忧外患更加深重，人民生活更加贫困，从而加速了北洋政府的灭亡[①]。民初国家治理的艰难和税收实践的困顿表明，民初分税制连同被认为是世界上最先进的三权分立制都未能发挥其应有的作用，税收现代化之路异常崎岖艰难。

百年前的分税制尝试留给我们许多值得思考的话题。分税制不能

---

① 殷崇浩：《中国税收通史》，光明日报出版社 1991 年版，第 387 页。

只是不同税种征管机构的分设，税收理念的偏差必然导致这种税制残缺不全，甚或成为加大税收成本的根源之一。民初的经验告诉我们：税收必须法定，但税收法律不能只是文件汇编，必须化为人们主动自觉遵行的道德规范。税收现代化的核心是税收法定，包括征纳双方对于税收的认识和他们在税收征纳上的文明互动，即依法诚信征税、纳税和用税的良性互动，征纳双方的现代化才是税收文明的最重要体现。

第一节　税收现代化的挣扎

北京政府时期的中国社会并不完全是黑暗一片，至少在法制、教育等方面还算可圈可点。在财税领域，民初的财税精英沿着晚清预设的线路又迈出了一步，以引进西方财税理论和西洋税制为特征的税收现代化之旅正在蹒跚前行，一系列税收法律法规相继问世，并为后继政权奠定了制度框架和法律基础。税收现代化是一个系统概念，不仅需要现代税收理念的支撑和现代税法的完备，从传统税制向现代税制的转变更需要人的现代化，征纳双方均应具有现代税收意识。影响税收现代化进程的因素有很多，而人的因素最为根本，制度嫁接所引起的民主与法制观念遭遇了挥之不去的人治因素的困扰，进而使税收现代化之路更为波折难行。

一　军阀政治与财政

由于民国政权生产的阵痛很小，民主幸福来得太突然，新生政权还无法完全适应社会环境的新变化，只能在传统老路上行走，并用半生不熟的西方舶来品加以点缀，制度的美妙和认识的肤浅使民初政治多了许多花样，但终究未能完成国家治理的现代化。一系列税法的颁行为税收现代化提供了条件，但因民初政局不断更迭，税收最终沦为各类势力的敛财工具。

（一）多变的军阀政治

民初是一个极其有意思的复杂时代，刚刚脱胎于封建帝制的新生政权还不太适应民主制度，嫁接与调适总会被传统惯性所打断，甚或被拉回到封建老路上去，迎合与拒斥间演绎着说不清的故事。封建帝制虽说已无市场，但也不能说完全遭人唾弃，民主共和观念貌似已经深入人心，但人们对其精髓尚没完全弄明白。所以，袁世凯很郁闷，没了皇帝，中央的向心力越来越小，加强中央集权的办法还是要靠龙椅龙袍，但称帝不得人心，于是举国讨袁，袁世凯至死都没弄明白，拥戴时何以如此声嘶力竭，反对时何以如此排山倒海，大家究竟想要什么样的国体政体。待至换回来了民主，再造了共和，深得人心的制度却酿成了封建割据的混战不已，军阀们懵了，同样的疑问出来了，大家究竟想要什么样的国体政体。按照专家的解释，民初的政局是"演员"越来越清晰，"剧本"却越来越模糊，只不过有一种观念逐渐得到了深化：民国再乱，复辟也不得人心，辛亥以后国人告别帝制是义无反顾的①。袁氏之后，北洋分裂，由于中央权威的缺失，中央领导核心没有出现，那些有一点眼光的政治强人还没能力树立足够的权威以号令天下，虽然个别强势者也想统一全国，但其可以依赖的方式只能是诉诸武力，由此便陷于混战的泥沼，大江南北，各路诸侯盘踞四处，都想进京发号施令。但混战之中，各路军阀势力消长沉浮，毫无定数，大军阀可能下野，小军阀可能上位，导致中国政坛"你方唱罢我登场"，他们轮番上台的施政表演，无非是各自实力的舞台秀，他们"以夺取政权为主要任务，整个国家和社会实行军事化管理，对国家的管理以军事思维和军事手段为主要模式，各类管理工作大多被演化为战役"②，这个舞台剧让我们看到和理解了军人当政的可怕和枪杆子最具发言权的道理。

① 秦晖：《走出帝制：从晚清到民国的历史回望》，群言出版社2015年版，第4页。
② 俞可平：《国家底线：公平正义与依法治国》，中央编译出版社2014年版，第181页。

　　民初政坛从一开始就是一个畸形的权力场，明争暗斗一直不停。国家的重构首先是秩序的重构，人可以有秩序而无自由，但不能有自由而无秩序，必须先存在权威，而后才能谈得上权威限制①。对于新生的民国而言，秩序显然比自由更重要。所以，袁世凯为稳定民初的秩序和控制局面所做出的应急措施尚属有效，但那些政治早熟者却操之过急，过早地考虑权威限制，不仅引起了袁世凯的严重不满，就连地方实力派也不乐意，各党各派及中央与地方政要们之间的争斗从民国建立开始就一直存在，根本停不下来。

　　最初的权力争斗还算是文斗，争权夺利的主角是各种党派和它们的议员代表。袁世凯时期，北洋势力还没有南下，南方数省裹挟着数不清的"主义"和"方略"与北方抗衡，南北议员们在还没有弄清楚中国的政治习惯时，凭着自己的好恶不断表达意见，甚至制定出撇开总统而不顾的宪法，决意实行内阁制以抑制总统权力，以期给最高当局设定一个既定框架迫其服从。由于这些由袁氏政治对手近乎单方面炮制出来的"临时约法"及相关法律在政体设计上触犯了政治技术禁忌，最终成为直接导致民初权势重心失却的主要原因，也使得袁世凯致力于权势重心重建的努力成为泡影②。而在袁世凯的头脑里，民初政坛乱象起因由于缺乏一个强有力的国家机器，缺乏一个强权人物带领国家前进。所以，袁氏便寻机解散国民党、解散国会，其后，各省议会也相继被解散，此举还得到了一些地方行政长官的支持，他们也特别讨厌来自地方议会的指手画脚，袁世凯集权和强权的做法也代表了他们的意见，将"平时把持财政，抵抗税捐，干预词讼，妨碍行政"的省议会裁撤，很受地方长官的欢迎，地方长官因此便有了"便宜行事"的特权③。在没有约束的情况下，地方势力因此而急速

---

　　① ［美］塞缪尔·亨廷顿：《变化社会中的政治秩序》，王冠华等译，上海世纪出版集团 2008 年版，第 7 页。

　　② 杨天宏：《军阀形象与军阀政治症结——基于北洋时期民意调查的分析与思考》，《近代史研究》2018 年第 5 期。

　　③ 张程：《总统们：民国总统的另一面》，国家行政学院出版社 2011 年版，第 142 页。

膨胀，到最后连袁世凯都无力掌控了。

唐德刚认为，"边缘政客"袁世凯是近代中国历史转型期中的第一号悲剧人物，"两千年帝王专制的政治传统，决然不能转变于旦夕之间。因此他纵想做个真正的民主大总统，不但他本人无此智慧条件，他所处的国家也没有实行民治的社会基础。他如要回头搞帝王专制，甚或搞君主立宪，这个时代在中国历史上，也已一去不返了，客观历史早已注定他不论前进或后退，都是个必然失败的悲剧人物"①。但 1916 年的日子，大家都不好过，一片厮杀声中，袁世凯急火攻心而升天，地方军阀争斗随之升级，当初北洋集团尚能保持大多数省份服从中央政府的局面自此瓦解，随着公认的民族象征和北洋体系核心的消失，民族统一体的建立成为幻梦②。

军阀政治的特点就是不断地创造军阀。北洋势力在袁世凯的操纵下南下西进，他们最初的动机只是挤占那些不听话的地区，但当他们控制了这些省份后，派出的大员便和当初的地方主政者一样，与中央渐生嫌隙，他们开始在外省作威作福，过上了土皇帝的日子后，逐渐对中央政府的命令开始反感，加上各种现实利益纠葛，即便当初皇恩浩荡、袍泽情深，也挡不住随之而来的无法抗拒的各种诱惑，这些人转而成为与中央或其他省份对抗的新势力，如冯国璋之与袁世凯，吴佩孚、孙传芳之与曹锟，倒戈将军冯玉祥、张宗昌之与许多大军阀等。可以说，民初各地方军阀都是由大军阀培养出来的，小军阀一旦势力壮大，便会沿袭老路，继续培养其他更小的军阀，如此往复，循环不已。尤其是袁世凯之后，在没有核心统帅的情况下更是如此，导致全国各地派系林立，战乱不已。

各路军阀没有了权威统帅和值得效忠的对象，便没有了敬畏和羁绊，他们便想方设法重塑各自的核心权威，这只是他们的算盘，最后

---

① 唐德刚：《袁氏当国》，香港远流出版公司 2002 年版，第 28 页。
② 徐勇：《近代中国军政关系与"军阀"话语研究》，中华书局 2009 年版，第 255 页。

谁也没有这种能耐，因为德行与势力都很重要，并且构建新的权势重心需要武力，而战争是个烧钱的买卖，为了筹集战争经费，各地军阀无论自保地盘还是染指中央，没有财政后盾绝不可能。为此，他们或者是掘地三尺以集聚财富，或者是出卖主权以换取贷款，一直在寻找各种捞钱的门路，这就是前文已述及的军阀财政出现的原因，而这种财政机制危害中国十余年，严重影响了中国经济与社会的发展。

大小军阀割据一方，混打了十余年，中国的政治版图被他们分割得支离破碎，其演化程度很是让人揪心①。亦如专家所言：军阀割据使新生的民国丧失了所有尊严，这情形也造成十多年的憔悴和失望。在旧体制既已拆卸，新体制尚未产生之时，"只有私人军事力量可以在青黄不接之际维持短期团结"，但这种团结因"阴谋与政变成为家常便饭"而带有较大的流动性，他们的政治主张便很难向其部下及中国民众解释明白。但民初的风云人物也并非一无是处，他们"一般为带悲剧性格的英雄人物，他们也并非个个存心做坏事"，段祺瑞、阎锡山、张作霖、吴佩孚、冯玉祥等一干人多少都有自己的建树②，只是他们所创造的基业具有明显的私有化倾向，铁路通车里程的增加、文化教育的发展、乡村建设的尝试、资本主义经济的扩张等，也可以看作是军阀统治下的一点小进步，但这种进步大多与军阀混战密切相关，或者说是为战争做准备，如建铁路以方便运兵，发展教育以笼络人才，发展经济更为直接，因为那是军阀财政的源泉。

（二）枯竭的军阀财政

战乱使国无宁日，战乱使国家财政濒于破产，地方财政同样难以为继，除了敲骨吸髓式的榨取之外，中央与地方都在想尽一切办法筹钱扩张，甚至不惜出卖主权以换取利率极高的外国贷款，进而形成了民初"混战—筹款"的财政特点。

民初仍然处于有财无政状态。为了消弭财政困窘状态，十余年

---

① 蒋廷黻：《中国近代史》，上海古籍出版社 2014 年版，第 183 页。
② 黄仁宇：《中国大历史》，生活·读书·新知三联书店 1997 年版，第 271 页。

间，各种财政税收法律法规不断出台，但真正能够落地生根的并不多。具体到税收方面，更是如此，税收不遵从成为日常，即便像印花税这样的税法已为大家所认可，其税款仍不能依法悉数报解中央，更有甚者，有的税法刚一公布，便遭到来自全国各界的共同抵制，如所得税、营业税等，而中央政府却没有能力对此进行有效控制。没有税收支持的财政十分可怕，没有税收支持的政府极其危险。

税收是国家以及各地军阀赖以生存的保障，也是各方势力消长的晴雨表，有钱就有兵，有兵便有地盘，所以地方实力派总是一刻不停地盯着钱袋子，始终想着如何从中央和他们自己的统治区域内弄到更多的钱，表现在税收征管上，一方面是依靠权力就地征税，他们在其统治区域内越发横行霸道、横征暴敛，简直无所不用其极；另一方面就是与中央集权相抗衡，任意截留名义上的中央税款，包括由外国人监管的关盐二税，也同样遭到地方势力的截留和分割。袁世凯时期的分税制、"中央专款制"尚能勉强运行，税款报解虽多有留难，但总体上还能保证中央所需之岁入，中央与地方面子上都还过得去，甚至中央财政收入还曾创造过历史奇迹。袁氏之后的民国财政则逐渐恶化，由中央集权迅速演化为地方分权，并且分权达到了这样一种极致，以至于中央政令不出都门，地方实力派之间也相互攻讦，厮杀无常，"财力的分散，形成政权、兵权的分散"①，最终的恶果是：即使最强大的军阀也再无能力统一民国了。

但争斗还在继续，武斗拼杀使得大量的财富随着大炮的响声被挥霍消耗，毫无正义可言。在财源极其有限的情况下，中央军费支出只能依靠举借外债勉强应付，地方军费支出则转嫁于各自区域内的穷苦百姓，并用上一章已经提到的各种不文明手段任意勒索。有钱了就开战，战胜者便得到了对方的地盘和军队，扬威耀武地宣布对被攻占区域行使行政权和征税权，并开始新一轮的争夺战，打输了的军阀便如

---

① ［日］长野朗：《中国的财政（续）》，李占才译，《民国档案》1994 年第 4 期。

丧家之犬一般携带着聚敛的巨额财富下野去租界做寓公，生活依然优哉游哉。这是民初军阀的生活轨迹，几乎没有人因他们曾经犯下的战争之罪而受到人民的审判（有几个因私仇被杀者如张宗昌、孙传芳等，并非来自人民授权），混战似乎无罪，苛敛似乎应该。

枯涸的财政不仅国家受累，民众也因此而穷困遭难，社会资源的过度汲取让这个本已贫弱的国家及其国民更加难以负重，财政匮乏使国家建设陷于停顿，社会发展成为奢望，国家统一变成空想。军阀混战理由十足，一片喊杀声中，大家更看重的是个人利益，但喊出来的口号都是民族大义，正义之中透露出的却是邪恶。

从这个意义上讲，民初财政对于军阀来说已经无所谓了，他们很需要财，但不怎么需要财后边的政，税不税的无所谓，只要能收，就行了。这也是一种军阀统治下的财政逻辑，逻辑的混乱导致税收伦理的败坏，严重阻碍了中国税收现代化的进程。

二 国家税政与民生

笔者经常感慨的是军阀政治下的财政邪恶，战争根本无法顾及社会与经济的发展，更不会去考虑如何善待重税盘剥下的国民，民生多艰是民初社会的基本表现。

（一）税政恶化

近代中国是一个变动不居的时代，剧烈的社会变动为国家治理带来了极大的困扰，其中最主要的是随着国家事务的增加，政府对资源汲取的欲望也因此而膨胀，在制度供给上的最主要体现便是税收制度的变革，而社会巨变又使税收的国家意志掩盖了民生需求，于是，税收负担加重成为一种必然趋势，政府一再宣扬的税收"取之于民用之于民"的台词在民生日艰的场景中变成了调侃。

内忧外患给近代中国带来了极度的痛苦，无论是反抗外来侵略的民族战争，还是平息内部叛乱的阶级斗争，历届政府都曾为此付出过沉重的代价。中华民国建立后，千疮百孔的修补与百业待兴的建设都需要大规模的资源支持。但政治上的权威丧失与经济上的积弱积贫很难保证国家能筹集到这笔不菲的经费，晚清的溃败很大程度上源自财政崩盘，新生的民国同样日子难熬，地方实力派的各种阻挠让民初财政雪上加霜，分税制的出笼是国家面对危局而选择的应对之策，而非早有准备的长期财政政策，因此，这一制度也不可能长久和如愿，各地大员的阳奉阴违使税收制度不得不回归传统，遗憾的是，解款制本身就难以执行下去，让军阀们凭良心报效国家显然不合时宜，中央专款制和分税制轮番比试，莫衷一是，无以为恃，终不成事。

民初的执政者最为关切的首先是秩序的重构和为重构秩序所需的各种资源，他们因此而毫无例外地选择了易于操作的税收和税收附加，在税收实践上叫作路径依赖，在社会动员上叫作"有钱出钱、有力出力"乃至"为国效力"，但在近代中国，贫弱的现实让可支配资源显得如此的贫乏，以至于政府有时不惜采取极端手段挖东墙补西墙，寅吃卯粮以满足其政权运转的需要，毫无秩序和自由可言，所行之策多为苛政，税收成为标准的"无处不在的恶"，所导致的税收趋重趋乱现象一方面是政府对财政的极度渴求，另一方面是税收征管技术落后导致的行为错乱。

税收是国家存在的经济体现，更是国家意志的具体表达，没有一个"强国家"的存在，一旦出现社会变动或社会危机，税收便成为民众无法摆脱的灾难。朱英教授一直强调国家权威对于国家治理的重要性，虽然，当国家权威和能力下降时，社会力量可能获得较快的发展，并对国家公权力产生制约；当国家权威和能力增强时，政府的统治较为稳固，社会力量的发展渐趋式微，对国家的制衡作用更为有限①，但国家权威的丧失无论是对国家建设还是对社会和个人来讲都非福祉。国家权威是社会发展的基础，它能够有效地排除来自体制内外的任何干扰，对于制度的推行起到了至关重要的作用，但"诺思悖

---

① 朱英：《论清末民初社会对国家的回应与制衡》，《开放时代》1999 年第 2 期。

论"告诉我们，政府同样也是经济与社会发展的阻碍因素，是最大的制度破坏者，它们对税收现代化的倡导主要源于它们对税款的渴望，这种冲动可以称之为"肥猪理论"：要想多吃肉，就把猪养肥，但从未看到军阀们是如何涵养税源的。近代以来，"弱国家"局面一直存在，虽间有政治强人出现，社会经济也曾出现相应的平稳发展，但这种"强国家"也是随着军事集团的消长而变化，各项制度法令的连续性很难保证，他们更希望有取之不尽的税源，尽管是短期行为也在所不惜，以这种心态去征税，改善民生必将成为遥不可及的奢望，税制也因此而遭到制定者的破坏。

税收必须有度，它不可能是一个不竭的源泉，当它超过了民众的承受能力时，危险随时可能爆发，最终的结果必然因税权合法性基础的丧失而结束统治，清末民初的众多事例也证明了这一点。历史上的改朝换代，表面上可能是政治和军事力量的变化所致，但归根结底都因税而起，闹革命的最初动因大多是"等贵贱均贫富"，往往以"均田免粮"和轻徭薄赋为倡导，在经济基础决定上层建筑的理论框架内，我们也能够看出税收对政权的决定意义，所以，"一切历史都是税收史"并不夸张。

（二）税收教化

税收人格化的表现是税收道德，按照西方人的说法，税收道德应包括两个方面：一是对政府的征税道德要求，制定一个公正合理的税收制度是所有政府的首要义务，税收征收方式是公正的，税款管理和开支是合理的。二是对纳税人义务的要求，为服务和保护自己的政府缴纳自己应当承担的一份合理的公共经费是每个公民应尽的义务[①]。这两个方面的规定对于民初的税收征管显然要求过高。

首先，北京政府时期的税收虽有法律规定，但税收制度、征管理念、征管技术等都难以突破传统窠臼，与税收现代化的要求相去甚

---

① ［美］查尔斯·亚当斯：《善与恶：税收在文明进程中的影响》，翟继光译，中国政法大学出版社2013年版，第456页。

远。税收制度的缺陷尚可通过财税精英的努力而逐渐完善，但征管理念与技术的缺陷则非一朝一夕所能改变，各种征管积弊非改朝换代所能修补，并且各地军阀似乎也没有改善这种状况的愿望和动力，能力也非常欠缺。更有甚者，军阀用税也从不跟纳税人商量，更用不着"听证"，打起仗来随便花钱，没钱就任意加税，不打仗也可能加税，积累财富以防不测，或供他们下野后挥霍，确保自己的生活依然富足有余，纳税人对此根本无权过问，"无代表不纳税"以及依法征税、用税等概念对于军阀来讲简直是要命的事。

其次，对于纳税人来讲，在他们朴素的税收观念里，纳税是躲不开的事，他们稀里糊涂地向官府缴纳数不清的皇粮国税，究竟是什么来头没人愿意和能够深究，这似乎又是一种传统：长年都如此，大家都如此，于是便心安理得，这种纳税行为，显然与国家、义务等概念无法构成联系，倒可以称为是"破财免灾"，以纳税来避免官府的苛索，以求得心灵上的安慰和生活上的安宁，但肯定不是等待国家为他们提供更多的公共产品和福利。但是，在某种条件下，一旦有人振臂一呼，抗税则又成为一种潮流。既然政府藐视民生诉求，民众又何必宠爱政府？君视民若如草芥，民则必视君如寇仇。历史经验告诉我们，抗税其实也很好玩，玩得好可能将生意做到京城，玩得惨大不了20年后又是一条好汉。而基于这种认识，想冒险的人不在少数，翻检史料，案例数量蔚为壮观。民初的案例则又加上了众多商会、行业协会等民间团体的有组织活动，甚至有些抗税活动并非真的具有正当性和合理性，充其量是跟政府淘气置气以刷存在感，完全没有公民应有的纳税意识。

因此说，民初税收征纳双方都不很文明。税收文明和税收道德需要教育，清末民初的税收品德教育已为有识之士所关注、所忧虑。1903年，文明书局的李嘉毅在其编著的《蒙学修身教科书》中，就编入了一篇《纳税》小文，提出了"纳税者皆有监督用此税项之权"的观点，甚具震撼力，首提纳税人有权监督政府用税之现代学说，首开税收教育进课堂的先河。1909 年，清政府创办财政学堂，将财政学纳入国民教育范围，税收理论开始进入大学课本。由此，本为"绍兴师爷"所擅专而为士大夫所不齿的"货殖钱赋"类的知识和技能登入了大雅之堂，财税理论的"大渠道"教育随之展开。民初，北京政府试图从小学生开始进行税收知识教育，在小学教科书中编入了《租税》等简明文章，以期从娃娃抓起，让国民都懂得税收之要义。《租税》和《赋税》两篇文章均为 300 余字，文字言简意赅，浅显易懂，明理透彻。兹举《赋税》以为如下①：

> 国家政费由人民供给之，此不易之常经也。古者政事尚简，费用亦少，故为贡、为助、为彻，初无不足之虞；后世则政之待治者众，赋税叠有增加。至于近今世界大通，文化增进，行政不能因陋就简，国用自不免继长增高。故在政府言之，则当裁糜费，汰冗员，力求节缩；在人民言之，则当勉力负担，期政事之修明，盖二者皆应尽之道也。
>
> 东西强国，其于一国政费，莫不视其政之缓急，而审度民力，广辟来源，详定税则，以征取之。国民亦晓然于纳税。所以治国势不容已，群以奉法完纳为先，故财政裕如，百废易举，而民亦因以殷富安乐也。
>
> 吾国专制既久，人民不知所纳赋税国家当做何用，而征收方法又不足示信于民，故黠者巧避，强者力抗，弊端百出，度支为之大困。今者民与国为一体，诚欲政治进行，俾国与民胥受其福，则踊跃输将，固吾人义务之所在也。

该文简要讲述了税收的历史、作用、意义、纳税人的权利义务以及中西税收观念比较，批评了专制时代的税制弊端，简明的语言文字

---

① 曹钦白：《民国初年学生税收启蒙教育与启示》，《经济研究参考》2013 年第 34 期。

易于小学生诵读与理解，并辅助人们形成与之相应的价值判断，这是我国历史上税收知识教育的初步尝试，只不过征纳双方都应具备的税收道德并未因此而塑造成功。事实上，无论税收的弊端有多少，无论其对纳税人的伤害有多深，税收必须存在，弊政可以纠偏，污吏可以清除，在税收与福利、权利与义务之间，税收并不丑陋。人们讨厌的并不完全是税收本身，更多的是税收征管的邪恶，尤其是军阀的任性征税。

历史上每一个王朝面临的税收基本技术问题主要有四：税收制度（包括私捐、摊派）导致的政民关系；集权制度与贵族化离心力之间的权力均衡问题；人才机制导致社会阶层变化后的人际关系非正常化问题；国防和内部的稳定问题[①]。这四大问题，民初都遇上了，这就迫切要求政府进行制度创新。所以，民初的分税制与其他经济制度一起，形成了制度变革的热闹场景，但因军阀财政的过度需求和税收征管的过度异化，导致了政民关系严重畸形，罔顾民生的结果不仅是税制的扭曲和败坏，更是军阀统治垮台的根由。

税收法定是税收遵从的基石。依法治税绝不允许法制的缺陷，更不允许诚信的缺失！依法诚信是对征纳双方的共同要求，依法诚信纳税是每个公民应尽的义务，依法诚信征管是税务机关及其工作人员的最基本职业品德，依法诚信用税是对政府的基本要求，唯如此，税收"法治化"目标才能实现，税收现代化才能最终实现。税收的现代化不仅需要完备的税制体系，从传统税制向现代税制的转变更需要完成人的现代化，无论是纳税人、征税人和用税人均应具有现代税收意识，因此，税收遵从不只是针对纳税人的基本要求，同样对征税者和用税者适用。但很多时候，对税制戕害最深者往往来自政府而非纳税人，民初的税制败坏者首先是军阀，其次是官方代表者即税收征管者，二者才是税政恶化的制造商和批发商，所有的征管积弊无不与之

---

① 周时奋：《中国历史十一讲》（下册），山东画报出版社 2004 年版，第 39 页。

有关，最后才是命悬一线的纳税人，为活命而偷逃抗税并不羞耻，当国家不能为民生做出承诺时，民众可以自寻出路，历史皆然。

总之，民初税权的合法性基础已经随着其政治基础的建立而存在，国家在税权和税法的支撑下，拥有了向全体国民征税的权力，但这种权力又因军阀混战而被滥用，导致税收道德荡然无存。在税收道德缺失的民初，税收的财政原则往往成为政府的第一选项，税收的公平正义等基本原则都将为之让路，税收法定原则总是被政府资源汲取的强烈愿望侵蚀掉，并吞噬民众对安逸和富足的渴望，留给多难的国民以无尽的伤痛。缺乏税收关爱的国民只能用脚投票，于是便具有了历史的最终决定权，随之而来的是税权乃至统治权的合法转移。

税收现代化需要和平稳定的环境。近代中国的社会变动都随着中央权威的严重不足而产生，税收乱象也因此而变为常态，民生更加艰难。正如亨廷顿所言，第三世界国家现代化的实现有赖于"强政府"的有效组织和实施，"强政府"具有足够的能力来促使社会稳定与经济发展，并在税收法制化和依法行政的基础上实现民生的改善。"强政府"不仅应表现在国家治理能力的强大，还应该表现出治理能力的高尚品德，关爱民生理应成为"强政府"的道德追求。

在国人的税收观念里，人民向国家纳税天经地义，但出于对"轻徭薄赋"的向往，又非常憎恨苛捐杂税的滋扰。历史上有法不依、违法征税的现象无处不在，税收腐败、舞弊行为的长期存在侵害的不仅是税法的严肃性和税收的遵从度，而且扼杀了税收的公平正义。税收的公平正义不仅是现代税收的崇高追求，更是民众对"依法征税"和"依法用税"的热切期盼。用税款发动内战极不厚道，滥征税款满足私欲更不厚道，因此，民初军阀都不厚道，没必要为他们中的极少数人做了极其微小的利民之事唱赞歌，我们需要警惕"民国范儿"及其产生的不良影响。

第二节　税收现代化的路径

税收现代化的基本路径是税收法定，最高目标是实现税收文明。国家治理现代化基本要求包括国家治理的民主化、科学化、法治化和文明化等，其中，法治化是其最主要内容，是衡量国家治理现代化的主要标准和实现国家治理现代化的关键①。依法治国的内涵必然包括依法治税，在税收"法制化"向"法治化"转变的过程中，首要的是要在权责法定的情况下，坚持法定职责必须为，法无授权不可为，严守税收程序的正义规则。税收的职能有很多，维持经济与社会的公平正义是现代税收的应有之意。

一　税收文明

税收在历史上很多时候都是有道无德，很不文明，根本原因在于有法不依。税收文明的基础是税收法定，并在此基础上形成税收遵从的道德意识。而税收法定是依法治税的基本前提，依法治税不仅是一个法制问题，更是一个税收理念问题，税收必须存在，税收必须关注民生，税收必须坚守公平正义的基本底线。

（一）税收入宪是税收文明的根本保证

宪法是国家的根本大法，主要用于调整国家基本的重大的法律事务，其首要任务就是约束可能给人民利益造成损害的公共权力，在税收方面，宪法应对涉税各方的权利义务及其保障措施等做出明确规定，如国家的预决算制、依法征纳以及监督税政等，都须以宪法的名义作出规范②。税收良法应以税收入宪为遵循，税收违法即为违宪。《中华民国临时约法》规定："人民依法律有纳税之义务"，同时规定

---

① 俞可平：《国家底线：公平正义与依法治国》，中央编译出版社 2014 年版，第 184 页。

② 杨大春：《中国近代财税法学史研究》，北京大学出版社 2010 年版，第 92 页。

议决全国税法的权力归参议院总辖，并作为其后多种民国"宪法"的蓝本，"中华民国人民依法律有纳租税之义务"自此成为基本要求。但宪法规定仅限于对国民纳税义务的强调，其权利保障付之阙如，同时对国家征税权、用税权等的规定一直缺失。至民国结束，税收入宪仍未完成，甚至到今天，我国宪法对于依法治税的规定仍简单如民初的约法，"公民有依照法律纳税的义务"的核心指向仍是公民必须依照法律履行纳税义务，"这种以国家为本位对纳税人义务的片面强调，将国家与纳税人置于一种不平等甚至对立的境地"①。此外，民国以来的宪法中都没有对税收制度以及与之相关的征税权、立法权、立法原则与程序等给予明确规定，而在"依法诚信纳税"的语境中，纳税人始终是被怀疑和监管的对象，每个人都被预设为不诚信，其实质是对纳税人的严重不信任以及在此基础上产生的征税理念的偏差，只强调纳税义务而没有相应的权利保障，这种征管逻辑不合常理，权利义务不对等的税收征管更不文明。

税收宪政要求全体国民对宪政精神和税收法治精神的普遍崇敬。一切税收活动必须在法律的框架下进行，任何人不得滥用公权力随意征税，纳税人有权拒绝任何非法的征税要求，任何人都不得滥用纳税人的钱。但遗憾的是，近代以来，税收宪政的信念追求一直在路上，税收文明并未出现，"这与中国文化对宪政精神的欠缺有关，徒法不足以自行，法的生命在于首先要进驻人的意识"②。法制建设只是税收宪政的基础，除了制度供给之外，更重要的是人们对税收契约精神的遵守和捍卫，只有当人民将宪政精神化为人的自觉，税收文明才能实现。这一要求对于近代中国而言，很显然无法实现，社会动荡不安，契约意识尚未形成，洋枪洋炮还在躁动，人们能够活下来就算是万幸了，根本不可能进行深层次的社会思考，宪政精神和民主理念等价值追求只能留给后人慢慢养成。

---

① 姜美：《税制改革中的公平税负导向探析》，《湖南涉外经济学院学报》2012年第3期。
② 张晓君：《国家税权的合法性问题研究》，人民出版社2010年版，第173页。

　　税收文明必须包括税收执法文明，税法的制定只是依法治税的第一步，最为关键的环节是税收执法活动。中国历史上的抗捐税斗争，很多都源于税吏的邪恶和对"依法征税"的自解，在税吏即是税法的近代中国，税收乱象很多都是因为税吏的乱作为而形成，税收极不文明。税收宪政要求，税收从立法、征管到审计监督的全过程都必须在宪法的框架内，依照法定程序运行，法律完备，执法文明，监督严厉，是税收文明的必须环节，缺之则无以保证税收文明。

　　有人指出：中国历史上的"治乱循环"并非完全来自统治者的腐败和个人品德的不足，其品德的养成必然存在着更为深刻的制度基础，问题的关键在于各个层次的制度性欠缺，而不是官僚个人的渎职和腐败①。此话颇具说服力，晚清统治如此，民国统治时期也如此，无论君主制还是民主制，其统治者的腐败只是一方面，更主要的是现代制度及其所需要的土壤并未出现。

　　（二）税收道德是税收文明的根本体现

　　任何一个国家的治理都带有相应的道德色彩，税收也充满着道德的意蕴，税收必须是符合道德的税收，文明的税收必然具有崇高的道德品质②。税收道德关注的主要内容包括税收征管方面的合情、合理、合法以及公平正义等，同时也包括纳税人履行义务的自觉自愿等③。近代以来的税收征管，并不具有这些德性，日趋错乱的征管逻辑只能加重税制的紊乱程度，并且随着享有优越政治权利者群体的不断扩张，被侵蚀的税基越发狭窄，税收公平早已不再，而战争带来的资源浸淫以及各项公共建设支出的迅速增加，中央与地方普遍陷入财政困境，刚性的财政需求迫使财税部门只能通过乱作为才能增加收入，这种做法无论法律上还是程序上全无正义可言，而"劫贫济富式"的

---

　　①　孙健波：《财税改革的理想与现实：宪政视角》，经济科学出版社 2008 年版，第32 页。

　　②　李炜光：《权力的边界：税、革命与改革》，九州出版社 2014 年版，第 62 页。

　　③　张守文：《税制变迁与税收法治现代化》，《中国社会科学》2015 年第 2 期。

税收实践更是不道德、不仁义的具体体现，税收文明越发遥远。

文明需要两个载体，一是政治的载体即国家，二是精神的载体即意识形态①。国家是政治文明和物质文明的创造者，对造成经济增长、停滞和衰退以及民生制度安排负总责，国家治理能力的强弱决定着国家与社会共容利益的实现程度。近代以来，国家权威的弱化使其无法对经济与民生的制度安排负总责。在意识形态构建方面，清末民初是一个传统意识形态瓦解而新精神尚未形成的年代，二者叠加的结果是秩序日趋混乱和思想日益多元，文明的载体已经垮塌，文明的思想无处安放。税收文明需要稳定的社会秩序，社会稳定是法治文明的根基，法治文明是税收文明的精神实质，从民初的实际看，征税人和用税人的道德与文明都严重欠缺。

税收本质上是国家与纳税人之间的利益交换，交换的前提是国家政权的合法性，政权的合法性与税权的合法性具有同质性，共同形成了税收的政治德性。基于这种政治德性，国家享有征税权力，纳税人应尽纳税义务。作为交换，国家有义务为社会提供公共产品和服务，税收因此而具有了社会德性。纳税人在履行纳税义务时，无论从功利的或是道义的角度说，作为购买方，其权力主张都会带有明显的个人意愿，这种倾向性使税收具有了个人德性。三者不同的表现形式共同构成了税收德性，共同指向税收的公平正义与合情合理合法等基本要求，但这种诉求不会自动生成，统治者都是自利的，纳税人也都是自利的，税收不遵从随时可能出现，税收便随时不文明。

税收道德需要通过教育引导而逐步养成，进而促进征纳双方的税收遵从，以实现税收文明。税收道德的教育不应是"取之于民，用之于民"的空头说教，但也不应是像"对逃税作战"这样吓人的说法，"重拳出击""严厉打击"的说法很不文明。用适合于时代发展需要的和人们能够理解的那种浅显易懂的道理，对涉税双方进行常抓不懈

---

① 钱乘旦：《文明的多样性与现代化的未来》，《北京大学学报》2016 年第 1 期。

的教育，使他们都能够明白纳税的意义，而不是让征税者横行霸道、让纳税人唯唯诺诺。已如前文所述，税收文化教育应该从娃娃抓起，以形成相应的税收道德，从教育的特点和规律看，税收知识进教材进课堂的做法相当必要。

税收道德的养成途径有很多种，除了各种渠道的教育引导之外，税收文学具有十分重要的引导作用。中国历史上税收文学作品的形象塑造对税收遵从的影响极为深远，其中，"既有反映朴素的税收遵从意识，也有盛赞太平盛世而对税收高度自觉的遵从，还有慑于法律的威严被迫无奈的遵从"①，同时由于存在大量"反映苛捐杂税和官吏横征暴敛给百姓带来的苦难"的怨愤之词，"不仅不利于纳税人形成纳税观念和习惯，反而潜移默化地培养了税收不遵从意识"②。的确，文学与税收深厚的历史渊源必然对人们的税收意识、习惯、态度产生潜移默化的作用。但依笔者之见，文学作品中表达的善恶观念和现实中税收征纳关系的好坏并不一定同步，文学的夸张手法和文人的浪漫情怀往往将税收描绘为"无处不在的恶"，流传于世的诗词歌赋很多都是对统治者横征暴敛的痛斥，税收形象无比丑陋，但确如杜甫笔下的"三吏"者之流的害群之马毕竟只是极少数，绝非主流，否则，真如其完全的黑暗无光，数千年中华文明何以存续？清正廉洁的税务官员仍然代表着社会发展的正能量和大多数。随着西学东渐的深入和公共财政的需要，税收的必要和必须逐步为民众所认可和接受，税收形象因此显得并不那么丑陋，即便是罪恶也是"必要的恶"。而长期以来税收一直是"被黑"的活计，但仔细推敲，税收苦难的制造者其实并不是税收本身或者皇帝，而是税收的代言人或其执行者，他们的所作所为如果依法行事则可称为善政，反之即为恶政，但要让税吏依法行事或者凭良心

① 丁业彬：《我国古诗中的税收遵从意识》，《襄樊职业技术学院学报》2012 年第2 期。

② 谢宏炎、丁业彬：《我国古诗中的税收不遵从研究》，《襄樊职业技术学院学报》2012 年第6 期。

征税，似乎很难弄，古今皆然。因此，税收文学的"形象纠偏"之路依然漫长，但其根源仍在税收征管的科学规范和依法行事。

总之，税收必须法定，法治必须文明，文明需要文化，文化需要养成；教育养育道德，道德促进文明，文明促进法治，法治维护国权。

二　历史借鉴

学者通过对中国王朝变更与税收关系的分析指出，历史的演进特点基本上是沿着这样一条道走过来的：历代王朝复苏于仁政，兴盛于良制，积怨于苛酷，延命于改制，衰亡于横暴[1]。这种观点可以说是"王朝周期律"和"黄宗羲定律"的进一步解读，既为规律，便可借鉴。

中华民国距今不远，民初所行税制，虽极混乱，但已有了税收现代化的影子，其意非凡。尤其是分税制的推行，虽极短暂，实为滥觞，国民政府接续发展，满足了新军阀的财政需要。1994年的春天，新中国成立以来的又一次大规模的税改正式开始，分税制的巨轮启动了。这是新中国成立以来规模最大、范围最广、内容最深刻的一次整体性与结构性改革，该制度的运行对于国家经济与社会的发展发挥了举足轻重的作用，不仅使中央政府的财政能力大大增强，而且有效地维护了中央权威和国家稳定，遏制了地方的离心力，中央在处理宏观经济问题时牢牢掌握了主动权[2]。但随着社会与经济的快速发展，分税制同样也遇到了一些亟待改革的问题，如权责划分不清晰、税种安排不合理、机构设置重叠、征管模式僵化、征管服务水平较低、税收法律级次不高等，都需要在税收实践中不断地调整和完善，这是新时代需要面对的问题。经过24年的实践磨合，到2018年，依然是一个明媚的春天，国地税机构分设再次重新调整，各地国税局地税局变成了国家税务总局的下设机构，改革力度很大，改革波澜不惊。比照历

---

① 李胜良：《税收与王朝兴替》，王文素《财政史研究》第九辑，中国财政经济出版社2017年版，第52—62页。

② 项怀诚：《分税制改革的回顾与展望》，《武汉大学学报》2004年第1期。

史，诸多经验可以借鉴，诸多问题可以避免，这里仅就征管机构分设问题做以简要回顾。

从历史上看，分税制在中国的数度推行，无一不指向中央财政困窘、国家权威丧失这一骇人之因。唐朝藩镇割据与民初军阀割据几乎完全一样，中央被迫启动税制改革，目的在于从地方军阀手中收回被侵夺的财政大权，但都因为政局多变而效果不著。民初的分税制设计是以税种为单位，采取了税收成本极高的一税一局的做法，中央税由中央派出机构具体负责征收管理和税款报解，以避地方截留侵蚀，但民初地方截留中央税款的行为并未消停，甚至连洋人监管下的盐税关税也照样被截留挪用。可见，分税制的精髓并不在机构分设。

另外，一税一局的垂直管理模式可以使税收法令直接由中央下沉到地方，至少能够遏止地方势力对中央政令的棚架梗阻。但事实也非如此，民初各省印花税处处长按规定由财政部任命，印花税票由财政部印制局印制发行，可到最后，许多省份在地方军阀的操控下，自行任命处长，有些省份从财政部领回印花税票却不给税款，有些省份干脆自己印制印花，完全脱离了中央政府的监管。这本属于政治变幻的原因，但也可以看出，机构分设并未给这种征管体制带来预期的效果。

此外，这种征管模式造成的最大弊端是税收征管机构遍布大街小巷，机构林立，多头纳税，严重影响着工商业的生产经营和发展。并且，每个税收机关都需要行政经费，征税成本极高，严重违反了税收征管的经济原则，结果使纳税人负担很重，国家却未由此获利。再加上经手款项必有揩油的痼疾，贪污中饱难以禁绝，跑冒滴漏得不偿失，如此一来，保证国家税款"涓滴归公"的誓言便成为一种绝妙讽刺。所以，机构分设的做法只能是一种应急策略，但绝不是一种常态化设置，否则，将会成为恶政。

从现实情况看，分税制是市场经济国家共同选择的一种分权式财政体制，其核心是依据各级政府事权与财权的划分，将全部税种划分为国家税、地方税和共享税。在中央权威不著时，需要分设不同的专征机构，形成中央与地方各自的收入体系，以确保中央政府的财政收入，这种选择很有必要。而在国家权威日益隆盛时，因成本过高，分设机构则没有太大的必要，若从节约经费的角度考虑，并局征管当属趋势和首选。最为重要的是，分税制并非必须分设机构，财政体制与征管体制本身就是两个概念，不能混为一谈，税权、事权的划分并不必然要另设机构。就我国目前的情况看，中央权威不断加强，中央财政调控能力不断增强，中央财政收入的占比不断提升，国地税机构设置不再是中央与地方之间的讨价还价博弈，而是为实现提高税务行政效率、降低纳税成本、推动国家治理体系和治理能力现代化建设目标的制度变革[1]。因此，国地税机构合并是顺应社会与经济发展需要的英明抉择，是一项利国便民之举。

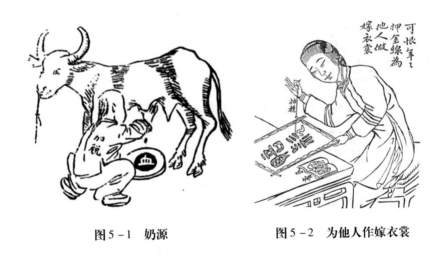

图 5-1　奶源　　　　　　　　　图 5-2　为他人作嫁衣裳

注：图5-1选自霍修勇：《内政春秋》，岳麓书社2004年版，第28页；图5-2选自王佩良：《外交风云》，岳麓书社2004年版，第150页。用带血的税收填补深不可测的外债黑洞，榨干老百姓最后一滴民膏以填补国用，其结果必然是人民的奋起抗争和政权更替。

---

① 胡怡建、严才明：《税务机构分合改革的逻辑起点与历史必然》，《财政监督》2018年第16期。

结　　语

渤澥声中涨小堤，官家知后海鸥知。

蓬莱有路教人到，应亦年年税紫芝。

——（唐）陆龟蒙

税收不能没有边界。渤海之滨随潮起潮落堆积起来的小沙洲，官府竟比海鸥先知，可见其征税嗅觉之灵敏和征税愿望之强烈，若蓬莱有路，官家可能税及仙界灵芝，这与"莫将征税及桃花"的规劝很相像。税收文学不是税收历史，税收文学讲给我们的故事多是税收的罪恶，税收历史告诉我们的是税收有时可以决定政权的属性，甚至可以改变历史的走向，从历史到现实，经验告诉我们，税收必须法定，程序必须正义，税收不能不顾及民生。

税收的公平正义是税收道德的必然追求，人无德不能立，国家同样不能没有道德，公平正义是国家生存的底线，征税必须合法，必须以国民福利的增加为目的[1]。任何政府都不能为了税收的确实和充足而向民众征收空气税、阳光雨露税，就连民国号称刮地皮的张宗昌等人也没敢动此心思。但民国时期的税收确实让人愤懑，原因就在于税收边界的任性扩张，完全没有法的概念和意识，凡可以捞钱的方法都可以用，这种思路绝非财政理路。税收必须限定边

---

① 李炜光：《权力的边界：税、革命与改革》，九州出版社2014年版，第48页。

界，超越边界和限度的税收就是暴政。税收的边界即是权力的边界，将权力关进笼子里是现代社会进步的一种应然选择。

这就涉及了税收征管这个核心问题。征税在历史上似乎都有法律依据，但税收征管又具有典型的个性化倾向，国家不可能也没有能力保证每个征税人都依法守信，在封建时代，统治者更希望借助适度的腐败以控制征税人，即默许他们在有限的范围内提高个人的收益，毕竟，养家糊口和有尊严的生活是每个征税人的原始动力，皇帝也要靠他们赚取生活费。因此，国家也只是在有能力的情况下进行政策供给，至于如何执行，只要各地能够完成规定的税额，中枢并不在乎征收税款的途径方法，他们更在乎征税的结果。进入近代，税收毕竟需要文明，文明的税收就不可能一直实行人治，于是，税收开始由法制化向法治化的转变，但由于历史的惯性使然，法治化过程不可能一蹴而就，清末民初的税制变迁即说明了这个过程的复杂和艰难。

在财政管理体制上，由于清末民初中央权威的急剧弱化和地方势力的急速膨胀，传统的解协款制日形瓦解，中央财政日益枯竭，分税制成为朝野公认的解救良方。分税制财政体制的引入，筹议始于晚清，初试在民初，但改革的愿景一直还是远景。分税制的核心是依据中央与地方各级政府事权与财权的划分，合理划分征税权与用税权，并依据征管级次分别征解入库。在中央权威弱化甚至丧失的情况下，加强中央集权的基本路径就是财权的集中和专属，即通过专门的税收征管机构以保证中央财政收入的确实足用，从而形成了中央税和中央专款等收入体系。正是基于这种认识，民初政权刚一建立，分税制便被提上议事日程，但各项税收制度的完善和众多征管机构的建立并未给民国税收带来好运。分税制分出了军阀的武装割据，包税制包出了税吏的恶性贪腐，非法不善，乃治理能力的缺陷。

军阀统治下的北京政府经常处于政令不足都门的危险状态，尤其是袁世凯之后的民国财政，基本靠借债以弥补亏空，税收征管乱象横生，严重阻碍了中国税收现代化的进程。一是在税制建设上存在着先天不足，税收征管因技术缺陷而存在着严重的人治倾向，税收远未实现由"法制化"向"法治化"的转型。二是央地关系日趋恶化，中央权威的丧失和国家治理能力的严重弱化使得民初的税收伦理彻底败坏，地方军阀对中央财政的恶意侵蚀，使中央政府财政陷入万劫不复的深渊。三是民初税收乱象因政局的变幻而难以禁绝，大江南北长城内外的民众抗捐税斗争风起云涌，加剧了民初政坛的波谲云诡，加速了中央政府的垮台。四是列强对中国税政的野蛮干预，此为中国近代史上最为悲怆的经历。在一系列不平等条约的制约下，中国政府每一项税收政策的推行都需要与列强"协定"，致使近代中国涉外税务十分尴尬，并成为中国税收现代化进程中的最大阻碍因素。

中国传统政治的所有问题，最后都归于财政问题，一切权力归根结底都来源于兵权，近代以来的中国更是如此，政权的核心最后都归于财权和兵权，从湘军、淮军到北洋军、国军，莫不如斯。他们并不都缺权，但都缺钱，以财养兵，以兵劫财成了近代中国挥之不去的梦魇。好在，军阀们逐渐认识到了靠打砸抢建立起来的政权绝不可能长久，于是各种"主义"开始登堂入室，各类精英、各色政客纷纷带着他们的"主义"准备施展才华，但因他们各为其主，所树政绩仍在割据和敛财的泥沼中晃来晃去，政权、财权、兵权仍未统一，就连孙中山也只能抱憾终身，其他人就更不用说了。所以，国之不存，一切枉然，国家永远是第一位的，任何僭越都有可能酿成民族灾难。

国家权威的存在是国家治理能力的根本保证。国家权威与政治强人领导下的具有共同理想追求的领导核心能够保证"强政府"朝着大多人愿意接受的发展方向行进，从而避免国家治理可能存在的偏差，并且有足够的能力进行制度纠偏。反之，则可能陷入混乱。民初，大多时候是在混乱和迷茫中度过，纠偏能力不足，治乱变成了乱治，财政税收上的种种乱象都与中央权威的丧失密切相关，这也是近代中国苦难的根源。按照西方人的说法，此时的秩序比自由更重要，而秩序的构建直接指向国家权威的重构，重构的路径是对有眼光的政治强人的急切期盼。但袁世凯没弄明白，段祺瑞、冯国璋、曹锟、张作霖甚至孙中山等政治强人当时都没弄明白，虽然他们都不曾存心作乱，他们也试图进行政治改革，并做出了不少的"善事"，但限于各自的眼光智识和控制能力，很多努力都付诸东流，并无结果，致使民初根本谈不上是一个像样的国家。

清末民初是中国税收现代化的奠基时代，在一大批财税专家的共同努力下，许多税收法律法规相继出台问世，现代税制逐步确立，专家治税局面初步形成。但法制不等于法治，税收现代化远未实现。中央政府治理能力不足，地方军阀争权夺利不已，法律成为摆设，战争成为日常，社会急剧动荡，百姓民不聊生，过度的资源汲取不仅拖垮脆弱的民初经济，同时也从根本上动摇了国家的统治基础。推翻封建军阀的反动统治、结束军阀混战局面的时代号角已经吹响。

民族独立国家富强是税收良性发展的根本前提。近代中国的各种悲惨故事皆缘于国之不立，"救亡图存，振兴中华"这个时代最强音所表达的意愿正是民族独立以及在此基础上的国家强盛。唯如此，才能增强国家治理能力，才能真正实现税收的法治化。但在近代中国，从"协定关税"到任意干涉中国内政，列强步步紧逼，肆意践踏中国主权，进而控制了中国的内政外交，财政税收成为他们培植各自代理人的重要砝码，利益交换的结果导致中国四分五裂，混战不已。赶走列强在中国的统治成为近代中国人民最主要的历史任务。

国家治理的现代化在税收上的体现就是税收文明，税收文明是一个过程，税收遵从是税收文明的一个重要表现，它昭示着国家和纳税人之间的特定关系，征纳双方的这种关系应随着时代的进步逐渐走向和谐，当然这种伦理关系的生成更需要国家的主导和积极倡导。民初的税收观念里根本没有这种要求和追求，罔顾民生的税收征纳关系很难和谐。

税收文明是社会进步与发展的必然追求。税收文明首先是税收制度文明，制度文明的要求是税收入宪，税收宪政是税收文明的根本保证。在宪法的规范下，涉税的征、纳、用三方都真正做到了自觉自律，税收文明时代必将到来。

图1　苛税

图2　中国之财政

注：两幅漫画为马星驰所作（王佩良：《外交风云》，岳麓书社2004年版，第174、162页）。图1被催逼纳税情状不绝史书，"桑柘废来犹纳税"与陆龟蒙前诗"应亦年年税紫芝"讲述的故事很相像。图2靠外债养活漏网之鱼民直击晚清财政的痛处。民初的税收状况何尝不如此？

参考文献

（一）档案、汇编、报刊、工具书类

中国第一历史档案馆馆藏会议政务处档。

中国第二历史档案馆馆藏财政部档。

"中研院"近代史研究所藏清外务部档案、中华民国外交部档案。

中国第二历史档案馆编：《中华民国史档案资料汇编》，江苏古籍出版社。

江苏省中华民国工商税收史编写组、中国第二历史档案馆编：《中华民国工商税收史料选编》（1—5辑），南京大学出版社1994—1999年版。

国家税务总局主编：《中华民国工商税收史》，中国财政经济出版社。

国家图书馆编：《国家图书馆藏民国税收税务档案史料汇编》（全38册），全国图书馆文献缩微复制中心2008年版。

魏文享主编：《民国时期税收史料汇编》（全30册），国家图书馆出版社2018年版。

魏文享主编：《民国时期税收史料续编》（全30册），国家图书馆出版社2019年版。

北京图书馆出版社影印室：《清末民国财政史料辑刊》（全24册），北京图书馆出版社2007年版。

中央财经大学图书馆：《清末民国财政史料辑刊补编》（全10册），国家图书馆出版社2008年版。

财政部财政年鉴编纂处：《财政年鉴》（上、下册），上海商务印书馆
　　1935 年版。

《苏州商会档案丛编》第一、二、三辑，华中师范大学出版社。

天津市档案馆等编：《天津商会档案汇编》，天津人民出版社。

杨希闵：《中国工商税收史资料选编》（第八辑），中国财政经济出版
　　社 1994 年版。

孙翊刚、李渭清主编：《中国财政史参考资料》，中国广播电视大学
　　出版社 1984 年版。

左治生主编：《中国财政历史资料选编》（第 11 辑），中国财政经济
　　出版社 1987 年版。

陈昭桐主编：《中国财政历史资料选编》（第 12 辑），中国财政经济
　　出版社 1990 年版。

严中平：《中国近代经济史统计资料选辑》，科学出版社 1955 年版。

（二）专著类

北京经济学院财政教研室编：《中国近代税制概述》，北京经济学院
　　出版社 1988 年版。

曹国卿：《中国财政问题与立法》，正中书局 1947 年版。

陈光焱：《中国赋税发展研究》，中国财政经济出版社 1996 年版。

陈汉杰：《最近中国财政与借款》，民铎杂志社 1918 年版。

崔潮：《中国财政现代化研究》，中国财政经济出版社 2012 年版。

崔敬伯：《财税存稿选》，中国财政经济出版社 1987 年版。

邓绍辉：《晚清财政与中国近代化》，四川人民出版社 1998 年版。

董长芝：《民国财政经济史》，辽宁师范大学出版社 1997 年版。

董孟雄：《中国近代财政金融史》，云南大学出版社 2001 年版。

付志宇：《近代中国税收现代化进程的思想史考察》，西南财经大学
　　出版社 2010 年版。

付志宇：《中国近代税制流变初探》，中国财政经济出版社 2007

年版。

付志宇：《中国税收思想发展论纲》，贵州人民出版社 2001 年版。

高培勇：《财税体制改革与国家治理现代化》，社会科学文献出版社 2014 年版。

关吉玉：《中国税制》，经济研究社 1945 年版。

郭江：《税收负担：理论、方法与实证分析》，中国言实出版社 2014 年版。

何廉、李锐：《财政学》，商务印书馆 1940 年版。

贺耀敏：《中国近现代经济史》，中国财政经济出版社 2000 年版。

胡己任：《中国财政整理策》，民国大学印刷部 1927 年版。

胡寄窗、谈敏：《中国财政思想史》，中国财政经济出版社 1989 年版。

胡钧：《中国财政史》，商务印书馆 1920 年版。

胡善恒：《赋税论》，商务印书馆 1934 年版。

黄天华：《中国税收制度史》，华东师范大学出版社 2007 年版。

黄孝庚：《最近财政概论》，成都四川印刷局 1937 年版。

黄逸峰等：《旧中国民族资产阶级》，江苏古籍出版社 1990 年版。

黄逸平、虞保棠：《北洋政府时期经济》，上海社会科学院出版社 1995 年版。

黄远庸：《黄远生遗著》，华文书局 1938 年版。

贾德怀：《民国财政简史》（上下册），商务印书馆 1946 年版。

贾康、赵全厚：《中国财税体制改革 30 年回顾与展望》，人民出版社 2008 年版。

贾士毅：《民国财政史》（上下册），商务印书馆 1934 年版。

贾士毅：《民国续财政史》（1—7 册），商务印书馆 1932—1934 年版。

金国珍：《中国财政论》，商务印书馆 1931 年版。

李超英：《比较财政制度》，商务印书馆 1943 年版。

李景铭：《修改税则始末记》，商务印书馆 1919 年版。

李景铭：《中国财政史》，北平出版社 1931 年版。

李权时：《国地财政划分问题》，上海世界书局 1930 年版。

李权时：《现行商税》，商务印书馆 1930 年版。

李权时：《中国税制论》，上海世界书局 1930 年版。

李炜光：《权力的边界：税、革命与改革》，九州出版社 2015 年版。

刘澄：《税收概论》，经济管理出版社 2004 年版。

刘刚、李冬君：《中国近代的财与兵》，山西人民出版社 2014 年版。

刘增合：《"财"与"政"：清季财政改制研究》，生活·读书·新知
　　三联书店 2014 年版。

刘增合：《嬗变之境：晚清经济与社会研究疏稿》，中国社会科学出
　　版社 2017 年版。

陆建华：《财政与税收》，复旦大学出版社 2005 年版。

陆仰渊、方庆秋：《民国社会经济史》，中国经济出版社 1991 年版。

罗介夫：《中国财政问题》，上海太平洋书店 1933 年版。

罗荣渠等：《中国现代化历程的探索》，北京大学出版社 1992 年版。

马金华：《民国财政研究：中国财政现代化的雏形》，经济科学出版
　　社 2009 年版。

马敏、朱英：《传统与近代的二重变奏——晚清苏州商会个案研究》，
　　巴蜀书社 1993 年版。

马平安：《晚清变局下的中央与地方关系》，新世界出版社 2014
　　年版。

马寅初：《财政学与中国财政——理论与现实》，商务印书馆 2001
　　年版。

蒙丽安：《国家税收》，东北财经大学出版社 2006 年版。

彭南生：《半工业化：近代乡村手工业的发展与社会变迁》，中华书
　　局 2007 年版。

彭南生：《传承与变动：近代转型时期的城乡经济与社会》，湖北人
　　民出版社 2008 年版。

彭南生：《中间经济：传统与现代之间的中国近代手工业》，高等教育出版社 2002 年版。

彭泽益：《中国社会经济变迁》，中国财政经济出版社 1990 年版。

丘东旭：《我国租税政策之研究与批判》，福建合作印刷工厂 1945 年版。

苏明：《财政理论研究》，中国时代经济出版社 2005 年版。

孙怀仁：《中国财政之病态及批判》，生活书店 1937 年版。

孙健波：《财税改革的理想与现实——宪政视角》，经济科学出版社 2008 年版。

孙文学：《中国近代财政史》，东北财经大学出版社 1990 年版。

孙翊刚、董庆铮：《中国赋税史》，中国财政经济出版社 1987 年版。

孙玉霞：《税收遵从：理论与实证》，社会科学文献出版社 2008 年版。

汪敬虞：《中国近代经济史（1895—1927）》（上、下册），人民出版社 2000 年版。

王成柏：《中国赋税思想史》，中国财政经济出版社 1995 年版。

王磊：《税收社会学》，经济科学出版社 2011 年版。

王首春：《租税》，商务印书馆 1930 年版。

王云五：《现行商税》，商务印书馆 1930 年版。

王云五、李圣五：《中国财政问题》，商务印书馆 1933 年版。

卫挺生：《中国今日之财政》，世界书局 1931 年版。

吴申元：《中国近代经济史》，上海人民出版社 2003 年版。

吴兆莘：《中国税制史》，商务印书馆 1937 年版。

夏国祥：《近代中国税制改革思想研究（1900—1949）》，上海财经大学出版社 2006 年版。

徐建生：《民国时期经济政策的沿袭与变异》，福建人民出版社 2006 年版。

徐式圭：《中国财政史略》，商务印书馆 1926 年版。

徐祖绳：《比较租税》，商务印书馆 1930 年版。

许建国：《税收与社会》，中国财政经济出版社 1990 年版。

许建国：《西方税收思想》，中国财政经济出版社 1996 年版。

许评：《有限理性下的税收遵从研究》，知识产权出版社 2010 年版。

晏才杰：《租税论》，出版地不详，1922 年。

杨大春：《中国近代财税法学史研究》，北京大学出版社 2010 年版。

杨德森：《中国海关制度沿革》，商务印书馆 1925 年版。

杨立强：《清末民初资产阶级与社会变动》，上海人民出版社 2003 年版。

杨青平：《皇粮国税：税制流变与王朝兴衰》，河南人民出版社 2006 年版。

杨汝梅：《国民政府财政概况论》，中华书局 1938 年版。

杨汝梅：《民国财政论》，商务印书馆 1927 年版。

杨涛：《交通系与清末民初经济变迁》，中国社会科学出版社 2017 年版。

杨荫溥：《民国财政史》，中国财政经济出版社 1985 年版。

叶元龙：《中国财政问题》，商务印书馆 1937 年版。

叶振鹏、陈锋：《20 世纪中国财政史研究概要》，湖南人民出版社 2005 年版。

俞可平：《国家底线：公平正义与依法治国》，中央编译出版社 2014 年版。

虞和平：《商会与中国早期现代化》，上海人民出版社 1993 年版。

袁振宇：《税收经济学》，中国人民大学出版社 1995 年版。

张程：《总统们：民国总统的另一面》，国家行政学院出版社 2011 年版。

张九洲：《中国旧民主主义时期的经济变迁》，河南大学出版社 1999 年版。

张连红：《整合与互动：民国时期中央与地方财政关系研究》，南京师范大学出版社 1999 年版。

张生：《南京国民政府的税收（1927—1937）》，南京出版社 2001 年版。

张晓君：《国家税权的合法性问题研究》，人民出版社 2010 年版。

张晓婷：《税行为研究》，北京师范大学出版社 2011 年版。

赵云旗：《中国分税制财政体制研究》，经济科学出版社 2005 年版。

郑学檬：《中国赋役制度史》，上海人民出版社 2000 年版。

周伯棣：《租税论》，文化供应社 1944 年版。

周棠：《中国财政论纲》，政治经济学社 1910 年版。

周育民：《晚清财政与社会变迁》，上海人民出版社 2000 年版。

周志初：《晚清财政经济研究》，齐鲁书社 2002 年版。

朱偰：《中国财政问题》，国立编译馆 1934 年版。

朱偰：《中国租税问题》，商务印书馆 1936 年版。

朱英：《近代中国经济发展与社会变迁》，湖北人民出版社 2008 年版。

朱英：《近代中国商人与社会》，湖北教育出版社 2002 年版。

朱英：《晚清经济政策与改革措施》，华中师范大学出版社 1996 年版。

朱英：《中国早期资产阶级概论》，河南大学出版社 1992 年版。

邹进文：《民国财政思想史研究》，武汉大学出版社 2008 年版。

左治生：《中国近代财政史丛稿》，西南财经大学出版社 1987 年版。

（三）论文类

"北洋财税制度"课题组：《北洋时期中央与地方财政关系研究》，《财政研究》1996 年第 8 期。

敖涛、付志宇：《民国时期租税理论的现代化探索》，《税务研究》2018 年第 3 期。

陈克俭：《试论南京国民政府时期工商税收的特点性质和作用》，《厦门大学学报》1986 年第 4 期。

陈晓岚：《清末民初宪政语境下分税制的立与变》，硕士学位论文，西南政法大学，2011 年。

程曙：《近代中国分税刍议》，《商业研究》2001 年第 4 期。

杜恂诚：《民国时期的中央与地方财政划分》，《中国社会科学》1998 年第 3 期。

段艳：《北洋时期国地财政划分最终失败的原因探析》，《玉林师范学院学报》2006 年第 6 期。

付志宇：《分税制百年考》，《经济研究参考》2014 年第 40 期。

付志宇：《分税制之魂：集权与分权》，《财政监督》2014 年第 4 期。

付志宇：《历史上分税制的产生和形成》，《税务研究》2002 年第 2 期。

付志宇、敖涛：《近代中国直接税的发展及其借鉴》，《财政科学》2016 年第 5 期。

龚汝富：《近代中国国家税与地方税划分之检讨》，《当代财经》1998 年第 1 期。

龚汝富：《清末清理财政与财政研究》，《江西师范大学学报》1999 年第 2 期。

龚汝富：《辛亥革命前后税制改革及其启示》，《江西财经大学学报》2012 年第 3 期。

顾培君：《民国初年税制改革思想述评》，硕士学位论文，苏州大学，2001 年。

来新夏：《北洋军阀对内搜刮的几种方式》，《史学月刊》1957 年第 3 期。

梁凤荣：《新税引入与中国税收法律体系之近代化》，《辽宁大学学报》2012 年第 5 期。

刘巍：《北洋政府时期的财政分权与集权》，《求索》2017 年第 6 期。

刘增合：《地方游离于中央：晚清"地方财政"形态与意识疏证》，

《中国社会经济史研究》2009 年第 1 期。

刘增合:《清季财政改革研究疏论》,《安徽史学》2011 年第 2 期。

刘增合:《清季中央对外省的财政清查》,《近代史研究》2011 年第
　 6 期。

刘增合:《纾困与破局:清末财政监理制度研究》,《历史研究》2016
　 年第 4 期。

刘增合:《西方预算制度与清季财政改制》,《历史研究》2009 年第
　 2 期。

刘增合:《制度嫁接:西式税制与清季国地两税划分》,《中山大学学
　 报》2008 年第 3 期。

马金华、钱婧倞:《集权与分权:近代中央与地方财政关系变迁》,
　《创新》2014 年第 4 期。

马金华、邢洪英:《民国时期的分税制改革评析及启示》,《财政监
　 督》2014 年第 6 期。

彭南生:《半工业化:近代乡村手工业发展进程的一种描述》,《史学
　 月刊》2003 年第 7 期。

彭南生:《近代中国"半工业化"农村中的经济社会变迁》,《兰州大
　 学学报》2005 年第 1 期。

彭南生:《抗捐与争权:市民权运动与上海马路商界联合会的兴起》,
　《江汉论坛》2009 年第 5 期。

彭南生:《晚清地方官对民间经济活动的管理》,《安徽史学》2010 年
　 第 2 期。

彭南生:《租界华商与"五四"后的北京政府及西方列强》,《史学月
　 刊》2018 年第 7 期。

申成玉:《简论北洋政府初期税制现代化的努力及其夭折》,《北京工
　 商大学学报》2009 年第 3 期。

沈家五、任平:《民国元年袁世凯争夺江苏地方财政的经过》,《民国
　 档案》1997 年第 3 期。

苏诗雅：《民初国地两税划分研究（1912—1916 年）》，硕士学位论文，暨南大学，2012 年。

王京梁、高振华：《近代中国税收现代化进程略考》，《财政监督》2013 年第 33 期。

王梅：《民初北京政府划分国地税研究》，《史学月刊》2016 年第 9 期。

王梅：《民初北京政府设立各省国税厅筹备处研究》，《民国档案》2017 年第 1 期。

魏文享：《"对逃税作战"：近代直接税征收中关于逃税问题的论述》，《兰州学刊》2016 年第 2 期。

魏文享：《国家税政的民间参与——近代中国所得税开征进程中的官民交涉》，《近代史研究》2015 年第 2 期。

魏文享：《华洋如何同税：近代所得税开征中的外侨纳税问题》，《近代史研究》2017 年第 5 期。

魏文享：《抗诉与协征之间：近代天津商人团体与所得税稽征》，《中国经济史研究》2017 年第 4 期。

夏国祥：《清末民初西方财政学在中国的传播》，《江西财经大学学报》2004 年第 6 期。

夏国祥：《西方财政学在近代中国的传播》，《财政研究》2011 年第 3 期。

袁伟时：《袁世凯与国民党：两极合力摧毁民初宪政》，《江淮文史》2011 年第 3 期。

张九洲：《论清末财政制度的改革及其作用》，《河南大学学报》2002 年第 4 期。

张敏：《民国初期央地权力聚散关系研究（1912—1928）》，博士学位论文，西南政法大学，2016 年。

张神根：《清末国家财政、地方财政划分评析》，《史学月刊》1996 年第 1 期。

张守文：《税制变迁与税收法治现代化》，《中国社会科学》2015 年第
　　2 期。

章启辉、付志宇：《北京政府时期税收政策的演变及借鉴》，《湖南大
　　学学报》2009 年第 2 期。

赵云旗：《论中国历史上的分税制》，《财政监督》2017 年第 19 期。

赵云旗：《中国近代史上分税制财政体制的尝试》，《杭州师范学院学
　　报》2005 年第 5 期。

朱鸿翔：《清末民初西方财政思想在中国的传播》，《财会月刊》2013
　　年 4 月下。

朱英：《二十世纪二十年代商会法的修订及其影响》，《历史研究》
　　2014 年第 2 期。

朱英：《近代商会史研究的缘起、发展及其理论与方法运用》，《近代
　　史研究》2017 年第 5 期。

朱英：《近代税收史研究中的"税"与"政"》，《华中师范大学学
　　报》2018 年第 2 期。

朱英：《近代中国的社会与国家：研究回顾与思考》，《江苏社会科
　　学》2006 年第 4 期。

朱英：《近代中国商人与社会变革》，《天津社会科学》2000 年第
　　5 期。

朱英：《论清末民初社会对国家的回应与制衡》，《开放时代》1999 年
　　第 2 期。

朱英：《论清末民初社会与国家的发展演变》，《理论月刊》2005 年第
　　4 期。

朱英：《清末民初国家对社会的扶植、限制及其影响》，《天津社会科
　　学》1998 年第 6 期。

朱英：《研究近代中国制度变迁史应该注意的若干问题》，《社会科学
　　研究》2016 年第 4 期。

（四）外文译著类

［英］约翰·希克斯：《经济史理论》，厉以平译，商务印书馆 2005 年版。

［英］大卫·李嘉图：《政治经济学及赋税原理》，周洁译，华夏出版社 2005 年版。

［英］亚当·斯密：《国富论》，唐日松等译，华夏出版社 2005 年版。

［英］乔治·拉姆赛：《论财富的分配》，李任初译，商务印书馆 1997 年版。

［英］理查德·琼斯：《论财富的分配和赋税的来源》，于树生译，商务印书馆 1999 年版。

［美］道格拉斯·C. 诺思：《经济史中的结构与变迁》，陈郁等译，上海人民出版社 1994 年版。

［美］塞缪尔·亨廷顿：《变化社会中的政治秩序》，王冠华等译，上海世纪出版集团 2008 年版。

［美］吉尔伯特·罗兹曼：《中国的现代化》，江苏人民出版社 2005 年版。

［美］施坚雅：《中国农村的市场和社会结构》，中国社会科学出版社 1998 年版。

［美］查尔斯·亚当斯：《善与恶：税收在文明进程中的影响》，翟继光译，中国政法大学出版社 2013 年版。

［美］费正清：《伟大的中国革命（1800—1985）》，刘尊棋译，国际文化出版公司 1989 年版。

［美］柯文：《在中国发现历史：中国中心观在美国的兴起》，林同奇译，中华书局 2002 年版。

［美］阿瑟·恩·杨格：《1927—1937 年中国财政经济情况》，陈泽宪、陈霞飞译，中国社会科学出版社 1981 年版。

［美］齐锡生：《中国的军阀政治（1916—1928）》，杨云若、萧延中

译，中国人民大学出版社 1991 年版。

［美］周锡瑞：《改良与革命——辛亥革命在两湖》，杨慎之译，中华书局 1982 年版。

［法］白吉尔：《中国资产阶级的黄金时代（1911—1937）》，张富强、许世芬译，上海人民出版社 1994 年版。

［法］让－马克·夸克：《合法性与政治》，佟心平、王远飞译，中央编译出版社 2002 年版。

［法］卢梭：《社会契约论》，何兆武译，商务印书馆 2003 年版。

［日］小林丑三郎：《比较财政学》，宋教仁译，商务印书馆 1917 年版。

［日］小川乡太郎：《租税总论》，萨孟武译，商务印书馆 1926 年版。

［日］岩井茂树：《中国近代财政史研究》，付勇译，社会科学文献出版社 2011 年版。

［日］长野朗：《中国的财政（续）》，李占才译，《民国档案》1994 年第 4 期。

后　　记

　　税收是国家存在的经济体现，但其产生比国家的出现还要早，只是在国家出现后，税收便逐渐以明确的法的形式被固定下来。按照当前的定义，税收是国家为了向社会提供公共产品，满足社会共同需要，按照法律的规定，参与社会产品的分配，强制、无偿地取得财政收入的一种规范形式，它体现了一定社会制度下国家与纳税人在税收征纳利益分配上的一种特定分配关系。这种关系在不同时期有不同的解读，但历史上的征纳关系始终紧张而难以和谐，其主因在于法之不依、管之不善和征之无度，一旦超过了某种临界点便可能改朝换代，重启新一轮的矛盾运动。

　　笔者而立之年从税公干，不惑之年再执教鞭，十年经历，精华不再，回顾往事，感慨颇多，但念念不忘的是税收这幅波澜壮阔的历史画卷。税收文学史上的各种描绘究非历史，而税收之于国家，须臾不可或缺，既为必需的行当，就须有精致的讲究，财与政的关系已远非文学作品所可述尽。税收是政治，有时决定政权。税收究竟该如何征收才既能满足国家的需要又能兼顾民生，这一问题一直是税收矛盾运动的核心所在，"足国用"与"顾民生"并非绝对的悖论，但二者之间的契合点很难准确定位，所以，任何时代的税收政策都有一个不断调适的共同特点。税收政策不可能一成不变，必须依据时代的变化而不断调整，这是技术，也是艺术，当然也含有权术之意。制度运行既久，不是僵化腐朽，便是弊窦丛生，改革因此成为必须，税制改革成为制度变革最为频繁者，差不多二十年左右就需要一次结构性调整。

近代以来的税制一直在不断更改，但总体是朝着完善的方向在变，并非一无是处。分税制的引入凝聚了清末民初一大批财税专家的学识与智慧，只是由于社会动荡，法制总被时势所扭曲，分税制成了文本遗产，但总有值得我们借鉴的东西，总有值得我们探究的过往。2001 年元旦刚过，笔者便怀揣着莫名的梦想走进了税局大院，教员骤然成了税员，工作之余，便开始对近代分税制的相关问题进行梳理，但天生愚钝怠惰的我，直至今天还没理出个头绪，粗成的书稿也不知存在多少疏漏和舛误。当年所在的单位还叫地税局，现在已变成了国家税务总局下的一个终端税务局，这一轮的国地税机构分设合并历时二十四年，若干年后也会有人专门述评。分分合合是政治，模模糊糊是历史，絮絮叨叨是杂谈，书稿絮叨的已经不少，不当之处恳望方家批评指正。

2014 年，幸获国家社科基金资助，使得民初分税制话题成为研究课题，本拟 2017 年结题，但由于工作单位的变动，研究思路与写作动力全无，拖延至今才勉强完成任务，甚为汗颜。

从卧龙岗到北部湾，三千里路云和月，距离并没有产生美，南下北归的奔波劳顿简直是一种折磨。乡愁换来了一张张机票，昂贵且甚感不便，不亚于春运之战。安顿下来后，慢慢欣赏，其实湾大校园很美丽也很宁静，是一个适宜学习的地方，是一个可以托付的所在，只是光着膀子坐在电脑桌前仍汗流浃背实在难受，这种景象不适宜详尽描述。还有到此后才经历的"回南天"，潮湿得有点恐怖，衣服发霉了，带来的书都长毛了，移动硬盘竟也毛茸茸了。但干净翠绿、波光激滟的校园景致总让人激动，外环路上的芒果和波罗蜜也是一种美好的回忆。

庚子之年，"新冠"疫情肆虐全球，战"疫"之中，既有人类生命脆弱的一面，也有国家制度优劣的比较和体验，"居家为国做贡献"并不是调侃，但居家了，贡献却没做出来，疫情得到遏制了，却为头顶飘荡的另一种毒蛊拖累，幽灵般挥之不去，期盼家国安康，但愿不再伤神！

感谢恩师朱英教授百忙之中慷慨作序，膜拜师之学识，感念师之恩泽，铭记师之教诲！

在书稿写作过程中，儿子李纳珂在资料搜集整理和文字校对、数据统计等方面给予了很大帮助，减轻了我很多劳动负担，不知不觉中他已经长大，祝愿他一生遂愿！妻子刘广哲更是承担了全部的家务，使我能够静下心来专心研究，她的任劳任怨和豁达开朗是我一生的幸福！

李向东

2020 年 6 月于北部湾蜗居